リチャード・A・ポズナー著
馬場孝一・國武輝久監訳
佐藤岩昭・堀内正博・
杉田　敦・鯰越溢弘訳

正義の経済学

――規範的法律学への挑戦――

木　鐸　社

ケネスとエリックのために

一九八三年版への序文

私は、学術的な教育や研究領域とは異質な活動に完全に没入した——連邦控訴裁判所の判事であった——二年間を経過した現在、本書を再読して、殆んど全く別人の手によって書かれた著作を読んでいるような錯覚に襲われる。しかし、現在でも私は、本書を抜本的な方法で書き改める必要があるとは考えていない。本書の目的は、これまで経済学の対象領域と考えられてこなかった社会的な行動領域を説明する、経済学の効力と可能性を提示することにある。本書における経済分析の適用とその評価は、その多くが論争の対象とされており、また今後とも論争の対象であり続けるであろうと予想できる。けれども、読者が本書の対象とする主題への経済学的アプローチの効力を承認するならば、もちろんそれが全能であるという必要はないが、本書の目的は充分に達成されるように思われる。

私は、本書が全く異質な経済学の二つの方法、即ち実証的な方法と規範的な方法とを使用しており、後者の方法がより多くの論争を呼び起こしてきた事実を承認する。倫理的意味におけるアナーキーな現代の状況にあって、価格ないし価値理論に内在する倫理——私が「富の最大化」と呼ぶ倫理——は、無秩序な市場で販売されている他の倫理的商品と一緒に店頭に並べられるべき価値がある。しかし、私は、その無理矢理な適用によって生み出される奇怪な論理的帰結に注目を集めるような不満足な方法で、このアプローチの「押売り」を意図するものではない。たとえば、人間の成長ホルモンが極端に稀少であって、厳格な市場ベースないし任意購買ベースで配分されており、普通の背丈よりもその背の高さを何インチか伸ばすことを望む金持の男には購入できるが、このホルモンを使用すれば、普通の背丈に達することができる貧しい矮小な男には手が出せない価格であると想像してみよう。この場合、人間の成長ホルモンの市場を通じての配分を認めることは、その生産に対するインセンティブを増加させ、結果的にすべての人々に対するその供給を増加させるという推論も可能である。しかし、このホルモンの配分を完全に市場のコントロールに委ねるべしという主張に対しては、多くの人が逡巡するであろうことは疑いの余地がない。私の倫理理論は、このようなショッキングな適用を招来しかつ受容させるように見える。しかし、私は、本書の第I部において提起する倫理理論がその本来意図した精神において、即ち社会的行為の青写真としてではなく、学問的思索の主題として理解されることを望んでいる。本書において、その強調が不充分であったこれらの点に一定の留保を付した上で、私は、法と正義に関する諸問題を解明するために近代経済学を使用するというエキサイティングな領域に幾分かの寄与を果たすべく、本書を再び読者に送り出すことにする。

初版への序文

この本に収められた各論稿は、以下の四つの主題を取り扱っている。正義に関する効率性理論もしくは「富の最大化」理論、未開および古代社会における法を含む社会的諸制度、プライバシーとそれをめぐる諸利益に関する法と経済学、人種差別と「積極的是正措置」に関する憲法上の規制、がそれである。これらの一見ばらばらな主題は、経済学の見地からは相互関連性があることが、第一章で明らかにされる。

私は、「正義」という言葉を概ね、ジョン・ロールズのいう以下のような意味あいにおいて使用している。「われわれにとっての正義の第一義的な主題は、社会の基本的構造、より正確にいうならば、その構造の中において主要な社会的諸制度が基本的な権利および義務を分配し、かつその社会的調和の結果から諸利益の区分のあり方を決定するその方法にある。私は、この主要な社会的諸制度を、政治体制および基本的な経済的・社会的秩序として理解する」(『正義論』一九七一年版、七頁)。本書は、この「政治体制および基本的な経済的・社会的秩序」の包括的な分析ではなく、いくつかの重要な政治的・経済的・社会的・法的秩序を検証しつつ、経済学的分析がいかにこれらの秩序の理解に役立つかを証明することを試みるものである。本書は、技術的な専門書ではなく、法律学者や経済学者を読者として想定すると同じ程度に、哲学者・政治学者・歴史学者・文化人類学者・社会学者そして古典学者をもその読者に想定している。もし、本書がその視野において余りに野心的でありすぎると非難されるならば、本書が試論的な書物であって私の最終的な結論を示す書物ではないことを強調することによって、私なりの抗弁とすることができる。

本書の出版前の草稿段階において、ここに私が言及する以上に、多くの友人および同僚から極めて有益な批評を頂いている。私は、ゲリー・ベッカー、リー・ブリルマイヤー、ロナルド・コース、ジュレス・コールマン、フランク・イースターブルック、リチャード・エプスタイン、チャールズ・フリード、ポール・フリードリック、ヴィクター・フックス、ジャック・ハーシュリーファー、ギャレス・ジョーンズ、スタンレー・カッツ、アンソニー・クロンマン、ジョン・ラングビーン、ウィリアム・ランデス、バーナード・メルツァー、フレデリック・プライアー、ジェームス・レッドフィールド、スティーブン・シャベル、ジョージ・スティグラー、ジェフリー・ストーン、および、ジェームス・ホワイトに対して、とりわけ感謝の意を表したい。これらの人々は、各々が本書の一つあるいはそれ以上の章に対して重要な貢献を果たしている。さらに、私は、シカゴ大学、ニューヨーク大学、ペンシルヴァニア大学、オックスフォード大学社会・法研究センター、ニューヨーク州立大学バッファロー分校、ジョージア大学、および本書のいくつかの草稿を最初に提出した公共選択学会などにおける、数多くの講演や報告のスポンサー・参加者・視聴者になってくれた人々に対してもここに感謝申し上げたい。ロバート・ブールジョイスは、本書のいくつかの章のための調査に従事するとともに、効果的な助力を与えてくれた。彼以外にも、キャロル・クック、ゴードン・クロビッツ、ドナ・パターソン、ヘレン・セロタ、スーザン・スタッケンバーグ、およびパメラ・トロウが、私の調査に関して貴重な助力を与えてくれた。私は、シカゴ大学ロー・スクールの法と経済学研究センター、およびシカゴ大学経済・国家研究センター、およびシカゴ大学ロー・スクールの法と経済プログラムに対しても、その財政的支援に厚く御礼を申し上げたい。最後に、ゲリー・ベッカー、ロナルド・コース、アーロン・ディレクター、そしてジョージ・スティグラーなど、本書における私のアプローチの基礎を形作ってくれた経済学者たちに対して、知的な意味における債務を負っている旨をここに明らかにしたい。彼らの教示と啓発がなければ、本書に収められた諸論稿が書かれることはなかった。

本書の第一章を除く他のすべての章は、何らかの形ですでに公表されていたが、本書に収録するに際して大幅に加筆している。第二章は、*Journal of Law and Economics* の Vol. 19 (1976) に掲載された論文に基礎を置くものである。第三章は、*Journal of Legal Studies* の Vol. 8 (1979) の論文、および拙著 *Economic Analysis of Law* (2d ed. 1977) の一八九頁から一九一頁の記述を基礎としている。第四章は、*Hofstra Law Review* の Vol. 8 (1980) の論文、および *Journal of Legal Studies* の Vol. 9 (1980) の論文を基礎としている。第五章は、シカゴ大学の出版する *Ethics* の Vol. 90 (1979) の論文を基礎としている。第六章は、*Journal of Law and Economics* の Vol. 23 (1980) の論文の第一部、また第七章は、その第二部を、それぞれ基礎としている。第八章は、*Journal of Legal Studies* の Vol. 9 (1980) の論文を基礎としている。第九章と第十章は、以下の二つの論文を基礎としている。一つは、*Georgia Law Review* の Vol. 12 (1978) に掲載されたもの、もう一つは *Buffalo Law Review* の Vol. 28 (copyright© 1979 by *Buffalo Law Review*) に掲載されたものである。第十一章は、フィリップ・B・カーランドとゲァハード・キャスパーが編集しシカゴ大学が出版する *Supreme Court Review* の Vol. 1979 に掲載された論文を基礎としている。第十二章は、拙著 *Ecomomic Analysis of Law* の第二七章を基礎としている。第十三章は、前述のカーランドとキャスパーによる、*Supreme Court Review*, Vol. 1974 に掲載された論文を基礎としている。第十四章は、*California Law Review* の Vol. 67 (copyright © 1979, *California Law Review* Inc.) に掲載された論文を基礎としている。私は、これらの論稿の使用を許可して下さったそれぞれの著作権者に対して、ここに感謝申し上げる。

残念なことに、私は、本書の校正を終えた後に出版された *Hofstra Law Review*, Vol. 8 における「法的問題としての効率性をめぐるシンポジウム」所収の、ジュレス・コールマンと私自身のそれを除く、各論稿に目を通す機会に恵まれなかった。このシンポジウムに提出された多くの論稿は、本書の第I部で検討した各争点に論及している。これらの論稿に目を通すことによって私の結論が変化するものではないとしても、私は、これらの論稿をその若干なりとも参照する機会を持つべきであったと思っている。私は、現在、本書において検討したすべての論点について、最終的な結論を下していないことを思い起こしつつ、自らを慰めている次第である。

一九八〇年九月

リチャード・A・ポズナー

第Ⅱ部　正義の起源

正義の経済学

――規範的法律学への挑戦――

第一章　非市場行動に関する経済学序説

本書は、経済学の対象とは一般的に考えられていない幾つかの主題――正義の意味、国家の起源、未開社会の法、犯罪に対する報復、プライバシーの権利、名誉毀損、人種差別、積極的是正措置――などについて、経済学的アプローチを試みるものである。経済学は、経済システム、即ち市場の研究ではないのだろうか。今述べた主題をめぐるいかなる概念や行動も、市場に関連する概念や行動でないことは明らかである。

伝統的な経済学の主題は、確かに、市場における個人や組織の行動に焦点を合わせてきた。しかし、市場を研究するための経済学の基本的な分析道具を一瞥すれば、経済学がより広範に利用可能なことが明らかになる。この経済学の分析道具は、人々は自らの満足を最大化するため合理的に行動する、という仮説に基づいて構成されている。経済学上の諸原則は、このような仮説からの演繹である。例えば、ある財の価格変動は代替財の魅力に影響を及ぼすこと を通じてその財の供給量を増減させるという原則、資源は最大の報酬をもたらす利用者の手に引き寄せられるという原則、個人は限界的な（最後の）一ドルが同等の満足を生み出すように財やサービスを購入するための予算を配分するという原則、などがそれである。この最後の原則は、もしある者がそのように予算を配分していなければ、その再配分によって彼の総効用・総厚生を増大させる余地があることを意味している。

人々は、市場における取引活動に全面的ないし部分的に従事している時にのみ合理的に行動しており、結婚、訴訟、犯罪、差別、情報秘匿など、人生における他の局面の活動に従事している時には合理的に行動していない、という想定は自明のことであろうか。あるいは、近代西欧社会ないし西欧化された社会の市民だけが、合理的に行動していると想定できるだろうか。もし合理的な行動が、明示的な市場取引にのみ限定されず、社会的行動に固有の一般的かつ支配的な行動様式であるとすれば、経済学者が幾世代にもわたって市場行動を説明するために創出してきた概念装置は、非市場的行動についても利用可能となる。

経済学のこのような拡張が実際に有益であるか否かという設問に対しては、論理的根拠に基づいて回答できるものでもなければ、また直観によって回答すべきものでもない。私は、説得力に欠けまた生活実態にも反するような、以下の見解を耳にすることがある。それは、個人の意思決定がそれぞれの生活局面で厳格に区分されているため、人々は日常的な商品購入に際しては合理的に行動するが、例えばロー・スクールを受験すべきか否か、結婚するか否か、所得税をごまかすか否か、三人目の子供を生むか否か、あるいは訴訟を提起するか否か、などの決定に際しては合理的な行動を採らないという見解である。しかし、多くの読者は、これらの選択決定が単に重要であるというよりも余りに重大な決定であるがゆえに、合理的判断というよりむしろ感情的な判断に委ねられるべき領域に属している、と考えるだろう。経済学の非市場的行動領域への拡張から生み出される成果の唯一の評価方法は、非市場的行動に関する経済学的研究を蓄積しその成果を正当に評価することにある。

経済学の近代的発展の草創期に、人々はその生活の全領域において自己の満足を最大化すべく合理的に行動する、と信じていた一人の思想家がいた。それがジェレミー・ベンサムであって、いささか不運な役廻りではあるが、彼は本書の第I部において私の批判の主たる対象とされることになる。犯罪と刑罰に対して経済学を適用したベンサムの研究は、経済学者によってほとんど二百年にわたって無視されてきたが、その研究は刑罰学の領域では影響力を維持し続けている。ベンサムは、人々は時間や場所のいかんにかかわらず、自らの利益追求のために合理的に行動する、という彼の見解を支持する証拠を示したわけではない。彼は、単にそれを主張したに過ぎず、このため後世の経済学者たちは彼の主張を検証に値するものとは認めなかったのである。

非市場的行動に経済学を適用する研究は、最近に至って復活する兆しをみせているが、これはシカゴ大学のゲリー・ベッカーをもって嚆矢とする。しかし、思想史領域の常として、彼の先達を見出すこともできる[1]。人種差別に経済学を適用した一九五七年の彼の博士論文[2]を始めとして、彼とその弟子たちは、経済学の適用対象領域を次々に拡大した。それらは、教育、家族計画、家事労働、犯罪者と訴追者の行動、慈善行為、有史以前の狩猟活動、奴隷制度、自殺行為、姦通行為、さらには鼠と鳩の行動の研究までが含まれている[3]。本書は、市場行動にのみ限定されない合理的な選択行動の研究として経済学を再定義する、彼の論文や研究業績の評価を試みるものではない。彼の業績は、膨大かつ多様でしばしば技術的性質を伴っているために、その多くは経済学の専門家の間でも議論の余地あるものとなっている[4]からである。ここでは、ベッカーの論文の出現によってはじめて、正義やプライバシー、未開社会の法、人種差別に対する憲法上の規制などの主題について、経済学的アプローチが可能になったと示唆してもあながち不適切ではない、と指摘することで充分だろう。

私の非市場的行動の経済学に対する関心は、法の経済分析、ないし若干混乱を招くが、「法と経済学」と称される領域に始まり、現在もなおこの領域に主要な関心を置き続けている。本書は、私の関心領域が拡がり、厳密な意味における法を超えた社会的経験の諸側面にも及んで来たことを示している。しかし、本書のすべての記述は、法の経済分析から生み出されたものである。それゆえ、ここで、この研究領域の概要を本書で言及している特定の問題と関連させて簡単に説明することは、読者にとって有益であると思われる[5]。法の経済分析は、二つの研究領域から成り立っている。比較的古い領域は、多かれ少なかれ、明示的な経済活動を規制する法を分析の対象としている。この領域における研究成果は、少なくとも、重商主義立法の経済的効果について議論した、アダム・スミスの時代まで遡ることができる。これらの研究は今日でも依然、法の経済分析の重要な部分を構成しており、また量的な意味で、最も重要な部分を占めていることは確かである。この領域には、反トラスト法、租税法、企業法、あるいは公益事業や陸運事業に対する規制、国際貿易その他の市場活動に対する規制、などが含まれる。

もう一つの領域は、非市場的活動を規制する法を分析の対象とし、その大部分は最近の研究成果に属している。本書が対象とするのは、まさにこの領域である。この領域における研究のパイオニアは、ロナルド・コースとグィド・カラブレイジである。コースは、一九六一年に出版された社会的費用に関する有名な論文において、責任ルールと資源配分との関係を分析した(6)。この主題は、また、事故法に関するカラブレイジの最初の論文の主題でもあった。同論文は、コースの研究とは全く独立に書かれたものであるが、奇しくもコースのそれと同年に出版されている(7)。コースの論文は、因みにその主要な関心が以下の問題に向けられていたわけではないが、次のように事実を観察している。彼は、イギリスの裁判所がコモン・ロー上のニューサンス法理（財産権の享有を侵害する環境汚染その他これに関連する生活侵害類型に適用される法理）を解釈する際に、さまざまな事件における争点を経済学理論に整合させるやり方で解決してきたと述べている。イギリスの裁判官たちは、実際、それが総じて直観的なものであったにせよ、経済学者以上に経済学の本質を正確に把握していた。コモン・ロー上の法理の経済学的性質についてのコースの洞察は、その後暫くの間、これ以上に発展することはなかった。しかし、一九七一年以降、この領域における一連の研究業績が公表された結果、現在ではその蓄積は、隆々たるものがある。筆者はもとより他の研究者たちも、恰かも裁判官たちが経済的厚生を最大化しようと試みているかのように、コモン・ローを解説することが最良の説明方法である、という仮説の検証を始めている(8)。この仮説は、裁判官が競争的市場の論理を認識できるとか、認識しているという根拠に基づくものではない。それは、法制度を運営する費用（この費用には法制度を通じて効率性を促進する努力のすべてを算入すべきである）によって限界づけられるとしても、コモン・ロー上の判決は効率的な競争から派生する帰結に近似する経済システムを体現している、という趣旨である。この場合、効率的な競争とは、外部性や独占あるいは情報不足などの重大な欠陥なしに機能している、自由市場における競争を意味している。

コモン・ローに内在する経済学的論理を示す証拠は、法的ルール、法的制度、法的手続あるいは法的効果などをめぐる多くの研究を通じて検証されてきた。これらの研究は[9]、ラーニッド・ハンド判事の過失責任に関する定式のように、裁判所がある法についての経済学的な定式化を実質的かつ明確に採用した、というような特別の事例に限定されるものではない。ハンド判事は、過失責任を注意義務違反として位置づけた。彼は、注意のための費用（彼はこれを「予防のための負担」と名づけた）が、事故の発生に由来する損失に事故の発生確率を乗じた積よりも低い場合に、この注意義務違反が成立すると解釈した。経済学者は、この掛け算の積を事故の期待費用と名づけている。ハンドの定式は、注意義務と過失責任に対する効率性の概念を、完全なそれではないが経済学的な近似値にまで高めているのである[10]。しかし、コモン・ローの経済学的論理は、このハンドの定式に見られるよりも一層安定したものである。経済学者および経済学的素養を持った法律家は、極めて多様なコモン・ロー上の法理の分析を通じて、法理論が奇妙なほど経済学に追随している事実を発見するだろう。これらの法理論の若干の例としては、不法行為法における危険引受の法理、殺人罪の等級、不法行為と契約に関する損害賠償の原則、近接的因果関係、契約法における錯誤および詐欺、原状回復の原則、「道徳的約因」の法理、水利に関する財産権の構造、共同不法行為法、海事法における救助のルール[11]、などが挙げられる。

本書の構成

本書の第I部は、コモン・ローの実証的経済分析を導く富の最大化としての効率性の概念と認容可能な正義の概念の関係について取り扱う。富の最大化の概念こそ、コモン・ローの実証的な経済分析の論理を導き出した概念である。正義と効率性の関係は、それ自体興味深い主題である。しかし、私の主たる関心は、効率性理論をそのまま受け入れることは不可能であるという、ときたま耳にする懸念に由来している。この懸念は、正義と同様に富の最大化も極めて大雑把な概念であるため、裁判官を説得することはできないことを理由としている。(12) このような懸念に対しては、コモン・ローは、裁判官の嗜好によって影響を受けていない、と回答することも可能だろう。たしかに、コモン・ローは、たとえ裁判官の判決が恣意的である場合でさえ、効率性を認める方向に発展してきたという推定を立証する努力を重ねてきた。(13) しかし、この回答は、そのような強い推定の下においてのみ、説得力があるに過ぎない。(14) 私の回答は、これとは異なるものである。私が定義する効率性の概念とは、少なくともコモン・ロー上の判決に際して、裁判官が無理なく依拠することができるような適切な正義の概念である。なぜなら、この結論は、コモン・ロー上の効率性の理論と、立法過程の経済分析で近年支配的になっている利害関係集団理論ないし再配分理論を、究極的には調和させる方向を目指しているからである。さらに、本書の第Ⅰ部は、法的・政治的行動の指針として機能してきた、古典的な功利主義と経済学の相違について解明することをも意図している。

本書の第Ⅱ部は、古代のそれを含む未開社会の社会的ないし法的秩序を取り扱っている。コモン・ローの理論の多くは、古代にその起源を持っている。未開社会の多くの法も、コモン・ローと同様に、立法化ないし法典化されていない慣習的な法である。(15) それゆえ、コモン・ローの経済理論は未開社会の法についても、同様な方法で説明することが可能か否か、検討する価値があるように思われる。翻って、未開社会の法は、コモン・ローの実証的経済分析から派生する様々な疑問を解き明すことができる。このような疑問の一つに、何故十九世紀において、有責性に関する判断基準としての厳格責任が、ネグリジェンスとの相対的な比較において、その重要性を低下させたのか、というものがある。厳格責任は、時には不法行為と同様に犯罪行為に対する責任基準でもあったという意味で、未開社会における有責性の一般的基準であったことは注目に値する。また、未開の法が、いかなる特質によって近代の法と区別されるのか、検討することも重要であろう。私の未開社会と法に関する研究は、実際に、厳格責任が近代社会のそれに比べ未開社会の責任システムとしてより大きな脚光を浴びていた、その理由を探究することに始まったのである。

第Ⅲ部では、最初に、プライバシーとそれに関連する諸利益についての経済理論を展開する。次に、不正競争、暴行・暴行未遂、名誉毀損およびプライバシーの不法行為自体をも含む、コモン・ロー上のプライバシーをめぐる法理が上記の経済理論と整合するか否かについて考察する。もしこの第Ⅲ部の各章における私の議論が受け入れられるならば、狭義の「経済的」諸活動から非常に掛け離れた法理論を説明するに当って、経済学の力量を積極的に示す証拠となるだろう。

第Ⅳ部では、正義に関する非効率性の概念、というよりもむしろ反効率性の概念について説明する。この場合の正義とは、追加的調査のための費用支出がその調査によって獲得される追加的情報の価値を超える場合、その費用支出に対する個人的評価としての正義の概念である。私の議論は、人種や人種に関連する差別の大部分は、情報費用を節約するがゆえに効率的であるという主張に基づいている。しかし、合衆国憲法の修正第十四条の平等保護条項は、このような効率性に基づく差別を否定する正義の概念を体現するもの、と私は解釈している。したがって、この領域における経済学の役割は、法律学の立場を説明するのではなく、正義に関する経済学的概念を非経済学的概念から区別することにある。この第Ⅳ部では、積極的是正措置に焦点を合わせている。なぜなら、この積極的是正措置こそが、差別に対する法政策の最も重要な断面を示すからである。

第Ⅳ部は、効率性によってコモン・ローの諸原則を説明することは可能であるとしても、それは若干の憲法上のルールを説明するには役立たないという証拠を提示する。これに関連する証拠は、プライバシーを取り扱う第Ⅲ部でも提示されている。なぜなら、プライバシーに関する州および連邦の制定法が効率性に反しているのみならず、合衆国最高裁判所もまた、この領域における経済学の成果と体系的に整合しない憲法上のプライバシー法理を展開してきたからである。

本書の各章における記述は、相互に関連性を持っている。それは、法の実証的な経済分析という共通項という意味のみならず、不確実性の経済学への収斂という点でも、相互関連性を持っているという趣旨である。不確実性は、多くの人が嫌悪する危険の源泉であり、多様な保険制度を通じて危険を回避する需要の源泉でもある。不確実性は、また、情報に対する需要をも創り出す。非市場的経済学の重要な一分野である情報の経済学は、そのパイオニアであるジョージ・スティグラーによって開拓された(16)。彼は、富の最大化を合理的に追求する人々が、利益の多い売買の機会を見出すために、いかに彼らの時間や資源を配分するかを研究した。彼の研究は、市場における情報に焦点を合わせていた。しかし、それは非市場的行動の領域と看做すのが適切であろう。なぜなら、情報それ自体は、稀にしか売買の対象とはされないからである。情報の経済学に関する研究者たちは、最近、詐欺および信用に対する投資行動にまでその研究対象を拡げているのである。

危険や過失の意味での不確実性概念の分析は、本書で議論するそれぞれの主題にとって基本的な構成要素となっている。契約違反を含む様々な権利侵害行為は、不確実な事件や事故から派生する。しかし、すべての侵害行為に対して補償を義務づけていないという理由で、法制度を不備であると非難するのは皮相な見解に過ぎない。第I部で説明するように、たとえ事後の補償がなされないとしても、事前の補償がしばしばなされている。また第II部では、危険および間違った情報という意味における不確実性の概念は、未開社会の社会制度や法制度にとって不可欠の構成要素であったという事実が示されている。未開社会において非公式の保険制度が強調されるのは、それに代わりうる保険機構が欠如していたことに由来する。また、未開社会において厳格責任が強調されたのも、人々の注意や意思に関する情報費用が高かったことに関連している。第III部の主題であるプライバシーの最も重要な意味は、個人情報の秘匿にある。この意味におけるプライバシーの保護に関連して最も注目されるべき事例は、たとえそれが最終的には是正されるとしても、個人的情報が間違って解釈される場合である。人々は、ある人が同性愛者や前科者であるとかあるいは精神病歴を持っている、などの情報収集に非常な熱意を傾ける。統計的な意味での「効率性」に基づく差別に反対する人々は、今述べた事例と同様に、ある人が黒人や女性であるとの認識を人々が過度に重視する傾向を批判している。しかし、黒人や女性であるという事実は隠し立てできない。だから、差別禁止政策は、個人的情報の秘密保護という視点から、特定の個人と取引する使用者や他の第三者がその個人情報を意思決定の基礎として利用することを禁止する方向へと、その政策的視点を移動させている。この類型における差別禁止政策については、第Ⅳ部で取り扱う。

不確実性の経済学については、第一章での論議に加えて、本書のあらゆる章で相互に関連させて展開する。例えば、第八章では、報復の意味を説明するに際して、情報の資本価値の一形態である社会的信用の概念について検討する。また、第十章では、口頭および文書による名誉毀損が不法行為にあたる理由について説明する。しかし、この第一章の導入部の目的は、本書の要約を試みることではない。その目的は、後述する各章におけるコモン・ロー上の効率的な法理論に関連する、非市場的行動の経済学一般およびその法領域への適用について、読者の理解を求めるとともに、本書において究明される正義の経済学的概念の中核を成す、不確実性・危険・情報などの概念の重要性について、読者の注意を喚起することにある。

第Ⅰ部　正義と効率性

第二章　ブラックストンとベンサム

この章の目的は、最も実践的な功利主義者ジェレミー・ベンサムの思想を検討することによって読者の功利主義への不信を喚起しようという、主に功利主義を批判することにある。功利主義に対する批判はこれまでなされなかったわけではないし、私の批判の多くもまた古くからの批判と同じものである。私の批判の幾分新しい点は、人々は人生の全分野において自らの満足の合理的最大化のために行動するというベンサムの見解に同意すると同時に、経済的効率性が科学的かつ倫理的概念であると信じている点である。このように言うと、経済学は単なる応用功利主義ではないのだろうか、という疑問が生じるかもしれない。その回答は否定的であるべきで、その理由を以下に示したいと思う。功利主義に対する私の攻撃の視角も、ウィリアム・ブラックストンを徹底的に嫌悪したベンサム思想の基本的性格への手掛かりを探ろうという点で新しいものである。

ブラックストンの『釈義』

ウィリアム・ブラックストンは、一七五八年、オックスフォード大学のイギリス法の首席教授に選ばれた。一七六五年から一七六九年にわたって、彼は、オックスフォードにおける講義を基に『イギリス法釈義』四巻を発表した。一七七六年に、十六歳の学生としてブラックストンの講義を聴講したジェレミー・ベンサムは、『政府論断片』を発表して『釈義』に激しい攻撃を加えた。『断片』は、その序において『釈義』に対する概括的な反駁と、一部の例外を別として、ブラックストンが法の性質を論じた『釈義』の序論数頁の文章の仔細な批判から成り立っている。ベンサムは、『釈義』の残余の二千頁を吟味したとしても、それは理論的分析に価しないという印象を読者に与えた。

『断片』は、基本的に二つの批判を行っている。第一は、ブラックストンは恥知らずな現状擁護の弁明者である、そして第二は、法的義務の性質と源泉に関する彼の分析は浅薄で通俗的かつ矛盾に満ちている、という二点である。結局、サミュエル・ジョンソンがかつて言ったように、ブラックストンの思想は明確であるとしても、思想としての迫力に欠けている、と。(1)(2)

確かに、『釈義』には批判すべき点も多々あるけれども、賞賛すべき点も多いのである。その明確性と簡明性も賞賛されてよい。加えて、ブラックストンは以下の二つの法律学の方法を結合させた。(3)その一つは、モンテスキューの『法の精神』に代表されるように、抽象的に法の社会的機能を分析し、現実の法体系については僅かな言及にとどめておくやり方である。他の一つは、ブラクトンのイギリス法論やポチエの民法に関する論稿などに例示されているように、ある社会における現実の法を叙述するやり方である。(4)ブラックストンは、イギリス法が社会の経済的、政治的、その他の目的を達成するためにどのように機能しているかを明らかにした。彼の機能主義は、本書の第一章で述べた、コモン・ローの実証的経済分析の遠い祖先とみなすこともできよう。

『釈義』にこめられたブラックストンの抱負は、法を「合理的科学」によって叙述することであった。(5)彼はどの程度これを成し遂げただろうか。この質問に答えるためには、イギリス法の範囲と性格についてのブラックストンの分析を吟味してみなければならない。

ブラックストンにとって、法の究極目的は基本的権利の確保であった。これによって、彼は社会的厚生の最大化条件を示したようにみえるが、これは私が次章で論ずる社会的富の最大化のテーマと似通っている。基本的権利は、ときとして「イギリス人の自由」ともいわれ、「主としてそれは個人的安全保障、個人的自由、および私有財産の自由な享受から成り立っている。(6)」ブラックストンの自由社会の概念は、アダム・スミスやその他の自由主義者の概念に近いもので、原初的で殆んど忘れられた概念である。即ち、人々は、他人の自由を侵害しないかぎり、彼らの好むところに従って行動する自由を持つべきだ、と主張するものである。

経済的自由に関するブラックストンの概念は、アダム・スミスの概念ほど広大ではないが、当時としては印象的なものであった。(7) 市民的自由に関する彼の観念も、ジョン・スチュアート・ミルの観念ほど広大ではないが、当時としてはやはり印象的なものであった。宗教的自由に関しては、ブラックストンは次のように述べた。「いかに荒唐無稽な意見であろうとも、異なる意見に対するあらゆる迫害は、健全な政策と市民的自由のあらゆる原則に矛盾する。(8)」報道の自由に関する彼の議論はすこぶる有名である。

報道の自由は、自由な国家の性質にとってきわめて本質的なものである。しかし、このような自由は、出版公表に「先立つ」制約を設けないということであって、出版物に対する犯罪としての訴追からの自由を意味するわけではない。全ての自由人は、彼が好むところに従ってその感情を公衆の前で表現する、疑いえない権利をもっている。これを禁止するなら、報道の自由は崩壊してしまう。しかし、彼が不適切または有害あるいは違法な事実を公表したなら、彼は自身の無思慮な行為から生ずる全ての結果を甘受しなければならない。報道の自由を承認審査官の制約権限に服させることは、イギリス革命以前にも以後にも行われていた。ところが、この制度は、表現の自由を一人の人間の独善的判断に服させることになり、彼をして、学問、宗教、および政治におけるすべての論争点に関して勝手気ままで無謬の裁判官たらしめることになる。現行法の下でも、公平かつ不偏な審判により有害で破壊的であると判定されるような危険で非道徳的な著作を処罰することは、市民的自由の唯一の強固な基礎とされるべき、統治における安寧と秩序および信教の自由保持にとって必要である。だから個人の意志は依然として自由に任されるべきである。自由意思の誤用悪用のみが刑罰の対象となる。思想あるいは研究の自由に対してはいかなる制約も設けられない。私的な感情表現の自由も維持される。しかし、有害で社会目的にとって破壊的な感情表現と普及は、社会が矯正すべき犯罪を構成す

る。(9)

現代の読者は、この文章を読んだ時、事前検閲と出版後の事後的刑罰との二分法に驚かされる。しかし前者のみがブラックストンの報道の自由に関する概念に抵触することになる。このような二分法に対する説明は、おそらく、ブラックストンがイギリスの陪審制度に期待した政治的役割の中に潜んでいる。彼は、いずれ後でみるように、陪審を政府官僚による抑圧に対する重要な防護者と考えていた。彼は、ジャーナリストの著作が扇動的であったり中傷的であるという理由からではなく、国王もしくは閣僚達に対して攻撃的であるという理由だけで有罪とすることはないという点で、陪審を信頼することができた。報道の自由にとって真の危険は、陪審制度の外部で行動する官僚としての検閲官であった。

ブラックストンは、彼の理解する方法によって、信教と報道の自由については厳しい防衛の論陣を張った。けれども、彼の『釈義』第一巻における個人的自由の議論においては、この自由に言及していない。また、言論の自由についての言及もない。しかし、ブラックストンは、不平・苦情の除去について国王や国会に請願する権利は基本的で奪うことのできないものであることを認めていた。つまり、ブラックストンは市民的自由の重要性も理解していた。しかし、彼の分析は体系的ではなかった。

基本的権利の行使は、ブラックストンの見解によれば、「必要な制約——それ自体きわめて寛大、穏健であって、後の研究において示されるように、感受性あるいは誠実さを備えた人ならばそれを緩和しようなどとは思わない程度の制約」には服さなければならない。けれども、基本的権利は破棄され得ないものである。即ち、所有者自身が権利喪失に至るような行為をしないかぎり、いかなる立法府も、そのような権利を剝奪したり破棄したりする権能はもたない。(10) ブラックストンはその後、裁判所が、正当に制定された議会制定法を無効にできるとの意見を否定したために、この命題の迫力は削がれてしまった。彼は、このような根本的不整合性から免れるためにロックの見解を採り入れた。ロックの見解は、『釈義』出版の数年後のアメリカ独立宣言に反映されるものであって、基本的権利の剝奪は革命を正当化するとしている。しかし、革命は、それに伴う費用を考えあわせれば、それが基本的権利の剝奪に対する満足できる救済と考えることはできない。また、この見解は、後で考察するブラックストンの次のような主張とも整合しない。即ち、あらゆる法的権利は、裁判所によって執行可能な救済を包含するものであり、救済なき権利は用語上の矛盾である、という主張である。ブラックストンは、確かに、基本的権利の主たる保護は、法的救済や暴力的革命にあるのではなく、当時のイギリス憲法によって達成されていた社会における政治的諸勢力間の力のバランスの中に存するものと信じていた。

基本的権利は、政府に対する権利であるのみならず私的強制に対する権利でもあり、したがってイギリス人は、効果的な刑法体系の制定と執行に対して不可侵の権利をもつ、とブラックストンは想定したのである。この問題に関するアメリカ人の見解は、異なったものである。アメリカ憲法における権利とは、基本的には公務員に対する権利である。私的強制に対する保護は、立法的裁量に属する事項である。このことは、連邦レベルのコモン・ロー犯罪は存在しないことを意味しており、これが長い間アメリカ的見解であった。これとは対照的にイギリスでは、コモン・ロー犯罪を受け入れてきた。このような態度は、ブラックストンの見解にも含意されているように、イギリス人の基本的自由は公的侵害に対しても私的侵害に対しても保護されるという考え方から自然に派生したものである。ブラックストンは、権利を広い意味では社会的厚生の条件であるとみなした。この彼の見解は、私の前述の指摘を偶然にも補強してくれると考えることは、極めて興味深くかつ決して馬鹿げた考えではない。社会的厚生は、明らかに公的強制や私的強制に対する保護を必要とする。

ブラックストンは、一七七六年当時の時代状況の中で、イギリス人の自由に対する政府の侵害という危険について、以下のように力説している。

> これらの自由を侵犯から護るためには、議会制度を全力をあげて支持しつつ、王権に対して明確な制限を課す必要がある。そして、イギリス国民は、これらの権利が現実に犯されたり攻撃されたりしたときにはこれを擁護するために、まず最初に通常の行政手続に加えて裁判所における正義の実現手続に訴える資格をもっ

ている。次に、国王および議会に対して不平の除去を請願する権利を有し、最後に、自己保存と自己防衛のために武器を所有し使用することが許される(11)。

『釈義』における自由の概念に関連するのは、法は私的行動よりむしろ社会的・公共的行動に関心があるとする考え方である。彼は、次のように述べている。

ある人が本来的に放埒で実際行動も欠点が多いとしても、彼が自己の不行跡を自分自身にとどめ、公共道徳のルールに違反していなければ、彼は人間社会における法の適用対象とされるべきではない。

……たとえば、エドワード四世が定めた制定法は、この時代の貴族の称号をもつ紳士に対して靴や長靴に二インチ以上のパイク（穂先）の着用を禁止した。これは、抑圧の気配がある法律であった。なぜなら、このような流行は、馬鹿げたものにみえたかもしれないが、罰金を課してそれを禁止しても何ら公共的利益に役立たないからである。しかし、チャールズ二世の制定法は、外見上は公共の利益と無関係な問題について規定していた。この制定法は、死者は毛織物で包まなければならないと規定していたが、公衆の自由と矛盾するものではなかった。なぜなら、それは、イギリス国家の一般的利益がそこに依存する重要品目である繊維製品の交易を促進するからである。国家の統治機構ないしその枠組を規定する法体系は、市民的自由を維持する目的のみを想定している。この市民的自由は、イギリス国民に対して、自らの行為については完全な主人公となることを保障している。しかし、公共的利益がある方針または制約を義務づける場合には例外となる(12)。

アダム・スミスの立場からみれば、ブラックストンによる功利主義的な法の説明は馬鹿馬鹿しく不適切にみえるかもしれないが、それでも一般原則はうまく表現されている。即ち、「共同効用」あるいは「公共的厚生」という一般原則は、すべての人の行為が他人の権利を害したり社会的厚生を減少させないかぎり、「彼の行動の完全な支配権」を委ねることを法は義務づける、というのである。

また、これと関連する要点の一つは、ブラックストンが法と良心との分離を試みたことである。

ブラックストンは、百年以上も前にホームズ（O.W. Holmes）の法に関する「性悪」説を予見するかのように、「法の主たる支配力と影響力はそれと結合した罰則に存する」と書いた[13]。それゆえ、彼は、法的救済のない法的権利はなく、救済手続の欠如は権利の不存在を意味することになると指摘した。ブラックストンは、ホームズと同様に、以下のような含意を導き出している。

> 明白な義務だけを課し、そして自然犯ではなく法の禁ずる悪事のみを禁止し、しかも、道徳上の罪との混同を排しながらも、不服従には刑罰を課するような法律は、法に違反した際には刑罰に服させることを除けば、もはや良心には関係ないように思われる。なぜなら、もしそうでなければ、一国における大多数の刑罰法は、無得策であるばかりでなく、不愉快なものと見做されるであろう。それは、あらゆる法が人民の良心に対する罠であることを意味するからである。しかし、この場合には、選択肢がすべての人に与えられている。即ち「このような行為をさし控えるか、あるいは刑罰に服するか」という選択肢である。このどちらを適当と考えて受け入れるか、人の良心は明瞭であろう[14]。

社会における法の役割についてのブラックストンの見解は、世俗的で寛大なものであった。法の役割は、人々が天国へ入る機会を増大させることではなくて、社会的厚生を減少させる行為を刑罰によって思い止まらせることであった。ブラックストンは暗黙のうちに、法的制裁は禁止された活動に対する需要およびその結果に影響を及ぼす対価の役割を果たす、と考えていたように思われる。

これまで述べてきたように、法の性質および目的に関するブラックストンの観念は、幾分抽象的ではあった。しかし、『釈義』において目立つ点は、彼の時代における法システムの中の特定のルールや制度に内在する概念の相互関連性を跡づける徹底性と精密性である。ブラックストンは、生命・自由および財産に対する基本的権利が効果的に保護されるためには、多くの補助的な手続上および実体上の権利によって強化される必要があることを強調した。そして、彼が『釈義』の中でイギリス人の権利として叙述したものは、後にアメリカの権利章典の中で法典化された権利の大部分を占めている。ブラックストンは、人身保護令状に関する権利や民事・刑事の双方における陪審裁判に関する権利について以下のように論じている。

すべての事件において、拘禁刑の全面的適用除外を認めることは、法および政治的社会についてのあらゆる理念と矛盾する。そして、市民的自由の保護を不可能にしてしまうことにより、究極的にはすべての市民的自由を破壊するであろう。しかし、イギリス法の素晴らしさは、拘禁の期間と原因を法定し、さらに拘禁が合法的であるための条件として、その範囲、時期、理由および程度を明瞭に定義していることにある。このことこそ、あらゆる犯罪行為に対して、拘禁刑を適用する理由を明示するという絶対的な必要性を導きだすのである。裁判所は、人身保護令状を発する際に、拘禁の有効性を審理し、事件の状況によって、囚人を釈放したり、保釈を認めたり、あるいは再拘禁することができるのである。(15)

政治思想家としてのブラックストンは、権力の分立という思想（行政・立法・司法の各権力の別の政府部門への配分）を創造したのではなくこれを発展させた、モンテスキューの二流の信奉者とつねに考えられてきた。しかし、ブラックストンは、権力の形式的三分割を、政治権力のより広範な拡散システムの一要素にすぎないものとみていた。彼はまた、この拡散システムにおいては、権力は抑止と均衡のシステムという形をとって多数の政府機関に分割されるべきであり、(16)しかも、富あるいは他の要素に基づいた（形式的な法的権力とは別個の）基本的政治権力はさらに広範に拡散されるべきであると考えていた。統治権力の承継に関する複数のルールを評価するに際して、彼は、富の分配効果に重要な位置を与えた。(17)そして彼は、無産者は自らの投票権を売却することを通じて、富裕者の政治的影響力の拡大を招くかもしれないという理由で、選挙権者に対する財産資格制限を弁護した。(18)

ブラックストンは、十八世紀のイギリス憲法の機能について、過度に理想化された描写を行ったと批判され続けてきた。このような批判は、当を得ている。イギリスの下院議員への投票の多くは、国王および少数の有力な貴族によって間接的にコントロールされていた。この時期のイギリス政府は、ブラックストンが暴露した以上に寡頭政治であった。[19] しかし、『釈義』は、憲法の性質について、より現実的な認識を深めるヒントを含んでいる。ブラックストンは、選挙権が与えられる階層の狭さを批判した。[20] そして彼は、国王大権の衰退が国王の政治的権力についてのすべてを物語るものではないことを理解していた。彼は、国王と貴族の協力者とが、権力の槓杆をしっかりと握り続けられるような影響力のシステムについて、次のように遠回しに言及した。

国王の権力がいかに名目的なものとなろうとも、国王の現実の権力は、前世紀におけるいかなる取引によっても、それほど大幅には弱められていない。確かに、国王の権力の多くが捨て去られたが、新たに多くのものが獲得されている。大権に基づく断固たる命令は、柔和な声による影響力行使に道を譲った。奴隷的で時に激発する民衆の無抵抗の姿勢は、法によって確立された軍事組織に屈服した。そして、議会の廃止は、多額の恒久的歳入の議会による信託管理に引き継がれた。[21]

ブラックストンは、国王が任命した裁判官に対する平衡を維持するために、独立した司法部および陪審の重要性を強調した。[22]

もし裁判の管理が選ばれた人々の集団たる行政官および一般的に王公により選ばれた人々や国家の最高の職権を享有するような人々にすべて委ねられるならば、彼らの下す判決は、彼ら自身の生まれながらに持つ高潔さにも拘わらず、彼らの階級および尊厳性に対する無意識の偏見をしばしば含むようになるであろう。少数の者が多数の者の利害および善に対して常に懇切であるべきだということは、人間の本性からは期待されないのである。他方、もし司法権が無作為に一般大衆の手に委ねられるならば、彼らの下す判決は粗野で気紛れなものとなるであろう。そして、裁判所において、新しい訴訟ルールの採用が日常茶飯事のように行われるようになるだろう。それゆえ、時流や人間の感情とは無関係な抽象化された論拠から導かれる一般的命題を構成する法の原理・原則は、裁判官の胸中に預け置かれるべきであり、それらは、適法に彼らの面前で確定された事実に対して、適用されるように秩序立てることが賢明である。なぜなら、そのような法廷においては、不公平の存する余地は殆どないからである。即ち、法は熟知されており、そしてすべての階級や身分にとって同一である。法は、事前に確定された事実という前提から、規則的な結論として生ずるのである。しかし、事実問題をただ一人の行政官に委ねて処理しようとすれば、不公平と不正義が派生するような広大な領域が生まれる。即ち、証明されていないことを証明されたと言い張ったり、あるいは状況を人為的に隠蔽・誇張・歪曲したり恣意的に区分するなど、不公平と不正義の余地が生ずることになる。それゆえ、このような法廷では、中流階級から抽選によって選ばれ合法的人数によって構成される分別と誠実さを備えた陪審員たちが、真実についての最良の調査員であり、また、公共的正義の最も確実な保護者であることが理解されるだろう。というのは、この国で最も権力のある人間といえども、彼の圧制の事実が、審理開始時までには任命されない公平な一二人の人達によって吟味・決定されることを知るならば、他人の権利をあからさまに侵害する行為を犯すことに慎重になるであろうからである。(23)

ブラックストンは、もし法的権利についての定義が裁判官たちの気紛れに任せられるなら、その裁判官たちは専制君主よりも事態を悪化させることに気づいていた。(24)しかし彼が著作に従事していた時代には、イギリスの大部分の法は制定法ではなく、コモン・ローであって、それらは裁判官たちによって以前に宣言された法であった。イギリスの裁判官たちは、彼らの専制君主的な権力を過度に濫用した場合には、立法府による抑止に服したために、専制君主としては小物であるかもしれないが、やはり専制君主であったようにみえる。しかし、ブラックストンは、この見解を斥けた。

裁判所における裁判官たちは、法の受託者でありかつ生ける神託授与者であって、彼らはすべての紛争事件で判決を下さなければならず、しかもその土地の法に従って判決を下すという誓約に拘束されている。その法に関する彼らの知識は、経験と研究および彼らの先輩の下した判決について長い間の個人的な習熟に由来する。そして確かに、これらの判決は、コモン・ローの一部を形成するような慣習の存在を証明する、主要かつ最も権威ある証拠となっている。なぜなら同じ論点が再び訴訟に登場する場合には、以前の先例に従うことが確立されたルールとなっているからである。同様に、正義の尺度を等しく確固として保つこと、および新しい裁判官の意見によってそれが放棄されないことも確立されたルールとなっている。同様に、そのような場合における法は、厳粛に宣言され決定されるがゆえに、以前は不確定でおそらくどっちつかずであった法が恒久的なルールとなっている。そして、後に登場する裁判官は、彼の胸中における私的な感情に動かされてこのルールを改めたり変更したりすることはない。(25)

ギリシア神話においては、神託授与者は神の発話の解釈者ではなくて、単に受動的な伝達者にすぎない。コモン・ローの裁判官はもちろんのこと、あらゆる裁判官を神託授与者になぞらえることは不条理のようにみえる。しかし、ブラックストンの意図が理解されるならば、神託授与者の比喩は適切なものとなる。彼は、コモン・ローを太古の人人の一連の慣習とみなした。ノルマン人の征服者たちは、古い慣習を封建的な抑圧的制度の下に蔽い隠した。そして、近代のイギリス人裁判官の任務は、古来からの慣習としてのコモン・ローを覆っていたノルマン的外皮をそぎ落し、コモン・ローを往古のサクソン的形式に戻すことであった。司法機能についてのこのような彼の見解は、裁判官に対して、法改正作業における能動的な役割を与えているようにみえるかもしれない。しかし、裁判官は、ひとたびサクソン人的法形式を再構築することに成功した場合には、古来からの慣習という法的概念の受動的代弁者となるにすぎないのである。

文字通りに受けとるなら、司法機能についてのブラックストンの概念は、多くの疑問を呼びおこす。サクソン人は、本当に十八世紀に適した一連の法的制度を発展させていただろうか。ブラックストンは、サクソン人の法と司法制度に関して漠然とした考え以上のものをもっていたのだろうか。ブラックストンの時代の裁判官たちは、本当に彼らの機能をそれほど考古学的なものと考えていたのだろうか。しかし、これらの疑問は、コモン・ローによる裁判に関するブラックストンの理論の真の論点を見逃している。彼は、コモン・ローを同時代の社会的な必要に適合させるために、司法的創造性を合理的に説明しようとしていたのである。ギボンの『ローマ帝国衰亡史』(『釈義』の後に出版された)以前には、社会的進歩あるいは社会的改善は、新たなより高次の社会的厚生への進化というよりは、往時の天上の楽園状態の回復を想定していた。(26) ブラックストンの見解においては、法的制度は変化し進化するものではあるが、その進化は彼の時代精神と軌を一にして、遠い昔の想像上の神の恩寵という過去の状態に彼が据えた一連の理想的概念へと向うものであった。このような考え方は、ブラックストンの独創ではないが、(27) 彼は、裁判官に実質的な法の修正を許容するコモン・ローにおける裁判の概念を構築した。その修正については、裁判官はサクソン時代の自由という理想に法を調和させるべく努めるのである。しかし同時に、彼は、専制君主的な臭いをもつ公然たる司法積極主義をも否定した。

ブラックストンの見解は、司法の正統性の問題に対する近代的な回答ではないけれども、近代的な回答に類似している。合衆国最高裁判所の判事たちは、彼らの個人的な嗜好から法を創り出しているという批評を認めてはいない。彼らは、むしろ、憲法の制定者たちの意図――確かに広く考えられるが――を再構築することを企図した、先例の範囲内で行動していると主張する。しかし、第十一章で見るように、連邦最高裁のプライバシーに関する判決をめぐる議論においては、現代の裁判官による一七八七年制定の合衆国憲法の解釈は、ブラックストンの時代において理想化されたノルマン征服以前の社会慣習と同じように、本質的に擬制的な構成になっている。ギボンの『ローマ帝国衰亡史』の出版後二百年を経た現在でも、我々は、新しい自由の獲得というよりは、往古の自由の回復という見地から考えることを好むのである。

ブラックストンによって叙述された概念枠組における司法の創造性を実行することとは、法の修正という作用を行う際、法的擬制に大きく依存するという必然的帰結をもたらす。ブラックストンは、先例拘束性の原理の奴隷的な信奉者ではなかった。彼は、「条理に反するならば」、(28) 先行する判決を覆えすこともできる、と述べている。けれども、彼は、裁判官の法創造の方法として、特に不合理な立法を回避する場合に利用できる唯一の方法として、法的擬制を活用することを好んだ。なぜなら、ブラックストンの見解では、裁判官は立法を無効にする権限を有していないからである。不動産法は、この法的擬制による方法を例示している。不動産法は、ノルマン人によって導入された封建制の下で形成された。しかし、中世法の多くの規定は、封建社会という文脈においてこそ機能していたものの、次第に機能しなくなった。もしこの中世法がその後も機能していたなら、不動産市場を麻痺させていたであろう。けれども、この中世法は、先例においてだけではなく、制定法においても堅固に確立されていた。そこで、イギリスの裁判官は、「通謀不動産回復訴訟」として知られる明確な土地の権原を回復する方法など、法的擬制の巧妙な使用によって中世的な法を回避したのである。

それらの擬制とは、以下のようなものであった。

> 一種の敬虔なる詐欺(pia frause)概念によって導入された手続は、贈与に関する制定法を回避するための擬制である。それは、耐えられないほど有害であると理解されていたが、いまだ立法府の一部門が廃止するのに同意しないような擬制的手続であった。これらの通謀不動産回復の手続は、秘密裡に導入されたのだが、長期間の利用と黙認とによって、現在では、土地についての最も一般的な保証となった。そして、この手続は、それによって継嗣限定土地保有者が彼の土地および保有財産を処分できる、法的譲渡方法とみなされている。それゆえ、いかなる裁判所も、それらの手続が脅かされたり非難されたりすることを許さず、議会の法律さえも、側面からの影響力行使によって支持し確立した手続である[29]。

ウォーレン・コートは、立法府が何らかの理由で効果的に活動できない場合に、裁判所が立法的修正を蔽い隠すことを引き受けるのが適切であるという、その暗黙の見解の歴史的先例として、このブラックストンの一節を使用することができたであろう。

法的擬制の政治的利用は、「国王は悪を為し得ず」という格言についてのブラックストンの議論によって、見事に例示されている[30]。一見したところ、この格言の目的は国王を法の上位に位置させることにあったと思われるかもしれない。しかし、ブラックストンの議論の示唆するところは、この格言の真の目的は、国王を法の制約に服せしめることをより容易にすることであった。国王は悪を為し得ずという擬制、および国王によって行われたいかなる悪も「邪悪な顧問」[31]の責任とすべきであるというそのコロラリーは、国王自身に対してではなく国王の代理人に対する訴訟によって、王権の乱用を抑止するのを可能にしたのである。これによって、裁判所あるいは立法府と国王との間の直接の対決は回避された。この擬制は、本質的に、双方の面目を保つための機能を有していたのである。

ブラックストンが著作に従事した時代のイギリスでは、大部分の法が裁判官によって創造されていたので、彼は法創造における裁判所の役割を強調した。彼は、立法府の役割を無視したのではなく、限定された役割しか与えなかった。立法府の本来の職務は、コモン・ローの先例間の抵触を解決するか、コモン・ローの教義を補足したり応急修理したりすることとされた[32]。現代の見解では、立法府は、立法活動に関して憲法上の制限によって定められた広い範囲内で、現行法について広範な変更を行うことも自由である。ブラックストンは、徹底した漸進主義者だったので、全面的な社会的変更は、いかなる政府機構による場合にも許されないと主張した。

刑事法および刑事手続を扱っている『釈義』の第四巻は、大きな賞賛を得てきた。犯罪行為に対する制裁として死刑に過度に依存することへの雄弁な攻撃[33]は、常に賞賛のために抜き出される一節である。しかし、それは、ブラックストンが彼の死刑に対する見解をベッカリーアから得たという限定が付されている。ここで見落されていることは、刑事法体系に関わる他の諸問題をめぐるブラックストンの幅広い議論だけではなく、彼の目的と、彼が刑事法体系に関するアイディアを借用してきたベッカリーアやその他の法律家の目的との間の相違点である。ベッカリーアの「犯罪と刑罰に関する試論」[34]は、刑罰の原則についての優れた理論的分析である。ブラックストンは、ベッカリーアの理論的命題を採用し、それらをイギリスにおける刑事司法制度の現実に適用した[35]。少なくとも刑罰の最適厳格性に対する犯罪の秘匿可能性の関連性という点において、ブラックストンはベッカリーアより明確であった。(ブラックストンの刑罰の期待費用を刑罰の確率と厳格性との積として、厳密に定義するという見解は、ベンサムのものとして残っているのではあるが。)ブラックストンは、以下のように言っている。

刑罰は、将来生ずるであろう犯罪の防止を主として意図している。その限りでは、同等な害悪をもたらす犯罪相互間では、最も頻繁かつ容易に実行される犯罪を最も厳格に処罰することは、犯罪防止の目的においては合理的である。人々は、そのような罪を犯す機会を最も数多く容易に持つであろうし、これらの犯罪は他の犯罪ほど簡単に防止できないがゆえに、犯罪者はそうしようとする強い誘因を持っているのである。(36)

ブラックストンの限界的犯罪抑止の議論は、ベッカリーアから誘導されたものではあるが、ベッカリーアの理論的分析をイギリス(およびその他の諸国)の現実の法に関連づける方法を示した。

ベッカリーアは、すべての国家において、犯罪の等級は刑罰の等級と連動して、最も重いものから最も軽いものへと逓減的に編成されなければならない、という巧妙な提案を行なった。しかし、それがいかに非現実的な考えであるとしても、少なくとも賢明な立法府ならば、主要な犯罪分類を作成し、第一級の罰則を低い程度の犯罪に割り当てるようなことはしないだろう。人々が、刑罰の性質と程度について区別が為されていないことを知れば、大多数の人々は犯罪に何の区別もないのだという結論に至るだろう。フランスでは、強盗に対する刑罰は、殺人を伴おうと伴うまいと同じ刑罰が科されている。それゆえ、フランス人は殆んど強盗を犯さないが殺人を犯すのである。中国では、殺人者はばらばらに斬り刻まれるが、強盗犯はそうではない。それゆえ、中国では、人々は公道では決して殺人を犯さずにしばしば強盗を犯す。そしてイギリスでは、迅速な刑の執行とそれに続く晒し刑もしくは切断刑といった追加的恐怖が待ちうけている。しかし、強盗犯は流刑を期待できたが、それが殺人犯にまで及ぼされることは滅多になかった。この刑罰制度は、イギリスでも中国におけると同様の効果を有し、それが暗殺や

虐殺の頻発を防止しているのである。(37)

ブラックストンは、刑事事件において弁護人を依頼する権利を早くから支持していた。

しかし、死刑が相当な犯罪において、一般的争点に関して、囚人が弁護人を依頼することは許されていない。但し、法律上の争点が適法に議論の対象とされるべき場合はこの限りではない。これは、コモン・ローで確定されたルールである。このルールには、イギリス法による囚人の人道的取り扱いの一片すらも存しないように思われる。(しかしながら、裁判官は囚人のための弁護人となりうるという法の高適な宣言が正確に理解された場合には、弁解の余地があるかもしれない。それは、裁判官が囚人に対する手続が適法で厳格に規則に即していることを監視する役割がある、という趣旨である。)その表面的理由が何であれ、一人の人間の生命を救うために弁護依頼権を否定することができるだろうか。弁護依頼権は、些細な不法侵入の訴追においてさえ囚人には許されているにも拘わらず——。(38)

ブラックストンは、また、刑事手続の政治的濫用の危険性についてもよく認識していた。私は、刑事事件における陪審の政治的重要性に関する彼の議論を既に引用した。反逆罪の審理における証拠上の要件に関する彼の議論も同じ調子で書かれている。

反逆罪の事件においても、唯一の証人の証言との釣合をとるために、被告人の忠誠誓約手続が存在する。そして、このことが、おそらく、彼に有罪を宣告するためには二重の宣誓証言を法が要求している理由の一つであろう。けれども、その主たる理由は、架空の共謀の犠牲にされることから国民を守ることにあるのは疑いがない。架空の共謀は、いつの時代においても、放縦で狡猾な政治家の手段であった。(39)

最後に、ブラックストンは、古代法によって作られた選択的な刑罰の執行という問題を扱った。「これらの苛酷な罰則(ジプシーの集団内で見受けられる)は、滅多に課されることはなく、公衆はそれを法と認めていなかったのも事実である。しかし、公衆に知られていないことは、不注意な人々に罠をしかけることによって、事態を悪化させる結果を導くのである。(40)」

ブラックストンに対するベンサムの反感

私は、ブラックストンがベンサムの『政府論断片』の中で諷刺されているような改革に対する敵対者ではなかったことを示すために、刑事司法に関するブラックストンの見解を幅広く引用してきた。実際には、ブラックストンは、ベンサム自身の刑事司法に関する若干の見解を予期していたし、彼に影響を与えた可能性もある。ブラックストンは、死刑の過度の利用を批判したばかりでなく、民事法および刑事法のその他の特質についても辛辣な批評家であった。のみならず、確かに間接的にではあったが裁判制度の革新と創造性を高める努力を正当化しようとした。自由と効用は、法を評価するための彼の規準であった。ブラックストンは、彼の時代（そして我々の時代）における社会の法的システムに関する基礎的特徴——コモン・ローの規範創造という発展的性質、陪審による審理、制定法の解釈、法的擬制、司法過程への政治的影響、政府の諸部門間の相互関係、法と道徳との関係など——を識別・叙述・説明することによって、法の科学的研究に対し重要な貢献を果たした。彼はイギリス法を非常に読み易い四巻本に要約したことによって法を平易化し、そして法の理解・批判・修正を容易にする重要な一歩を画したのである。[41]

それでは、我々は、ベンサムの『釈義』に対する猛烈な反感[42]をいかに説明すべきなのだろうか。それに答えるには、ベンサムの目標と方法とを理解する必要がある。ベンサムは、法学と経済学および哲学に対して、重要な貢献を行った。けれども、彼は、自らを理論的あるいは学問的思索家と思ってはおらず、立法による改革者と考えていた。彼は、立法による改革のための思想を、「最大幸福原則」あるいは最大効用原則から演繹した。プリーストリーやベッカリーアなどの著作に既に明瞭に述べられているように、この原則は、健全な社会政策の基準をその政策が最大多数の最大幸福を促進するかどうかに置いていた。[43]ベンサムは、この最大幸福原則を、彼がきわめて詳細に描き出した特定の公共政策の主役に転換した。ベンサムの有名な提案は、刑事司法の分野にあった。ベンサムは、監獄改革以外ではブラックストンと同様、この分野における基本的考え方の大部分をベッカリーアから得ていたのである。

効用原則は、ベンサムを二つの相異なった方向へ導いた。一つは、政府による干渉、特に経済および宗教活動に対する干渉から自由へという方向であった。とりわけ、彼は、アダム・スミスの高利貸付禁止法に対する支持をパターナリスティックであると批判した。もう一つの方向は、押し付けがましく道徳的でしばしばパターナリスティックな、政府の干渉に対するものであった。たとえば、動物虐待を禁止する法、犯罪者の強制的再教育のための法、第三者に対して筆禍によって危難に遭遇した人の救助を義務づける法、などがベンサムの手によって起草されている。ベンサムの提案の分裂症的性格は、効用原則あるいはその適用における非整合性の結果ではなく、効用原則自体の多孔的で非機能的性格の結果であった。数百万もの相異なった人々の幸福は、代替的な諸政策の効用を比較するために、計測したり集計したりすることはできない。たとえば、彼は、最大幸福原則は、「立法者に対して非人道的精神を作り出す傾向のあるすべての行為を禁止すること」(44)を義務づけると考えた。彼は、この理由に加えて、動物も苦痛（不幸）を知覚するという理由で、法は動物虐待を禁止すべきだと主張した。彼は、スポーツとしての釣りを禁止することさえも望んだのである。(45)ベンサム的功利主義者たちは、ルールを定めることなく、最大幸福原則から公共政策を演繹するというゲームを行ったのである。彼が提案した一連の公共政策は、まさに彼の個人的選好に類似したものであった（彼は評判の動物好きであり、特に猫を好んだ）。

乞食の取り扱いについてのベンサムの提案を考えてみよう。彼は、乞食を禁止し、すべての乞食を刑務所に収容すべきであると主張した。しかし彼は乞食を一種の年季奴隷として刑務所に収監し、彼らは刑務所の費用支出を賠償するまで労役を継続し、賠償を終了した時に「完全な解放」を獲得できるとした。(46)乞食は物乞いをされた人々に対して次の二つの効果しか与え得ないであろうという理由で、ベンサムは、彼の乞食問題解決策（年季奴隷にすること）を正当化した。即ち、一つは、物乞いをされた人々に「同情という苦痛」を引きおこすことであり、もし彼らが同情心を欠くならば、もう一つの苦痛である嫌悪の情を引きおこすというのがその理由である。ベンサムによれば、これらの苦痛の総和は、乞食を労役に服させることによって生ずる乞食の厚生の減少よりも大きい。(47) しかし、ベンサムは、この計算をどのように行ったかを説明していない。

ここまでは、ベンサムのブラックストンに対する反感の根拠を殆ど説明していない。ブラックストンもまた、ベンサムほど強調してはいないけれども、「共通の効用」が法の目的であるべきことを信じていたし、また刑務所改革の初期の提唱者であるベッカリーアの後継者であり、(48) さらに私有財産と自由交換の信奉者であった。(49)（ブラックストンは、ベンサムよりも財産制に力点をおき、ベンサムは自由交換制を強調したという相違がある。また、ブラックストンは、彼の後に登場するアダム・スミスと同様に、高利貸付禁止法を支持した。(50)）しかし、一般的にみれば、実質的な政策に関する彼らの相違は超越不可能とは思われない。そして、彼らの見解が異なっている多くの領域において、ベンサムは、ブラックストンが立ち止まったところから、(51) 彼の思考を継続していったのである。

さらに、この二人の間に存在する尖鋭かつ重要な相違は、基本的な相違、あるいは少なくともイデオロギー上の一貫した分裂を表わすものではない。ブラックストンは、婚姻および婦人の権利に関しては伝統的見解をもっていた。他方、ベンサムは、それらの点についてとりわけ近代的な見解をもっていた。(52) しかし、ブラックストンは、自己負罪拒否の特権を支持したが、(53) ベンサムはそれに反対した。ベンサムは、星室裁判所を賞賛したが、陪審制度を軽蔑した。ブラックストンは、陪審制度を擁護したが、星室裁判所を非難した。ブラックストンは、ベンサムよりも階級や特権を快く感じていたけれども、ブラックストンは、ベンサムが激しく非難したようには「水平的平等」を決して非難しなかった。ベンサムは、「平等を求める叫びは、怠惰な者が勤勉な者に対して行う収奪を隠蔽する口実にすぎない」と書いた。(54)

ベンサムのブラックストンに対する反感は、実質的な改革構想の相違というよりも彼の別の知的活動領域に由来するものであり、それは彼の改革案を「売りこむ」努力を払わねばならなかったことに関係する、と私は信じている。彼は、政策変更のための優れたアイディアを考え抜くことだけに満足しなかった。彼は、イギリス（およびメキシコ、ロシアなどあらゆる諸国）の公共政策に彼のアイディアを組み込むことを情熱的に望んだのである。ベンサムのアイディアの大多数は、彼の実質的改革提言の採用を容易にするという明白な目的のために案出されたようにみえる。即ち、彼の法の性質に関する理論、法的擬制その他の意味論に関する理論、および政治に関する理論などがその例である。

ベンサムは、彼の改革案の迅速な採用に立ちはだかる、以下の三つの問題を認識していた。(1)法を創造するコモン・ロー制度とこの制度の中で既得利益を有している法律家と裁判官、(2)意味論上の曖昧さに根ざしている知的混乱、(3)イギリスの優れて均衡的だが完全といえない議院内閣制の三つである。(1)と(3)に関しては、彼はおそらく正しかったであろう。法を創造するイギリスのコモン・ロー制度は、本質的に漸進的であったし、彼の提案に対する反応も冷ややかなものであった。もしベンサムが、ブラックストンの『釈義』に叙述された司法的改革の方法を用いたならば、ベンサムの改革プログラムを実行するのに数百年を要したであろう。なぜなら、ベンサムの改革よりも遠大でない封建的土地法改革を達成するのに数百年かかったからである。

また、十九世紀のイギリスの歴史を通じ、選挙権の拡大と下院への権力の一層の集中（これらはベンサムの政治改革プログラムの目標であった）は、確かに、彼の提案する特定の重要政策の採用に対する前提条件であったかもしれない。そして、このような状況は、主として一八三二年の修正法の通過後に生じたのである。

ブラックストンは、イギリス法の最初の大学教授として任命されさらに『釈義』を出版したことによって、コモン・ローの威信を高めた。そして、これらの事実だけが、ベンサムをして『釈義』を当然の標的とさせた。加えて、『釈義』は、コモン・ローの法創造を支持する熱情と、広範な法改革のための制定法利用についての懐疑主義とが結びついていた。ブラックストンは、法典化の原則さえも攻撃したのである。法典化という言葉を発明したベンサムにとって、法典化とは、制定法やコモン・ローあるいはその領域を支配したであろう慣習上の諸原則の寄せ集めに取って替るような、最大幸福原則に基づいた包括的な成文法の制定を意味していた。しかし、ブラックストンは、次のように書いている。

法が民衆の議会あるいは、その代表者の議会によって形成される時には、それはあまりにも困難な仕事となるので、立法作業を新たに始めることはできないし、五百人以上の議員の不調和な意見から新しい制度を導き出すことさえもできないのである。唯一の立法者あるいは進取の気概に満ちた統治者、たとえばソロン（古代アテネの政治家）やリュクルゴス（紀元前九世紀頃のスパルタの立法者）あるいはユスティニアヌス（六世紀ビザンツ帝国の皇帝）やフレデリック大王などは、いかなる時代においても、簡明でおそらく統一的な正義の体系を樹立するかもしれない。そして、これら賢明な人々の知恵や効用を疑問に思う無遠慮な国民の身には、害悪がもたらされる。しかし、イギリスの制定法（道路や小教区の設定に関する）の一部分を再構築することさえ困難であることを熟知している人ならば、一体誰がコモン・ローの付属物およびその結果のすべてを含めてその基本的な要点を変更し、その代りに別のルールを制定することが可能であると考えるだろうか。[55]

ベンサムは、『断片』執筆に始まる彼の生涯の初期には、改革にとっての大きな障害は権力を持つ人々の無知あるいは混乱であると思い、もし彼らの知的精神が明晰になるなら、彼の示唆した改革は即座に実行されるだろうと考えた。[56] さらに、彼は、このような知的混乱は言語上の不正確さに根ざしていると考えた。特に、比喩的な言語が慣習化した信念の誤りを認識することを妨げていると考えた。ブラックストンに対する彼の嫌悪は、ある程度、ブラックストンによる隠喩やその他の比喩的な技巧の秀れた使い方に由来していたかもしれない。[57] 彼自身もまた、論争を目的とする隠喩の秀れた使い手であったけれども（たとえば、「竹馬に乗った大言壮語の無意味さ」）、ベンサムは、隠喩は、悪魔に対するへつらいと同様の役割を、改革の敵に対して果たす、と考えた。ベンサムは、ブラックストンについて、「彼の手は事物を潤色し堕落させる（私の強調である）ために形づくられた」と批評した。ブラックストンは、「立法による革命」の代りにコモン・ローの漸進主義を推進したばかりでなく、比喩的表現を気前よく効果的に用いることによって漸進主義を魅惑的に推進した。このため、彼は、結果において、立法による革命を行うことができたはずの人々を欺いて、それは不必要で望ましくもないと信じさせた、とベンサムは批判した。

漸進主義の効果的な防禦物となった『釈義』のもう一つの側面は、数百年以上にもわたる多数の法律家や裁判官あるいは、立法議会議員などの努力を含む進化過程として、ブラックストンが法の総体を描写してみせたことであった。その進化過程は、複雑で入り組んだ網目状の制度を作り出した。ブラックストンは、暗黙のうちに、現行制度と同等ないしそれ以上の制度改革を提言するすべての個人、つまりベンサム、の主張を無視した。ブラックストンに対するベンサムの攻撃は、社会問題への改良主義的もしくは「自由主義的」なアプローチに対する、近代的意味における急進主義による周知の反抗を如実に表わしている。

既述のように、ベンサムは、彼の若年時には改革の過程を上意下達の手続を経て実行されると考えていた。彼の唱える法典編纂の望ましさを当局に「売り込む」という接近方法が即座の結果を生みだすのに失敗した時、彼は政府の構造が劇的に変更されなければ改革は起こらないだろうと結論した。そこで彼は、政治権力を社会における成人すべてに比例配分する普通選挙制度を主張し、それによって、最大多数の最大幸福を極大化するように企画された政策が採用されるだろうと論じた。また、最大幸福原則と一致すると考える人民の選好を反映する立法改革を促進するために、すべての政治権力を下院に付与すべきだと主張した。ベンサムはそのようなシステムにおいては、最大幸福原則に反するような形態で、多数派が少数派を搾取するかもしれないことに気付いていた。(58) しかし彼は、慈悲心が最大幸福を産み出すことを感得させるように人民を教育することによって、この危険を回避できると考えた。

ベンサムは、ここでも再び、ブラックストンが改革途上の障害として立ちはだかっていることを見出した。『釈義』の中で肯定的に叙述されているイギリスの憲法は、世襲制の君主・任命された裁判官・貴族的な上院と、選挙権についての財産資格制限と腐敗した選挙区のために代表適格性をもたない下院との間の、政治権力の分立に基礎をおいていた。ブラックストンは、参政権を拡大することには賛成していたけれども下院以外の政府の部門から政治権力を剝奪することはもちろん、下院に対する普遍的参政権も支持しなかった。彼の政治に関する見解は、一般的な点において、合衆国憲法の起草者たちの見解、特にマディソンの見解に類似している。彼らは、ブラックストンおよびモンテスキューによって叙述されたイギリス憲法から多くを借用した。彼らは、また、ブラックストンと同様に、君主制および貴族制による専制の可能性だけでなく、民主制による専制の可能性をも恐れていた。ベンサムは、合衆国憲法が採用された数年後に自らの憲法草案を執筆したが、アメリカ的憲法モデルの採用を意識的に拒絶している。

ブラックストンとベンサムとの比較

ブラックストンとベンサムは、社会現象の研究に対する正反対のアプローチを代表している。ブラックストンは、現実の社会システム、即ち混乱した国家の政治史を背景として発展してきたイギリス法制度の機能を研究した。彼の研究は、きわめて複雑な制度を解明したのである。この制度は、目ざましい生存力と成長力および改革にとって重要な包容力を備えており、要するに、弾力的で適応性と生育可能性をもった社会的有機体であった(59)。

ベンサムは、社会的あるいは法的制度に関しては、イギリスのものにせよ外国のものにせよ、あるいは同時代のものにせよ歴史的なものにせよ、それらを体系的に研究することはなかった。彼は、自らが改革することを意図した諸制度が、それとして作用している原則を究明しなかった。彼はむしろ、最大幸福原則から最適な制度を演繹し、しかるのち、その実行についての詳細を練り上げようとした。これはユートピア主義とその辛辣な仲間であるラディカリズムとを育むような社会研究の一様式である。このユートピア的改革者は、改革の対象である現実の世界についての理解を欠いていたために、社会が彼の考えを実行しないことに対して次第に苛立ち、頑固な世界を彼の想像した鋳型に無理に押し込めるためにますますラディカルな方法を提案する。ベンサムは、もしイギリスおよびヨーロッパ大陸(たとえば、フランス)の歴史の教訓を学んだなら、バランスのとれた統治制度における漸変主義的改革の美徳を悟ったかもしれない。けれども、彼は、改革のペースの遅さとともに、憲法の構造の細部についても不平を言ったかもしれない。しかし、彼は、歴史の教訓を学ぼうとしなかった。彼は、イギリスの制度を彼の考えに対する障害とみなしてそれを一掃し、権力を危険なほどに一部門に集中するような制度に代置することを提案した。彼は、思考および言語の伝統的様式は彼の提案の即時実行にとって有害であるとして、言語は隠喩や曖昧さを取り除いて純粋化されるべきだと主張した。彼は、立法を彼の改革案実現のための最も迅速な道筋と考えて、コモン・ローのみならず、イギリス人の自然的権利および司法部の独立をも廃止することを提案した。

法典化および犯罪者の社会復帰を含むベンサムのラディカルな提案の多くは、多分全く機能しなかったか、あるいは少なくともうまくは機能しなかったであろう。その他の提案は遺憾ながら機能したことであろう。伝統的な言語やその中に包まれている慣習に対するベンサムの攻撃は、「新言語」(オーウェルの小説に現れる全体主義国の公定語)やヒトラーおよびソ連の出版界などにみられる、言語に対する全体主義的攻撃を予兆したものであった。ベンサムは、監獄改革に対する彼の示唆の中で、洗脳技術を発展させたパイオニアであった。[60] 彼は、刑事法の執行を容易にするために、すべての人の身体の一部に入れ墨で名前を書かせるという方法さえも検討した。[61] また、自己負罪の強制、拷問、[62] 匿名の情報提供者、弁護士・依頼人間の特権の廃止、陪審制度の廃止、そして権利の軽視傾向など[63]は、全体主義体制へのベンサムの遺産の一部であった。

もし、ベンサムが教育と再教育の有効性に関する彼の信頼と一見矛盾するようにみえる、私有財産の保障が厳しい勤労に対し適切な誘因を作り出すのに必要であると信じなかったならば、彼は全体主義国家への道を更につき進んだかもしれない。そうでなければ、彼はもっと押し付けがましい公共部門の創出を勧告したかもしれない。というのは、最大幸福原則が相対的成功者から彼らの労働の成果を奪うという非誘因的効果をもたなければ、最大幸福原則はおそらく、所得と富の平等化を必要とすることになろう、と彼は信じていたからである。[64]

しかしながら、ベンサムの思考に内在する抑圧的傾向だけを強調することは、非凡な知性とエネルギーそして善なる意思の持主である個人に対して、不公正な評価を与えることになる。我々は、以下のようなベンサムの功績を忘れるべきではない。たとえば、彼は、宗教的自由、民事上の離婚、合理的刑罰制度、手続の改革、経済的自由に対する不必要な制限の排除、(65)その他の社会的改善などを弁護した。その上、彼は、効用理論、証拠法の理論、法およびその他の非市場活動の経済分析などに対する重要な科学的貢献を行っている。ベッカリーアやブラックストンは、刑罰は犯罪行為に対し費用を課し、それによって犯罪を行おうとする誘因を変える一方法だと単に暗示したにすぎない。ベンサムは、それを明示的にすることによって、犯罪および刑罰の近代的経済分析のための基礎を据えたのである。(66)本書のアプローチにとって特に重要な点は、人間が狭義の経済領域においてだけではなく人生のすべての領域において、個人の満足を合理的に最大化するように行動する、というベンサムの主張である。彼は次のように述べた。

自然（神）は、人類を二人の至上の支配者、即ち苦痛と快楽の支配の下に置いた。……彼らは、我々の行動、発言、思考のすべての領域で我々を支配する。人間は満足を最大化すべく計算している。全ての人々は、それが正確であるか否かを問わず、とにかくこのような計算を行っている。私は、狂気の人でさえ計算していると信じている。(67)

思想家としてのベンサムの大きな弱点は、政策に対する指針である効用原則の多孔性、実証的・経験的分析に対する興味の欠如、人間の性質および社会的制度の柔軟性に対する近代的特質ともいうべき過度な信頼などにあった。彼は、制定法の法典化による包括的社会改革の実現可能性、公共道徳の浸透の可能性、犯罪者更生の潜在的可能性、教育による人類愛育成効果、および行政の完全無欠化、などを過大視していた。彼自身の利他主義的動機や個人（彼自身）の知性の力に対する未検証の信頼、不断の空想的社会改良主義、機械的・知的からくりに対する彼の愛好心、性急な散文や、「法典化」、「最小化」、「国際的」等にみられる彼の新造語主義、そしてとりわけ計画への彼の信頼が、彼を人並はずれて現代的な人物たらしめている。「ベンサムは明らかによくある錯覚の犠牲者だった。もし、一つの制度が機能するなら、最も微小な細部が表示され得る。それゆえ微小な細部の表示は制度全体が機能することを証明する、と彼は推論したのである。(68)」

ベンサムは、自己満足的楽観主義という理由でブラックストンを攻撃した。けれども、ベンサムは、現実には彼以上の楽観主義者であった。特に、一六八八年以前のイギリスは、不規則な周期で、暴政と市民戦争という両極端の間を揺れ動いていた。しかし、彼は、国家が再びその状態に落ち込むかもしれないという不安を全く抱かなかった。『釈義』におけるブラックストンの暗黙の関心事は、社会秩序の維持という問題であった。彼は、暴政や市民戦争といった両極を回避し、それによって社会における暴力や脅迫の役割を最小化するように、政治権力を分配し組織化することに関心を向けたのである。ベンサムは、厚生や効用という明確な問題に関心があり、秩序維持の問題には殆ど興味を示さなかった。(69)

社会秩序という政治的概念と、効用あるいは厚生という狭義の経済的概念との相違は、犯罪制御の問題との関連でこれを例示することができる。経済学者は、政府による強制制度を採用する刑事司法機構がどのように利用されているか、そして窃盗や殺人のような無益な私的活動を防ぐために、どうしたらその機構をより効果的に使用できるか、などの問題に関心を示している。彼らは、このような機構が遵法精神をもつ多数の人々の管理下に確実に運営されているのは当然のことと思っている。(70)しかし、社会秩序に関心をもつ政治学者の見地からは、興味深い問題は、私的な強制を最も効果的に扱うために刑事機構をいかに配置するかということではなくて、その機構が党派の管理下に入りこむことをいかに防止するかということである。

ここで、所得あるいは富の分配を変更する国家の役割の問題を考えてみよう。経済学者は、限定的意味合いにおける再分配の結果的効率性だけに関心があり、再分配あるいは再分配の失敗によって、社会構造が、ばらばらに壊されるかもしれない可能性を無視する。しかし、社会制度が何らかの国家的強制による富の再分配を許すという理由だけで、社会が「無秩序化」されるわけではない。社会秩序の視点から、そのような社会に関して問われるべき問題は、特定の再分配政策が、社会の富を再配分する権力に協調して、より強烈な強制形式に訴えることを回避する（ときには促進する）効果を持つか否かという点である。第五章で示すように、この点は未開社会の社会組織を理解するのに基本的なものである。

人間の慣習としての言語の性質に関する、ブラックストンとベンサムとの暗黙の不一致を考えてみよう。ベンサムにとって、言語は、話し手あるいは書き手の考えを正確かつ曖昧さを残さずに伝えることに比例して価値がある。その結果、ベンサムは、言語に対しきわめて性急であって、彼の著作の中でも彼は不断に言語と格闘している。彼は、言語を改造し、言語の曖昧さを純化し、言葉の透明性の増大をはかっている。これに対して、言語に対するブラックストンの暗黙の態度は異なっている。彼は、直喩や隠喩を頻繁に使用し、時には過度にそれらに依存する傾向がある。彼の『釈義』の文章は、極めて注意深く形成され、研ぎすまされている。また、『釈義』全編を通じて明白な言語に対する感受性および修辞学的技巧などは、優雅で磨き抜かれた上に印象的で色彩豊かでさえある言語の中に、彼の思想を溶かしこもうとするブラックストンの心構えを示している。(71)

ブラックストンとベンサムが著述に従事していた時代には、ある種の古い伝統が存在していた。その証拠は、とりわけ、新約聖書やキケロ、および十八世紀初期のアレグザンダー・ポープやスウィフトなどの作家の著作中に見出すことができる。そこにおいては、言語形式は社会秩序の保持を含む文明の基本的特質と固く結びつけられている。たとえば、ポープの『愚物列伝』は、言葉の濫用を社会解体の隠喩として拡張的に取り扱っている。(72)このような伝統を受け継ぐ一つの優れた現代的表現は、ジョージ・オーウェルの小説『一九八四年』である。これらの作家たちは、言葉をコントロールすることは、思考とコミュニケーションを、そして究極的には行動をコントロールすることであると信じていた。彼らの見解においては「新言語」その他の発明言語とは区別されるべき伝統的言語は、巨大な安定化作用という影響を伴った社会制度なのである。なぜなら、それは思考習慣や推論様式、さらには急激な社会変化や絶対主義的統治に対抗する防波堤として機能する伝統的価値を具現し、永続させるからなのである。(73)言語は自由市場に類似している。いかなる立法機関や官僚制も、話し方の形式、言語の構造あるいは個々人が用いる語彙などについて指令することはできない。自由市場と同様に、言語は非常に複雑であり、しかも私的で分権化された慣習である。(74)

全体主義国家のレトリックを読めば、政治的絶対主義は言語改造を意図し、またそれによって促進されかつ支えられていることが理解できる。(75)それとは逆に、伝統的言語は絶対主義に対する防波堤の一つであることも理解できよう。したがって、私が前に示唆したように、言語の柔軟性に対するベンサムの信頼は、意図せざる政治的重要性を有するのである。おそらく、彼は、それを意図しなかったわけではないだろう。なぜなら、『断片』におけるブラックストンに対するベンサムの攻撃は、少なからざる部分において、主権者などの概念についての伝統的な話法に対する攻撃であるからである。

ブラックストンとベンサムの間に存在するこれに関連する相違点は、個人の推論能力の限界についての彼らの態度の相違である。「推論」は、ベンサムの著作におけるよりもブラックストンの著作において、より頻繁に見出される。けれども、ブラックストンが、個人の推論能力には限界があり、それは謙虚さをもって使用されなければならないという、エドマンド・バークによってより明確に表現された見解に同意していたことは明らかである。(76)ベンサムは、権威や合意あるいは先例などの助けを借りずに、あらゆる新規政策を決定する彼自身の推論能力に関して何の憂慮もみせなかった。

人間の知性が誤りを犯しやすいという観念は、キリスト教神学にそのルーツを有している。キリスト教神学は、堕落した人間の瑕疵ある推論能力と、天使たちの完全な推論とを対比している。ブラックストンは、太古の慣習についての議論の中で、この観念を呼び起こしている。『釈義』で叙述されているサクソン人の時代は、たとえば、『失楽園』で描かれたようなエデンの園を思いおこさせる。エデンの園では、人間は明澄さと力強さとをもって精神的能力を発揮したが、楽園放逐後はそれは決して取り戻されることはなかった。キリスト教神話のブラックストン的解釈においては、イギリスの歴史におけるサクソン人の時代は、法の諸原則がいかなる権威の仲介もなしに人々によって完全に理解された時代であった。それに反して、ノルマン人による征服後は、人々は先例などの支えに助けられながら、サクソン人的な明瞭な洞察力を取り戻すために苦闘しなければならなかった。イギリスの裁判所は、神の賢明さと楽園喪失後の（堕落した）人間の理性との間の媒介者として、キリスト教会にも比肩するものになった。

最後に、「自然法」対「実定法」という争点に関する、ブラックストンとベンサムとの間の意見の不一致を考えてみよう。極めて大胆に整理すると、この争点は、ブラックストンの考えに従えば、法であるための規準は、神による啓示と裁可を受けた自然法との整合性があるかどうかである。それゆえ、悪法は概念矛盾であり、悪法は法ではないという結論に至る。またベンサムの考えに従えば、法という名に値する唯一の法は実定法であり、法を制定する権威を有する国家機関によって公布または制定された法であるか否かが問題である。この論争は、単に用語上の論争であるかのようにみえる。しかし、この論争は、社会秩序への関心と厚生への関心の間の基本的な分裂という重要な側面を隠している。自然法は、成文化された憲法上の保障がいまだ珍しかった時代において、アメリカ的な意味における憲法のようなものを意味していたように思われる。即ち、自然法は制定法（実定法）の有効性の規準であった。アメリカ合衆国憲法の制度において、我々は、悪法の観念と無法の観念を混同している。この二つの観念は、憲法違反として無効にされた制定法の中に共存している。

行政部門および立法部門の権力を制限する問題は、権力や社会秩序に関する信頼できる分析にとって中心問題である。そして、ブラックストンは、アメリカ独立革命および合衆国連邦憲法の制定前に著作に従事していたが、この問題に対しては、その後に著作したベンサムよりも敏感であった。このことは、ブラックストンの見解が、アメリカ独立革命とフランス大革命の結果から全く異なった教訓を導き出したことによって、いかに強化されたかを想像すれば理解できるだろう。これに対して、ベンサムは、アメリカ独立革命から積極的な教訓——一国の内部で多元論者的権力均衡を制度化する可能性——も、フランス大革命からの消極的教訓——ジャコバン主義の危険性——も引き出すことはなかった。

規範的な社会理論家としてのベンサムは、むしろ人を驚かせるような言動を行った。しかし、彼のこのような言動の理由は、彼があまりに徹底した功利主義者であったからか、あるいは功利主義から逸脱したからか、それは不明である。もし、前者が理由であるならば、我々は、経済学において、功利主義原則ないしは最大幸福原則に代りうる社会的選択の原則を見出すことは可能であろうか。そして、その原則は、ブラックストン的権利やその他の社会構造安定化要因を支持するものであろうか。あるいは、ベンサム主義は、経済学の規範的内容を十分に取り込んでいるのだろうか。私は、これらの問題について以下の二つの章において検討する。

第三章　功利主義、経済学、社会理論

私は、最も厳格な功利主義であるベンサム主義が適切な倫理システムであるかどうか疑いを持っている。このような功利主義への私の疑念は、実証的および規範的意味における法の経済分析の両面にマイナスの影響を及ぼすように見えるかもしれない。法の経済分析は、実証的な面においては、コモン・ローとは何かをめぐる理論であり（擁護できないような法規範をコモン・ロー裁判官の責に帰することが可能だろうか）、また規範的な面においては、より明確に、法とは何であるべきかの理論である。法の経済学的アプローチに対する最も厳しい批判者の中に、このアプローチを功利主義の一つの見解であるとして攻撃する人々がいることは、驚くにあたらない(1)。彼らの手順は、経済学を功利主義と同一視し、それを前提に功利主義を攻撃するというものである。ここでは、彼らが社会科学用語より哲学用語の方に親しみを感じているためか、あるいは彼らが功利主義に対する最近の哲学的な敵意を利用したいと思っているためか(2)、その動機は全く問題ではない。重要な問題は、功利主義と経済学を区別することができるかどうかである。私は、それが区別可能であると信じており、また私が「富の最大化」と呼ぶ経済規範は、功利主義理論よりも倫理的理論に対して強固な基盤を与えると信じている。

　功利主義と規範的経済学は、しばしば、また安易に混同されている。功利主義とは、私がここで使うように(3)、次のように通常理解されている。つまり、功利主義とは、単一国家であれ世界全体であれ、「社会」のすべての住人（功利主義的見解では、知覚力のある人々）について集計された幸福、つまり「苦痛を上回る快楽の余剰」(4)、を増大させる効果によって、行為、慣習、制度、法の道徳的価値を判断すべきであるというものである。これに対して、規範的経済学は、社会的厚生を増大させる効果によって特定の行為を判断すべきであると考えている。この社会的厚生という用語は、人間以外のものの満足は通常社会的厚生の概念に含まれないという点を除けば、しばしば、功利主義の概念である幸福と同義であるほど広く定義されている。経済学と功利主義を同一視する傾向が強められたのは、「効用最大化」という表現のように(5)、「効用」という言葉を厚生の同義語として用いる経済学の傾向によっている。またベンサム、エッジワース、ジョン・スチュアート・ミルなど、多くの著名な功利主義的理論家がまた著名な経済学者でもあった、という事実にも由来する。さらに、(規範的経済学の最も一般的な用語である)「厚生経済学」の実践家も、自分達の活動を応用功利主義と述べているからでもある(6)。

厚生経済学を応用功利主義とみなしたとしても、経済学は、哲学的功利主義とは異なる知的活動領域である。経済学は、固有の専門用語、定理、方法論をもっており、これらを功利主義的哲学者達は知悉していないかもしれない。事実、多くの哲学者は全く知らないのである。法理論における功利主義と経済学の歴史は、このことを明らかにする。功利主義の起源は、経済学の起源と同様、『諸国民の富』以前に溯る、プリーストリー、ベッカリーア、ヒュームらの著作にみられる。けれども、功利主義は、スミスより後の世代であるベンサムの著作まで、経済学に匹敵しうる発展状態に到達しなかった。法理論は、ベンサムの時代に功利主義の影響を受け始めたのに対し、経済学は、一九六〇年代に至るまで法理論に何ら実質的な影響を与えなかった。但し、反トラスト法のような数少ない例外領域は別である。この領域では、法規範は明らかに経済学的に構成されている。

功利主義は、ベンサムの時代までに、法構想力に対して強い支配力を持つようになった(7)。犯罪処罰の理論は、明らかに功利主義的であった(8)。憲法判例においても、比較衡量の判断基準を採用して「絶対的」権利概念を否定したこと(9)は、功利主義的特色を強くもっていたばかりでなく、法的ルールとその結果の決定要因として、功利主義的考慮への歪曲的強調を反映していた。不法行為法や契約法理論もまた、功利主義の用語を使って研究された(10)。法律学者は功利主義を信じていたけれども、経済学の諸概念を明示的に用いることは滅多になかった。判例の多くは当然のことながら(11)、当時の法律学者の中には、経済理論を直観的に理解していたものもある(12)。しかし、これらの法に対する「経済学的」アプローチの努力は、概して、擬似経済学的であった(13)。

したがって、最近まで功利主義が法理論の中に君臨しており、明白な経済分析は稀であった。しかし、今や立場は逆転した。今日、功利主義を議論する大部分の法律学者は、規範的法理論の基礎としての功利主義を拒否している(14)。このため、H・L・A・ハートをして、功利主義はアメリカの法理論に関する限り、「目下守勢に立っている」と言わしめる風潮が生まれている(15)。同時に、第一章で述べたように、功利主義が支配的であった時代の法理論が知らなかった明白かつ精緻な理論を基礎として、経済学の諸概念を法領域に適用する相当の研究文献が最近に至って蓄積されてきている。しかしながら、経済学と功利主義とは違うものなのか、それとも同じものなのかという問題は、相変らず残されたままである。

功利主義に関する若干の問題点

最初に、功利主義理論の二つの特徴を明らかにする必要がある(16)。第一に、功利主義理論は、個人の道徳と社会正義の両方に関する理論である。良い人というのは、幸福の総計（自分自身の幸福＋他人の幸福）を最大化するように努力する人である。また良い社会というのは、この総計を最大化しようとする社会である。第二に、大多数の功利主義者が考えているように、最大化すべきものは、ある特定の心理状態ではなく、恍惚であれ陶酔であれその他何であれ、可能な限り広い概念としての満足である。幸福あるいは効用は、人間（あるいはその他の生物）が自分自身の選好を、それがどのようなものであれ、可能な限り最大限に満足させることができるときに最大化される。しかし、このような定式化は、Bが知っている以上に、AがBの真の選好を知っているかもしれないという可能性、つまりパターナリズムの可能性を排除してはいない。

功利主義に対する主な批判の一つは、その対象が不明確である点に向けられている。政策を立案する際、幸福を最大化するためには、誰の幸福を勘定に入れるべきであろうか。この問題は、J・J・C・スマートによって次のように提起されている。

厳密にいえば、満足している羊は、満足している哲学者と同じほど幸せであろう。しかしながら、我々は、これに同意することは困難であろう。もし、我々がこれに同意するなら、理想的には避妊法によって人口を減らし、相応する以上に羊の数を増やすべきである、ということに同意すべきだということにもなる。獰猛な動物に侵食されずに、無数の穏かな羊が満足しつつ時を無駄に過ごすためには、多くの人間もまた消え去るべきであろう。実際、もし満足している愚者が満足している哲学者と同じくらい幸せならば、そして満足している羊が満足している愚者と同じぐらい幸せならば、満足している魚は満足している羊と同じほど幸せなことになり、満足しているかぶと虫は満足している魚と同じほど幸せなことになる。我々は、この連想をどこでやめることができるだろうか。(17)

スマートは、自らの最後の質問には答えていない。彼は満足している羊を、満足している哲学者と同一視することには「同意しがたい」ことは理解している。しかし、これらを区別する基礎を、功利主義理論に見出すことはできず、彼は、次のようなかなり不十分な見解に留まっている。「人間の大多数をより多くの満足している羊や豚と取り替えることが全体的な幸福を増大させるかどうかは、想像力をどのように広げても、現実の争点になりうる問題ではない。」(18)

効用は、その広い意味においては、多くの動物も保持しているから、この理論の場合には、幸福を最大化すべき対象に羊や豚を含める必要があるように思われる。スマートはそのような提案をしている。しかし、人間と羊を区別できない哲学体系には、何らかの誤った点がある。功利主義の道徳では、二頭の羊を避けるために急ハンドルを切って故意に一人の子供を殺したドライバーを、悪い人間であると考えることはできない。なぜなら、このドライバーの行為は、世界の幸福の量を増大させたかもしれないからである。

我々は、フランク・ナイトと同様に、次のようにも言える。人間は、動物が欲しているような幸福やその他の満足を欲していない。「常識のある個人が真に欲している主なものは、その個人がもっている欲求に対する満足ではなく、もっと多くのより良い欲求に対する満足である。[19]」しかしこれも、必然的に移ろいやすい主観的な根拠に基づいて、選好を「より高い」選好と「より低い」選好に分けるという古い功利主義者の行うゲームの一つの形にすぎない。このようなゲームは、何らの解決ももたらさない。

もう一つの功利主義の限界をめぐる問題は、外国人に関するものである。アメリカの政策は、外国人の幸福にはゼロのウェイトを与えて、アメリカ人の幸福を最大化すべきだろうか。あるいは、もっと世界的な視野が必要であろうか。また、まだ生まれていない者についてはどうであろうか。幸福を最大化する対象にまだ生まれていない者を入れる場合、堕胎、帰化、同性愛、貯蓄などの問題について、現在生きている人だけの幸福を統計的基礎に算入する場合とは異なる政策を生じるかもしれない。外国人やまだ生まれていない者を算入するかどうかは、功利主義に基づいて直接解決できる問題ではない。しかし、効用最大化を厳密に考えると、計算の基礎になる対象について、可能な限り広い概念を使わなければならないと思われる。

外国人やまだ生まれていない者についての問題は、功利主義の目標が、平均的幸福を最大化すべきかあるいは総体的幸福を最大化すべきか、という古い論争に関係がある。バングラデシュの貧しい人口の半分が死亡すれば、土地や他の天然資源の人々への割当が多くなるので、残る半分の人たちの生活水準は高まるだろう。そして、人が幸福をどのように考えていようと、彼らの主観的幸福も高まるであろう。しかし、総体的幸福は低下するかもしれない。同様に、出生率が高くなると、人口過密の国の生活水準を低下させ、結果的にその国の平均的幸福を低下させることになるかもしれない。しかし、このような損失は、たとえいくばくかではあっても人口が増えることの満足によって相殺される以上に、大きいかもしれない。平均的幸福と総体的幸福のどちらを選択するかの明確な根拠は、功利主義理論には全く見出せない。しかし、総体的幸福の方が、最大化すべき効用についての単純な主張と整合性がある。

要するに、功利主義の論理は、宇宙における幸福の総量の最大化を、倫理的な目標として設定することを是認しているように思われる。このような目標は、多くの人々（我我の中で、外国人であれ、羊であれ、何であれ、それらのために席をあけ渡さなければならなかったはずの人々）を不幸にすることによってのみ達成可能であると思われるから、功利主義者達は、常に限界を狭める方法を追い求めている。しかし、限界を狭めるためには、功利主義の枠組の外に出なくてはならなくなる。

もう一つの問題は、対象とされる人口の幸福の総量に対する決定、ないし政策の効果を計算する方法がないことである。[20] 人間の数だけを勘定に入れる場合でさえも、他人の満足のレベルの変化に対応する個人の満足のレベルの変化を測定する信頼できる技法は全くない。

満足を測定する問題は、パレート・アプローチが一つの解を与えるように思われるかもしれない。ある変化がパレート優位であると言われるのは、その変化が少なくとも一人の状態を改善し、かつ他の誰の状態をも悪化させないときである。このような変化は、定義から、世界における（人間の）幸福の総量を増加させる。パレート・アプローチの強みは、限界効用についての情報だけが必要であり、総効用についての情報は必要とされないということである。しかも、パレート優位を達成するための操作可能な用具である自発的取引の概念は、容易に利用可能なように見える。この自発的取引は、定義から、両当事者を彼らが以前にあった状態より改善する。しかしながら、「自発的」取引によって他の誰も影響を受けない、という条件が満たされることは殆んどない。しかも、効用測定という問題に対する自発的取引ないし自由市場という解は、二つの極めて重要な疑問に直面する。第一に、交換される財は、当初から、幸福を最大化するように分配されているか否かという疑問である（貨幣で買うことのできるものから最大幸福を引き出すことができるような人々がいるのか）。第二に、自由市場システムは、代替的な資源配分システムに比べてより多くの幸福を生み出すだろうか、という疑問である。

しかしながら、倫理的前提から特定の政策を導出する困難さは、功利主義に限ったものではない。このような困難さは、倫理的な議論にとって一般的な現象であるように思われる。この現象は、現代のカント流の法的権利論者の中から、[21] 人間の尊厳と自律について全く同じ前提から出発して極めて異なる政策的提言を行った、チャールズ・フリードとリチャード・エプスタインを比較すれば理解できる。[22]

しかし、功利主義が道徳的義務をめぐる競合する諸理論以上に不明確ではないからといって、限定的政府を欲する人々を功利主義に従わせることはできないであろう。例えば、ベンサムの次のような信念を、正しいと仮定しよう。ベンサムは、個人の幸福と所得の対応関係が不明確な場合には、すべての人の幸福と所得の関係はよく似ていると前提すべきであると信じていた。すると、我々は、所得均等化という目標の功利主義的根拠を得るためには、もう一つの貨幣所得の限界効用逓減というもっともらしい仮定を置く必要がある。なぜなら、この仮定を前提にすれば、所得と富の均等分配は、他のどの分配方法よりも多くの幸福を生み出す、ということが簡単に示されるからである。[23] ただし、ある分配を達成し維持する費用がその分配の便益を上回らない、という条件つきである。この条件は非常に重大であるが、所得均等化の反対論者に、きわめて証明困難な立証責任を課することになる。この例は、前章でなされた論点を示している。即ち幸福計算の実行不可能性が、功利主義者の当て推量を正当化すると考えられるならば、私的活動に対する国家的介入の可能性は無限になるであろう、という論点である。

この不明確さの問題は、功利主義に対するもう一つの反対論、つまり人が用具主義の危険と呼ぶ反対論に関連している。人々が財産を所有し、自分達が選んだ相手と結婚し、職場を変更することによって幸福を最大化するならば、功利主義者は、これらの権利を認めるであろう。しかし、もし人々が羊のように取り扱われることによっても幸福を増大させることが可能ならば、もはや権利は問題にはならない。私は、人々が民主国家にいるよりも全体主義国家にいる方が幸福であるとは思わないが、もし幸福だとすれば、首尾一貫した功利主義者は全体主義を支持しなければならないだろう。したがって功利主義は、権利が「幸福」を押し進めるという経験的予感以上に、権利の重要性を強固に基礎づけることができないように思われる。このような予感は、我々が実際に利用可能ないかなる道具概念をもってしても証明することはできない。しかし、若干の人々は、少しばかり説得力のある証拠（たとえばベルリンの壁）を見つけ出す可能性がある。また、自由主義国家の枠組の中においてさえ、大胆な経験的推量をする功利主義者達は、幸福の配分についてかなり奇形的な政策的提言を行う可能性もある。(24)

「道徳的奇形」は、事実、功利主義の主要な問題である。ここでは、二つのタイプの奇形を区別すべきである。一つのタイプは、功利主義者が快楽のタイプを道徳的に区別するのを拒否したことから生まれる。Ａは自分の余暇時間を蝿の羽をもぎ取ることに費やし、Ｂは鳩に餌をやることに費やすが、ＡはＢよりも快楽に対してより大きな能力をもっているために、Ａは自分の余暇時間からより多くの幸福を引き出すものと仮定しよう。蝿の不幸や鳩の幸福を考慮の対象から除外すれば、首尾一貫した功利主義者は、Ａの活動はＢの活動よりも幸福の総量を増加させるがゆえに、ＡはＢよりも良い人であると判断しなければならないであろう。

もう一つのタイプの道徳的奇形は、功利主義者が、社会的ニーズと引き換えに、無垢の個人を犠牲にすることから生まれる。アラン・ドナガンは、次のような例を挙げている。

意地悪で年老いて不幸な祖父を、痛みも与えず秘かに殺すとすれば、自然に死ぬのを待つよりも良い結果が生まれる、ということも充分にありうる。即ち、その祖父は、惨めな存在から解放されるであろうし、彼の子供達も、相続財産を得るとともに、彼の意地悪をもはや受けないであろう。そして殺人者は、秘かに良いことを行う人々に約束された報酬を楽しみに待つことができる。このような結果を許容する見解が奇形的であることを、誰も真剣には疑っていない。(25)

首尾一貫した功利主義者はこの殺人者を良い人であると判断しなければならない、とドナガンが主張するのは正しいように思われる。功利主義者は、嫌われている祖父を殺すという行為はおそらく幸福の総量を減少させる、ともちろん指摘できる。つまり、この行為を知った祖父達は非常に不幸になるであろうし、このような行為は人々に財産蓄積を思いとどまらせるであろうから、長期的には相続人のためにもならないであろう。しかし、嫌われている祖父を殺した者に対する法の適用除外に功利主義がいかに異議を唱えようとも、このような殺人は捜査の対象とはされないことが明確にされれば、このような異議は個人の道徳のレベルでは何の効力も持たない。しかし、ドナガンの例示する殺人者を「良い人」と呼ぶことは、伝統的な道徳規範に対する受け入れがたい冒瀆である。

このような奇形的論理は、個人的選択のレベルに比べれば、社会的選択のレベルでは、功利主義にとって深刻な問題とはならない。ある社会目的を達成するために、ランダムに無実の人を殺すことと、幾人かの無実の人達が必然的に損害を被るような制度的構造、たとえば刑罰制度を作ることとは別のことである。いかなる刑罰制度も、誤審の確率をゼロにしえないであろう。しかし、社会的選択のレベルにおいてさえ、功利主義は奇形的結果を導くことがある。社会全体の構成員の中に、非常に数少なく、非常に悲惨で、そして同時に非常に嫌われている人々が存在すると仮定してみよう。彼らを皆殺しにすることが社会の全体の幸福を増大させるならば、首尾一貫した功利主義者は、彼らの皆殺しを弾劾することは困難である。しかし、功利主義者は、皆殺しの対象にされる恐れのある人々が負担する不安の費用に言及する資格はあるかもしれない。

論理的奇形が功利主義の危険であるならば、道徳的潔癖症ないし狂信性がカント主義の危険である。バーナード・ウィリアムズは、次のような後進国の役人の客であるジムの例を持ち出している。(26) この役人は、政治犯の集団を銃殺刑に処そうとしている。この役人は、ジムに、お前が囚人の一人を撃つなら他の囚人を解放してやろう、と言う。悪いことをすることと、悪いことをやめさせられないこととの間には差があるから、ジムには囚人を撃つ義務は全くない、とウィリアムズは主張する。しかし、この例では、その差を見ることは困難である。もし、ジムが役人の誘いを断わるならば、すべての囚人が殺されるであろう。もし、ジムが誘いを受け入れれば、一人を除いたすべてが救われるであろう。選択の余地は全くない。ジムが誘いを断われば、誰の状態も良くならず、一人を除いたすべての人の状態が悪くなる。

大部分のカント主義者は、彼らが課するカテゴリー上の義務に例外をつくることによって、狂信性を回避しようと試みる。(27) カント主義者は、(ベンサムが信じたように)最終的に幸福を最大化することを示せたとしても、拷問は悪いと言うであろう。しかし次に、もし一人の人を拷問することが人類を救うために必要であるならば、その人を拷問することは悪くない、と彼らは認めるであろう。しかし一旦これを認めると、論理的な終点がなくなってしまう。二人の無実の人が、二億のアメリカ人を救うために殺されなければならない場合はどうだろうか。三百万のシカゴの人間を救うために、十人を殺す場合はどうだろうか。シカゴ近隣の六万人の住民を救うために、二十人を殺す場合はどうだろうか。

カント主義が功利主義に融合する傾向は、ジョン・ロールズの道徳哲学によって説明される。彼の諸前提は、カント主義であり、「個人間の差異を真剣に考慮していない」(28)という理由で功利主義を否定している。しかしながら、彼は、正義を「原初状態」における個人、つまりすべての固有の特性を取り除かれた個人が、集団的に選択を行う結果と定義している。彼は、このような幽霊のような人間が、自分自身の効用を最大化するために、正義の原則を選択すると仮定している。また彼らは、高度に危険回避的であると仮定されるから、個人の経済的自由の大半を社会保険のために売り払うような原則を選択する、と仮定されている。ロールズの社会的正義の原則は、生産的活動に従事する個人のインセンティブを保つという制約条件の下で所得の平等を最大化するという、ベンサムの原則に似ている。両者は、ともに、最適な平等の程度は、個人の限界効用スケジュールの大きさや形状と、平等主義政策によるインセンティブの減退効果についての経験的予感に依存する。このような予感を前提にする必要があることが、ロールズの理論に、ベンサムの理論を悩ませるのと同じ不明確さを与えている。ロールズの「無知のベール」という概念は、経済学者のアバ・ラーナーが、(29) 所得平等の規範を最大幸福原理から演繹した方法に似ている。人々の限界効用関数の高さを我々は知らないことを与件とすると、最善の仮定は効用関数が所得と関係ないという仮定である、とラーナーは述べた。(30) もう一人の厚生経済学者ジョン・ハーサニーが、何年も前に、ロールズの正義の原則の中核部分（原初状態における人々の合理的選択）を先取りして述べたことも驚くに当たらない。[31]

要約すれば、功利主義は個人の道徳体系としても、社会的意思決定に対する指針としても、極めて重大な欠点を持っている。しかし、功利主義に代わる考え方とみなされるカント主義も、それに勝るとも劣らない欠陥を抱えている。また、カント主義者の一部の見解は、功利主義に似たものである。以上のことを背景として、我々は、法の経済分析を代替的な道徳システムとして考察しよう。

倫理概念としての富の最大化

富対効用

経済学において「価値」という用語は、アダム・スミス以来、一般的には交換価値という測定可能な価値、少なくとも明示的ないし潜在的な市場で測定可能な価値を意味してきた。この価値の概念を使って、価値でウェイトづけられた社会のすべての財・サービスの総計としての社会的富の概念が導き出される。[32]

価値の概念は市場の概念から分離できないが、価値は価格と同じものではない。財の市場価格は、限界購入者にとっての価値である。限界内購入者は、価格がもっと高くても、限界購入者よりも財に対して多くを支払うであろうという意味で、財をより高く評価するだろう。社会的富は、その社会で生産されたすべての財・サービスの価格掛ける数量という意味での市場価値を含むだけでなく、これらの財・サービスによって生み出された消費者余剰と生産者余剰の総計を含んでいる。[33]

価値の概念について留意しておかなければならない最も重要なことは、この概念が人々が何かを持っていることから得る幸福に基づいているというよりは、むしろ彼らがそれに対して支払う意欲に基づいているということである。もちろん、価値と幸福とは関係がある。人は、何かを保有することが、それを保有するために諦めなければならない代替的な財・サービス（レジャーを含む）以上に、広義の功利主義的意味における幸福を与えるのでなければ、それを買わないであろう。しかし、価値は必然的に効用を含んでいるが、効用は必ずしも価値を含んでいない。ある財を保有したいと思っている人は、おそらく貧困のために代価を支払えないかあるいは支払うことが不可能である場合には、私が「価値」という用語を使っている意味ではその財に価値を与えていない。

同じように、社会的富は、貨幣に裏打ちされた、即ち市場において登録された選好（富の最大化というシステムの中で倫理的重要性をもつ唯一のもの）についての満足の集計である。しかしながら、この市場は明示的な市場である必要はない。経済生活の大半は、今なお物々交換的な原則に基づいて組織されている。「結婚市場」、子供の養育、ブリッジの友好的なゲームなどはこの例である。これらのサービスは、明示的な市場やその他の方法で販売される代替的サービスに照らせば、金銭化しうる価値を持っている。これらは、GNPや他の富の金銭的尺度によって計量することができない、という重要な例を示している。女性が家事から売春へと（不本意に）移動することによって、あるいは以前は慈善事業に金を寄付した（したがって他人の消費を増大させた）富裕な人が、今や自分自身のために金を使うことによって、社会の富が必然的に増加するわけではない。

もう一つの非明示的市場、即ち仮設的市場も、社会的富を分析するのに重要である。以下のような、二つの状況を比べてみよう。一つの状況は、私が一袋のオレンジを五ドルで買おうとあなたに申し込み、あなたはこれを承諾し、交換を完了する。この場合には、社会の富は大きくなるはずである。取引の前には、あなたは、あなたにとって五ドル以下の価値の一袋のオレンジを持っており、私は五ドル持っていた。取引後には、あなたが五ドルを持ち、私は、私にとって五ドル以上の価値のある一袋のオレンジを持っている。しかし、あなたからオレンジを買う代わりに、私が偶然にオレンジをつぶしてしまうとしよう。裁判所は、過失責任に関するラーニッド・ハンドの定式[34]を適用して、あなたにとっての事故の期待費用が、いかなる行動であれ副産物として事故を生み出した私の活動の期待利益よりも、大きいか否かについて審問することになる。このためには、裁判所は、オレンジがあなたにとっていくらの価値があったか、早く歩くことが私にとっていくらの価値があったか、などについて判断しなければならないであろう。純粋な研究者は、それぞれの価値は現実市場の取引で明らかにされていないのだから、これらの価値を知ることはできないと主張するかもしれない。しかし裁判所は、多くの事件処理に際して、富を最大化するように資源を配分すべく、合理的に正確な推定を行うことができる、と私は信じている。しかしながら、裁判所によってなされた価値の決定は、市場でなされたものより不正確である。それゆえ、仮設市場アプローチは、市場における取引費用の計算のために、資源を効率的に配分する現実の市場を利用できない典型的な事故の場合についてだけ妥当する。

仮設市場分析は、コモン・ローの経済分析において重要な役割を果たす。コモン・ローの大部分は、意識的であれ無意識的であれ、市場取引の費用が非常に高いために市場が配分の有効な手段ではない状況において、現実の市場が配分するのと同じように資源配分を行うことを企図しているように思われる。仮設市場分析は、また、富を最大化することと幸福を最大化することは同じではないことを明らかにする。ある公害排出工場が、ある地域で、二百万ドル分だけ住宅財産価値を低めているが、(汚染を除去する唯一の方法である)工場を移転するためには三百万ドルの費用がかかると仮定しよう。そして、この工場は、住宅所有者の生活妨害を理由とする訴訟に勝訴したとしよう。この場合、住宅所有者の不幸は、二百万ドルの支払いを命ずる判決を回避できた工場の所有者(この所有者は何千人もの株主からなり、それぞれの株主はこの企業に少ししか利害関係を持たない)の幸福を上回るかも知れない。今この数を逆にして、住宅所有者は富裕な人達であり、もし工場を閉鎖しなければならないとすると、工場の労働者達は非常に大きな移転費用を被り、地域の多くの小規模な商人達は倒産に追いやられると仮定しよう。この場合、工場閉鎖を命じる判決は、効率的であるかもしれないが、おそらく幸福を最大化しないであろう。

富の最大化が、古典的な功利主義の意味での効用最大化の代理変数とはならないことを示す、もう一つの例を挙げよう。例えば、妻のためにダイヤモンドのネックレスを盗む決意をした、貧しい人を想定してみよう。ネックレスは、一万ドルの市場価値を持っているが、この価値は所有者の主観的価値でもあると仮定しよう。つまり、所有者は、一万ドル以上の価格ならいくらでも喜んで売るであろう。この窃盗に対する最適な罰金（ネックレスの価値、泥棒を逮捕し有罪を宣告する確率、刑事司法制度の維持費用、盗難予防の費用などに基づいて計算した結果）を仮に二万五千ドルとする。貧乏で罰金を払えない泥棒に対する拘禁期間は、二万五千ドルを支払える泥棒にとって、その金銭の不効用に等しくなる期間として設定される。このような状況で、我々は、次のことを無理なく確信することができる。つまり、もし貧しい男が実際に盗みを犯したならば、彼が罰金を払うことができないとしても、社会の幸福の総量は増大するであろう。泥棒は、彼が社会に負わせる不効用（被害者が負担する費用、刑事司法制度を運営する費用、犯罪によって生じる社会不安など）よりも、大きな効用を得るに違いない。なぜなら、社会が負担する不効用は、拘禁刑という形の期待不効用として彼に課されるが、それにも拘わらず彼はともかく窃盗を犯したからである。しかし、窃盗は、自発的取引の結果でも仮設市場取引の結果でもないから、社会の富を増加させることはない。現実の市場における定義に従えば、泥棒がネックレスに対して（貧しいために）代価を支払う意思がないということは、このネックレスは、所有者にとっての価値よりも、彼にとっての価値が小さいことを示している。この場合、仮設市場分析を用いることが正しいと考えられないのは、泥棒の市場取引回避を正当化するような、高い市場取引費用の問題が存在しないからである。たとえ、仮設市場アプローチがこの例で用いられるとしても、ネックレスを泥棒に与えるという判決を導く結果とはならないであろう。なぜならネックレスは、支払い意欲という点から考えれば、所有者よりも彼にとって価値があるわけではないからである。しかしながら、貨幣を持っている人が、飢餓を避けるために、人の住んでいない小屋に侵入して食料を盗んだ場合には、仮設市場アプローチが適用可能である。この場合、所有者を探すための取引費用は極めて高くなるであろうし、価値の経済学的な意味で、その食料が所有者よりも泥棒にとって大切である、と信ずるに足る合理的な理由が存在するからである。

富と幸福の関係の不明確さは、次のことによっても示唆される。それぞれの国の中では、富裕な人は貧しい人よりも幸福であると思われる。けれども、富裕な国の住人は、貧しい国の住人よりも常に幸福であるわけではない[35]。アダム・スミスは、功利主義者でも「厚生経済学者」でもなかったが、人々は金持であれば幸福であると思い込むという、迷妄を持っていると考えた。けれども彼は、この信念が一般的であり、人間の進歩にとって基本的な刺激であることを疑わなかった[36]。

富は、幸福と等置できない。のみならず、経済学用語で説明すれば、すべての人々が富の最大化を目指しているわけではない。富は、大部分の人々の選好の重要な要素であり、したがって選好を実質的に重視する点で、富の最大化は功利主義に似ている。しかし富は、このような人々の選好の総計ではない。このことが、広義の功利主義的意味で、実証的経済学が人々は効用最大化を目指すと仮定する理由であり、また倫理システムとして、経済学と功利主義とがしばしば混同されるもう一つの理由である。

私は、ここで、富の最大化の意味について結論づける前に、非常に重要な概念である、「支払い意欲」の意義を明らかにしたい。例えば、私は、市場価値が十万ドルである家を所有しているとしよう。私は、この家を、たとえば十二万五千ドル以下では売らないことも可能である（市場価格は市場での限界購入者にとっての価値であり、私は彼と同じ選好を持っていないかもしれない）。しかし、もし私が主要な資産であるその家を所有していないとしたら、私はそれに七万五千ドル以上支払う意欲はないであろう。なぜなら、これが私が支払うことのできる「余裕金」のすべてであるからである。この場合、この家は、七万五千ドルの価値を持つのだろうか、それとも十二万五千ドルの価値を持つのであろうか。答は、私がその家を所有しているか否かにかかっている。しかし、これで分析を結論づけるわけではない。なぜなら、私が家を所有していると仮定すると、私の所有権が、諸権利を割り当てるための倫理的に妥当な諸原則（分配的正義の諸原則）に矛盾しないかどうかを考察しなければならないからである。この点をめぐるドラマティックな例として、政府役人の小さな集団が、価値ある商品としての権力の大半を持っている全体主義国家を考えてみよう。彼らが自らの権力を放棄するために要求する価格が、社会の富を決定する要素であると考えるならば、民主主義的制度を導入することが富を増大させるかどうかは不明である。権力者が市場取引ないし仮設市場取引を通じて権力を得るという、ありそうにもない想定を除けば、彼らにとっての権力の「価値」は、泥棒が盗んだ財から引き出す価値と同じく、社会的富を測定するのに適切ではないであろう。

富の最大化と道徳および正義

富が幸福の別名でないことは確かなのだが、そうすると、なぜ富の追求が幸福の追求よりも、道徳的に優っていると考えられるのであろうか。これが本章と次章の中心的な問題である。

功利主義について非常に多くの道徳哲学者が批判するのは、功利主義が個人の自由の甚だしい侵害を招くように思われるためである。動物の幸福の名においてであれ、ノジックの「効用モンスター」(37)の幸福の名においてであれ、あるいは真に人々を幸福にするものについてのベンサムの思索の名においてであれ、功利主義は個人の自由を侵害する。しかし、社会の人々の幸福や効用に対する結果を考慮に入れることなく、個人の自由や自律を強硬に主張することは誤りであり、受け入れることはできないように思われる。このため、最近のリチャード・エプスタインの研究にみられるように(38)、功利主義とカント主義の伝統を何らかの形で結びつけようとする試みに次第に関心が集まっている。富を最大化するという倫理は、これらの競合する哲学的伝統を融合したものであると見ることができる。富は、不完全であるにせよ、効用と正の相関がある。しかし、富の追求は、それ自体、自発的な市場取引のモデルに基づいており、古典的な功利主義におけるよりも個人の選択を尊重している。

ここで再び、ネックレスに一万ドル支払う意欲のある人と、金銭を持っておらず、その取得を断念するに等しい拘禁刑という非金銭的不効用を甘受する意欲のある泥棒とを比較しよう。前者の立場は道徳的に優っている。なぜなら、所有者である他人に便益を与えることによって、自分の厚生を増大させようとするからである。さらに買い手の一万ドルは、たぶん、生産活動(彼の使用者であれ、顧客であれ、彼の父親の顧客であれ、自分以外の他人に利益を与える活動）によって蓄積されたものである。ある人の所得が、彼の生産の総価値以下であると仮定すると、[39]その生産的な個人は、その社会から受け取る以上のものを社会に与えることになる。したがって、我々の例における買い手は、ネックレスの所有者に純便益を与えるばかりでなく（さもなければ彼は一万ドルを受け取らないであろう）、生産活動を通じて金銭を蓄積する各段階において、他人に純便益を与えている。反対に、泥棒は、ネックレスの所有者や他の誰にも全く便益を提供しない。功利主義者は、泥棒のネックレスに対する「欲望」を尊重するかもしれない。しかし、このような欲望は、他の人には何の価値もない快楽を享受する能力に基づいている。「泥棒」という呼称は、それが非常に厳しく罰せられるために、泥棒の効用が被害者の不効用を超えなければ発生しないような社会においてさえ、軽蔑的に用いられている。この事実は、功利主義によっては説明できないが富の最大化によって説明できるという、我々の倫理的信念についての論拠となる。

この議論は、効率的な刑罰制度を設計する際に、泥棒が窃盗から得る効用を考慮すべきか否か、という問題に関連がある。[40]すべての窃盗が、低い取引費用で得られる純粋に強制的な財の移転であるならば、泥棒の効用は考慮するに値しないであろう。なぜなら、このような窃盗は、富を生み出さないからである。しかし、すべての窃盗がこのタイプだというわけではない。前述の、森で道に迷った人が無人の小屋に侵入し、生きるために食べなければならない食料を盗む場合を考察しよう。彼が所有者と取引する費用は非常に高いであろう。また、厳密に経済学的な意味で、その食料は所有者よりもその泥棒にとって価値があるため、この窃盗は富の最大化に寄与する結果を導く。しかしこの場合、その泥棒を無罪にすべきであるということにはならない。窃盗が真に富を最大化する（即ち、被害者の損失よりも泥棒により大きな便益を生み出す）場合を除いて、すべての人に窃盗を思い止まらせるために、我々は彼を罰するべきであると判断するかも知れない。しかしその刑罰は、窃盗が富を最大化しない限り、盗みを思い止まらせるレベルに設定すべきである。反対に、窃盗が全く社会的価値を生み出さないならば、刑罰の重さはそれに要する費用によって制約される。

経済的自由は、功利主義よりも、富の最大化に基礎を置くもう一つの価値である。公平さの面から異議があるとしても、自由市場が社会の富を最大化するということは、マルクス主義経済学者も含めて、経済学者のほぼ普遍的な意見である。これは確かに経験的な判断ではあるが、自由市場が幸福を最大化するという主張よりも強固な基礎の上にたっている。

大部分の慣習上の行為規範、例えば約束を守るとか嘘をつかないなどの意味は、富の最大化原則から導き出すことができる。これらの美徳を守ることは、自己防衛や詳細な契約あるいは訴訟など、市場を維持するための費用を削減することによって、取引を容易にし売買を増加させ、結果的には富を増大させる。(41) 利他的行為(慈善)でさえ、それが取引費用の高い市場と法手続に代替しうるがゆえに、節約を可能にする原則の一つとなる。(42) しかも、利他的な人でさえ、必要度の最も高い寄付依頼者よりも最も高い入札者に寄付すると決めるかもしれない。支払意欲以外の要素によってニーズを決定するには費用がかかるから、「ニーズ」や「功罪」による配分よりも価格による配分の方が、社会のその他の人々により大きな純便益を与えるであろう。(43) 価格による配分は、また、慈善家の富の蓄積を一層増加させる。この富は、全体であれ一部であれ、無報酬で配ることができる。けれども、利他主義者は、自分の生産的活動と他人に与える便益とを大きく減らすため、慈善を求める人人を選別するために時間をかけたいとは思わないかもしれない。

要約すると、富の最大化原則は、経済発展と関わりのある伝統的な「カルヴァン派」や「プロテスタント」の美徳や資質を奨励し賞賛する。(44) 幸福最大化原則が、同じ一群の美徳や資質を評価するかどうかは疑わしい。特に、それらの美徳を固く守る際の、暗黙の禁欲の程度を与件とすると疑問が残る。功利主義者は、享楽や放縦その他の快楽主義や享楽主義の価値に、少なくとも勤勉さや正直さと同じ重みを与えなければならないであろう。功利主義が、勤勉さや正直さに価値を見出すのは、それらが富を増加させる傾向があり、したがって幸福を増大させるかもしれないという理由だけである。

富の最大化が擁護しうる道徳原則である理由は、富の最大化が、分配的正義と矯正的正義の理論に対してより強固な基礎を与える、という理由にある。市場経済において交換される権利の源泉は、それ自体としては富の最大化原則の外にあると論じられてきた。(45) ところが実際は、この原則が、人権と所有権の制度を生みだす。これらの諸権利は、不動産や動産だけでなく、身体やアイディアも含む、究極的には稀少なあらゆる価値あるものに及ぶであろう。確かに、これらの権利に制限を加えなければならないときもある。制限を加える理由の一つには、権利を保護するための費用が高くつく場合がある。これが特許権や著作権などに関連する諸法規が、価値のあるアイディアの一部分しか保護しない理由である。他の制限理由には、取引費用が高い場合、あるいは利用関係が競合する場合もある。例えば後者の場合、私は自分の所有地で塵埃を燃やす権利を持つであろうか。あるいは私の隣人はその煙から免れる権利をもつであろうか。このような制限理由を認めるとしても、富の最大化という経済的分析手法が法的権利の原則を承認する度合は、大部分の功利主義のそれよりも強い。また、この点においては、所有権に優先する再分配政策を認めるカント主義者のそれよりも強い。

多くの道徳哲学者にとって、権利と経済学は相容れない概念のように思われるであろうが、そうではない。所有権の理論は、現代のミクロ経済理論の一つの重要な部門である。(46) 法学においても経済学においても、所有権は、他人が稀少資源を利用することを排除する権利である。(47) 他人が所有権を持っている資源を入手したいと思う人は、一般的厚生に訴えることによって、その所有者から資源を手に入れることはできない。この意味で、所有権は、その権利が及ぶ範囲内においては絶対的である（一つの重要な制限例があるが、ここでは言及しない）。たとえば、Aが自分の車をBのガレージに駐車したため、Bは裁判所に対して、Aに対する差止命令を求める場合を想定してみよう。Aは、Aの車がBの車よりも高価であるという理由により、そのガレージが、Bにとってよりも自分にとって真に価値があると主張しても、裁判所は認めないだろう。またAは、そのガレージを占拠し、その市場価値を裁判所に決めてもらうための訴訟を提起することもできない。ガレージを手に入れるためには、AはBと交渉しなければならない。所有者の同意なしに、その権利を消滅させたり移転させたりできないということが、権利に絶対的な性格を与えている。

絶対的権利は、法の経済理論において重要な役割を果たす。ガレージの例のように、自発的取引の費用が低い場合には、例えばアイディアや土地や労働に対して、絶対的権利を認めることを経済学者は勧めている。しかし、取引費用が非常に高い場合には、絶対的権利を認めることは不効率である。したがって私は、私の家に入り込んでくる音波や、窓にゴミを付着させる大気汚染に対抗するための、絶対的財産権を持ちえない。これらの例とガレージの例との違いは、後者の場合には、自発的取引が、資源を最も価値のある用途に向ける確実な方法を提供する点にある。前者においては、取引費用が高いため、資源を移動させる自発的取引を利用できず、責任原則、収用権、地域区分制のような、所有権に対する代替的配分メカニズムを見つけなければならない。

所有権は確かに絶対的であるが、取引費用と富の最大化という目的に貢献し役立つという条件の下で絶対的であると考えることは、多くの「権利論者」の主張よりも権利に低い地位を与えることになる。経済分析は、所有権の絶対性を承認するとともに、非人間的な財ばかりでなく、人間自身をも包摂する。例えば、私は、広い意味では、誰のために働くか、誰と結婚するかを決める絶対的権利を持っている。けれどもこれらの権利は、超越的ではないし、あるいはそれ自身目的であるわけではない。またこれらの権利は、一般的に、低い取引費用という状況においてのみ機能する。それにも拘わらず、これらの権利は、その用語の全く正しい意味で権利である。但し、権利は、それがいかに絶対的であれ権利の保護以外の目的に対する用具として正当化される排他的権利として把握されなければ無意味であろう。

経済学者は、単に絶対的権利が創られるべきだと主張するばかりで、それらが何に付与されるべきかについて黙り込んでいるわけではない。確かに、経済学者は、市場の取引費用がゼロであるならば、権利が最初に何に付与されるか気にかけないであろう。自発的交換の過程は、その権利に最も高い価値をおく人に、取引費用なしに再配分するであろう。しかし、一旦取引費用がゼロであるという非現実的前提を放棄すると、諸権利の割当は決ってしまう。取引費用が正であると仮定しよう。この場合、おそらくこの費用は低いだろう。なぜなら、そうでないと、絶対的権利を創設することは不効率になるからである。取引費用が正である時、富の最大化原則は、取引費用を最小化するように、その諸権利に最も高い価値をおくであろう人に、最初にそれらを付与するように要請する。[48] この要請こそが、労働者に自分の労働を売る権利を与え、また女性に自分の伴侶を決める権利を与える経済学的な理由である。もしこれらの権利が無関係な人にランダムに割り当てられたとしても、(いつもというわけではないが)、一般的には、労働者や女性はそれを再購入するだろう。しかし、権利が、最初から最も高い価値を認める利用者に割り当てられるならば、取引の修正費用を避けることができる。これと同様に、その権利を非常に高く評価しているので、それを「本来の」所有者に再び売るようなことはしない人物を最初から見つけ出し、その人[49]に権利を付与するようなメカニズムは存在しない。人的資本の借用はもとより困難であるために、本来の所有者が自分の労働もしくは身体の権利を自分以上には高く評価していない人から買い戻そうと努力しても失敗することに疑問の余地はない。しかし、これがまさに、最初に本来の所有者に権利を与えるべきことを要請する理由なのである。

チャールズ・フリードは、権利についてこのように考えることは不適当であると異議を唱えている。彼が不適当であるとする理由は、個人が自分の生活や身体および精神の価値を他人以上に評価しているという判断は、その個人がすでに生活や身体ないし精神を所持している実体であることを前提にしているからというのである。[50] しかし、所持は所有権があることを意味しない。フリードは、他人の歯を横領できるというのは非常にばかげていると考えている。しかし、次のような仮設的訴訟事件を考えてみよう。私の歯は、真珠のようにきらきらと輝いているので、コルゲート社が雇った写真家が私のあとをついてまわり、私がにっこりするときにはいつでも私の写真をとり、その写真の中で最も良いものを私の同意なしに、コルゲートのねり歯磨きの広告で使用したとする。かつてニューヨーク最高裁判所は、同様の事件において、法的権利の侵害はないと判決した。[51] 要するに、裁判所は、輝く微笑みの、「本来の」所有者にではなく、別の人に権利を割り当てたのである。このような見方は、経済学的に間違っているし、一般的に批判されているが、何ら矛盾や不合理は含まれていない。

権利の初期分配に関連して更に考察すべきことは、独占の非効率性である。独占に対する考察は、権利を集めて独占力を発揮するのに十分なほど大きい集合体にする費用を高めるために、権利を小さな単位に分割して多くの人々に与えることを正当化するだろう。したがって、一人の人間に、電気工や鋳造工やレストラン従業員など、すべての労働の権利を割り当てることは不効率であろう。なぜなら、このような割当は、労働力供給の部分的独占化を招き、したがって社会の富の減少を招くであろうからである。

それでもなお、富の最大化という目標と整合的な権利の初期分配は、極端に不平等であるかもしれない。しかし、結果の不平等は、法の経済理論が一種の功利主義を装った権利理論であると主張する人々の関心事ではない。彼らは、富あるいは幸福の最大化は権利保護と整合的でないと主張する。しかし、権利理論は、事実上、富の最大化原則の重要な系である。

ここで、私は、富の最大化理論における矯正的正義の話に戻ることにする。[52] 矯正的正義の古典的な分析は、アリストテレスの『ニコマコス倫理学』の第五巻第四章にある。アリストテレスは、次のように説明している。もし人が不正行為によって他人に傷害を与えたら、その傷害行為は悪であり、なんらかの形の矯正が必要である。このことは、たとえ加害者が被害者よりも良い人であっても、第五巻の前章に記述された分配的正義の原則（価値評価に応じた分配としての正義）に従って、正当とされる。傷害の不当性は、加害者と被害者の相対的な価値評価と切り離して決定しうるという考え方と、法的紛争における分配上の中立性という密接に関連した考え方とが、アリストテレスの矯正的正義の概念の核心であるように思われる。しかしアリストテレスが想定した矯正方法、即ち被害者が加害者に対して私的に損害賠償を求める訴訟は、当時のアテーナイの法制度が体現していた私的特徴を反映している。[53] アリストテレスの議論からは、彼が私的な損害賠償訴訟を、彼の議論と矛盾しない唯一可能な矯正方法であると考えたかどうかは明らかでない。

アリストテレスの矯正的正義の概念は、富の最大化アプローチと整合的である。実際、富の最大化アプローチはこの概念を必要としている。不正行為が損害を招くとき、資源利用の効率性を損わないとしても、何らかの形式の矯正が必要である。確かに、このような結論は、不正と不効率とを等しいと考えることを要請するが、アリストテレスはそのような等式は作らなかった。しかし、アリストテレスの矯正的正義の概念は、実体的な考え方というより手続的な考え方である。この概念は、不正行為の評価とは別に考えられる加害者と被害者の相対的価値評価に関係なく、損害の原因となった不正行為に対する矯正を命じる。しかし、それは、どのような行為が不正であるかを定義してはいない。このような定義は、それ自身は矯正的正義の概念の一部ではない。したがって、不正行為を、社会の富を減少させる行為であると定義することは、この概念と矛盾しない。一旦このような定義を与えれば、不正行為を矯正しなければ、そのような行為が広く行われることによって社会の富を減少させるであろう、ということを示すことはたやすい。また、そのような行為から派生した損害賠償請求事件において、分配上の中立性を遵守しなければ、社会の富を減少させるであろう、ということを示すこともたやすい。たとえば、もし所得の異なる二人の者が、加害者の不正行為に起因する同じ事故で負傷したと仮定してみよう。この場合、何らかの意味で、おそらくカント哲学的な意味で、彼らには世の中の財の均等分配への権利があるという理由で、両者に同じ損害賠償を与えることは不効率であろう。また、加害者が被害者よりも豊かでより良い人であるとしても、そのような理由で、被害者に対して失った所得や他の賠償項目より少ない賠償を与えることは効率的ではない。このような判決は、多くの事故を招いたり、あるいは誤った（部分最適な）注意義務を設定する結果を導くことになる。

富の最大化は、権利と救済方法の理論に対して基礎を与えるばかりでなく、法それ自身の概念に対しても基礎を与える。「法」は、単に、国家の強制力に支えられた命令であるとしばしば定義される。このような定義によると、主権者が発するどのような命令も法である。しかし、これは、その用語の通常の意味を曲解している。法の定義を実際に使用可能なものとして記述するためは、以下のような付加的要素を含まなければならない。(1)主権者の命令が法と見なされるためには、命令の名宛人である人々が遵守しうるものでなければならない。(2)命令は、その命令に関係するすべての側面において、同じ立場にある人々を平等に取り扱わなければならない。(3)命令は、公にされていなければならない。(4)命令の条件に従って、その命令を適用するのに必要な、すべての事実関係の真実性を確かめる手続が存在しなければならない。(54) これらの諸要素は、法の経済理論の一部を成している。

経済的ないし富の最大化の視点からすると、法の基本的な機能はインセンティブを変えることである。これが意味することは、法は不可能なことを命令しないということである。履行できないような命令は、人の行動を変えないであろう。履行不可能な命令と、回避費用が制裁費用より大きいために、回避できない法的制裁とは区別されなければならない。契約を履行する費用が、不履行による損害賠償を大きく超えるために（あるいは履行することが文字通り不可能であるため）、実際上全く選択肢を持たない場合でも、契約に違反した当事者に損害賠償の責任を課すことに矛盾はない。法は、単に、債務不履行の危険負担を、履行しない当事者に課してきただけである。刑事法における厳格責任理論の欠陥についての適切な批判は（たとえば、重婚や法定強姦で起訴された場合に合理的な錯誤の主張は抗弁とはならないなど）、それらが法の考え方と矛盾するということではなく、状況が正当性を保証しているよりも、課されている危険負担の方が大きいということである。

法は等しいものを等しく取り扱わなければならないという要請は、法は合理的な構造を持たなければならないということの別の言い方である。なぜなら、同じものを違うように取り扱うことは不合理だからである。これに対して、経済理論は演繹論理である。したがって、それは、正しく適用すると、互いに矛盾のない結果を生み出す。法が暗黙のうちに経済的構造を持っているならば、法は合理的でなければならないし、また法律は似たような事件を同じように扱わなければならない。

また、インセンティブを変え、したがって行動を規制するシステムとしての法は、公にされていなければならない。法の内容が、それを適用する事実の発生後に初めて知られるのであれば、法の存在は、それに制約された当事者の行動に何ら影響を与えることができない。

最後に、法の経済理論は、法を正しく適用する際に必要な事実を確かめるための手続機構を前提としている。法が適用を意図している状況であるかどうかに関係なく執行されるならば、法の抑止効果は弱められる（そして究極的には消滅する）。作為的な価格操作を禁止する法律はあるが、誰が価格操作をしているかを確かめる手続が存存しないと仮定しよう。その代わりに、一万人のうち一人をランダムに選び、価格操作をしたという理由で罰するものとしよう。この場合には価格操作を避けるインセンティブは全く働かないであろう。そして、価格操作をする人と、それをしない人との唯一の差は、前者が価格操作から利益を得るという点だけであり、予想される責任はすべての人にとって同じことになる。(55)

功利主義批判再考

功利主義に対する批判は、また、どれほど経済分析に当てはまるのだろうか。功利主義との境界の問題は、それほど深刻ではない。経済分析理論も、動物を対象に入れるが、動物が富を増大させる限りにおいてである。羊の最適数は、人に比べた羊の満足享受能力についての憶測によって決めるのではなく、羊飼育によって生じる限界生産物と限界費用との交点によって決められる。

しかしながら、富の最大化アプローチのもう一つの含意は、最低限の生活水準を維持するのに十分な所得能力を持たない人々は、彼らが富を持っている人の効用関数の一部でなければ、資源配分に与する権利は与えられない、という点にある。この結論は、個人に付与された特定の能力に重きを置きすぎているように思われるかもしれない。もし、偶然に精神薄弱に生まれたため、その人の純社会的生産物が負であるならば、自分自身を養うことができないことは何ら責められるべきことはないけれども、彼は生活手段に関するいかなる権利をも持ちえないであろう。このような結果は、現代人の感情を害するが、主要な倫理体系の何れ

図1　消費者余剰——他人のための生産

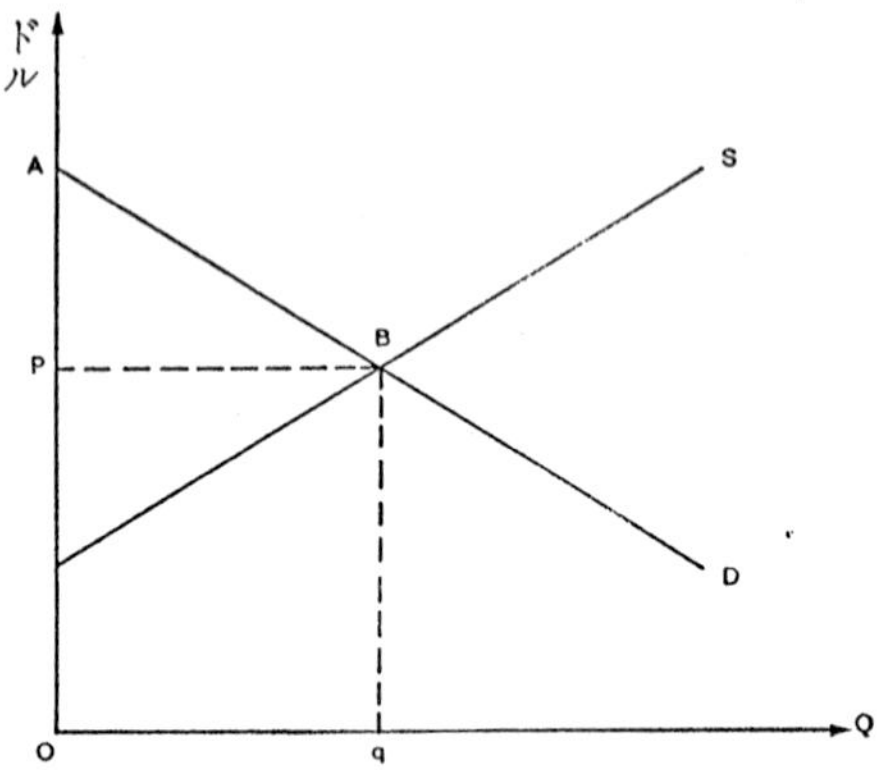

Q＝労働者の出量産
S＝供給価格
D＝労働に対する需要

PBqO＝全労働者の総所得
ABqO＝彼らによる労働の総社会的生産物

とも整合的であり、この結論から逃れる方法を、私は知らない。ロールズとその追随者達は、個人の天賦の才は道徳的意義に関係のない一種の偶然である、という見方を進展させている。しかし、このような見方は、それが由来するカント哲学の個性という概念と矛盾する。価値ある資源の支配をめぐって、発明家と怠惰な者の道徳的主張を等しく取り扱うことは、人々の間の差異を真剣に解釈していない。(56) また、どのような再分配政策も、再分配される人の自律を阻害する結果を導く。

まだ生まれていない人間の地位について、富の最大化の観点から提示する重大な問題は、仮設市場の概念を人がどれほど押し進めるかである。原理的には、追加的な人口が経済的に自立できるかどうかを計算することは可能である。追加的な人口は、過密社会の富を減少させるかもしれないが、豊富な天然資源をもつ過疎な国の富を増大させるかもしれない。適切な問いは、追加人口による社会的生産物が彼らの社会的費用を上回るかどうかであって、残余の人口が、より富裕になるかどうかを問うことではない。このように示唆すると、私は、我々がそれとなく彼らの富を最大化することに関心をもつ人口の中に、追加人口を含めるような方向で境界の問題を解決しているように思われるかもしれない。しかし、これらの定式化は、実際同等である。図1に示したように、生産人口は社会から取得するより、社会に、より多くのものを付け加える。(57) したがって追加的人口が生産的である限り、既存の人口は利益を得る。

外国人についていえば、移住者への公的援助のない自由移民政策は、富を最大化する人々だけに移住することを保証するだろう。結果的に、自分自身を養う費用以下の所得を予想する人は、移住しないであろう。移住者の所得は、誤差を考慮しなければ、その人の総社会的生産物よりも小さく生計費よりも大きいであろうから、財・サービスの形で既存人口から取得する以上に既存人口に貢献する。富の最大化のための経済制度の下においては、富の平均と総額の間に矛盾はない。あらゆる負の外部性が移住者に完全に内部化される限り、既存の人口の平均の富は、移民の結果増大する。(58)

功利主義を非常に悩ませている測定の問題は、富の最大化理論によれば、その規準領域を独占や外部性という深刻な問題のない、現実の市場に限定するならばたやすく解決される。現実の市場で起こるどのような自発的取引も、社会の富を増大させるはずである。この命題は、効用の原則として前に議論した意味におけるパレート原則ではない。この命題は、基本的に富の最大化と同義反復的な原則である。しかしながら、自発性は余りに限定的な条件であり、富の最大化の規準領域が仮設市場を含むように拡張されると、測定の問題が発生する。しかし、これは、幸福を測定する問題より深刻ではない。例えば、後で正規の診察料を請求するために意識のない事故の被害者を治療する医者の権利は、もしその被害者がその価格とサービスをめぐり医者と交渉することができたら、彼はそうしたであろうというもっともな仮定にたってはじめて基礎が与えられる。どのような政策が幸福を最大化するかを推測するよりも、市場を機能するように作りえない領域において、人々の市場に対する選好を推測する方がたやすい。

「効用の個人間比較」は、近代経済学者にとってまさに鬼門である。なぜなら、そのような比較をする測定の尺度がないからである。しかし、困難であるにしても、価値の個人間比較は、価値が明示的な市場で比較されていない場合でも、経済学的な意味では可能である。少なくとも、このことは、意識のない人を治療する医者の例のように、自発的でない取引に含まれる価値を推定する際の手助けとして参照しうる市場取引の背景がある場合には可能である。そのような背景がない場合、例えば、明示的な市場が存在するようになる以前の人間社会のある段階における価値決定問題は、次章で検討する。

道具主義の危険もまた、功利主義におけるよりも、富の最大化の体系における方が深刻ではない。富の最大化アプローチでは、経済的自由と人身の自由に対する国家の干渉を正当化するための唯一の根拠は、社会の富が社会的強制――それにも費用がかかる――によってしか増加させられないような、市場の重大な失敗である。どのような場合に市場が効率的に作動しないか、また市場の失敗を矯正するのにどのくらい費用がかかるか、という問題について経済学者達は意見を異にする。けれども、少なくともこれらの問題は、価値の問題ではなく実証的な問題である。経済学者は、効率の名の下に人々にあらゆる種類の義務を課すべく、仮設市場規準の適用における固有の測定問題を食い物にしていると、気をもむ自由主義者もいる。しかし繰り返すが、経済学的な見方において、義務を課すのが適当な場合は、取引費用が非常に高いという例外的なケースにおいてだけである。エプスタイン教授は、ある外科医がある病人を救える唯一の医者であるなら、富の最大化原則は、その外科医にインド横断旅行さえも強要することになるだろう、と示唆している。[59] 私は、これに同意しない。これは、取引費用が高いケースではない。もし、その病人が外科医に治療費を支払うことができるなら、その外科医は彼を治療するために出張旅行に同意するであろう。もしそうでないなら、その外科医は家に留まって、社会的富を最大化する活動に従事するであろう。

この例が示唆するように、経済学的アプローチは、功利主義者のように再分配政策を歓迎しない。思い出されるであろうが、多くの功利主義者は、貨幣所得の限界効用逓減の法則と、人々の効用関数はかなり似通っている（あるいは少なくとも富と正の相関はない）という直観とを組み合わせることから、所得平等化の目標を導き出している。しかし、富の最大化の体系においては、所与の金額を享受する能力がAはBよりも大きいということは、金をBから取り上げてAに与える理由とはならない。その金銭の移転は、社会の幸福を増大させるかもしれないが、富を増やしはしない。しかしながら、強制的な所得移転が非生産的であるという結論は、二つの点で限定しなければならない。第一に、所得と富を、より均等に分配するための控え目な努力は、経済学的に正当化されうるかもしれない。なぜなら、犯罪の機会費用の増加（即ち、合法活動からの所得喪失）と、可能性はより小さいが、犯罪から得られる潜在的な収入の減少の両者によって、犯罪の発生率と、犯罪の予防費用が縮小するかもしれないからである。[60] 第二に、人々が利他的で、したがって自分の所得のいくらかを自分よりも悪い状態にある人々に移転する意欲がある限り、慈善的贈与の公共財的側面（貧困の緩和は、非贈与者をも益することになるという事実）が、貧困を減少させる公共の努力を正当化するかもしれない。しかし、再分配政策を支持するこのような根拠でさえ、功利主義者が利用する根拠よりも明らかに限定されている。誰も、自分よりは貧しくないという点までレベル・ダウンしたいと願うほど、利他的である人は殆んどいないからである。[61]

このような富の公共的再分配の（限定的）論拠を全く無視して、富の最大化原則が分配的考慮に対して無関心であると批判することは誤りであろう。むしろこの原則は、その考慮を自動的に解決する。以前に、私は、富の最大化という目標それ自身からどのように権利の体系を演繹しうるかを示した。（人の身体や労働などに対する）このような権利が一旦確立すると、この権利は、所有者に所得を生み出すために、販売されたり賃貸されたり物々交換されたりする。一般的に、富の多い人は、一所懸命または手際よく働くため、あるいはどのような理由であれ、より高い限界生産力を持っている人達であろう。社会の富を最大化することが目的である経済制度においては、その目的への貢献に（大雑把に）比例して、人々に結果として支払う富の分配は恣意的ではない。しかしながら、主要な点は、特定の富の分配は、それ自身富の最大化原則から導き出される権利の分配の副産物にすぎないということである。それゆえ、公正な富の分配方法を仮定する必要はない。

相続した富を頼りに生活し、社会の富を増大させるために何ら個人的な貢献をしていない人達がいるときでも、この報酬システムの正義は損われない。相続された富の支出は、蓄財した人の消費の一部を彼の生涯を超えて延長していることを示すに過ぎない。確かに、相続人が相続財産を支出するだけでなく、労働に従事すれば、社会の残りの人達も豊かになるであろう。我々は、怠け者を好まないように、ぶらぶらしている相続人を嫌悪する。これは、彼が寄生虫であるためではなくて――彼は寄生虫ではない――、他の人達が享受する余剰を生み出していないためである。

この点は、富の最大化の重要な再分配の側面を示唆する。人々は、社会的生産物のすべてを受け取っていないから、事実上、人々が生産する富の若干量（しばしば、相当量）が消費者によって「徴収され」ていることになる。一般的に、人がより多くの富を生産すればするほど、その人は、（相対的な額ではなくて絶対的な額で）より高い「税金」を支払う結果になる。

ここで、経済学的アプローチが、功利主義的アプローチのように、我々の道徳的直観と鋭く矛盾する結果を生み出すかどうかを考察しよう（富の平等という仮定は、このような直観の一つではない）。ノジックのいう「効用モンスター」は、富の最大化に基づく倫理体系の中では生存する余地は全くない。幸福によって価値を測る場合には、私は、人を拷問にかけることによって彼らの悲痛を上回るほどの歓喜を得るかもしれない。しかし、このことは、私を善人にすることもないし、私に人を拷問にかける権利を与えるものでもない。私は、拷問による喜びを得るために犠牲者の同意を買わなければならないであろうし、このような購入代金は、最も富裕なサディストを除くすべての人の富をすぐに枯渇させるであろう。市場システムに対する批判者は、市場システムが個人の欲望の充足に対して課する制約よりも、富によって生み出される機会について考える傾向がある。徹底的な功利主義システムにおいては、効用モンスターの活動を拘束する予算上の制約は全く存在しない。しかし、富の最大化システムにおいては、効用モンスターの活動は富の限界によって制約され、犠牲者達は権利システムによって保護される。この権利システムは、犠牲者が要求するどのような補償をも彼らに支払うように、モンスターを強制するのである。

嫉妬の問題は、功利主義と富の最大化理論の間に介在する道徳的な差異をさらに例示する。嫉妬が激しい社会では、最大幸福を達成するためには、たとえ社会の富の総計が減少しようとも、所得の平等化というドラスティックな政策を採用する必要がある。しかし、富の最大化に奉仕する社会においては、嫉妬は公的介入の根拠を与えるものではない。嫉妬された人から嫉妬する人への富の再分配は、市場の失敗を矯正するために必要である、と主張する論拠は全くない。

功利主義的道徳と経済学的道徳との差異、および功利主義の「奇形」の源泉は、私の考えでは、以下の通りである。功利主義は、社会的厚生に関心があると自称しているにも拘わらず、論理的に、嫉妬や残忍性のようなあらゆる種類の反社会的特性に価値があると見なさなければならないという点にある。なぜなら、これらの反社会的特性は、個人的満足の一般的な源泉であり、したがって効用の一般的な源泉でもあるからである。これと対照的に、合法的に得られる富は、他の人に何かを与える、例えば、他の人に有利な取引を提供することによって生み出される。個人は全く利己的であるかもしれないが、うまく規制された市場経済においては、自分自身とともに他人をも裨益することとなしに、私利私欲を助長することはできない。これが、我々の社会において、怠惰が疎まれる特性であることを示す理由であろう。怠惰な者は、労働の代わりに享楽を選択するであろう。労働は、我々の社会の残りの人達が楽しむための消費者余剰を生産するのに対し、享楽はそれを生産しない(62)。

カント主義者は、富を追求することは、必ずしも道徳的奇形を導くわけではない、と確信していないように思われる。カント主義者は、前に議論したスマートの羊の例を、次のように修正したいと考えるかもしれない。十万頭の羊の全体の価値は、一人の子供が持つと合理的に見なしうる貨幣価値以上のものであるとしよう。羊飼いは、その子供を羊の代りに犠牲にすると決めるとき、その羊飼いは善人であろうか。経済学的には、答はイエスである。これは、我々の（および他のいかなる）社会においても、常に肯定すべき答である。危険な活動が許されるのは、危険を回避する費用が、犠牲者に対する費用を超えるという判断を基礎としている。狂信的な人だけが、生命と資産を交換することを拒否する。ただし、生命の価値を見積ることは困難であるため、この二つの価値を天秤にかける際に、資産価値だけが他の天秤皿の中にあるときには、生命価値を重く考えるのは正当な理由がある。

経済原則に基づいて作られた道徳システムが、我々の日常の道徳的直観と一致し、またその道徳的直観に構造を与えることができるというもう一つの証拠を示すことにしよう。ここでは、ジョン・ブラウンらが明らかにしたように(63)、(一)通常人の不注意という概念、(二)不法行為法における過失の定義、(三)経済学者の過失の概念という、三者の間にある密接な対応関係を考察しよう。不注意は、費用の上では正当化されない――浪費ないし富を減少させる――危険を生み出すことを意味する。過失ルールを適用する裁判官や過失原因を解明する経済学者と同様に、通常人もまた、不注意による事故を、事故の期待費用以下の費用では防ぐことのできない「不可避な」事故と区別するのである。

もう一つの道徳的奇形、これは集合的利益のために個人を犠牲にすることに由来する。この種の奇形もまた、功利主義的アプローチよりも経済学的アプローチにおける方が深刻さの少ない問題である。例えば、煉瓦工場の建設後に生じた近隣の予期しない環境変化によって土地の最適利用が妨げられたと主張する住民が、工場の所有者を相手取った公害訴訟で勝訴する事件を思い浮かべてみよう。これは集団的厚生に対して個人的厚生を犠牲にするケースのようにみえる。しかし、おそらく工場の所有者は、そのような訴訟の危険に対して事前の補償を受け取っているであろう(64)。富の最大化のシステムにおいては、ドゥオーキンが「外部選好」と呼んだ(65)、何らかの明白な侵害(騒音や汚染など)に基づかない特定集団に対する嫌悪は、公共的介入に正当な根拠を与えることは稀であろう。ナチスのドイツ政府がユダヤ人を追放する政策を採用する場合、富の最大化のシステムにおいては、彼らの権利を買い上げなければならない。この場合でも、通常の(即ち取引費用が低い)土地収用の場合と同様に、強制を認める経済学的根拠は存在しない(66)。

しかし、ある種の公害判例の論理は、ユダヤ人や黒人その他の人種的、宗教的、民族的少数派に対して、拡張適用される可能性があることを見落としてはならない。葬儀屋は、近くに住む人々が死者を思い浮かべて当惑するために、土地の価値を下げる可能性があり、またこのような理由で生活妨害訴訟で住民が勝訴する可能性がある。同様に、近隣にユダヤ人や黒人が居住することは、住民を当惑させ、これらの少数人種に属する人々が留まるために支払う代価以上に、土地の価値を下げるかもしれない。このような状況においては、何らかの隔離政策の導入が富を最大化するかもしれない。しかしながら、この例はかなりこじつけのように思われる。生産的集団の追放や排除あるいは隔離によって、社会の富が実際に増大することはありえない。

我々は、前章において、乞食が現れしつこくねだることから生まれる不効用は、彼らを奴隷にすることを正当化すると、ベンサムが考えていたことを見た。この物乞に関する経済分析は、葬儀屋に関する経済分析と対比して考察することができる。葬儀屋を移転させることは、顧客に費用を負担させる結果を導くが、近所に葬儀屋があることを嫌う第三者には便益を与えるだろう。物乞の禁止は、乞食にものを与えることから効用を引き出す人には費用を負担させるが、乞食を不快であると思う人には便益を与えるだろう。しかし、この場合に、便益が費用を上回ることはありそうにもない。葬儀屋を移転させる費用は、単に、住宅地域から他の場所に移転させる費用であり、この費用は小さいこともありうる。しかし、乞食を通行人に不快感を与えない場所に「移転させる」ことはできない。乞食の稼業の成否は、通行人が沢山いる場所にいるかどうかにかかっているからである。物乞は、これを全面的に禁止することによってしか、「地域区分する」ことができない。これは、広告や宣伝を見る人の中には、潜在的な顧客ではなくこの広告を不快であると思う人もいるという根拠に基づいて、広告を禁止するようなものである。広告を禁止する費用は、確実に便益を超えるだろう。同じことは、おそらく物乞の禁止にも当てはまるであろう。

もう一つの厄介な問題は、人口の負の外部効果の問題である。人口の資源に対する比率が高く、追加的な人口増加に伴う社会的費用がその社会的生産物を超えるような社会においては、政府が出生率を強制的に制限する場合もありうるだろう。このような人口抑制政策の効果は、もちろん、政府の本質的に不完全な手段によって、その政策を実施する費用いかんに依存している。経済学者は、厳密に経済学的な根拠に立って、家族当りの決められた割当数を超えるような追加的な出生を禁止するために、追加的出生に税金をかける政策を選択するかもしれない。しかし、最適な課税額は、多くの人にとって非常に高く設定される場合もありうるであろう。このような政策は、最適な人口が既存の人口よりも相当に小さい時には、特に採用され易くなる。このような場合には、単に出生率を現状維持の水準に制限するようなやり方は、社会の富を最大化するのに十分でないからである。

富の最大化理論が通常の道徳的直観と食い違う結果を生ずるもう一つの領域は、詐欺、外部性、無能力、独占などの市場の失敗を抑制する文脈において、経済学者が執拗に契約の自由を主張することに関係している。例えば、Aが家族のために金を準備するために（理由は重要ではない）、Bに自分自身を奴隷として売るとしよう。あるいは、CがDから借金する際に、債務不履行の時にはDがCの膝を叩き壊すという制裁条項を付けて金を借りるとしよう。富の最大化という見地からすると、詐欺や脅迫の要素がない限り、どちらの契約も無効とする経済学的な根拠は全くない。経済学者はどちらの契約も、詐欺や脅迫によって獲得されたものあるいは精神異常その他の無能力を理由に無効とされるべき、反証不能の推定を生み出すほど不合理なものではないと考えている。(67) あるいは、ある白人が、黒人達との以前の交際経験によって、黒人について一般的に好ましくない印象をもっていると仮定しよう。この場合、この白人が黒人を個別的に評価するための費用が予想される便益を上回るために、黒人との交際を一切拒否するとしても、経済理論には彼の行動を批判する根拠は全くない。第十二章でみるように、これは富を最大化するための行動様式である。

要約すると、私は、功利主義的意味での効用最大化とは区別される富の最大化という理論に基づいて、正義の概念を開発しようと試みてきた。しかしながら、本章は、複雑な主題の導入部にすぎない。私は、富の最大化を正当化することよりも、その概念を明らかにし、功利主義と対比することに関心があった。これまでは、主として、効用の最大化理論が提示する倫理的困難さのいくつかを、富の最大化理論は回避しうるという、幾分狭くて消極的な根拠を提示してきた。もし富の最大化理論を、制約された功利主義（社会は、その選好が支払い意欲によって裏打ちされた人人の満足だけを最大化するという制約）と見るならば、功利主義を弁護するのに利用できるすべての論拠によって、富の最大化理論を弁護することはできる。しかし、次章で示すように、富の最大化理論は、功利主義とは無関係なものとして弁護できるのである。

第四章　富の最大化の倫理的および政治的基礎

合意による効率性の基礎づけ

用語の解明

パレート優位原則とはある資源配分の方法が他の配分方法よりも、ある人の状態を良好にするとともに、他の誰の状態も悪化させなければ、(1)前者の資源配分方法が後者より優っているとする原則である。この原則は、パレート自身によって、実践的功利主義の伝統的な問題、つまり総効用に対する政策の効果を決めるために人々の幸福を測定しなければならないという問題(2)、を解決するために考案された。周知のように、パレート解(3)は、現実的であるというより、むしろ自明のことであるというべきであろう。効用を直接測定することは不可能であるから、通常、資源配分変化のパレート優位を示す唯一の方法は、変化によって影響を受けた人達すべてがそれに合意することを示すことである。AがBにトマトを二ドルで売り、他の誰もこの取引によって影響を受けないならば、AとBの効用がこの取引によってどのぐらい増加したか我々はわからないけれども、Aにとって二ドルの効用はトマトの効用よりも大きく、Bにとっても逆のことが成り立つことは確かである。しかしこの例において、重要な仮定である第三者に影響がないということは、複数の種類の取引については満足されないから、パレート優位原則は大抵の政策問題に適用不可能である。例えば、トマトの自由市場は、価格に上限のある市場よりパレート優位であるかどうか不明である。価格の上限を取り除くと、市場価格が高くなり、生産量が増大し、トマトの栽培に特化した土地の所有者にとって地代が高くなり、代替商品の生産量が減少するなど多くの影響が生じるであろう。価格を統制された市場から自由なトマト市場へと移すことによって、影響を受ける人々がすべて合意することが不可能なことはもちろん、彼らを特定することすら不可能だろう(4)。

私は、パレート優位の概念を、効用の個人間比較という功利主義の問題を解決する試みとして述べてきた。しかしまた、パレートの倫理を、カント学派の哲学の伝統の下におくことも可能である。人々を手段としてでなく目的として取り扱うこと、一言で述べれば自律であるが(5)、これとカント学派が強調するに相応しい倫理規準である合意は、パレート優位の操作性の基礎である。パレート優位が功利主義倫理の道具と見なされる限り、合意は理論的基礎とはならない。功利主義者は、もし実際的な効用の測定法を工夫することができるなら、ある資源配分がパレート優位かどうかを決めるために、合意ないし取引による方法を使用せずに済ませることができるであろう。実際、功利主義者は、パレート優位そのものも使用せずに済ませることができたはずである。

合意に基づく取引が少なくとも直接の当事者達の幸福を増大させるという事実とは無関係に、資源配分の変更を認めるための倫理的に魅力的な根拠であると考えてみよう。この場合には、ノジックとエプスタインのやり方によって(6)、パレート優位か富の最大化のどちらかの意味で効率性を促進することとは無関係に、市場取引を倫理的に擁護することが可能になるであろう。確かに第三者効果のない市場において、取引を禁止することは社会の富を減少させるであろうし、同時に自由や自律を減少させるであろう。したがって、富を最大化する目的と自律を守るという目的は一致する。しかし、第三者効果がないという仮定は厳しい仮定であり、この仮定を放棄すると、合意と富の最大化との間に亀裂が生ずる。ある企業がA町で工場を閉鎖し、B町で新しい工場を開設するとしよう。そしてどちらの町でも、工場からの大きな汚染や過密その他の技術的外部性は発生しないとしよう。この工場移転は、A町の土地の価値を下げ、B町の土地の価値を上げ、A町の土地所有者の地位を悪化させ、B町の土地所有者の地位を好転させるであろう。したがってこの移転はパレート優位ではない[7]。この例において、第三者効果は単に「金銭上の」外部性であり、この外部性は、(技術的外部性である汚染の場合のきれいな空気のような)何らかの稀少資源の消費からでなく、単に需要の変化から生まれる。言い換えれば、この外部性は社会の富になんら純効果をもたらさないことを意味する。しかしこのことは、パレート優位の観点とは無関係である。問題は、工場の移転がある人の状態を悪化させることにある。つまりA町の土地所有者および、閉鎖される工場で独特の技能を持ちB町に移転するのに正の費用のかかる労働者など、他の人達の状態を悪化させるであろう[8]。

しかし、移転は社会の富を増大させるはずである。なぜなら、工場の所有者の地位は好転し、金銭上の外部性は相殺されるからである。したがって、前章で提案された富の最大化規準は工場移転を認めるであろう。そしてジュレス・コールマンが指摘しているように[9]、カルドア・ヒックス規準(「潜在的パレート優位」と呼ばれることもある)もこれを肯定するであろう。この規準は、資源配分の変化によって誰の状態も悪化しないことは必要ではなく、価値の増大が損失者を完全に補償しうるほど充分に大きいことだけを必要とする[10]。A町の土地の価値の減少は、B町のそれの増加に匹敵するから、原理的には(移転費用を無視すると)、A町の土地所有者は補償されうるし、したがって誰の状態も悪化しないだろう。しかし、補償がされない場合には、工場移転に対する完全な合意がないばかりでなく、移転前より総効用が小さくなるかもしれない。なぜなら、補償を支払う必要のない利得者にとっての効用が、補償を受けられない損失者にとっての不効用を超えるかどうかを知る方法が全くないからである[11]。

カルドア・ヒックス規準は、経済学者によってさえも厳しく批判されている。これはまさに、この規準が、効用を最大化することを保証していないからである[12]。にも拘らわず、パレート規準が効率性という用語の「通常の専門家的言い換え」に過ぎないと言うことは正しくない[13]。例えば、経済学者が独占は不効率であると言うとき、カルドア・ヒックス規準あるいは富の最大化の意味において不効率を意味し、パレート優位の意味で不効率なのではない。図2は、

図2　独占の厚生効果

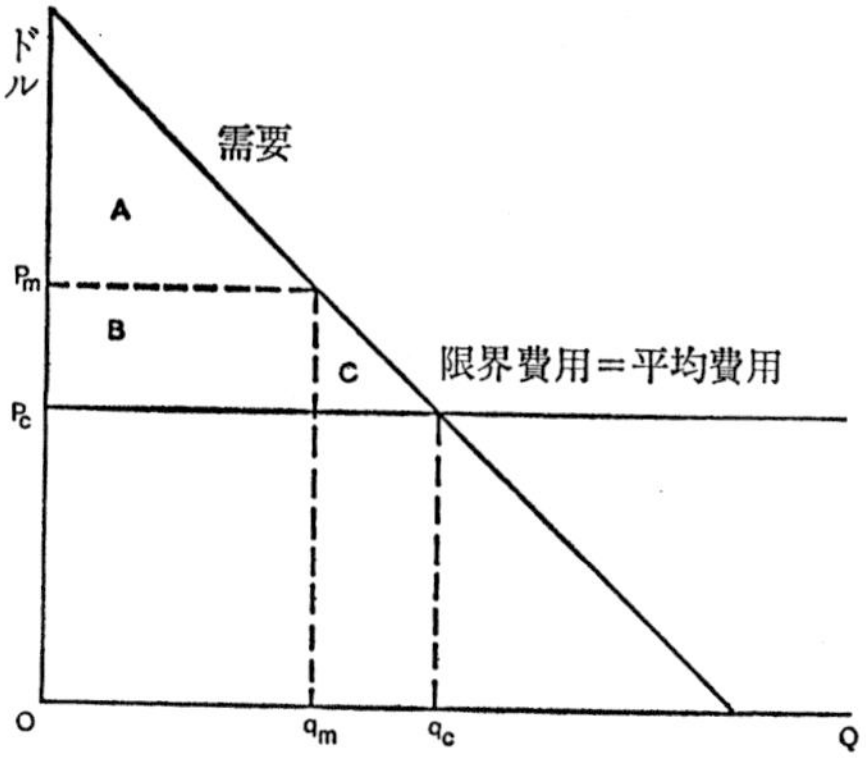

A＝消費者余剰の消費者が保持する部分
B＝消費者余剰の独占企業が専有する部分
C＝独占の厚生損失　Q＝産出量
q_m＝独占の産出量　q_c＝競争の産出量
P_m＝独占価格　P_c＝競争価格

独占の厚生効果についての標準的な経済分析を描いている。産出量を減少させ価格を上げることによって、独占企業は図のBで示した消費者余剰[14]の部分を自分自身に移転する。Aの部分は、消費者に残る。消費者は、Cで示した部分を失うが、独占企業がそれを得ることはない。Cは、伝統的な独占の厚生損失である[15]。この損失は、富の最大化の観点から明白である。即ち、消費者余剰と生産者余剰の和は、競争下よりも独占下の方が小さい（A＋BとA＋B＋Cとの比較）。したがって、独占状態から競争状態に移ることは、効率の増大というカルドア・ヒックス規準や富の最大化規準を満たすであろう。しかし、独占企業の地位は悪化するであろうから、パレート優位の規準を満たさないであろう。また消費者にとってのB＋Cの効用が、独占企業にとってのBの効用を超えない限り、効用最大化ではないであろう。しかし、大部分の経済学者は、もしそれが図2に示された効果を持つならば、独占が不効率であると断言するのをためらわないであろう。実際、大部分の経済学者は、パレート優位原則について語り、厚生の判断をする際に、カルドア・ヒックス規準を用いるのである。

富の最大化と合意の原則

「効率」という言葉をカルドア・ヒックス的意味で用いることを正当化できるのは、それが資源配分の問題を所得分配の問題から区別して議論することを可能にするという分析上の便宜としてのみである。カルドア自身も、このように弁護したし、また振り返ってみると現代では素朴に思われるような倫理的議論を展開した。政府は、常に、損失者に利得者から補償することによって、富の増加をパレート的改善に変換することができる、とカルドアは主張した。しかし、彼は、政府がそうするかどうかは、「経済学者が、経済学者として意見を述べることができない政治問題」であると主張した。[16] 彼は、パレート原則に従わないという何らかの独立した強制的な倫理的理由がないので、もしある政策による損失者が補償を受けるに値するならば、政府は損失者に補償を与え、したがって富の増大はパレート的改善に変換される、と主張してきた。しかし、政府が倫理的根拠に基づいて決定すると仮定するときにのみ、これは満足できるアプローチである。そうではなくて、政府を利害関係集団が倫理的な考慮を全く払わずに利益を求めて相争う場と見るならば、[17]（カルドア・ヒックスの意味で）効率的な政策によって損失を受けた人々に補償しないことが倫理的に基礎づけられているとは考えられない。

しかしながら、カルドア・ヒックス的アプローチや富の最大化アプローチを、少なくともある状況において、パレート・アプローチと折り合わせるもう一つの方法がある。これは、既に述べたように、パレート規準の実践上の根拠である合意の考え方を参照することによってである。ここで用いられる合意の考え方は、事前補償である。[18] 宝くじ券を購入した場合、詐欺や脅迫の要素が全く存在していない限り、その宝くじにはずれた人は、その損失に「合意し」ていた、というのが私の論点である。宝くじに詐欺の要素が全くないと仮定すると、少なくとも券を買った人は、結果に対して異議を申し立てる権利を放棄したことになる。市場もしくは市場が有効に働かないところで市場を代替する制度の下で経験する損失は、非自発的で表面的には補償されない損失のようにみえる。しかし、その損失の大部分は、事前に完全に補償されており、したがって上に述べた意味で、合意されているのである。ある企業家が、競争者が優れた製品を開発した結果、利益を失ったとしよう。企業家の期待収入には、競争による損失の危険をカバーするプレミアムを含むから、この企業家は事前に損失を補償されているのである。同様に、先の例のA町の土地所有者は、彼らが土地を買ったときに補償されている。つまり、工場

が移転する確率は、彼らが支払った購入価格において割り引かれているのである。(19)

事前補償の概念は、富の最大化規準を工場の移転の例のような市場状況にそのまま適用すると、合意の原則を破るであろう、という議論に対する答を与える。しかしながら、自動車事故責任の過失システムのような、非市場的制度だが、見方によっては富を最大化する制度に対して、この原則を同じように適用すると、もっと困難な問題が持ち上がる。どちらのドライバーも責任のない事故で、一方のドライバーがもう一人のドライバーを負傷させたと仮定してみよう。この場合、過失システムの下では補償されないという結果に対して、負傷したドライバーはどのような意味で合意したのか、あるいは異議を申し立てる権利を放棄したのか不明である。

この問題に答えるために、我々は、厳格責任のシステムの下におけるように、事後補償を主張することによって派生する、運転の費用に対する影響を考察しなければならない。仮定によって、その費用は、厳格責任システム下より高くなるだろう。さもなければ、過失責任システムは富を最大化しないであろうし、また合意の原則を参照することによって富の最大化を正当化するという問題は起こらないであろう。事後補償の原則を守るために、ドライバーは、より高い費用を負担する意思があるだろうか。おそらく、その意思はないであろう。加害者に責任があるかどうかに関わらず、事故の際に確実に補償されたいと考えるドライバーは、当事者保険や傷害保険の購入が必要とされるのみである。この場合、仮定により、厳格責任システムによって事後的に補償を得るよりも、低い費用で保険を購入できるであろう。

この点は、交通事故に巻き込まれる人すべてが同等である、即ち同じ年齢で同じ距離を運転している等と想定する場合には、最も簡単に理解することができる。このような状況においては、すべての人が責任保険と傷害保険に対して同じ保険料を支払うであろう。過失責任と厳格責任との違いは、過失責任の下では、責任を生ずるような事故が少なくなるので責任保険の料金が低くなり、傷害保険の給付率は、高くなる。これに対し厳格責任の下では、これが逆になるであろう。私が仮定しているように、過失責任システムがより効率的なシステムであるならば、責任保険と傷害保険の保険料の合計は、過失責任の下ではより低くなり[20]、すべての人がこれを選ぶであろう。

私は過失責任対厳格責任の例を使ってきたが、これは、富の最大化アプローチが個人の自律の概念に基づいたアプローチと矛盾することを議論するためである[21]。私がその用語を使っている意味での合意の必要条件が、自律の立場の適切な保証であると考えられるとしても、厳格責任システムが過失責任システムよりも低廉であることを示さなければ、この議論は成り立たない。

過失責任システムのような制度を少なくとも原理的に正当化しようと思うが、この合意はそれが明示的でないために架空の物語にすぎないという理由で、私の分析に対して異議が唱えられるかもしれない[22]。しかし、個々の市場取引——前に述べたように、この場合でも取引によって影響を受ける第三者の合意をうまく引き出せないことがしばしばある——よりも、過失システムや市場システムのような諸制度において、明示的な合意を引き出す実際的な方法がないために、このような異議は挫折してしまうことになる。明示的な合意を引き出すための信頼できるメカニズムが存在しないとしても、合意の原則を捨てなければならないということにはならない。それが存在するという暗黙の（あるいはもっと正確には、おそらく仮設的な）合意で満足すべきである。合意が存在するかどうかは、もし取引費用がゼロであるならば、影響を受ける当事者達がその制度を承認するかどうかという仮設的な質問をすることによって確かめることができる。その手順は、なんらかの事情により、裁判官が契約当事者の意思を明白にできない場合にも、契約を解釈することと似ている[23]。この作業は、契約の場合においては容易であるが、前述の交通事故の場合にも、暗黙の合意が意味あることを示すときにも適切である。基礎をなす契約がないことは、暗黙の合意を推定する際の信頼性に影響を与えるが、そのような推定をすることとの妥当性には影響を与えない。

確かに、「ある提案に対して立法府の全員が賛成しているからといって、それだけで提案が立法化されるわけではない[24]。」これは、立法者が実際に合意を表明するメカニズムが存在するためである。以前に制定された立法の範囲や意味に関して問題が起こり、裁判所が立法意思を推断する場合のように、時にはこのメカニズムは作用しないこともある。これは、黙示的ないし仮設的ではあるが、なお意味のある合意の例である。

富を最大化する制度を正当化するために合意を用いることに対するもう一つの異議は、全員一致の合意は滅多にないという批判である。私の前の前提とは逆であるが、人々は事前に一致しうるものではない。過失責任システムの下でよりも厳格責任のシステムの下での方が、車を運転する費用が高いということが（議論のためにこのように仮定する）、運転しない人々になぜ過失責任を受け入れるように説得する根拠となりうるのだろうか。人々の意思を実際に識別でき、自律に非常に大きな価値をおき[25]、また紛争が生じた場合に誰の自律に優越性を認めるかという出発点の問題――以下で扱う問題――を解決することができるならば、厳格責任システムによって彼らを保護できるであろう。しかし、運転をしない人達の多くも、いつも家に居るわけではない。彼らは、他の輸送方法を使う――タクシー、バス、地下鉄（配偶者が彼らを車で運ぶこともあろう）――が、この費用は厳格責任システムの下では高くなると想像される。そして、これらの費用、少なくともその費用の大部分は、利用者によって負担されるであろう。したがって、過失責任システムが厳格責任のシステムよりも安いならば、運転しない人でさえ交通事故に対する過失責任システムに合意するかもしれない[26]。もちろんどの制度も、黙示的ないし仮設的な支持であれ、すべての人の支持を得ることはできないであろう。しかし、狂信的な人は、過失システムのような社会制度を合法化するためには、全員一致の支持が必要であると主張するであろう。

コールマン教授は、私が「合意」という用語を異例な方法で使っていると主張している[27]。ある人は、特定の種類の損害の場合には補償される権利を持たないという制度に合意するかもしれないにも拘わらず、もしその損害が発生したならば、その人はその損害に「合意」しない、と彼は主張する。しかし、ここで私が話を始めた宝くじの例に戻ろう。もし私が公正な宝くじに自由に参加してはずれたなら、はずれたときに「不公平」だと主張しても耳を傾けてもらえないであろう。同様に、ある決まった価格で家を建て、この契約期間中に労務費や材料費が値上がりするリスクを引き受けることを承認するならば、これらの費用が実際に値上がりした場合、この契約を私が守ることは「不公平」だとして相手を訴えることはできない。あるリスクを伴う一連の行為を私が自由に承認した両方のケースにおいて、そのリスクは補償され、したがってそのリスクが実際に現れてもそれは事前の承認の範囲内にある。私はその結果に対する異議申し立てを放棄したのである。合意の考え方は、権利放棄を含むほど広いように、私には思われる。しかし、いずれにせよ、「合意」の私の使い方を理解している限り、たとえ使い方がオーソドックスでないとしても、混乱は全くないはずである。

私のアプローチは、以下のような疑問を提起するかもしれない。社会の支配的な原則は、富の最大化よりもむしろ、合意の原則の根底にある価値としての個人の自律の保護や増進であってはなぜいけないのかという疑問である。その答は、パレート優位規準に文字通り固執すると役立たないのと全く同じように、人間の厚生に対する結果を考慮せずに解釈適用するならば、個人の自律という倫理は、前章で述べたように、また現代の法思考においてカントの後継者達が認めたように[28]、非常に多くの悲惨さを生み出すからである。倫理規範としての富の最大化は、功利主義ほど強い意味ではない効用と、おそらくカント自身ほど強い意味ではない合意の両方を重要視しているのである。

倫理規範として自律を直接利用することに対するもう一つの批判は厳格責任と過失責任の間の選択の例で示されたように、当事者の権利をどちらかに当初から一方的に割り当てる必要があるという批判である。加害者に落度がないとしても、事故の被害者は、(事前であれ事後であれ)なんらかの種類の補償を求める道徳的請求権を持つと私は仮定した。しかし、人々は、彼らが合理的な費用で防ぐことができないような事故に責任を負わされることによって生活を阻害されない権利を持つ、と同じく仮定できるであろう。責任を負わせるということは、被害者の自律である厳格責任と、加害者の自律を否定するわけではない[29]。どちらも過失がない場合には両者を簡単には区別できない。

ロールズのアプローチとの比較

私は、事故が発生する前に、個人が過失責任システムと厳格責任システムとの間の選択——社会制度に対する合意を推定される不確実性下における選択——を行っていると仮定している。この議論は、ロールズの正義に関する分析から派生したように思われるかもしれない[30]。事実、ロールズの分析と私の分析は共通のルーツを持っている。「原初状態」アプローチは、ここでの私のアプローチといくぶん似たやり方で、効用最大化の合意による基礎を確立しようとする経済学者達が開拓した[31]ものである。ケネス・アローは、これについて以下のように説明している。

危険（リスク）がある場合の選択は、期待効用の最大化として記述できる……という立場から出発する。原初状態においては、各個人は等しい確率を持っている社会の任意のメンバーである。社会のメンバーがn人いて、ある所与の配分決定の下で、第i番目のメンバーが効用u_iを持っているとすると、任意の個人にとってのその配分の価値は、個人iである確率が$1/n$であるから、$\sum u_i\ (1/n)$である。したがって、財の代替的配分の選択の際に、原初状態にいる各個人は、この期待を最大化したいと思うか、あるいは所与の人口にとっては同じことであるが、効用の合計を最大化したいと思う[32]。

ロールズが原初状態における選択に加えたひねりは、人人は、期待効用よりもむしろ、その分配における最悪の結果の効用を最大化することを選択すると主張した点にあった。再び、アローは、以下のように述べている。

しかしながら、長い間、マキシミン理論は受け入れがたい幾つかの含意を持っていると言われてきた。最貧者にとっての何らかの給付はそれがいかに小さくても、富者を最貧者の水準以下に押し下げない限り、富者に対する損失をしのぐことになろう、いうことをそれは意味する。したがって、殆んど満足はないが人々を辛うじて生き続けさせるのに役立ち、また人口の残りの人達を貧困にしてしまうほど非常に高い医療処置がたやすく存在しうる。マキシミン原則は、明らかに、そのような処置を採用せよということを意味するであろ

う。(33)

アローに従って、マキシミンよりも期待効用の方が、妥当性ある最大化対象であると考えるならば、ロールズの「公平としての正義」よりも、功利主義の方が合意の原則についてより確固たる論拠を持っている、という驚くべき結論に到達する。しかし、原初状態における選択に基づいた、いかなる合意理論も不十分である。これは、この状態における人々の選好関数を記述することが極めて困難なためだけではなく、原初状態アプローチが非生産的であるという主張に対して答が得られていないためである。原初状態においては、個人が生産能力を持っているかどうか不明である。したがって、その状態でなされる選択は、選択をするその個人が社会の非生産的なメンバーであると判明する確率――おそらくノジックの「効用モンスター」の一つ――を反映するであろう。換言すると、原初状態アプローチは、生産物を享受する能力と他人のためにそれを生産する能力との間の重要な道徳的差異を曖昧にしてしまう。したがって、私は、技能・エネルギー・人格といった実際の資質を有効に活用し、不確実な条件の下で選択をする現実の人々を想定する方を選びたい。これは、原初状態というよりむしろ、自然な無知の条件の下での選択というより人為的な無知の下での選択である。

合意に基づく倫理規範としての富の最大化の限界

富を最大化する社会制度について、合意が倫理的正当性を提供できるという議論は、二つの点で限定が必要である。

第一に、ある富を最大化する政策をとったとき、その分配上の影響が大きく、しかも特定の人達に影響を与える場合には、実際の補償なしに、広範な合意を引き出したり推定することは困難である。私は、合意の可能性について、交通事故に適用される過失責任と厳格責任の間の選択と関連して述べた。しかし、この可能性は、そこでは重要ではないように思われた。しかしながら、累進所得税を比例所得税に取り替えるかどうかという問題に変更してみよう。限界税率が低くなる高額納税者層の産出物(産出物として労働とレジャーの両方を算入する)の増加が、低額納税者層の限界税率を上げることによって起こる産出物の減少を超えるならば、この代替は社会の富を増加させるであろう。

しかし産出物の増大が、高額納税者の税引き後所得を増大させるほど充分に大きくなければ――増大させないと仮定しよう――、たとえその代替が富を最大化するとしても、低額納税者層が税制の変更に合意することは困難であろう。

私が富の最大化の倫理的基礎を研究する最初の刺激となったのは、コモン・ロー裁判官を揺動させるほどには、富の最大化がその価値をアピールしていないという示唆であった。(34) しかし、富の最大化の合意による基礎づけが最も妥当するのは、私の税金の例によって示された再分配の法領域と対照してみると、まさにコモン・ローによる判決領域においてである。財産権の取得と移転、契約の締結と履行、および交通事故やコモン・ローで犯罪とされるような侵害行為に対する責任などに適用されるルールは、広範なコンセンサスによって支持されており、その便益は非常に広範に及んでいる。例えば、貧しい人達が豊かな地主と締結した借地契約に対する執行力付与を拒否することが、貧しい人達に役立つだろうと考えることは無邪気である。地主は、損失の危険がより大きくなるためにより高い地代を請求するか、あるいは自分の所有地を他の利用方法に転換するであろう。その結果、貧しい人が手に入れられる住宅供給地が少なくなり、その価格が高くなるであろう。(35) もしこの例から、コモン・ローのルールの選択が常に体系的な分配効果をもたらすわけではないと一般化するならば、富を最大化するこれらのコモン・ローのルールに対して一般的な合意が存在する（あるいは、これらの問題を熟知させるために人々に報酬を与えるならば、合意が形成されるようになる）と仮定することは合理的である。もしそうならば、コモン・ローの裁判官は、富の最大化規準によって導かれると同時に、個人の自律を増進することになろう。

第二に、財産権の当初からの指定は、富の最大化と合意の間の衝突を生み出す大きな領域であるように思われる。もし、Aの労働がAにとってよりもBにとって価値があるとしたらどうだろう。そのときには、AをBの奴隷にすることが効率的であろうが、この結果は合意の原則に適合しないであろう。私は、そのようなケースは滅多にないと前章で示唆したが、そのようなケースが全く存在しないと言うことには躊躇する。肉体的な強制の費用が雇用や他の契約を管理する費用よりも低い状況を想定することもできる。

このような状況においては、奴隷制度が富を最大化するであろうが、おそらくそれは合意されないであろう。[36] 現代的な例を示そう。子供達に対する親の権威や軍隊の徴兵に対する公共的権威などがその例である。この例においては、富の最大化の意味での効率が自律の概念に優越することが認められていると述べることができるが、我々は奴隷制度という用語をこれらの例を記述するために用いるわけではない。非自発的な隷属という、効率性を理由としては殆んど正当化できない明白な搾取形態に対する用語を我々は持っている。これらの区別が示唆することは、私の定義する効率性の概念は、自律や合意の概念と矛盾したときでさえ、かなりの道徳的力を保有しているということである。

法の実証的経済分析が有する含意

なぜコモン・ローは効率的か

私自身を含む多くの研究者は、コモン・ローについて、不明瞭ではあるが、効率を高めるための努力の成果として充分説明できると論じてきた。しかし、なぜこれがそうなるのかという適切な理由を示していない。それゆえ、我々は、流行遅れの国家についての「公益」理論の素朴な信奉者であるようにみえるかもしれない。[37] 公益理論は、たとえ不完全であっても、広汎に支持された社会目標——私が定義する効率的目標（どの程度重要かは問わない）——を促進するために、国家が運営されている、と解釈する理論である。国家が効率を促進するのは、代価を支払う人に限定せずに便益を与える財であり、したがって私的市場によっては最適以下の量しか生産されない財である、「公共財」を供給したり手配したりすることを通してである。このような公共財の一つは、外部性のような市場の失敗の原因を矯正する、法制度である。

国家の公益理論は、行政過程の「利益集団」理論、あるいはもっと限定すれば、「生産者保護」理論の提唱者から厳しい攻撃にさらされている。[38] 利益集団理論は、公共政策の対象として再分配に最優先順位をおいている。再分配を強調することは、政府の活動を、需要と供給の力に従って配分される一つの商品として取り扱うことから生まれる。我々は、ある産業や集団が政府の保護と援助に対してただ乗りすることを抑止し、したがってライバルの要求者よりこれらに高い値をつけることを可能にする、諸特徴を研究してきた。そして、政府の支持を獲得するために、稠密な集団が拡散した集団より一般的に高い値をつけるという結論に達した。

　このような利益集団理論が経済理論と整合的であるのは、この理論が政府の活動を、この活動を求める人々による効用最大化と結びつけているからである。これに対して公益理論は、理論というより記述的解説にすぎない。なぜならこの理論は、個人が効用を最大化することが、どのようにして「公衆」、消費者、納税者、あるいはその他の広いカテゴリーに拡散した集団の利害を促進する政府の活動に結果として結びつくかを示していないからである。拡散した集団は、政府の保護を求める競争で稠密な集団に負けるという利益集団理論の含意は、記述的説明としての公益理論のもっともらしさを害してしまう。

　しかしながら、「合意の原則」の形でパレート優位の規準を満たしているコモン・ロー理論は（どのコモン・ロー理論もパレート規準の文字通りの解釈を満足していないが）、別の方法で再分配活動を行う政治システムの下においてさえ生き残りうる候補である。合意の原則を満たすルールや制度は、少なくともコモン・ロー裁判官が利用できる用具（損害賠償や、強制命令）によって、富を政治的に有力な利害集団に再分配する方向にたやすく変えることができない。このことは、先に議論した地主―借地人の場合には特に明らかである。この場合、訴訟当事者は既存の自発的関係を持っているからである。したがって、裁判所がすることは、契約の一つの条件を変えることだけであり、そうすれば当事者達は残りの条件の変化を相殺することができる。[39] たとえ、契約から紛争が生じていない場合でも、当事者達は責任ルールの変化から生ずるどのような富に対する効果をも殆んど相殺してしまうような形で、相互に依存しているかもしれない。例えば、十九世紀においては、農民は鉄道の主要な顧客であった。だから、単に鉄道線路に沿って育つ作物の損害に対する鉄道の責任範囲を広くしたり狭くしたりすることによって、鉄道から農民に富を移転したり、その逆のことをしたりすることは、大きな意味をもたなかったであろう。

再分配をめぐって、当事者間の先行的取引が全くない場合でさえも、富を体系的に再分配するコモン・ローの潜在的役割はあまり大きくない。例えば、自動車事故の過失責任システムから厳格責任システムへの移行が、社会の稠密で容易に識別できかつたやすく組織できる集団の富をどれほど増加させるか判断することは困難である。ある人が事故の被害者となるかどうかは、誰も前もって知らない。移行の主要な効果は、単に、大部分の人々の富を少し減らすことであろう（この状況において、厳格責任が過失責任より効率的ではないと仮定している）。

この分析は、公共政策を形成する際の利益集団の重要性を否定するものではない。むしろ、コモン・ローによって規制される領域での効率的な規範を支持することによって、利益集団が自己利益を促進するという点が重要である。このような方法によって、彼らは社会の富を増大させ、その中から分け前を手に入れる。どのような代替的な規範も、彼らにそれ以上の大きな分け前を与えないであろう。しかし、彼らのうち誰もコモン・ローの効率性を促進するために十分な資源を捧げないことは確かである。なぜなら、各集団が引き出す便益は小さく、また各集団は他の集団にただ乗りしようとするからである。しかし効率的な規範が生きながらえるためには、それを促進するために資源を捧げる必要は殆んどない。その分配上の中立性は、潜在的な抵抗と同時に支持をも減らすように働くからである。

この分析は、暗黙のうちに裁判官を単なる国家の代理人として取り扱っており、したがって、政治的支配からの司法の独立性なるものは、司法行動に関する利己主義的理論を擁護するポーズにすぎないという批判にはまともに対処していない。これは、担い手（エージェンシー）の経済学における問題である。目下の分析の要点は、連鎖の環のいくつかは明らかではないとしても、コモン・ローの効率性理論を国家の再分配理論あるいは利益集団理論に関係づけることである。また、その理論の意味するところは、コモン・ローの規制領域で立法府が不法行為、契約、財産権、その他の関連分野における権利と救済に関する法を制定する場合に、彼らもまた効率性を促進しようと試みるだろうということである。政府が効率性を促進するのか、あるいは富を再分配するのかを決めるのは、法的規制制度の特質ではなくて、規制の主題と方法の問題である。[40]

この分析と、私の前述の倫理的分析との関係は明白である。パレート優位の規準から私が引き出した合意の原則は、体系的な分配効果がないことの別名である。自動車事故の過失責任システムとの関連において議論した確率的補償の考えによれば、そのシステムを評価する際に事後的な分配効果を無視してもよいことになる。同様に、どの集団もそのシステムの変化から便益を得ることを事前に期待することはできないし（そのシステムは可能なかぎり最も効率的なものであると仮定している）、事後的に損失を被る人達は、人数も少なく分散的であるために有力な利益集団ではない。

コモン・ローは効率的か、功利主義的か

コモン・ローの効率性理論と、コモン・ローの全盛時に裁判官達が賛成していた支配的なイデオロギーである功利主義理論とを、経験的に区別することは可能だろうか。当時の法学界における有力者達の中には、コモン・ローは功利主義的であると述べた人がいることは前章で指摘した。彼らは、功利主義を経済学と著しく相違するものとして位置づけたわけではない。私は、功利主義が経済学説から逸脱したり、コモン・ローが功利主義的アプローチに追随したりした例を知らない。たとえば、所得の平等、動物の保護、物乞の禁止は、最も徹底した功利主義者であるベンサムが提唱した政策であるが、コモン・ローにはこれらの政策の痕跡は全くない。ベンサムはまた、「善きサマリア人（苦しむ人の真の友）」となるために法的義務を課すことの価値を信じたが、コモン・ローは、おそらく経済的な理由に基づいて、このような義務の採用を拒否している。[41] また、コモン・ローには、苦痛を被る者よりも、行為からより多くの快楽を引き出すという理由で自分の行為を弁護する窃盗や強姦などの犯罪者に対して、同情を示した痕跡はない。功利主義は、そのような抗弁を許すことが長期的には幸福を真に最大化するものではないという議論を受け容れるほど、極めて柔軟な哲学である。しかしこれは、開明的な功利主義が、富の最大化を魅力ある倫理原則にするような制約を組み入れているに過ぎない。

富の最大化に対するドゥオーキンの批判

富の最大化に関する私の見解は、数多くの哲学者や哲学に関心のある法律家から批判されてきた。(42) これらの批判者の一人であるロナルド・ドゥオーキンは、代表的な人物のように思われるので、私はここで彼の最も重要な批判を取り扱う。

第一に、ドゥオーキンは、富は「社会的価値の要素」ではない、しかも唯一の要素ではないのみならず「数ある社会的価値のうちの一つの要素」ですらない、と主張している。(43) これは、たとえ唯一ないし最も重要な価値でないとしても、富が一つの価値であると考える慣習的な知恵に対する大胆な挑戦であるように思われる。しかし彼の議論は、実際のところは言葉の遊びをしているのである。というのは、ドゥオーキンは、社会的価値の要素を「それ自身持つ価値のあるもの」と定義するためであり、(44) 富自身に価値があるとするわけではない。しかしながら、富は、それ自身目的ではないから社会的価値を持たないと主張することは、奇妙な「社会的価値」の定義を採用することになる。私が、「忠誠心は生産活動の組織をうまく働かせるから、忠誠心は社会的価値である」と言う場合にも、究極の目的でなく中間的な目的に「社会的価値」という用語を使用しているのであって、言語を誤用しているわけではない。

ドゥオーキンは、富の最大化の用具的性格を覆い隠す一つの例を据えている。その例とは、次のようなものである。デレックは、一冊の本を持っているが、彼はそれを二ドルで売りたいと思い、アマーチャがそれを得るために三ドル支払うつもりがある。全知の専制君主は、市場システムを短絡させて、この本をデレックに補償することなくアマーチャに与える。ドゥオーキンが論じているように、この結果を通じて、社会がどの程度よくなるかを知ることは困難である。しかしその形を変えるとしよう。その本がアマーチャにとって三千ドルの価値があり、デレックにとっては二ドルの価値しかないとしよう。すると、たとえデレックが補償されないとしても、本の移転はおそらく社会の幸福の量を増大させるであろう。デレックが、アマーチャと同様に、すばらしい授かりものを受け取るようなことがあれば、社会的幸福は一層増進されるだろう。私は、この論理に沿って論じる時、富の最大化を効用最大化に結びつけている。しかし、私がそうしたいわけは、前章で強調したように、幸福は富の最大化がそれに資するような究極の価値の一つであるからである。ドゥオーキンにおける富と効用の関係は、彼が例の中で使っている特定の数字によって不明瞭になっている。

アマーチャとデレックの例にみられるもう一つの特徴は、コメントを必要とする。その特徴は、本の取引を市場から取り出し、「専制君主」の手に委ねるためのもっともらしい理由がないことである。この例を、次のように変えてみよう。デレックが家屋を所有しており、アマーチャが航空会社を所有しているとする。飛行場がデレックの家の近くに建設されたため、アマーチャの航空会社がデレックの家屋の価値を二千ドル減少させるような騒音を生み出すと仮定しよう。デレックは、不法妨害を理由として、航空会社に対する訴訟を提起する。裁判で明らかにされた証拠は、その騒音を除去しデレックの家屋を以前の価値に戻すには、三千ドルの費用が航空会社にかかることを示している。裁判所はこれらの事実に基づいて、不法妨害はないと判決する。この例は、ドゥオーキンの例と分析的には同じであるが、富の最大化がいかにコモン・ローの状況において作用するかについて、彼の例より現実的な例として示している。そしてこの例は、表現の妥当な意味で富が「社会的価値の要素」ではないという、彼の主張のもっともらしさを減少させる結果を導く。

ドゥオーキンは、権利のシステムを富の最大化という目的から導き出すという、私の試みにおける循環性の問題を認識している。これは、前章で少し触れたが、「富の効果」というよく知られた問題である。経済学者は、ある財の価格上昇がその財の需要量を減少させると主張する際に、通常、所得効果が価格にフィードバックするとしても、価格変化の所得に対する効果を無視する。価格上昇は、消費者の所得を減少させるがゆえに、消費者の需要は所得の変化に伴って変化するであろう。所得が低下しても、いくつかの財に対する需要は実際には増大するかも知れない（アイルランドのポテトは伝統的な例である）。それゆえ、ある財の価格上昇は、上で述べたフィードバック効果の結果として、その財に対する需要を通常仮定されているように減少させるのではなくて増大させることになる。このように変動する財を見つけ出す実証研究は、これまで成功していないけれども、そういう財が存在することは理論的には証明可能である。同様に、取引費用がゼロであるとしても、特にその財が個人の富の大部分を占める場合には、ある財の初期の割当が究極の割当を決めることは理論的には可能である。砂漠におけるコップ一杯の水のような場合がそれである。[45] このことは長い間知られてきたが、これもまた実際の例を誰も見つけていない。

ドゥオーキンは、以下のような一つの例を示している。[46] アガサは、すばらしい推理小説を書く才能を持っているが、いくぶん報酬の低い活動（これを園芸としておこう）を好むと仮定しよう。出版業者であるサー・ジョージは、彼女の労働力を所有しており、ジョージは彼女に推理小説を書くように強要し、彼女は推理小説を書き続けることを約束することによってのみ自由を買うことができる。なぜなら、著作活動だけが彼女がサー・ジョージから自由を購うに足るほど十分な金額を稼ぐと期待できる唯一の活動だからである。もし、彼女の労働力に対する権利が最初から彼に割り当てられていれば、彼女は奴隷のままであろう。彼の奴隷であるか、彼女が自分の自由を買うために借金する貸し手の奴隷であるかは、ここでは問わない。しかしながら、もし彼女の労働力に対する権利が彼女に最初から割り当てられているならば、彼女は推理小説を書かないか、あるいは多く書かないであろう。そしてサー・ジョージは、彼女の労働力に対する権利を買うことはできないであろう。したがって、経済分析は、確定的な権利の初期割当を生みだすものではないように思われる。

しかし、このことは、もしアガサが自由ならば、奴隷として書くよりも、より多くの推理小説を書くことがほぼ確実にできるということを無視している。人々は、他人のために働くときよりも、自分自身のために働くときの方が、より一所懸命に働くインセンティブを持っている。アガサは、奴隷であれば、一所懸命に働くインセンティブを持たない。なぜなら、彼女の労働の果実は、彼女に対してでなくサー・ジョージに対して生じるからである。彼は、彼女を怠けさせないように監督するであろうが、これは困難であろう。小説を書くような非定型的な活動に対して、産出物のノルマを設けて強制することは特に困難である。サー・ジョージにとって、彼女の産出物の価値は百万ドルであるが、もし彼女が自由ならば、同じ時間で百二十万ドルの価値のある推理小説を生産できると仮定しよう。そうすると、おそらく彼女は、より短い時間で百万ドルの価値のある推理小説を生産し、余った時間を園芸のために用いることができるであろう。もしそうならば、彼女は自分の自由を買うことができるし、実際に自由を購入するであろう。しかし、実際に自由を購入した場合、彼女が最初から自由であった場合よりも、百万ドルに加えて彼女の自由の購入資金を融通した人に対する利子を負担するがゆえに、彼女の状態は悪化するだろう。しかし、これは論点ではない。論点は、彼女が、奴隷であるよりも自由である場合に、より多くを生産することができると仮定すると、アガサとサー・ジョージのケースにおいて、効用の最大化が確定的な解を導き出すということである。自由が最初から与えられているならば、彼女は自分の自由を保持しているであろうし、また彼女がサー・ジョージの奴隷としての生活から始めるならば、彼女は自由を購入するであろう。それゆえ、権利の初期割当がその最終的割当を決定するわけではない。したがって、最初から彼女を自由にする場合に、取引費用は最小化される。(47)

しかしながら、ある社会が最初に成立するときに権利の割当が開始されるならば、不確定性の問題が起こるかもしれない。アガサとサー・ジョージの例においては、確定的な権利の割当はたやすかった。なぜなら社会においてただ一つの財、つまりアガサの労働力は所有されていないと仮定されたからである。アガサの労働力を彼女自身かあるいはサー・ジョージに割り当てる場合、市場価格ないし潜在価格を持つ他のすべての財を用いて、少なくとも原理的には、集計された富に対するその影響を計算することができる。しかし、どの財もまだ所有されていないとしよう。土地、労働、男女の出会いの機会、すべてが自由に獲得しうるものとしよう。価値——市場価値か潜在価格——が全く存在しないときに、それぞれの財をどのようにして最も価値ある利用者に割り当てることができるであろうか。これが富の効果の本質的問題である。すべての権利が割り当てられるべき状態に置かれている。この場合の権利の割当は、大まかなスケールでいえば、価格に影響を与えざるをえない。そして価格は、権利を誰に割り当てるべきかという問題に影響を与える。

この問題は、二つの点で誇張されている。第一に、我々が関心を持つ特定の政策上の争点が社会全体にとって限界的であるような、すべての事例を考慮に入れる必要はない。自動車事故に対する過失責任から厳格責任に移っても、変化の前後の社会の総富の比較を不可能にするほど大きな価格効果を持たないであろう。第二に、社会発展の最初の権利の割当は、何世代も後の資源配分を決めることにはならない。最初に、一人の男が社会の富すべてを所有していたとしよう。この富を開発するためには、彼は他の人とそれを分かち合わねばならないだろう。すると彼は、自分のために働く人々に報酬を支払わなければならない。彼が残した富は、彼の死後に子供達や他の相続人に分与されるであろう。したがって時間がたつと、社会で生産され消費された財やサービスは、彼の選好ではなくて、彼の従業員や相続人によって決められるであろう。おそらく数世代後には、この社会における市場価格と潜在価格の両方を含む大部分の価格は、富の初期分配がもっと平等であった社会のそれと似てくるであろう。もしそうならば、富の初期分配が究極的に、社会の富の総計に重要な影響を持つことはなくなるだろう。その場合には、我々は質問をすることができる。どのような権利の初期の割当が、社会を最終の富のレベルに最も早く移行させるのであろうか。前章で示唆した答は、労働権を「自然な」所有者に割り当て、土地を利用可能な規模の経済を達成できる程度の最小単位に分割することが、取引費用を最小化する。したがって、たとえすべての権利が最初に一人の男に割り当てられていたとしても、とにかく最終的には到達するレベルに、社会を急速に移行させるであろうということである。(48)

ドゥオーキンは、富の最大化は、「他の折衷的政治経済構造よりも、他人のための総厚生活動を生み出す」(49)ことはありえないという、別の批判を展開している。彼は、もし社会の目的が、より生産的なものからより生産的でないものへの富の移転を最大化することであるなら、富の最大化という近似的な目的を設定することは誤ったアプローチである（移転される富の量は一般的に社会の富の量と正の相関があるけれども）と主張する。しかし私は富の最大化が富の移転あるいは権利の保護や幸福を最大化するだろうと主張しているのではなく、これらすべてのうちの幾分かを我々に与えるであろうと主張しているだけである。ドゥオーキンは、富の移転・権利保護・幸福を別個に追求することによって、三つのすべてについて、より多くを我々は得ることができるであろうと考えている。しかし、幸福、分配、および権利の保護を比較する共通の通貨制度は存在しないから、社会システムを設計する際に、どのようにして必要な比較衡量をすべきか明らかではない。富の最大化は、この比較衡量を自動的に行う。富の最大化以上に適切なアプローチがあるとしても、それは明らかにされておらず、ドゥオーキンもそれを記述していない。

ドゥオーキンは、他人のための生産活動は、「生産者が自分だけの利益を得る意図を持って活動するならば、固有の道徳的価値を持たない」と述べている。[50] 彼は、道徳的価値は「行為者の意志ないし意図に」のみ存在するという定義を前提として、この結論を導き出している。[51] しかし、これはあまりに狭い定義である。もし、富の最大化を促進する効果が、利己的欲望――大部分の人々の最も強い欲望――を、他人へのサービスに結合させそして強制がなくてもそうなるならば、富の最大化のこれらの特徴は社会システムの利他主義的設計者に推奨されるべき価値がある。

ドゥオーキンは、裁判官が効用の代理変数として富の最大化を追求するよりも、効用の最大化を直接目指すことによって、効用をもっと効率的に増進することができると主張している。彼は、功利主義者である裁判官に対して例えば、「公衆が、キャンディの機械の騒音によって生じる医療費増加に対してよりもキャンディ自体により多くの金銭を支払う意欲があるとしても……キャンディは健康に悪いから長期の効用にとってもマイナスである」、[52] と考えるように勧めている。「衰退しおそらく競争力もないような産業の労働者を守るか、あるいは新興産業を育成するために権利を構築することによって失業者を増大させるか」の意思決定に直面した場合、効用最大化指向の裁判官は前者を選択するであろう、と彼は考えている。[53] 論理的に考えれば、ドゥオーキン型の功利主義的裁判官は、刑事事件の判決において、被害者の苦痛に比べて、犯罪者がその犯罪行為からより多くの快楽を得たかどうかを考慮すべきである。しかし極端な功利主義者であっても、裁判官たちにドゥオーキンが提示したやり方で幸福を考えるように仕向けて、事実への確信を彼らから取り去るようなことは躊躇するであろう。確かに富の最大化は、効用最大化と不完全にしか相関していないが、法的基準として効用を用いる費用——不確実性の費用、訴訟遅延の費用、錯誤の費用——の問題が、その代理変数として富を用いることを支持する。効用測定の困難さに加えて、前章で議論した功利主義に対する批判が認められる場合には、コモン・ロー判決における富の最大化に対する論拠は一層強くなる。功利主義者は、法的判断基準として富の最大化を用いるであろう。これは多くの経済学者達のやり方でもある。

実証分析に戻るとしよう。ドゥオーキンは、裁判官が富の最大化を追求していると仮定することによってコモン・ローのルールを非常にうまく説明できるという事実認識について、それがいかに実態に即していようとも、なぜそうなのかについて一般的に承認できる理論が存在しない以上同意できないと主張している。彼は、次のように簡単な例を示している。イリノイ州最高裁が下した最近の十件の判例は、認容判決と棄却判決の数列が1101100111であったとしよう。この数列が認容と棄却の判決パターンを説明したと言えるだろうか。否、これは、単に判決の順序を記述しているにすぎない。例えば、一群の人達が自分達の数列——0011001000, 0001110101 など——を作り上げるとしよう。これらの数列の一つがイリノイ州最高裁の十件の判決に正確に対応したとしよう。この数列を思い浮かべた人は、判決のパターンを説明するのに成功したといえるだろうか。答はまた否である。しかしながら、その数列が説明として失敗する理由は、その数列が裁判官の動機や生理に関係づけられていなかったことであると示唆することは間違いであろう。それが失敗するのは、それが世間についてなんら興味深いことを我々に語っていないからである。これに対して、過去百年間にわたってアメリカのすべての控訴裁判所において認容と棄却のパターンが完全に式 $R_t=\sqrt{A_{t-1}}$ に従うことを発見したとしよう。即ち、ある期(t)の棄却件数(R)が前期の認容件数(A)の平方根である。

もしこの「法則」が違うデータで繰り返し検証され高度に有意であるとわかったら、その理由はわからないとしても、わくわくするような発見をしたと我々は感じるであろう。なぜそのような形をとるのかの理由を全く提示できないならば、我々は困惑はするが、控訴裁判所の認容と棄却の判決パターンを、その用語通りの意味で、「説明した」と我我は言うであろう。

もし、裁判官が社会的富を最大化しようとしていると仮定することによってコモン・ローがうまく説明できるとしたら、認容と棄却に関する判例の前述の仮設的な「法則」より不可解さは少ない。コモン・ローは、十九世紀にその近代的な形をとった。この時期は、経済的価値が支配的イデオロギーの重要な部分となったときでもある。また本章で既述したように、コモン・ローは、再分配を実施するのが困難な分野、つまり、ある集団の富を増大させる唯一の方法が分配に与る社会全体の富の増大をもたらす政策を支持することであるような分野における人々の行動を規制する傾向がある。これに対して、ドゥオーキンが提示するコモン・ローの進化論的モデルも存在する[54]。コモン・ローの効率性について数多くの説明が存在することは、コモン・ローの経済理論の支持者にとって、当惑の種である。しかし、経済理論家によって発見された経験的規則性は、裁判官や訴訟当事者あるいは立法者の動機や生理にこの規則性を結びつける一般理論を我々が持つまでは、無視しうるほど恣意的でもなければ非実際的でもない。

ここで、本書のこの部分を手短に要約する。私は、古典的な功利主義を乗り越えるような、一つの道徳理論を展開しようと試みてきた。この理論は、行為や制度が公正ないし適正であるか否かを判断する規準は、それらが社会の富を最大化するか否かである、と把握する。また、この理論は、競合する倫理原則としての効用や自由あるいは平等さえも、これと融和させることを可能にする。このアプローチは、コモン・ローの生成過程において重要な役割を果たしてきたようにみえる。富を創出することとは別に、富を再分配する手段としてのコモン・ローの限界を考慮に入れるならば、これは驚くべきことではない。しかしながら、本書の第Ⅳ部において示すように、富の最大化は、法律に影響を与えてきた善ないし公正にかかわる唯一の概念ではない。

第Ⅱ部　正義の起源

第五章　ホメーロス版の最小限国家

　本章から八章にかけて検討される一般的な問題は、未開社会[1]の法的制度および他の社会的制度を経済理論は説明できるか、説明できるとすればどの程度までか、である。本章では、第二章でふれた社会秩序の問題を想起しながら、未開な諸制度によって最小限秩序[2]がいかに維持されるかを問題にする。ホメーロスの叙事詩に描かれた社会の検討を通じて、国家は（最小限の、「夜警」国家でさえあれば）社会の対内・対外安全保障を維持するために必要であるという、ホッブズ以来殆んど疑われることのなかった仮定に挑戦したいと私は思っている。私は、無秩序を擁護するものではない。私の議論は、ホメーロスの叙事詩に描かれた環境の下では、国家は社会秩序の前提条件ではないということにある。もっとも、彼の置かれた環境の下で、まさに辛うじてそう言えるにすぎない。現代の我々の置かれた環境の下では、国家なしに済ませることはできないかもしれない。

　本章は事例研究である。ここで論じられる事柄の多く（贈与、名誉、慣習など）は、第六章で更に広汎に扱われるし、第七章では、紀元前五世紀から四世紀にかけてのアテーナイ法のある側面を論じるために、古代ギリシアに戻ることになる。

限定的政府の分類学

　限定的政府――公的秩序の最小限の枠組をつくることを自らの機能と考え、その枠組の中で私的エネルギーが最大限発揮されうるようにする政府――のモデルを素描し、そされた）政府と比較することにする。多くの古代社会は、の上で、それをホメーロスの詩に描かれた（あるいは暗示限定的政府ではなく、高度に官僚主義的で強権的な政府を持っていた。適例として、線文字Bの粘土版に描かれたミュケーナイの宮殿国家がある。(3)にも拘わらず、そして、ホメーロスの詩の舞台がミュケーナイ時代に設定されているにも拘わらず、線文字Bの粘土版に見られるような官僚主義的で中央集権的で規制的な国家の痕跡すらもホメーロスの詩には見られない。ホメーロスの詩に描かれた「諸政府」は、一様に、高度に限定された形のものである。(5)

機能

真に限定的な政府は、たった一つの機能しか持たない。即ち、対内的・対外的の両面で、物理的安全を保障することである。対内的側面では、謀殺や窃盗のような強制的侵奪からの個人の身体・財産の保全にあたらなければならない。ある最小限の公的秩序なしには、共同体の福祉は減少してしまうであろう。このことは、国家がなければ人々が錯乱し、互いに殺し合い盗み合うと言う意味ではない。人人は、強制から自分たち自身を守るため、てんでに武装したり、復讐能力を維持したり、家族集団の範囲を広げて一緒に暮らしたり、所有物を隠したり、他人にすぐ奪われてしまうような種類の投資をあまり必要ない活動に転換したり（例えば農業よりも狩猟へ）するなど、様々な手段を講じるであろう。しかし、これらは費用のかさむ手段であり、基本的な保護は私的手段よりは公的手段によって、より能率的に提供されうると一般に信じられている。これは、概して正しいが、ホメーロス的社会の状況では正しくないかもしれない。

対外安全保障――共同体の外からの掠奪に対する防御――についても、原理的には私的セクターに委ねることもできるが、これもまた国家によって、より能率的に行われうると一般には考えられている。国家のこの機能の論理的延長上に、他の共同体への掠奪がある。

構造

右に素描したような、極めて限定された行政目的でさえも、かなり複雑な政府構造を前提とするように思われる。

対内的・対外的安全を保障するための執行機関は、おそらく首長（王もしくは統領）とそれを支える部下の官僚・官吏（兵隊、警察、徴税人）によって構成されようが、その他に、強制に抗して規則違反を犯した人々の罪を決定するための何らかの機構がなければならない。ある種の諮問機関もまた必要であるが、それは立法府である必要はない。諮問機関は、非公式であまり権力を持たないものかもしれず、極端な場合（スターリンの党政治局のような場合）においては、純粋に装飾的・形式的なものでもありうる。しかし、ある一人の人間が、単なる追従者以外の他の人間の助けなしに統治できるほど強力であることは、非常に稀である。それゆえに、権力の問題を別として、政府の長は重要な問題について、国家の中の卓越した人々の助言を求めるであろう。

問題

限定的政府が有効に機能するために乗り越えなければならない二つの問題は、ホメーロスの社会においてとりわけ重要である。一つは、統制の問題である。政府は、自らの（控え目な）目的を達成するよう、充分によく管理されていなければならない。もう一つは継承の問題、即ち、首長が長く不在であったり死亡した際に、秩序正しく権力の移行がなされることの保障である。この解決法として、通常、何らかの空位が起こる前に、前もって後継者を指名し、首長が死亡したり不在になった時に、彼の後継者が曖昧になり結果として空位にならないように備える。第三の問題――僭主政――は、奇妙にもホメーロスの世界には存在しない。そこでは、過度に強い政府が問題なのではなく、弱い政府が問題とされているのである。

価値

殆んどの市民の個人的価値が政府の使命に味方するものであるなら、政府の仕事はやり易くなる。防衛の組織化は愛国的感情によって促進されるし、人間の生命の神聖さへの敬意を（適切な限定と共に）人々が内面化していれば、謀殺の規制は容易となる。このような社会的公民道徳を表現する私の用語は、「利他主義」である。これは、ある人が、彼の直接の家族や親しい友人以外の人々の福祉を、積極的に尊重することとして定義される。利他的気質を描写するものとしては、愛国主義、公徳心、信頼性、約束への忠実性などがある。(6)

共感ないし利他主義の重要な要素は、倫理的要素よりも認知的要素、即ち他の人の立場に立って、その人が感じるように感じる能力である。アダム・スミスが論じるところでは、こうした認知的能力こそが、倫理的能力、即ち他者への配慮や義務感覚などの基礎である。他の人々の考えや感覚の中に想像的に入り込むことなしには、人は他の人々の身にふりかかることを気にかけることはない。(7) 共感の認知的次元を私は感情移入と呼ぶことにするが、この感情移入は、紛争解決を促進する点で政治的にも有意である。二人の対立する当事者が相互にどう感じているかを知っている人は、紛争当事者に感情移入できない人よりも、より上手に調停することができる。もっとも、感情移入だけでは充分ではない。超然性、即ち、ある問題についての個人的・感情的利害関係から離脱する能力もまた、政治的権威をうまく行使するためには非常に重要である。

ホメーロスにおける政府と政治的諸価値

「イーリアス」と「オデュッセイアー」に描かれている政府は、右に素描した最小限国家のモデルよりもなお一層限定的である。その上、ホメーロスの世界の中にある政府はどれも、概してうまく行っていない。(8)

機能

ホメーロスの詩の中に描かれた世界で、きちんと定義され一般に受け入れられている政府機能は、国外の侵略者からの（例えばトロイアの）防衛だけであるし、これさえも、後に見るように若干の疑問がある。謀殺、窃盗、その他の内的公共秩序の侵害は、公的犯罪とはされない。身体や財産の安全のために、裁決・執行・罰などの公的手段が講じられることはない。謀殺に対する制裁は被害者の遺族による復讐であり、権利や賠償などのあらゆる公的枠組の外で作用する。「イーリアス」におけるアキレウスの盾の場面（裁判の場面）やそれ以外の場面で、被害者の遺族は殺人者に復讐する代わりに代価（poinē, ポイネー）を受け取るかもしれないことが示唆されているが、その代価はある種の私的仲裁によって決められる。しかし、その過程のどの段階にも国家は関与しない。(9)

このことは、被害者が国王であっても同じである。政治的謀殺ないし反逆としての王殺しは、明確な概念とはなっていない。アガメムノーン殺しは、ミュケーナイ国家に対する攻撃とはされず、専らアガメムノーンと彼の家族に対する攻撃とされる。その上、父親の王位に関して息子が優先的請求権を持つわけではないから、オレステースがアガメムノーンの仇を討った時も、彼は純粋に個人の資格においてそうしたにすぎない。彼は国王でもなければ王子でもなく、法律上の権利においてはアイギストスとも選ぶところのない、一人の野心家にすぎなかった。

既にふれたように、国外の侵略からの防衛には国家が責任を負う。トロイアの防衛のやり方についてのプリアモスの権威は揺るぎないものである。門を開けるか閉めるか、和平交渉をするか否か、ヘレネーを還すか否かを決めるのは彼（または彼の戦場司令官であるヘクトール）である。(10)しかるに、プリアモスの直系家族が全く公的目的を持たない戦争の原因をつくり、その戦争を指揮して名を挙げたことで、トロイア防衛の公的性格は傷つけられた。その戦争は、プリアモスの息子の一人パリスが、他のトロイア人たちが憎んでいる外国女を手元に置いておく目的でのみ闘われた。主要な戦闘者たちは、プリアモスの六二人の息子や義理の息子である。アイネイアースを例外とすれば、トロイア側の最も目立った戦闘者の中でプリアモスの家族以外の人々、例えばグラウコスやサルペードーンなどは、トロイア人ですらない。ギリシア人たちが闘ったのは、トロイアという国家とではなく、プリアモスの「オイコス（世帯）」とであった。

攻撃的戦争は、公的活動であるようには全く見えない。オデュッセウスや他の国王たちがトロイアへアガメムノーンやメネラーオスに随行したのは、彼らの国家を富ませたり大きくしたりするためでもなければ、トロイアによる侵略の潜在的可能性から彼らの国の安全を守るためでもない。(11)それは、アガメムノーンやメネラーオスに対する曖昧な、おそらくは全く個人的な義務を果たし、純粋に個人的な資産・役得と考えられていた戦利品や名声を得るための行動であった[12]。イタケーにとって（あるいはピュロス、ミュケーナイ、プティエーにとって）、戦争から得るものは何もない。それは、「オデュッセイアー」に描かれている海賊的侵略についても同様である。

　通常の民生的な政府機能は、ホメーロスの社会では政府の役割にはない。公道建設や港湾整備（スケリエー港は例外かもしれないが）は行われず、貨幣鋳造もなされず、記録保存もされず、海外通商規制もなく、警察も裁判所もない。ある種の税制[13]は、その見返りとしての国王の国家防衛義務とともに[14]、いくつかの箇所で示唆されている。しかし、徴税人についてふれられていないことは意味深長であり、概して、基本的な公財政すらそこには見られない。

　政府機能の欠如を示す最も顕著な証拠は、おそらく、イタケーの王位の二十年間にわたる空位であろう。名目的な後見人であるメントールは、全く権威がなく無力である。誰しもが持っている程度の権威の範囲内で、彼らは求婚者としてオデュッセウスの住居の回りをうろついて彼の妻を困らせ、ついにはテーレマコスを陥れるための徒党を組むに至る。しかし彼らが公的業務を行っているとの記述は全くない。一見したところ、二十年間にたった一つの公的業務も行われてはいない[15]。

構造

　ホメーロスの社会は、構造を持つが殆んど機能を持たない政府の逆説性を示しているように見える。それぞれの国には、有力者たちの「評議会」によって助言される「王」（basileus, バシレウス）と、それに従属する官吏（kerux, 伝令官）がいるが、この官吏の職務は、一種の民衆集会であるアゴレー（agore, アゴラ）に王の言葉や命令を伝え、それを召集し、監督することにある。そこには更に（もしかすると）、一種の大王もいる。オリュンポス山の神の政体には最高の王ゼウスがおり、他のオリュンポスの神々（それより劣位の神々とは区別される）が、ゼウスの非公式な「評議会」を構成する。

　ホメーロスの国家に見られる執行権能は、「バシレウス」によって行使される。プリアモスはその一人であり、メネラーオス、イードメネウス、アキレウス、オデュッセウスを初めとするトロイアのギリシア人指導者たちは皆そうである。アガメムノーンはミュケーナイの「バシレウス」であるが、彼はまたトロイアのギリシア軍の指揮官でもある。ホメーロスの詩において「王」(anax) という言葉は、線文字Bの粘土版の場合とは異なり、身分の高さを示す名誉の称号であって、命令連鎖における機能的な地位を示すわけではない(神は「王＝バシレウス」と呼ばれることはないが、しばしば anax と呼ばれる)。anax andron (戦士の anax) という言葉は、場合によっては、トロイアのアンキーセースのようなはるかに劣位の人物にも用いられるものの、ギリシア連合軍の長としてのアガメムノーンの地位を意味するようである。しかしながら、この地位はきちんと定義された政府内の役割と言うよりは、戦時の方便であるように思われる。アガメムノーンは、ギリシアの最強の「バシレウス」であり、それゆえに最高司令官(他の「バシレウス」たちが彼の「評議会」を構成する)であるが、彼はギリシア全体の王や皇帝であるわけではない。

「バシレウス」を王と訳す、従来の翻訳は誤解を招き易い。[16] ホメーロスの「バシレウス」は、むしろ中世イギリスの豪族(baron)に似ている。彼はある地域で最も権力を持つ人間であり、最大の「オイコス」を持ち、侵略を行ったりその地域が攻撃されたりする時には、彼が指令を発し、すべての戦利品を割り当てる。しかし平時には、彼は政府機能を遂行することはない。なぜなら、通常ホメーロスの世界には遂行すべき政府機能などないからである。

中世との相似が崩れるのは、これら地方高官より高位の権威が不在な点である。ホメーロスの著作の中には、オデュッセウスの政体が従属すべきいかなる存在も描かれてはいない。かと言って、彼より下位の諸「豪族」たちを、より下位の階層として一括することによって、オデュッセウス自身の地位を神聖な王位の一つと考えることもできない。オデュッセウスや他の「バシレウス」たちの下にあるのは、諸「オイコス」だけである。それらの一部は、たしかに大規模ではあるが、「オイコス」の結合体ではない。[17]

対外安全保障という、間欠的に活動的となる領域以外の政府機能が欠如していることを前提とすれば、オデュッセウスの帰還の際の関心が、彼の「オイコス」に関することのみであったこと、即ち、彼の妻や息子、奴隷、財物への関心のみであったことは驚くにはあたらない。オデュッセウスにも公的業務があったかもしれないとか、[18]求婚者たちには、オデュッセウスのオイコスと区別されるイタケーの政体に関して、何らかの企図があったかもしれないなどということは、ほのめかしもされない。求婚者たちは、テーレマコスを大っぴらに殺した場合の民衆の反感を恐れてはいたが、オデュッセウスは、彼の王位を回復するための闘いに際して、世論を喚起したりイタケーの市民の支持を獲得したりする努力を全くしない。更に、仮にオデュッセウスがイタケーの民衆に訴えたとして、彼こそが正統な王位保持者であるからとか、彼が良い王であったことを覚えているからとか、あるいはその他の理由などで、イタケーの民衆が彼の下に結集したかどうかについても示唆されていない。

ホメーロスの社会で、最も明確に記述されている政治制度は「アゴラ」である。ひとかどの人々——求婚者の親族であれ、トロイア駐在の様々なギリシア分遣隊の「バシレウス」であれ、放浪中のオデュッセウス軍兵士であれ——は、「アゴラ」に頻繁に集まって共通の問題について討議し、論争を和解させ、将来の行動を構想する。「アゴラ」では人々は座り、話す時にだけ起立する。話す人には「伝令官」が「笏杖」を渡す。その他大勢も、その場に立ち会うが、話すことはしない（「イーリアス」におけるテルシーテースの不作法な大騒ぎを別にすれば）。ただし彼らも、提案された行動方針に対する同意や不同意を叫ぶことによって、彼らの考えを表現することはできる。

「アゴラ」は概して統治する機関であるよりは、審議機関である。構成員たちは、話を聞いてもらう権利は持っているが、意志決定のための権能は持っていない。「アゴラ」はアガメムノーンに、クリューセーイスの娘を返すよう求めるが、アガメムノーンは断る。彼は孤立無援であり、全くお門違いの行動をとっているにも拘わらず、「アゴラ」の要望を無視したことで、彼が自らの法的権限を逸脱してしまったなどとは少しも言われない。「アゴラ」での投票に近いことは、「オデュッセイアー」の最終巻でも行われている。求婚者の親戚たちは、オデュッセウスと闘うべきかどうか討議している。多数派は闘うことに決め、少数派はただ立ち去るのみである。しかし、この場合において、命令を発する者は誰もいない。ホメーロスの詩篇の中で最も強力な「アゴラ」は求婚者たちの「アゴラ」であるが、それは、そこには「バシレウス」ないしそれと同等な者がいないからこそである。アンティノオスは求婚者たちの先頭に立つ人物ではあるが、主な決定は全員一致で行われ、アンティノオスは「アゴラ」が否認した提案に固執することはない。

ホメーロスの詩篇の伝統的・潜在的な価値構造において、「アゴラ」は文明のしるしである。[19] しかし、そうであるからと言って、「アゴラ」が効率的な制度であるとは限らないし、これから見るように、概してそうではない。

ホメーロスの社会における法の性格は、統治構造の欠如を解明するための手がかりとなる。ホメーロスのギリシア語において「法」に最も近い言葉である「ディケー(dike)」ないし「テミス(themis)」は、慣習を意味する。神に犠牲を捧げる方法、嘆願者・乞食の適切な扱い方、およびその他の社会的行動の法的・非法的諸側面を決定づけるのは慣習である。裁判所や立法府のような、法を弘めるための公式の制度がない社会においては、慣習への依存は不可避である。そうした制度がない場合にルールとなりうるのは、社会的必要を満たすがゆえに長期にわたって支持されて来た慣行だけである。我々は法を、何よりもまず国家に由来するものと考える。もちろん、しばしば法は、公的強制力によって支えられた命令として定義されるが。しかし、ホメーロスの社会においては、法創造は政府の機能には全く含まれていないのである。

問題

ホメーロスの社会に存在するような政府は、うまく働かない。最大の問題は、継承についての確立した手続と統制の欠如である。ホメーロスの社会には、継承のルールがない。オデュッセウスがイタケーを去った時、執行機関は空白となり、もしオデュッセウスがついに死を宣告されるようなことになっても、誰も、彼の唯一人の息子でさえ、王として彼を継承する決定的な請求権を持たないことが明らかにされている。[20] 実際、ペーネロペイアが彼女の夫に選んだ人物が誰であれ、彼がオデュッセウスの「オイコス」を管理するようになり、イタケーの有力者内の卓越性を主張するに足るだけの物質的基礎を手に入れるからこそ、テーレマコスはまさに蚊帳の外に置かれようとしているのである。ペーネロペイアが（間接的に）継承を左右しているという事実は、前ギリシア的母系社会の名残りであると考えられたこともあった。しかし、ホメーロスの詩篇自体が、全く別のことを示唆している。即ち、継承のルールがあまりに不明確であるために、イタケーの王位は欠席裁判によって、つまり誰であれペーネロペイアが自らの夫としてたまたま選んだ人物の下へ移行する、ということである。オデュッセウスが不在の時にペーネロペイアが自ら王権を行使しうるとか、テーレマコスが未成年の間は有能な摂政を置けるとか、ラーエルテースが王位を回復しうるなどが、リーダーシップの危機を解決するための可能な方法として示唆されることは決してない。(21)

統制の欠如——管理無能力——こそが、両方の詩の主たるテーマである。アガメムノーンは、トロイアにおけるギリシア軍総司令官という役柄としては、(22)性格的にミスキャストである。第二巻においてアガメムノーンが誘発したギリシア軍内の恐慌や、テルシーテースによる「アゴラ」の作法違反などは、統制欠如を示す強力な象徴であるが、それは、第一巻でのアキレウスとの争いの中で、ギリシア軍を有効に支配する能力がないことをアガメムノーンが露呈したために生じた。アガメムノーンが自らの私的利害を公的責任から切り離すことができない点は、プリアモスやオデュッセウスとは全く異なる状況の下で繰り返されているがゆえに、特に注目に値する。総司令官としての彼の立場は、彼の私的利害と公的利害とを少なくとも均衡させるよう求められていることを理解せずに、彼はクリューセーイスの返還を、純粋に自己中心的な理由から拒否する。(23)

政治的統制の欠如は、トロイア側でもまた深刻な問題であった。トロイア人たちは、プリアモス家の厄介者であるパリスの外国人妻（彼らの軽蔑の対象）のために、見込みのない戦いをしていると感じていた。その上、パリスは、ホメーロス的倫理規則の基礎であるもてなしという原則をひどく損うことによって、この女性を獲得したのであった。たとえ勝ってもトロイア人には何の具体的な利益もないような不正義の戦争を、プリアモスやヘクトールがトロイア国家に回避させたり、中止させたりできなかったことは、公的権威を行使する上での彼らの根本的無能力を示すものである。

トロイアの政治的管理にとっての最大の問題は、パリスがヘクトールの兄弟で、プリアモスの息子である点にある。家族に対する忠誠は、たとえ忠誠を誓い合っている家族構成員がそれに値しない者であったとしても、公的義務に優先する。アガメムノーンとクリューセーイスの場合と同様、プリアモスとヘクトールも、公に関わる問題について家族的利害関係を持つがゆえに、深刻な利害対立を生む。彼らが国家全体をパリスのために犠牲にしたことは、近代的意味での「責任あるリーダーシップ」が不在であることを示している。

更に広汎な問題がここにはある。歴史的には、それぞれの家だけでは強力な敵を防ぐのに充分でなくなり、他の家と緩やかな同盟をつくっても足りなくなった時に、家々の凝集体として国家は始まった。しかし、政治社会への移行は困難であった。と言うのも、家はそれまで自律的であり、ある場合にはそれ自体強力な微小国家であったため、より大きな実体に服従することに抵抗したのである。強力な国家が生まれるためには、大きな家は解体されなければならない。プリアモスのトロイアは、そうした争いの象徴である。五十人の息子と十二人の義理の息子のすべてと同居していたのだから、プリアモスの家は巨大であった。この家族内の忠誠心は、プリアモスとヘクトールが、パリスへの強制を不可解にも拒否したことに現れているが、これは国家元首としてのプリアモスの責任とは相容れないものである。名誉の観念は、やがて見るように、自律的家社会の安定性の鍵であるが、政治的秩序のシステムにとっては潜在的に分裂要因である。同様に、家族的忠誠は、トロイア国家の破滅の原因となる。

「オデュッセイアー」は、二つの環境の下で起こるリーダーシップや管理の全般的失敗を記録に留めながら、イタケーの場面と放浪の場面とを交互に描いている。オデュッセウスは、彼の部下たち（hetairoi，ヘタイロイ）に有効な権威を行使できない。自らのリーダーシップの責任について一貫した考えを維持する能力のなさ（クリューセーイスをめぐる争いにおけるアガメムノーンの困難を想起させるもの）こそが、再三の災禍の種となる。

部下たちが何度オデュッセウスを失望させても、彼が部下たちに愛情や忠誠を持っていたことは、彼の性格の良さの証拠と考えられて来た。別の説明によれば、それは罪を共にしているという意識の反映である。ヘタイロイたちが太陽神の家畜をむさぼり食ってしまったことが、彼ら自身の死と、オデュッセウスの帰還が七年も遅れたことの直接の原因であるにせよ、そうした災難の究極的原因は、オデュッセウス自身がキュクロープス族（一つ目巨人）たちを愚弄したその行為にある。同じことは、アイオロスの皮袋から風を吹き出させてしまった時についても言える。部下たちがそれをやった。しかしオデュッセウスは、危機的な時期に眠り込んでいたのであるし、キュクロープス族の一件における彼の行動からして、部下たちが彼の動機を疑るのも無理のないところであるから、皮袋の中身は何かを彼らに話しておくべきであった。ともあれ、そうした災厄が偶発的で回避可能な不運などではなく、むしろホメーロスの社会に固有のものであったと考えるならば、これらの災厄の罪が誰にあるかを割り振るなどということは空しくなる。ホメーロスの社会は、共同行為がうまく行かないような社会である。

これに関連して、オデュッセウスが、ヘタイロイたちの援助の下に求婚者たちをうまく撃退するなどということは、およそ想像することさえ困難である。彼らは極めて統治されにくいし、オデュッセウスは極めて不適切な統治者であるから、オデュッセウスが彼の部下たちの誰に足を引っ張られるにしても、求婚者たちの方に勝ち目があろう。結局ホメーロスは、アガメムノーンは部下を連れてミュケーナイに戻るものの、いずれにせよ殺されてしまった、そして部下たちは待ち伏せを受けて一掃されてしまったと繰り返し述べている。ホメーロスの世界では、政治的管理が極めてつかみ所のない技術であるからこそ、集団が失敗する時に単独の人間が勝利するのである。

オデュッセウスは、彼の部下がいなくても勝つのみならず、集団に対しても勝利する。したがって、求婚者たちが敗れた理由の一端は、自らの強さについての偽りの自信をもたらしていた彼らの人数そのものにあると思われる。集団というものは、絶望的に優柔不断である。求婚者たちの社会の全員一致的性格に由来する、有効なリーダーシップの不在が現れているのは、彼らがイタケーの王位を埋めるための手続を決めたりペーネロペイアに決定を迫ったりできなかったこと、テーレマコスが待ち伏せを逃れた後に、彼をイタケーで殺せなかったこと、弓の競技に乞食に変装したオデュッセウスを入れさせたこと、そして、五十対一の割合で優勢であるにも拘わらず、オデュッセウスを圧倒するために数の優位を利用することができなかったことに現れている。こうした欠陥は、求婚者たちの親族の「アゴラ」にも現れており、そこでは戦闘の開始前に親族たちが実質的に解散し、家に帰ってしまうのである。

「オデュッセイアー」は、政治的解決によって終わる。アテーネーは、イタケーの富と平和の享受を保障することで、求婚者の親族たちに復讐をやめるように命じる。これはホッブズの社会契約のようなもので、さもなければ復讐の果てしない循環になるかもしれないものを断ち切ったのである。しかしオデュッセウスは、和平交渉に参加するどころか、求婚者の親族たちを亡きものにしようと暴れ狂い、ようやくゼウスの雷によって思いとどまらされたにすぎない。求婚者の親族たちによってもたらされた政治的問題に対するオデュッセウスの解決法とは、彼らを殺すことであった。

「オデュッセイアー」の結末は、問題に対する政治的解決が神の賜物であるということを示唆する。しかし政治的管理の問題は、いずれの詩でも、神のレベルでも顕著に現れている。ゼウスは、法律上明らかに至高であるかのようである。彼は、他の神々と違ってオリュンポスを離れることなく人間の行いに介入できるだけでなく、彼に逆らういかなる神に対しても、重い罰を加えることができる。しかし彼は、実際の権威は殆んど行使しない。彼には、お告げを伝える係を除けば、信頼の置けるスタッフがいないし、どの神からも個人的な忠誠や親愛を集めてはいない。彼は、計画や目的を持たないため、容易に欺され、操られ、悩まされ、反抗される。「イーリアス」の中で、ゼウスの意図(Dios boule)は何度となく狂わされるし、「オデュッセイアー」の中では、主としてポセイダーオーンのちょっとした不注意によって成功を収めるにすぎない。アガメムノーンと同様に、ゼウスも形式的な権力は付与されているが、実施する段では全く無力である。と言うのも、アガメムノーンと同様、ゼウスも彼の役柄が性格的に合っていないからである。これに加えて、権力を有効に行使するために不可欠の、補佐的な構造および人員をゼウスが持っていないという要素も挙げられる。

価値

ホメーロスにおける有効な統治の欠如は、主として公徳心のなさで注目されているような価値システムによって助長される。トロイア戦争においては、ギリシアへのいかなる愛国的感情も欠如していることが指摘されて来た。(24) アキレウスが戦闘から撤退することで、ギリシア軍に殆んど潰滅的打撃を与えても、何の非難も受けない。利他的な行為がとられる場合にも、曖昧な色付けがなされている。ヘクトールは、彼の家族や名誉とともに、国家のためにも闘っているように見える。彼は、「最良の前兆は祖国のために、戦うことである」というスローガンの下に、これに反する前兆を何度となく拒否している。しかし、彼がそのために戦っている大義は、ホメーロス的価値構造においては無価値であるし、彼が公徳心を持っていることは、彼が外国人であることと、彼が好敵手であるアキレウスより劣っていることの両方を際立たせるのみである。アキレウスは二度にわたって利他主義に陥るが、これらの過失こそ破滅への道であったことが判明する。ヘクトールを前にしてギリシア人たちが混乱のうちに敗走するのを見たアキレウスは、彼らの苦しみに一時的に同情し、パトロクロスを派遣して何が起こっているのか調べさせたが、ホメーロスが言うには、これこそパトロクロスの破滅の始まりであった。その後アキレウスは、ネストールが示唆していた妥協案、即ちアキレウスの甲冑を着けたパトロクロスを戦いに派遣する案を思い出す。アキレウスはまたしても、苦境にあるギリシア人への同情の衝動に身を任せ、しかも今度は「妥協による政治」という建前もあるので、パトロクロスを、したがってアキレウス自身を象徴的な意味で破滅に追いやることになる。アキレウスがついにヘクトールを殺し、それによってトロイアの破滅を確実とし、ギリシアの勝利を確固たるものとしたのも、パトロクロスの復讐をするという個人的な目的からであった。パトロクロスは、アキレウスにとって、ちょうど中世の遍歴騎士にとっての乙女のようなものであった。そこには、政治的事業としての戦争の概念などが立ち入る余地はない[25]。

　パトロクロスを破滅させた妥協案が、ネストールによって示唆されたものであったことは偶然ではない。「イーリアス」における政治的賢明さの体現者であるネストールは、個々の英雄による乱戦と異なる、組織された戦闘としての戦争観を持つ唯一の人物であった[26]。しかしながら、ネストールは、政治的賢明さの象徴であるだけではなく、老年の象徴でもある。彼は、自分の非常な高齢と、それに伴う戦闘不能性について自ら絶えずくどくどと言いたてる。政治的能力は、最盛期にある指導者に通常備わっている属性としてではなく、老齢に対する慰めとして現れるのである[27]。

　政治的熟練が高く評価されない一つの理由は、おそらく、ホメーロスの世界では集団（mass）が殆んど意味を持たない点にある。オデュッセウスは多数の求婚者たちを殆んど独力で倒すし、「イーリアス」の戦闘場面では、個々の英雄たちは多数の戦士たちをバターでも切るように切り進む。ここに欠けているのは、政治社会にとって基本的な次のような認識、即ち、凡庸な諸個人でも集団として巧みに組織されれば、優れた単独の個人に対して、殆んど常に勝利するという認識である[28]。

　ネストールという特筆すべき例外を再び別にすれば、ホメーロス的世界での個人は、利他主義の倫理的側面のみならずその認知的側面（私が感情移入と名付けたもの）をも欠く傾向にある。「イーリアス」の冒頭でアガメムノーンとアキレウスがあれほど激しく衝突する一つの理由は、各人が必死に言いたてている主張と瓜二つのものが、他方の同様の主張の中にあることを彼らが見抜けない点にある[29]。同様に目につくのは、アガメムノーンの情動主義と、利害超然性の欠如である。

ホメーロス的社会秩序

　ホメーロス的社会は、その構造やそれを支える諸価値そして能力の点で、最小限国家としてさえ致命的に不充分であるようだが、ホメーロスによって描かれた世界は、ホッブズ的自然状態ではない。そこには、よく発達した私的制度と価値のシステムがあり、それによって、期待される最小限の社会的相互行為は、国家なしに遂行されうる。ホメーロスの世界の中で、ホッブズ的自然状態にあたるものは、キュクロープス族の国家である。キュクロープス族は、洗練や社会的交渉などとは全く無縁に生活している。そうした野蛮な生存形態の像に対置されるのが文明社会の像であり、そこで必要とされる社会的調和は、諸世帯間の相互行為が類型的に行われることによって達成される。人々は旅をし、その途中で贈り物を収集する。衣類・三脚台その他の家内工業製品、およびこれらの贈り物の中から、客に与えるための贈り物の在庫を各人が蓄積する。主人と客（両方とも xeinos と呼ばれる）は、もてなしという道徳的法（xeinios または xenios という言葉で要約される）に拘束され、この法は主人に寛大さを要求すると同時に、客には、主人の寛大さにつけ込まないように命じる。贈り物の交換の他にも、主人—客関係の両当事者（xeinoi）は、結婚やその他の協力関係を結ぶ。

ホメーロス的世界では、一見して明らかな通商は非ギリシア人との取引に限定されてはいるが[30]、贈与のシステムは相互的であるから、通商の一形態であることは明白である[31]。ただし、それは特別な種類の通商である。通商の本来の目的は分業の促進にあり、通商される物は相互に異なることが暗黙の前提となっている。靴をパンと交換するのではなく、靴を靴と交換するのである。しかるにホメーロスにおける贈り物の交換は、たいてい似たような物の交換であり、通常は装飾品が交換される。その目的は、当事者それぞれを、各自が比較的有利であるような生産活動に専門化させることにあるのではない。実際、贈り物は、それを交換する人々によって生産されたものでなく、戦利品や、それ以前の交換で獲得された贈り物であることもしばしばである。ホメーロスのオイコスは、生産という観点からは、殆ど自給自足的なものとして描かれている。

贈り物交換の目的を理解するためには、人々が小さな集団ごとに散らばって住んでいるような社会を、即ち、単一の家族に毛の生えた程度の人数の世帯ごとに住んでいる社会を想像しなければならない。これらの世帯は、食物の問題と身の隠し場所の問題は別としても、二つの問題に直面している。第一は、近親相姦を行うことなしに、いかに彼ら自身を再生産するかという問題である。この近親相姦に関しては、強力で殆ど普遍的なタブーがあり、そうしたタブーが遺伝的起源を持つことは明らかである。第二は、掠奪者たちに抗していかに生き延びて行くかという問題である。近親相姦の問題は、他の世帯構成員との結婚によって解決されるし、[32] 防衛問題は、別々の世帯として生活している親族との同盟や他人との同盟によって解決される。贈り物の交換は、ある世帯の構成員に、別の世帯から来た見知らぬ人の性格に関して情報を与えてくれる点で、両方の解決形態の実現を促進する。もし私があなたに金の三脚台を与え、そのお返しに粗末な毛布をもらったとすれば、あなたが同盟者としてあるいは養父として、適切かどうかについて私はある程度知ることができる。もしあなたが私にくれるのがそれだけであるとすれば、それはおそらく、あなたがあまり強い戦士でないことを意味するであろう。なぜなら、あなたは私に良い贈り物を与えるに足るだけの戦利品の在庫を収集することができなかったのだから。[33] ホメーロスの社会で、結婚の際の贈り物が、一般には花嫁に対して贈られるだけでなく相互的に交換されることの理由は、贈り物交換のこうした情報機能によって説明される。

キュクロープスが野蛮人とされる理由は、「アゴラ」や「テミステス」の欠如ではない。それは、ホメーロスによって指摘されてはいるが、些細な点にすぎない。理由はむしろ、彼らが贈り物交換システムを持たない点にある。これこそ、彼らの（色々な意味での）粗野さを示すものである。ポリュペーモスに対するオデュッセウスの説得、客を食ってしまうような主人の下には多くの訪問者は来ないだろうという説得、が馬の耳に念仏であった理由もここにある。

「イーリアス」と「オデュッセイアー」に描かれている出来事にとって、贈り物と客に関する道徳性は重要な意味を持つ。トロイア戦争は、メネラーオスの歓待にパリスがつけ込んだことによって生じた。クリューセーイスを彼女の父親が申し出た身の代金と「取引」することをアガメムノーンが当初拒否したこと、結局手放さざるをえなくなったクリューセーイスの代りに、今度はブリーセーイスをよこせとアガメムノーンが主張したこと、アガメムノーンが差し出した贈り物によって自らの怒りを鎮めるのをアキレウスが拒否したこと、しかるに後にはヘクトールの死体と交換でプリアモスの贈り物をアキレウスが受け取ったことなどは、「イーリアス」において重要な転回点をなしている。「オデュッセイアー」の中では、パリスはペーネロペイアへの百八人の求婚者に形を変えて、いわば再来する。キュクロープスは、客との関係を主人として悪用したために、ひどい罰を受ける。そして求婚者たちは、そうした道徳的法を両面で破ったことが明らかとなる。即ち、オデュッセウスの家での客としての彼らのふるまいと、変装したオデュッセウスに対する主人としての彼らのふるまいとの両面で。

これらの詩には、客との交渉に専ら関わるような道徳的規則が登場するだけではなく、道徳的規則を執行するための手立ても、公的なそれではないにせよ、登場している。その手立てとは、復讐に他ならない。復讐者を意味する古代ギリシア語ディケーフォロス（dikephoros）は、字義通りには「正義実現者」という意味である。メネラーオスの歓待を悪用したパリスは、トロイアの破壊という形で復讐されるし、オデュッセウスの歓待を悪用した求婚者たちは、彼らの破滅という形で復讐を受ける。名誉（time）を中心的な倫理的徳として強調する理由は、このような法執行の手立てとの関係においてのみ理解される。つまらないことにも直ちに復讐するような短気な人間は、報復に基づく抑止システムにおいては重要な役割を果たす。そうしたシステムにおいて、悪行為への最大の抑止となっているのは報復の脅威であり、短気な人はこの脅威の信頼性を高めるからである。(34)

要するに、価値システム（歓待・名誉）や実施手段（復讐、贈り物交換）が存在する点で、ホメーロス的世界においてはホッブズ的自然状態が回避されている。そうした実施手段は、共同体的・政治的な協調ではないにせよ、必要な協調を育てるからである。こうした状況は、現代の国際関係における道義に似通っている。(35) 国際的政府は存在しないが、広汎な協調関係が国境を越えて樹立され、維持されている。人々は殆んどの地域で、殆んどの場合に、多少とも安全に旅行し通商している。相互主義と報復が、我慢しうる程度に安定した国際秩序を維持している。こうした秩序は、ホメーロスの詩がオイコスの外側の社会的相互行為についての実現可能な理想として示したものと似通っている。これは、「夜警」国家への代案である。

しかしながら、ホメーロスの世界の分権的・相互主義的

・前政治的な社会秩序は脆弱であるし、「イーリアス」や「オデュッセイアー」はその崩壊を描いたものである。そうした秩序の脆弱性は、トロイア戦争に象徴されている。パリスがヘレネーを連れ去った時、彼はメネラーオスにひどく悪いことをしたのだから、メネラーオスが復讐を試みたとしても無理はなかった。しかしパリスが城壁に囲まれた都市に住んでいたので、メネラーオスは、単独であるいは個人的な家来の助太刀を得たとしても、パリスに報復する方法はない。確かにメネラーオスには兄弟がいたし、悪事への報復の義務は親族の義務と認識されていた。しかし、たとえアガメムノーンの助力があったとしても、メネラーオスは復讐を遂げるだけの力を持たないため、兄弟たちは多数の非親族たちを、中でも特にアキレウスを動員する必要があった。

「イーリアス」の中で、メネラーオスが巻き込まれた二つの主要な事件を考えてみよう。即ち、第三書のパリスとの決闘と、第四書のパンダロスによる負傷である。決闘は、道徳的秩序への侵害に対する前政治的な解決法であるが、既にすたれている。メネラーオスがパンダロスによって傷つけられた時、アガメムノーンは彼が死ぬのではないかと考え非常にうろたえた。と言うのも、そのためにトロイアの占領を放棄しなければならないかもしれないと思ったからである。アガメムノーンは、戦争というものを、悪い行いの被害者自身が死ねば終りになってしまうような私的復讐の行為としてしか考えられなかった。死者の親族たちは彼の仇を討つ義務を負っているから、「イーリアス」の価値システムの中でさえも、こうしたアガメムノーンの立場は極端な立場である。しかし、メネラーオスの死の可能性に対してアガメムノーンが特別に極端な反応を示したことは、トロイア戦争のように政治的な事業を持続させるための適切な「大義」を考えるのが、ホメーロス的心性にとっていかに困難であったかを示している。

ある世帯の集団が国家へと組織化する方法を発見してしまうと、他の分散的世帯の構成員たちは重大な危機に陥ることになる。もはや彼らは、彼らの利益の侵害者に対して、確実に報復するという脅威によって利益を守ることはできなくなるからである。(36) 国家は、対外的安全保障の問題への対応として生まれる。ホメーロスの詩が描いているのは、個々の家が道徳規則への個別の侵害行為に対して、親族や客・友人たちの家と不安定な同盟を結んで復讐することもあれば(ギリシア人)、内部的に拡大して家の核を形成することもある(トロイア人)、という中間段階に他ならない。

ホメーロス的個人主義

私がホメーロス的と呼んできた制度や価値の構造は、未開社会の説明を読んだことのある人にはお馴染みのものであろう。贈り物交換やもてなしの慣習、血讐、戦時には指揮するが平時には支配せず国内の刑法すら執行しない首領、(37)外国の脅威とともに生じるがその脅威が去れば解体する緩やかな連合、(38)親族関係や客としての訪問を通じて同盟を結ぶこと、(39)男性捕虜は殺し女性捕虜は奴隷化し「妾化」する(40)こと、息子が首領の跡を継ぐのは権利としてではなく慣行としてであること、(41)決闘、(42)高度に発達した名誉感覚、(43)妻には貞節を要求するのに夫はいくら妾を作っても許されるという、公式に是認された「二重基準」など、これらすべては未開の前政治的社会にお馴染みの特徴である。これは、ホメーロスの描いた社会が、必ずしも細部に至るまで歴史的ではないにせよ「現実」のものであることを強力に証拠づけている。しかし、これはまた、戸惑いの種でもある。ホメーロスは、英雄的個人を歌った詩人である。しかるに、我々は、未開社会がたとえ統治制度を持たないにしても、それを「個人主義」と結びつけることはしない。そうした社会の人々は慣習やカーストや親族の網の目にからめ取られているため、個性を表現する余地は全く残されていないものと我々は考えているからである。

しかし、この点で我々は間違っている。人類学の文献には、個人的名誉の感覚や、そのためにはいつでも闘うといった高度に個人主義的な特徴が記録されている。(44)既にふれたように、公的な強制制度でなく相互主義と報復によって統合された社会においては、こうした特徴は重要な抑止機能を果たしている。逆説的なことに、高度に個人主義的な人格的特徴が、共同的制度の代替物として機能しているのである。そうした人格的特徴がそれら共同的制度を妨害することもあることは、「イーリアス」の重要なテーマの一つとなっており(名誉へのこだわりがトロイアを零落させギリシアの勝利を遅らせる)、この点でホメーロスは前政治的社会から政治的社会への移行の記録者であると言える。

親族や階級やカースト身分はホメーロスの詩の中にあるが、それによって英雄が彼の個人的自由を奪われたり責任を問われたりすることはない。メネラーオスとアガメムノーンが兄弟であるとか、アキレウスの母は女神であるがヘクトールの母はそうでないことは、「イーリアス」の筋にとっては重要であるが、そうした関係によって結果が予定されているという意味ではない。アキレウスが神を親に持つということの主眼は、彼が強い戦士である理由を示す点にある。[45] しかしながら、オイコスの内部では、個性は抑制される。ホメーロス的世界の社会的単位は、個人ではなく家、即ち集合体である。もっとも、ホメーロスのオイコスは真に集合的でもない。オイコスは、（オデュッセウス、アガメムノーンなどの）家長の延長に他ならず、いずれの詩でも主人公は家長である。彼らの個性が抑制されることはない。

オイコス内の個人の相互関係の性質は、フィロス(*philos*)という言葉によって示唆されている。これは「親愛な」という概念と「自分の」という概念を結合する言葉である。例えば、私の腕はフィロスであるし、私の娘もまた同様である。ある人のオイコスの構成員は、その人の存在の一部である。オデュッセウスの不忠な召し使いによる裏切りが、あれほど特別に強烈に感じられた理由、アキレウスの親戚ではないが彼の家の構成員であるパトロクロスの死がアキレウスをあれほど激昂させた理由はここにある。それは、他人の間の「友愛」にあたる言葉がホメーロスのギリシアにない理由でもある。オイコス内の関係、例えばアキレウスとパトロクロスとの関係が、たとえ家族的紐帯がなくても近親関係のように密接なものであるのに対し、贈り物関係は実利的性格の同盟である。

近代における若干の類似物

ホメーロスの叙事詩が、我々の社会秩序と非常に異なる社会秩序の諸原理を描くものであったとしても、それが数千年を越えて我々に強く訴えかけて来ることは、そうした原理が我々自身の社会に全く欠如しているわけでもないことを示唆している。このことは、よく考えてみれば明白である。我々の視界を覆っている広大な公的セクターによって、そうした原理の存在はぼやかされているにすぎない。多くの社会的諸制度――組織化された宗教、国際通商、犯罪社会、家族、クラブ、多くの通商組織や株式交換によって維持されている私的仲裁機構など――の首尾一貫性は、公的強制の脅威によって獲得されているわけでは殆んどない、いや時には全くないのである。重要な例としては、通常の商業契約がある。そうした契約は、たとえ違反への法的サンクションがなくても、失望させられた当事者は双方にとって恩恵のある交換を違反者と将来行うのを拒否するだろうという暗黙の脅威があるだけで、大部分履行されよう。贈り物は我々の社会でも交換されているし、名誉の感覚は今なお人間の特徴である。

このような、我々の近代的社会秩序の「前政治的」特徴は、ホメーロスが描いた社会における明確に対応する特徴を研究することで明らかになる。貨幣以外の贈り物を考えてみよう。受け手は、贈り手よりも彼自身の欲求をよく知っている。だから、ある贈り物と同額の貨幣を贈り物にすれば、贈り手の側に何ら余分の出費なしに、受け手の厚生を増加させることができる、と経済学者なら指摘するであろう。[46] しかしながらホメーロス的贈り物交換と同様に、近代の非金銭的贈り物には、贈与機能とともに情報機能もある。それは受け手に、贈り手の好みや価値について多少とも教えるし、それへの反応もまた贈り手に、受け手の好みや価値について多少とも教えてくれるのである。

ホメーロス的社会を研究することで、政治社会の制度・価値への代案となるような一群の制度・価値が明らかになるだけではなく、両者が体系的に結びついていることもまた明らかになる。親切、相互主義、名誉、贈り物、そして復讐などは相携えて、凝集的共同体を作り出すための支持的役割を果たしている。これと類似の一連の精神的特質や慣行は、ホメーロス的社会一般と同様に、国家の強制権力が社会秩序の基礎となっていない近代的状況の下でもおそらく見られるであろう。例えば、費用その他の理由から、契約違反に対する法的サンクションが無力であるような取引に際して、ビジネスマンは詐欺的取引の汚名を極端に警戒すると推測される。評判こそは、契約当事者間で忠実な履行が行われるための唯一の拠り所だからである。そうした取引においては、ビジネスの名誉についての感覚は高度に発達しようが、商人たちが詐欺的取引から守ってくれるように法廷にもっと期待している社会での取引においては、そうした名誉はさほど発達しないだろう。

国家の理論

本章の分析は、哲学および人類学上の旧来の問題、即ち国家の起源の問題に、少なくとも斜めから光を当てうるかもしれない。ホッブズからノジックに至る政治哲学者たちは、対内安全保障の問題の解決策として国家を、少なくとも最小限の「夜警」国家を正当化しようと試みて来た[47]。正当化や説明の仕方は、もちろん様々である。社会契約の所産としての国家形成を想像することで国家を正当化する人もいれば、社会契約の現実の所産として国家の正当性を説明する人もいる。前者がノジックのやり方であり、後者はホッブズのやり方である[48]。しかしいずれの場合でも、国家を対内安全保障の問題の解決策と見なすことは、それ以上の説得力ある回答を見出せないということを言外に意味する。本章は、読者の心の中に、社会秩序を維持するという課題を処理するために国家がつねに唯一可能な解決策であるかどうか疑問を投げかけるであろう。ホメーロスの詩に見られる慣習、贈り物交換、名誉、親族関係などの前政治的制度は、国家への代案となるような秩序システムを構成する。しかし、おそらくこれらの制度は、近代の諸条件の下ではうまく働かないであろう。この理由は、第七章と第八章で探究する。しかし、およそ厳密な国家理論たるものは、それらが今日うまく働かないのは「なぜ」なのかを説明しなければならない。

国家は公的秩序を探し求める中で発生したと考えた点で、人類学者や古代史家は間違ってはいなかった。国家の起源に関しては、二つの理論が、目下の人類学・歴史学の動向を牛耳っている。一つは、灌漑のような大規模な経済的プロジェクトをまとめる上での国家の役割を強調するものであり、これが「水力的」国家理論である[49]。他方は、征服や、他からの侵略に対する防衛を、国家への動機づけ要因として強調する理論である[50]。本章の分析は、後者の理論を支持する。ホメーロスの詩には、国家による監督を要するほどの規模の公的業務は登場しないが、城壁都市に守られた悪人に対して復讐するために組織化するという問題は登場するのである。もう一つ可能な国家理論、即ち搾取理論についても言及しておく必要がある。社会内で富が不平等に配分されると、豊かな個人は家来を雇おうという動機を持つようになり、そうした武装集団からやがて国家が生まれる。

それゆえ、国家なき社会の維持のためには、富の分配を平等化する必要がある、という理論である。こうした論点については、次章で考察することにしたい。

第六章　未開社会の理論

この章で私が論じるのは、贈与や相互的交換、複婚や結婚価格、親族集団の規模、および、気前の良さなどのある種の人格的特徴に付される価値を含む、特色ある未開社会の諸制度の多くは、不確実性への適応策として最もうまく説明できるという点にある。(1) しかしながら、戦争、宗教、奴隷制などを含む未開生活における他の多くの重要な側面は、割愛するか手短にふれるにとどめる。(2)

情報の費用

未開社会の人々は、自然法則をよく理解していないし、魔術や妖術への信仰はほぼ普遍的に見られる。また彼らは、記述のシステムを持たず、したがって記録も持たないし、(3) そして近代的なコミュニケーション技術を持たないことも当然である。以上のような事実は、未開社会において、先進社会におけるよりも情報を得るための費用が高いことを示唆している。より正確に言えば、同量の情報を得るためには、時間または他の資源の投入をより多く必要とすることを意味する。このことは、未開世界に知られていなかった多くの科学的・技術的な原理に関わる情報費用についても言えるが、それはあまり重要な問題ではない。しかし、情報費用が高いことは、契約の相手方が履行する可能性（履行を強制する法廷はそこにはない）、売買の際に引き渡される財の量が交渉された量と同じである可能性（未開の市場には秤はない）、などと密接に関連している。また、死亡原因（そこには警察も検死局もなく、魔術によって死んだ可能性も俄には否定されえない）や、農業労働者の限界生産物などについても、同様のことが言える。

確かに、無知の源泉のうちの一部は、未開の生活よりも近代の生活により特徴的である。その一つとして、知識の専門分化が挙げられる。二十世紀を通じて、我々の誰もが人間知識の広大な領域に関して無知蒙昧であるという状態が進行して来た。もう一つには、都市化した社会における生活と仕事の条件が挙げられる。そうした社会での匿名性や非人格性あるいはプライバシーの結果として、我々は、隣人や仕事仲間、更には友人や家族構成員についてさえ、未開社会の人々が知っていたであろうほどには知らなくなっている。しかしながら、いずれの無知の源泉も、高い情報費用を反映するどころか、実際には低い情報費用の産物に他ならない。情報費用が低いからこそ、専門分化が効率的となるような水準にまで知識が進み、人々を継続的に監視することなく社会秩序を維持しうるのである。

第二の監視に関わる点は、敷衍しておく必要がある。人口密度がどれほどであるにせよ、それはしばしば極めて高いが、未開の人々は、混雑した条件の下で生活する場合が多い。そこでは彼らは、プライバシーのための前提条件、個室やドア、独居ないし匿名性の機会、職業または余暇のための移動の手段など、を与えられていなかった。(4) プライバシーの欠如は、未開社会の価値や制度について、多くのことを語る。それは正式の捜査機構（公的または私的な）もなければ償いのための重い罰則もないにも拘わらず、未開社会における犯罪率が一見して高くない理由を説明する。しかしながら犯罪の例は、未開社会におけるプライバシーの欠如が、公的または私的な捜査制度も何らの報道形態も持たない社会での情報費用の高さに対する適応策である可能性を示している。情報費用を減らす一つの方法は、誰もが他の誰についてもすべてを知っているような生活条件をつくり出すことである。未開社会におけるプライバシーの欠如は、すべての人々を通報者や警察官として駆り立てるのに役立つ。(5)

プライバシーの欠如は、ある側面で情報の生産を増やすが、別の側面では減らす。このことは、未開社会では知識の増加が極めて緩やかで、それに伴い経済成長も極めて遅い理由を説明するかもしれない。第Ⅲ部でより完全な形で論じるように、ある程度のプライバシーは、持続的で効果的な内面的活動にとって必要な平和と静寂をもたらすために必要である。それは、世界についての、よりよい理解につながるかもしれない。あるいは、人々の考えを他の人々から隠すことによって、彼らが発見や発明から社会的便益を得られるようにするためにも必要である。特許法が生み出すような、知的所有権のための正式の権利も公的補助もないところでは、新しい生産技術の開発について報酬を得るための唯一の方法は隠すことである。知的所有権を明確化し実効力あらしめるための費用は、我々の社会においてさえ高いため、職業上の秘密は技術革新の便益を得るための重要な手段であり続けている。おそらく、そうした費用は未開社会では更に高かったであろう[6]。発明者への公的補助は、未開社会では公財政の未発達ゆえに行われない。しかし、この要因自体は、そうした社会での情報費用の高さに起因する。高い情報費用は秘密主義をもたらすが、プライバシーの欠如は秘密維持を困難にする。

記述システムの欠如に基づく情報費用についても、特に言及しておく必要がある。読み書き能力がなくても複雑な内面的活動が可能であることは、ホメーロスの詩がつくられ初めて披露された時、登場人物の性格についての微妙な分析や極めて見事な記憶がなされていたことに示されている。しかし、そこでは、一般に生産や統治のための大規模な組織化は不可能である。官僚制は、記録保持と密接に結びついている。このことは、近代国家におけると同様に、線文字Bによって描かれたミュケーナイの宮殿国家や[7]、エジプトやサマリアの初期の王国についてもあてはまる。文字を持たない社会の人々の間では、統治は一般に弱体であり[8]、時には存在しない[9]。無文字性に起因する有効な統治の不在は[10]、以下に見るように、未開の社会的諸制度の構造に甚大な影響を及ぼしたのである。

未開社会のモデル

仮定

私が提案するのは、未開社会についての一つの単純なモデルである。このモデルは、高い情報費用という仮説から引き出されたものである。同時にそれは、様々な未開社会に関する記述的な人類学文献を、それらの社会の情報のあり方としてそこで前提とされていたものから切り離して、帰納的に一般化したモデルと見なしうるし、そういう形でこれを擁護することも充分に可能である。

私のモデルの目的は、諸未開社会の多様性や複雑さを否定することでもなければ、ある特定の社会について写実的に描写することでもない。その目的は、弱体な統治、家族関係を基礎とする権利義務関係の構成、交換の基礎的形態としての贈与などの制度的特徴が、近代社会よりも未開の古代的社会ではるかに多く見られる理由を説明することにある。(11) 未開諸社会に関する殆んどいかなる一般化も、そうした社会の現実のあり方をいくつか参照すれば矛盾を来すことは、私も充分承知している。しかし未開社会の全体像を近代社会のそれと比較すれば、さまざまな制度的相違を見出しうる。私が自らのモデルによって説明したいのは、まさにそうした相違に他ならない。

私のこうした努力に対して、人類学者たちは別の根拠に基づいて批判するかもしれない。即ち、私の分析範疇は、近代の経済理論から引き出されたものであるから自民族中心主義的であり、未開の人々が彼らの活動や制度について考えるやり方に矛盾するという批判である。しかしこうした批判は、近代社会についての経済学的研究に対しても同様に可能である。消費者やビジネスマンは、彼らの活動を経済学者が用いる用語で記述することはないのであって、それは未開の人々がそういう用語を使わないのと全く同様である。経済学の説明用語は、経済的行為主体の意識とは別である。

このモデルは以下の仮定に基づいて構築されている。

1、そこには有効な政府がない。こういう言い方は未開生活の無秩序性を誇張することになるが、未開社会の大部分、例えば前章で論じたホメーロスの社会においては、無秩序は致命的な状態にまでは至っていない。戦時には指導者となるが平時には何の機能も持たないような族長がいるかもしれないし、ある種の断続的な権威を発揮するような長老たちもいるかもしれない。しかし、概して、そこには法廷、立法府、警察、検察官、収税吏、およびその他同様の公務員たちが存在しない。このレベルまで抽象化してしまうと、政府機能がないことと政府機能が多少あることとの間の違いは殆んど問題とならない。既にふれたように、こうした政府機能の欠如の原因は無文字性にあると私は考えるが、この因果関係が逆である可能性も排除できない。

2、その社会での技術的知識の状態は、限られた多様性の消費財しか生産できないという状態である。ここで多様性とは、別々の財の数によっても計られるし、またある単一の財の中での質的多様性によっても計られる。しかし、規格化されていないために質のバラツキによる多様性はかなり生まれるかもしれないので、多様性とはかなりの程度まで、観察者の目から見たそれである。

3、その社会で生産される財は、他の社会で生産される財と、限られた程度しか交易されないものと見なされる。もし交易に限界がないとすれば、多様性の限界もなくなるからである。しかし輸送費用、および言語の違いから来る取引費用、貨幣の不存在、そして契約を強制する機構の欠如などによって、外国貿易は未開経済のわずかの部分しか占めない。

4、未開社会で生産される財は、生産されるや否や消費されてしまうような消滅財であると見なされる。これもまた誇張である。しかし、食物の保存は深刻な問題であり、そうした社会では食物は最も重要な生産物である。(12)

第五の推定は、その社会がより生産的な技術を採用しないようにするために必要である。

5、技術革新（費用削減（輸送費用を含む）や生産される財の多様性の増加など）から来る私的利得は無視しうる程度のものと推定される。なぜなら、そうした利得を占有できない（プライバシーの欠如）という内部的理由か、あるいは外部的理由のいずれかが存在するからである。

保険の原理と、それを実現する制度・価値

右に素描したモデルは、未開社会についての夥しい研究に記されてきた、（不適切な名前ではあるが）「再配分」倫理が強く反映していることを示唆する。(13) ある人は、保険とりわけ飢餓に対する保険制度は、未開社会の非常に重要な産物であったと推定している。生産条件、特に食物貯蔵の困難によって、将来の食物が適切に供給されるかどうかについてかなりの不確実性が生まれ、結果的に個人の富にかなりの変動が生じる。(14) そのような環境においては、次のような取引は、当事者双方にとって魅力的となろう。即ち、

Aは彼の消費必要（ニーズ）を超過する収穫物を生産したら、彼の余剰の一部をBに与えるが、それは両者の役割が逆になっても同じようにするというBの言質と引き換えにである。食物が貯蔵できないという仮定があるため、Aが自己保険をするという選択肢は残されていない。

Aにとって保険の魅力は、彼の余剰食物の交換対象となる代替財が稀少であれば、一層増加する。他の場合はいざしらず、この場合にAは、食物余剰によって飢餓保険を買わずに他の消費財と交換する気は起こさないであろう。彼は、自分の余分な食物を生産物や資本財と交換することもできる。また、この資本財のうちでも最も重要なものは女性である。しかし親族的義務が存在するため、子供と同様女性もまた、もう一つの形態の「穀物保険」である。そして、一夫多妻制の発生を制限する他の経済的理由とは別に、未開社会に多くみられる一夫多妻制を許している社会でさえ、女性のように極めて耐久的で貴重な財は、限定的ではかない財にすぎない良い収穫物や良い獲物などよりははるかに貴重である。だから、女性の購入価格に相当する財を貯蓄するのは困難である。したがって、他の点が等しければ、一夫多妻制は他の未開社会よりも遊牧社会でより一般的なものとなると予測される。遊牧社会は、女性と交換するための耐久財を持っているからである。[15]

要約すれば、未開の人々が近代の人々以上に危険回避的であるとか、個人主義的でないなどと前提しなくても、未開社会における需給関係の必然的産物としての保険制度の重要性を経済学的に説明することができるのである。実際に、未開の人々が近代の人々ほどには危険回避的でないとしても、危険が多い彼らの環境および代替財の稀少さゆえに、彼らは保険を近代の人々以上に望むのかもしれない。

しかし、我々は更に、保険を供給するための制度的形態について考えなければならない。ここでは、モデルの最初の仮定——有効な政府機能の不在——によって、国家が食物余剰を税によって取り上げそれを必要とする人々に再配分するという可能性は排除されている。その上、この有効な政府の不在という点は、有効に機能すべき市場の誕生を遅延させている未開社会における情報の基礎的諸条件と相俟って、必要な場合には返戻する約束と引き換えに食物を交換するような、私的保険市場の誕生をも阻んでいる。約束を強制する国家はそこにはない。確かに、たとえ正式な国家による制裁がなくても、約束者は受約者からの将来の返礼を期待するから、殆んどの約束は守られるであろう。しかし、すべての約束が守られるわけではない。老人は、将来契約違反の「罰」として飢餓保険を誰も彼に売ってくれないという仕打ちを受けるほど長生きすることもなさそうならば、余剰分を分け合うという彼の約束を破るかもしれない。(16)

　しかしながら、政府による社会保険や市場保険だけで、制度のレパートリーが尽くされるわけではない。例えば、人々が彼らの分かち合いの対象を、相互に顔見知りで絶えず一緒に活動し、しかもほぼ似たような能力や気質、性格、考え方を持った人々の集団に限定するか、あるいは少なくともそれに集中するような場合には、余剰食物を他の人々と分け合う誘因としての相互性の有効性は高まる。非公式の「相互保険会社」をつくるため、これらの諸条件を満たす制度として最も考えられる集団は、家族である。しかしながら、我々が知っている家族というものは、保険目的にとって適切な危険プールをつくるには小さすぎる。未開社会がその言語的、法律的、および非公式な資源の多くを持ち寄り、近代の家族世帯よりも大きな、親族集団を確定しようとした一つの理由はここにあるのかもしれない。(17) 親族集団を注意深く定義し確定したいという未開の人々の関心は、ある種の暇つぶしの系図的好奇心などによるものではなく、非常に近い親戚（時には未成年の子供たちだけ）を助けなければならないという我々近代人の義務が、親族集団の全構成員にまで拡張されていたという事実によるものである。このことは、未開社会における代替的保険機構の欠如に起因するように思われる。

　これまでの議論は、人々が彼らの保険制度を親族だけに限定したいと望む理由について確認しただけであり、人々が親族と共にそうした制度に加入するよう求められなければならない理由については何も確認していない。情報の経済学における最近の成果は、この問題への回答を示唆している。近代の生命保険を考えてみよう。個人は、彼ら自身の余命を保険会社よりもよく知っていると仮定してみよう。危険の低い者は、自分の余命より短い平均余命に基づく保険料を払いたくないから、保険プールから撤退する傾向が現れるであろう。それゆえ、出資金は減少し、おそらく消失しかねない点にまで至るであろう。[18] こうした問題への一つの解決策が被傭者生命保険であり、そこでは保険の提供は雇用を条件としているため、仕事をやめない限り保険から脱退することはできない。[19] 同様の問題と解決策が、未開社会にも見られる。ある人が、親族に食物を求める将来の蓋然的確率を他の誰よりもよく知っているとすれば、危険の低い者は保険システムから離脱するであろう。もし慣習的な保険料、例えば、甥は生涯の間に彼の伯父から一頭の牛を貰えるという約束を、当事者が平均的保険事故発生率との相違を見通して相互に情報交換の上で交渉によって変更できるとすれば、こうした問題は消滅するかもしれない。しかし、情報費用が高いためにこうした代替案が実現不能であるとすれば、分かち合いの義務が親族集団内で強制的なものになると予測することは充分可能である。[20]

分かち合い義務がその内部で相互に認識されるような親族集団の最適規模は、何によって決まるのであろうか。一方では、集団が大きければ大きいほど、個々の構成員の食物生産量の相互的分散度は小さくなり、それゆえにより多くの保険が提供されることになる。世帯内の相互的分散度は極めて大きいであろうから、親族集団が世帯より大きいということは重要である。更に、親族集団が地理的に散在しているほど、相互的分散度は小さくなるであろう。他方で、親族集団が小さくて地理的に凝集しているほど、「道徳的危険」の問題——働かずに親族の厄介になるという誘惑——の深刻さは小さくなるであろう。[21] おそらく、それぞれの社会の環境に応じて、親族集団の最適な規模と分散度が決まるのである。ある社会が未開であればあるほど、最適規模はおそらく大きくなる。消費財の多様性や貯蔵可能性が少なければ、貧しい親族に分かち合うための余剰生産を富裕な者が受け入れる傾向が現れる。かくして、富裕な者が分かち合い義務を果たさない要因は小さくなる。もちろん、生産される余剰の正確な量をコントロールすることはできないから、彼の動機に及ぼす影響は些細なものかもしれない。したがって、食物の貯蔵不能性と収穫の不確定性という条件の下では、豊かな親族の収穫を分かち合うことを期待して自らの生産努力を怠る貧しい親族の行為は無謀なものとなる。[22]

保険契約やその公的な代替物がない未開社会において、その構成員に飢餓保険を供給する手立ては、親族との分かち合い義務だけではない。親族のみならず自分の村や集落の他の構成員たちに対しても物惜しみしないことは、近代社会よりも未開社会においてより高く評価されるが、その理由は、それが保険の代用になっているからである。[23] 未開社会では、余剰財を保持するより人に喜捨する方が名声を高めるという事実は、未開社会への経済モデルの適用不能性の証拠と考えられて来た。北西インディアンのポトラッチは、見るからに過剰な規模で自分の財を人にやってしまうことによって名声を「買う」、最も劇的な例にすぎない。[24] しかし、消費財の多様性や耐久性に限界があるところでは、自分の余剰を人に喜捨すること（ここで私が言いたいのは、生産と通常の消費との間の相違だけである）は、少なくとも社会的観点からすれば、最も有益な処理方法かもしれない。そのことによって、現代において、偉大な発明家や科学者、産業指導者や芸能人などが得るのと同じような名声を得るとしても、驚くにはあたらない。[25]

名声が気前の良さを促進するニンジンであるとすれば、エスキモーが時折り気前の良くない金持を殺すという行為は、鞭を極端な形で描写するものであろう。[26] 我々の社会では、そうした行為は近視眼的であると批判されるだろう。第三章で見たように、生産的な個人は、いかに自己中心的であっても、他の人々が愉しむための消費者余剰を生産するからである。しかし消費者余剰は、分業や専門分化、およびその結果として生じる生産物の交換などの便益を反映しているが、これらの特徴は未開社会には存在しない。エスキモーの社会のような、最も単純な社会で交換されている主な財は保険対象としての財の交換であり、金持が彼の余剰を他人と分かち合うことを拒否するのはこの交換への参加を拒否することになる。結果的に、彼はその社会の他の構成員にとって、殆んどあるいは全く無用な存在となるため、彼を殺すことによって、先進社会におけるような費用を負担することはないのである。

保険という視点は、ある種の未開社会が借金に対する利子を認めない理由の説明にも、手助けとなるかもしれない。未開社会での「借金」は、近代社会での保険金支払にしばしば対応する。それは、保険者が彼の契約上の債務を履行することであり、利子を認めると取引の性格が変ってしまうのである。これに関連した未開社会の慣習は、借金を求められた人は、金を貸す義務があるというものである。(27) この非自発的な貸金は、既に指摘した気前の良さという義務の一つの側面である。私のモデルでは、ある人の余剰は、彼にとっては相対的に価値が低いと仮定されている。貯蔵の問題と、余剰を交換するような財が稀少であるからである。それゆえ、借金を申し込まれた富裕な者が感じるであろう抵抗感は緩和されている。

借金の保険的機能は、アフリカの部族社会の極めて顕著な特徴である、家畜貸借にとりわけ明白に現れている。家畜貸借の主たる目的は、利子を稼ぐことではなく、自分の家畜を地理的に分散させることによって、伝染病による破滅的な損害の危険を減らすことにある。(28)

利子を伴わない借金は、贈与に似ている。とりわけ未開社会ではよくあることだが、その社会が債務不履行への救済策を持っていない場合にはそうである。(29) しかし未開社会においても、借金を返済する道徳的義務は認識されているし、様々な形で強制されてさえいる。同様に、未開社会における贈与は、一見して明らかに相互的である。人は、同等の価値を持つ贈り物によってお返しをする強い道徳的義務を課されている。(30) こうした環境において、「贈与」という用語は誤りである。贈与、利子を伴わない借金（時に非自発的な）、祝祭、気前の良さ、などの未開社会における「再配分的」機構は、利他主義の所産ではない。それらを説明するために、少なくとも利他主義を前提する必要はない。(31) それらは、むしろ保険金の支払である。(32) 払える時に借金や贈与の返済をせよ、あるいはできる時に恩人をもてなせ、と人に命じる相互性の原則は、未開社会に見られるような極めて包括的で非公式な保険システムにおいては、ただ乗りや道徳的危険の発生に対する一種の防御策となっているのである。

未開社会における贈り物の交換は、いかに相互的であるとは言え、交換されるのが同種の財でありかつ返戻の義務に時間制限がないから、取引の一形態ではありえないと指摘されることがある。しかし、贈り物の交換は、より複雑な社会において分業とその結果としての専門分化によって生じる取引とは、同じ種類の取引ではないことを示しているにすぎない。贈り物の交換の目的は、分業を利用することよりも、むしろ時を越えて消費を均分化させることにある。だから、贈り物が同時に交換されたら、そうした目的は全く無意味になってしまう。[33]

以下の記述のように、中世初期の社会の贈り物の交換は、「利得の動機」が欠如しているから、近代の商業取引から区別されると論じることも正しくない。

> こうした相互の贈り物交換は、一見したところ通商に似ているが、目的やエートスは全く異なる。その目的は物質的で有形の「利得」にはなく、交換の際に手放すものと受け取るものとの間の価値の違いから来る。むしろその目的は、気前の良さに伴う社会的名声、自分の隣人や下の者たちに自分の富を惜しみなく与える能力を持ち、しかも進んでそうすることで得られる社会的名声にある。そこでの「利得」は、他の人々を道徳的に負い目のある立場に置くことにある。受け取った側が自尊心を保ちたいのであれば、お返しの贈り物あるいはそれに代るサービスの提供が必要だからである。[34]

この著者は、まるで近代の典型的な商業取引が一方的行為であるかのように記述している。即ち、Aは、ある財がBが考えるほどの価値を持たないと知りながら、Bにその財を売るという具合にである。しかし典型的な取引は、双方の当事者に分業の利用を可能にする点で、お互いに有利な取引である。いつかお返ししてくれるという期待の下に贈り物を与えることは、近代の商業取引と同じ「利得の動機」を含んでいる。確かに、その基礎は分業による利得という動機であるよりは、むしろ保険を求める動機による。[35]

未開社会における食物余剰の分配ネットワークを、相互的交換のシステムと呼ぶことができる。それは、受け取った便益に対して遅滞なく適切なお返しをしなかった場合の法的サンクション[36]がないという点で、脆弱な社会のようにみえるかもしれない。それゆえに、このモデルに六番目の仮定を付け加えることがおそらく必要であろう。

6、未開社会では、人口移動がない。これは、ある村、集落、ないし部族の構成員が、別の離れた集団に容易に加わることができないことを意味している。人口移動があると、ただ乗りの誘因が生じ、お返しについての強制可能な約束がない限り、分かち合いを嫌う傾向が現れる。未開社会における情報の状態から予想されるように、人口移動は実際に極めて限定されている。人口移動が大きいところでは、相互的交換のシステムは崩壊し易い。(37)

これまでの分析に関わる若干の計量的な証拠を、表1に示しておく。この表は、未開社会が発展していなければいないほど、つまりその社会の経済が私のモデルの諸条件に近似すればするほど、贈り物交換や無利子の借金および分かち合いなどによって財が分配される傾向が強まり、市場交換に依存する傾向は弱まることを示している。プライアーは更に、採集・遊牧社会よりも漁撈・農耕・狩猟社会において、相互的交換はより重要であると指摘した。彼は、私のモデルの精神に沿う形で、後者の社会では食物供給はより不確実であり、それが相互的交換原理への要求を強めると述べている。(38)

表1において、「中央集権化された再分配」と名づけられている列は、例えば族長や王のような公的権威による再分配を指している。最も発展が遅れている社会において中央集権化された再分配が行われないことは、そうした社会での政府機能の脆弱性について判断する手がかりとなる。(39)

表1　経済発展の異なるレベルにおける分配様式の相対頻度

分配の型	分配様式の相対頻度	
	最低レベルにある15の社会	最高レベルにある15の社会
財		
市場交換	7	14
分かち合い	13	3
相互的交換	13	3
中央集権化された再分配	3	10
労働		
市場交換	2	14
相互的交換	10	9
中央集権化された再分配	0	5
その他		
利子の存在	2	9.5

出典：Pryor, supra note 15, at 309(tab. 11.1).

保険と複婚の政治的諸側面

保険は、富の事後的分配を平等化する傾向を持つ。未開社会の保険制度がそうした効果を持つことは、明らかである。(40)しかし、富の平等化は、保険の副産物であるにとどまらない。それはまた、政府機能が完備する以前の状態において、政治的均衡を維持するための前提条件でもある。食物余剰を毎年生産する富裕者は、社会の他の構成員の格好の標的とされる。彼は自分の富を用いて護身のための家来を雇うこともできるし、自分の余剰の一部を割いて家来の忠誠心を買うこともできる。しかし、社会の他の構成員たちは、家来がもし主人を裏切るなら多くの富の分け前を与えると約束することで、家来の忠誠心を崩そうと試みるかもしれない。その結果として起こる闘争の中で、その富裕者もしくは他の誰かが頭角を表わし、社会内の他の個人や家族たちを威圧するようになるかもしれない。端的に言えば、彼自身を長とする国家を樹立するかもしれないのである。したがって、消費財の多様性に限りがある（殺し屋や子分などを雇うために余剰を用いることへの誘因がある）にも拘わらず、政府機能が殆んどないような社会には、より有能で精力的な人々の力を制限することによって、彼らが余剰食物を政治目的のために用いないようにする制度が存在していると推測される。未開社会における保険制度は、余剰を分散させることを通じてこのような効果を生み出すのである。[41]

未開諸社会における保険の政治的機能は、封建制システムと比較することによって明らかになる。封建制とは、ある人々が農産物余剰を生産しうるにも拘わらず、それによって買うべき財があまりないような状況に対応する。封建制の下で富裕者は、家来を雇うために余剰を用い、それによって自分たちの政治的権力を強める。[42] 未開諸社会の大部分は封建制ではない。貧しい人は彼の富裕な親族の財に対して権利を持つが、その親族に奉仕する義務を負うことはない。そのような一方的関係は、富の不平等が大きくしかも持続的である状況――階級システム――の下では耐え難いものとなろう。しかるに、未開な経済においては収穫や狩猟の不安定性はとくに著しく、しかも農産物余剰や動物の死体を腐敗させることなく貯蔵することは困難でありかつ耐久財と交換することも難しかったので、階級システムの発生は回避されている。これらの要因によって、未開社会の人々は誰しも、自分の生産物に相当の可変性を見込むために、現在の富の保有状況に関わらず、社会的適合性ある保険制度に喜んで加入する。その結果として、富は事後的に平等化されるのである。

複婚は、表面的には不平等を大きくする源泉であるが、実際には未開社会の経済的平等と、その結果としての政治的安定を促進するかもしれない。確かに複婚は、その通常の形態である一夫多妻制においては、何らかの形の富の不平等を前提とする。[43] ある男が、追加的に妻を持つことを通じて得られる収益は逓減する。それは、分業が一層進むという便宜によっては相殺されえない。女性の供給は、男性の数に応じて相対的に固定されている。そして大部分の男は、少なくとも一人の妻を持ちたいという強い願望を持っている。これらを前提にすれば、最初の妻を求めるライヴァルの求婚者を差しおいて、二番目、三番目、ないしN番目の妻を得るために金を払おうとし、しかも払うことができるような男は、他の人よりもはるかに富裕でなければならない。一夫多妻の件数は、それが許されている社会でも少ない場合が多いが、[44] それは、富の不平等が大きくない（大部分の未開諸社会がそうであるように）か、第二の妻を持つことで得る収益が第一の妻の場合よりもずっと少ないこと（あるいはこの両方の要因が機能していること）を示すものである。いずれにせよ、一夫多妻制は何らかの富の不平等を前提とはするが、不平等を増大させるとは限らない。一夫多妻制が普通であるところでは、花婿か彼の親族は、花嫁の親族に相当の結納金を支払わなければならないのが一般的である。[45] より重要なことは、一夫多妻制は、夫が死んだ後にも扶養しなければならない被扶養者（妻たちと子供たち）の数を増やすことによって、時間の経過と共に不平等を減らして行く傾向を持つことである。[46] 夫の財産は、より多くの被扶養者の手に分割されるから、[47] 次の世代における富の不平等はより少なくなる。一夫多妻制が許されていない社会では、長子相続制によって富の不平等を世代を越えて永続化させる傾向がある。それゆえ、一夫多妻制が禁じられている未開社会では、人々は、均分相続のルール、あるいは長子相続ではなく平等相続にするための制度を見出す。こうした相関関係にはいくつかの証拠がある。[48]

確かに、父系制社会の男子子孫の間で不平等が生じるように、一夫多妻制による子孫が父親の家族内にとどまることを前提とするならば、一夫多妻制は家族間の不平等を増大させる傾向を持つ。公的秩序を維持する上で家族は重大な役割を担っているから、そうした不平等化効果は、未開社会の政治的均衡を揺るがすかもしれない。しかし、未開社会では、通常、親族集団内の権威は身動きならないほどに集権化されてはいない。しかも、集団は大きくなれば分裂する傾向を持つので、[49]構成員数の増加が、その集団の力をある限度を越えて増大させることはない。集団の強さが増しても、それは凝集力の低下によって相殺されてしまう。封建制の階層構造あるいは現代の企業組織との対照性は明白である。

一夫多妻制は、家来を雇う機会費用を増加させる点でも政治的権力を弱める効果がある。[50]未開諸社会では、女性は戦士として役に立たないので、一夫多妻制によって、富は政治的に無害な方向に回されることになる。[51]こうした分析に合致する、次のような報告がなされている。あるアフリカの部族は、その部族の食物余剰を、部族内でそれを必要とする構成員に再分配する独占権を族長が宣言する程度にまで、政府機能を保持していた。そこでは、族長が部族内の富裕な者たちに、追加的に複数の妻を買うよう勧めていた。族長は、富裕な者たちが彼らの富をそのような形で用いないと、必要な人々に食料を与えるためにそれを用い、それによって族長の地位を脅かすかもしれないと心配したのである。[52]

表2は、プライアーの諸変数のうちの二つ、一夫多妻制と社会の政治的方向性、を軸にとって相関表にしたものである。この表が示すのは一夫多妻制が、より一般的なのは、政治的に積極的な方向性を持つ社会よりも消極的な方向性を持つ社会、即ち無国家性に向う傾向がある社会の方であるということである。この証拠は、未開社会において、一夫多妻制が政治的権力を弱め、有効な政府機能が成立する以前の政治的均衡を支える働きを持つ、という

表2　政治的方向性と一夫多妻制

政治的方向性	社会の数	
	一夫多妻制は普通	一夫多妻制は普通でない
積　極　的　a	4	12
消　極　的　b	7	1

出所：Calculated from Pryor, supra note 15, at 318, 333-334 (variables in 6, 69), 336-339.

a. Pryor, 330頁 61欄の符号 1.

b. 同上，符号 1.

私の示唆と整合する。

高い情報費用への
未開社会の他の適応法

1、最も顕著な未開社会の諸制度、例えば魔法、妖術、呪術への信念とその実践などは、高い情報費用という観点から説明できる。私は、ここで迷信がいかにしばしばその社会の経済的福祉を増進して来たように見えるかを指摘しておきたい。例えば、未開社会では、あまりに富裕になりすぎた人、言い換えれば余剰を分かち合うという社会的義務を果たさなかった人は、魔女と見なされる傾向がある。[53]こうした結果は、平均以上の富裕者に対する未開人の嫉妬を含んだ恨みの表現であると考えることもできるかもしれない。そして、嫉妬を含んだ恨みは、実際に未開人の気持ちを表現しているかもしれない。しかし、それはまた、保険の必要性と、それを供給する近代的機構の欠如に由来する合理的な応答(心理状態ではなく結果による判断)と見なすことも充分可能である。ここで、市場に行く途中で自分の財を売る人には不幸が訪れるという、ある部族の信念について考えてみよう。[54]これは馬鹿げているように見えるが、できるだけ多くの買いと売りの注文を市場にプールすれば市場の効率が高まることを想起すれば、そうでもないことが理解できる。あるいは、人々を彼らの個人的所有物と共に埋葬したり、彼らの死と共に所有物を破壊したりするという、未開社会や古代社会で普通に見られる習慣について考えて見よう。[55]これらは、次の世代における富を平等化する方法なのであり、[56]既に論じたような便益をもたらす。

2、年齢による格づけ、即ち年齢に基づく仕事や役割の割当は、近代社会よりも未開社会においてより多く見られる。例えば、ある未開社会内部では、七歳から十歳までのすべての男子は牧童に任ぜられ、十一歳から十四歳までは全員少年兵士、十五歳から三十歳までは年長の兵士、三十歳以上は全員部族の長老になるものと定められている。仕事の割当を決めるために、性もまた、近代社会以上に重要な要素となる。こうした年齢や性による格づけについての一つの説明は、未開社会での仕事は極めて単純なので、出来映えの個人差は重要でないというものである。もう一つの説明は、情報の経済に関する最近の研究に依拠しつつ、年齢や性はある特定の仕事に対する個人の適性の代理変数であるとする。代理変数は個人の強さ、熟練度、性格などを評価するために必要な情報量を、節約する。(57) プライバシーがないために、未開の人々は互いの性格について多くの知識を持ってはいる。しかし、個人の限界生産物については評価や監視が困難であるために、その計測は近代社会におけるよりも未開社会における方がより多くの費用を必要とする。その結果として未開社会は、個人の能力について、雑ではあっても安価な代理変数に多く依存することになる。

3、既に指摘したように、贈り物は、先進諸社会よりも未開社会で大きな役割を果たしている。贈り物の役割は、相互の保険という観点から部分的な説明が可能である。しかし、前章で論じたように、直接的には情報収集の役割もある。親族集団や村の中での贈り物は、既に記述したような保険システムの一側面である。というのも、小集団内では各人の性格はすべて周知であるため、贈り物によって伝達されるべき情報は何もないからである。しかるに、別の村に住む別の親族集団の構成員との婚約に伴う贈り物のような、見知らぬ者同士の贈り物交換は情報機能を持っている。(58) この場合、婚約の贈り物は、結納金と違うことに注意する必要がある。結納金は、婚約者である女性の購入価格である。この場合の贈り物は、シグナリングの装置と見なされるものであり、実際に受け取られる必要はない。北西インディアンのポトラッチは、贈り物を受け取らずにむしろ破壊するので、時に病理的な現象と見なされて来た。しかしそれは、富を所有している事実と、その所有にいかなる性質が相関しているかについて、信頼性のあるシグナリングの方法として説明することができる。(59)

4、未開社会における通常の取引では、取引費用は概して高くなる。なぜなら見知らぬ者同士が類似していない物品を取引する場合、売り手の信頼性、製品の質、および代替的な取引（市場価格）についての情報費用が必要なため、取引費用は高くならざるをえないからである。しかしながら、それらの取引費用を減らすための制度が工夫されている。その一つが贈り物の交換であり、それは各人の性格や意図についての情報を伝達する。贈り物の交換は、未開社会の取引について回るのが普通である。(60) 例えば、トロブリアンド諸島人の「クラ(kula)」環は、異なる共同体の構成員の間で贈り物の交換をするための精緻なシステムである。これは、通常の意味の取引ではなく本質的には同様な装飾品の交換に他ならないが、取引を促進する効果がある。シリル・ベルショウは次のように説明している。

「クラ」自体は、その儀礼的な活動であって、個々の取引を目的としたものではなかった。しかし「クラ」に沿って相手を訪ねる人々は、取引機会としてこれを利用した。マリノフスキーが指摘するように、「クラ」の相手方はヴァイグア(*vaygu'a*)(「クラ」環において交換される装飾品)のほかに取引的性格の贈り物を交換していた。ここでは、パートナーシップによってもたらされる安全性によって、外部からの訪問者が村の人々と接触し取引することも可能にしている。(61)

これに加えて、多くの未開諸社会には、取引される財について、当事者間の交渉によって決定される価格ではない「習慣的」な価格がある。(62) 習慣的価格は、需要・供給条件に従って敏速には変化しないから、結果的には非効率な価格になりやすい。しかし、未開社会における市場には取引費用が高いという条件があるから、習慣的価格も自由に交渉した価格より効率的かもしれない。特に、人々が自分の親族の財に対して請求権を持っている場合には、一層効率的になる。(63) 多数当事者間の取引は、二人の当事者間の取引よりも取引費用が高くなるからである。おそらくこのことが、未開社会では、取引機会が相対的に少ないことの一つの理由である。(64) しかしながら、取引が行われる限りにおいて、習慣的価格は、価格についての多数当事者交渉の必要性を除去して取引費用を減らすことを通じて、取引を促進する。

市場の取引費用を縮減するもう一つの方法は、互いに距離をおいた契約関係を、親密な間柄の契約関係に変形することである。未開社会では、同じ人と繰り返し取引すれば、彼は兄弟分となり、相手方が親族に対して負っているのと同様の気前良く公正な取引をする義務を負うことになる。(65) こうした「物々交換的友情」は、交換過程に相互性を導入することによって、公的に強制する権威がなくても、約束が守られる可能性を増す一つの方法である。(66)

5、未開社会における言語の儀礼性と作法については、しばしば記述されてきた。第九章と第十章では、そうした特徴を未開社会におけるプライバシーの欠如と関連づけて説明する。そこでの議論は、簡単に言えば、会話のプライバシーの保障が存在しなければ、人々は、自分自身を正確かつ慎重に表現することを学ばざるをえないということである。なぜなら、会話の多くは立聞きされ、中傷や誤解の可能性を大いに高めるからである。未開社会のレトリックについて、経済分析をもっと先まで進めることも可能だが、私はその議論を素描するにとどめる。

　未開社会の文化や原始社会の文化において極めて高度に発達したレトリックの技術は、近代の文化では、政治家を別とすれば全く無視されているが、そうした技術は高い情報費用への一つの対応であるように思われる(67)。この主題に関する近代の数少ない教科書の一つは以下のように述べている。

> 　人間の社会生活に付随して派生する出来事を処理する際に、何が真理であるかを常に発見したり確認したりできるわけではない……。しかし、我々の人生をうまく設計するためには、我々はしばしば、不確実性や蓋然性に基づいて決定を行わなければならない。レトリックの機能は、聞き手を納得させることができない場合にも、彼を説得する効果を持つことにある。そして、レトリックは、真理が容易に確証されえないような事柄についても、ある観点や行為の筋道を採用するように、単に蓋然的にすぎない基礎に基づいて聞き手を説得することができるのである(68)。

　話し手が聞き手に取り入ろうと試みる、「倫理的アピール」として知られる、馴染み深いレトリック装置について考えて見よう。コーベットが指摘しているように、「演説者は、聞き手の知性を納得させ彼の意志を動かすためにいかに熟練していたとしても、聞き手が話し手を尊重せず信頼しなければ無駄である(69)。」しかしながら、話し手の言葉の真実性を聞き手が容易に検証できるならば、彼の性格への興味も生じなければ、信頼の機会も生じないであろう。性格は信頼性の代理変数であり、それが重要となるのは、情報費用が高い場合だけである。かくして私が推測するところでは、未開社会や原始社会の文化においてレトリカルな熟練が重視されていたのは、そうした文化におけるプラ

イバシーの欠如を反映しているだけではなく、情報費用の発言内容を信頼性あるものにするためにレトリカルなテク
高さをも反映している。それゆえ、話し手たちは、彼らのニックを用いる必要があったのである。(70)

第七章　未開法の経済理論

この章で私は、未開社会の分析を法的制度の分析にまで拡張するが、その際、未開社会における不法行為法や刑法に支配的である厳格責任のシステムをとりわけ強調する。(1) 議論の中にはいくらか誇張された一般化がなされていることに注意を要する。私の関心は、未開法のすべてを説明することではなく、その主たる傾向を説明することにあるからである。

法的過程

紛争解決

隣人の同意なしに彼の芋を取ってはならないというルール（さしあたり、そうしたルールがいかなる根拠に基づくかは問題としない）があると仮定しよう。しかしながら、ある人が芋を取った、あるいは少なくとも隣人は彼がそうしたと主張するとしよう。紛争はどのように解決され、ルール違反が認定された場合、どのような制裁が適用されるであろうか。一つの可能性としては、隣人による報復がある。しかし、未開社会では親族が集団として組織化され、相互にかばい合うことを考えると、また社会的秩序を維持する方法として、（次章で論じるような）報復を制限する他の規制があることを考えると、報復は費用のかさむやり方かもしれない。悩める隣人は、かくして通りがかりの人や村の長老や賢人、あるいはその他の公平と推定される第三者に紛争を裁いてくれるよう求めるかもしれない。(2) ルール違反者とされた人もまた、裁判——私的性格の紛争であることを考慮すれば「仲裁」と呼ぶべきかもしれない——に身を任せる誘因を感じるかもしれない。なぜなら、彼がそれを拒否すれば、隣人による報復の引き金を引くことになるからである。たしかに、泥棒と目された者が明らかに有責であり、公平な仲裁人によって有責という裁定を受けると予測される場合には、彼は仲裁に委ねないことを選択するかもしれない。また彼は、仲裁人による不利な裁定に従わないことを選択するかもしれない。しかし、彼に対しては、親族集団が拘束的な影響力を持っている。彼の行為をめぐって集団の確執を巻き込こす事態を避けるため、親族が集団責任を負うことを理由として、親族集団は仲裁に身を委ねるよう彼に迫るかもしれない。そして彼は、おそらく集団の決定に従うであろう。さもなければ、彼が仲裁に身を委ねるのを拒否したり仲裁人の裁定に従わなかったことを理由に、隣人や隣人の親族が報復して来たとしても、集団は彼を見殺しにするかもしれないからである。

このようなシステムは全く非公式なものである。しかし、いくつかの未開社会、例えばカリフォルニアのユロック・インディアンは、未開社会の仲裁に関する公式のシステムを持っている。(3) 法的請求権を行使したいユロックの住人は、二名から四名の仲裁人を雇うが、それは彼の親族や彼の村の住民であってはならない。一方被告側も同様に仲裁人を選任する。「越境者」と呼ばれるそれらの仲裁人たちは、請求と抗弁を確かめ証拠を集めるために両当事者の間を往復する。あらゆる証言を聴取した上で、越境者たちは賠償金の判決を下す。それぞれの越境者たちは、両当事者から貝殻貨幣を貰って彼らの仕事の報酬とする。

それぞれの側が、親族でも隣人でもない越境者を少なくとも二人集めなければならないという義務づけは、公平な裁判を実現したいという関心を反映したものと推測される。この義務づけによって、仲裁人が利害紛争を仲裁する確率は減少した。越境者が裁定に従うことを拒否した場合には、以下のように処罰される。即ち、義務を怠った被告は原告の賃金奴隷となることを余儀なくされ、もし彼がこの罰に従うのを拒否した場合には彼はアウト・ローとなり、誰でも何の責任も負うことなく彼を殺すことができる。

事実調査手続

未開社会の裁判において、盟神探湯その他の怪しげで非合理的な事実調査の方法が信頼されていたことは、情報費用の高さを反映するものである。しかし未開社会における事実調査の迷信的要素は、安易に誇張されている。探湯や決闘裁判などの奇怪な事実調査の方法は、アフリカの部族社会では中世ヨーロッパの裁判ほどには信頼されていない。[4] 部族社会の司法についての観察者たちは、法廷の有能さと、証拠を伝聞・状況・直接などの範疇に区分していること、時には現代のアメリカで陪審をコントロールするために作られた証拠ルールよりももっと知的に区分していることに強い感銘を受けるのが普通である。[5] しかし、未開社会の法廷の事実調査能力は、警察などの捜査機構やテクニック（例えば検死）の欠如によって、また自然現象に超自然的原因を当てはめること（例えば、自然的原因による死を敵の魔術のせいにすること）によって制約を受けている。情報費用が、未開社会の実体法を重要な点で左右して来たことについては、後述するつもりである。

規範の源泉

法的規範の一般的な源泉である立法と行政命令という二つの法源は、前章で導入した前提、即ち国家が存在しないという前提によって排除されている。仲裁人は、私的であるとは言え一種の裁判官であるから、三番目の一般的な法源——将来の行為についての判断を左右する先例と見なされる判例——が、未開社会で機能していると思われるかもしれない。しかし、無文字社会の下で、英米のコモン・ローに近い何らかの先例システムが作られうるかという点はここでは問題にしない。[6] 未開人は、巧妙にこうした問題を克服しうるかもしれないからである。問われなければならないのは、先例として通用するような意見を述べるためのいかなる誘因を仲裁人たちが持っているかということである。我々の社会でさえ、財産権については、ルールや先例の中から作り出そうとはしない。我々の裁判官は国家から俸給を貰っており、控訴院の判事は彼らの決定の根拠を明らかにして、判決文を書くよう期待されている。そのような判決が先例となる。しかし典型的な未開社会の裁判官は、現代の仲裁人たちと同様に私人であるから、彼らの報酬を税金から得ることはできず、紛争当事者の懐に頼らなければならない。(7)現代の仲裁人たちは、意見を書かないのが普通である。と言うのも、紛争当事者たちが、先例がもたらす便益から獲得することができるのは些細なものだからである。先例による便益は、その先例によって将来の行為を評価される人々が受け取ることになる。それゆえ、紛争当事者には仲裁人が先例を作り出すことに対して報酬を支払う誘因がないのである。同様に、未開社会の裁判官たちは、先例として用いられうるような意見を口頭で述べることもない。

それ以外の法源、そして未開の法を支配している法源は、慣習である。人を殺した場合の賠償金、契約を結ぶ際の形式、相続のルール、親族の義務、結婚できる相手に対する制約等々を決めるのは慣習である。慣習（慣習法を含む）は、複雑で変化が緩慢であり、ルール自体が極めて分権化しているシステムであるという点で、言語に似通っている。慣習的ルールの厳格さは、裁判官が先例を作り出すことで幅広い基準を特殊化して行くようなシステムの代替物である。ある行為（例えば殺人）の価格を設定する慣習法の厳格さは、交渉費用の高さという観点からも説明されうる。このような価格設定によって、親族集団全体あるいは二つの集団が影響を受けるために交渉が多数当事者間の取引となるからである。

ルールが厳格であるほど、環境の変化には対応しにくくなる。したがって、厳格なルールを持つシステムは、ルールを敏速に変化させるための何らかの方法を用意する。慣習法のシステムはそうした方法を持っていないが、静態的な社会ではそれは深刻な問題とはならない。そうした社会では、法の変化が社会的変化に遅れをとる危険は殆んどないからである。イギリスのコモン・ローやローマ法の場合には、一種の時代錯誤に陥ったため、法を時代に即したものにするための法的擬制や衡平法あるいは立法などの必要性が生じた。しかし、そうした時代錯誤が、未開社会で生じる危険は殆んどない。だからこのような調整装置は、未開の法システムには殆んど見出されない。(8)ローマやイギリスの社会が、純粋な慣習法の（擬制もなければ衡平法もない）システムでは対応できない位早く――典型的な未開社会よりも早く――変化したことは明白である。

財産

ハロルド・デムゼッツの研究は北アメリカ・インディアンの財産権システムについて以下のように指摘する。ある資源に財産権を認める法的承認の程度は、その資源の稀少性の関数でありしたがって市場価格の関数でもあるため、その財産権を執行するための費用に比例する。[9] 人口に比して土地が極めて広く、土地を囲うなどの方法で土地の財産権を執行する費用よりも市場価格の方が安いところでは、土地に対する個人の財産権が主張されることは少なく共有財産として扱われるであろう。土地が稀少になるにつれて――西洋医薬の導入によって土地に対する人口比率が高まったり、西洋市場へのアクセスを持ったために穀物や地上で成育する動物などへの需要が高まったりすることにより――個人の財産権のシステムは発展する傾向を持つ。[10] しかし極めて未開な農業社会においてさえ、特別の肥沃さや耕作可能性、あるいは立地条件（他の群落ないし村との近接性、敵の攻撃からの安全な距離）などのために、ある土地は他の土地よりも貴重となる。それゆえ、もしその土地が売買できるなら、高い市場価格で売れるであろう。その上、土地に対する財産権の執行は、所有者が実際に土地を利用している限り他の人々を排除することを許されるという純粋に占有的な権利（用役権）であれば、費用がかさむことはないであろう。事実、そうした占有的な権利は、未開の法においては普通である。それは、次のような二つの追加的意味をも含む。(1)所有者は彼の権利を彼の家族に移転したり彼の相続人に譲ることができるが、(2)土地を売ることはできない。[11]

未開社会についての私のモデルは、こうした財産権の構造を説明する手助けになる。便益は、政治的なものと経済的なものと両方ある。良い収穫を得た人は、その余剰で他人の土地を買うことによって他人を彼に従属させることは許されず、他人に余剰を与えることを要求される。それは、有効な政府機能が成立する以前の社会において不安定化を加速する取引となるからである。これによって、土地に対する有効需要もまた減少するため、貧しい人も共同体内のどこか別の場所で、我慢できる程度には良い土地を見つけられる可能性が高まる。同時に、占有（現にいくらかの土地を耕しているか獣を捕殺したりしているという意味での）は、所有の事実と程度についての明確な証拠をもたらす。所有を証明する選択肢は、囲い込みか登録制度である。しかし、単純な道具しか持たない社会では、前者は極めて費用がかさむし、後者は無文字性の仮定によって排除される。

未開社会の土地占有権のシステムの下では、土地の市場取引や土地開発への資源配分を防止する費用は、先進社会におけるよりも安上がりになっている。まず最初に、未開社会で土地を売ることは、親族の義務のネットワークゆえに難しいことは間違いない。その土地の産出物に親族が誰か依存しているような土地を売ることはできない。また、弟に妻を買ってやるために必要な牛を売る場合には、影響を受ける親族たちに相談するか、少なくとも収益の一部を彼らに分配しなければならない。これらの場合、取引当事者の数が実際上ふえることになり、取引費用も高くなる。かくして、仮に土地譲渡が自由であるとしても、未開社会の土地市場は、おそらくうまく機能しないであろう。更に先進社会では、土地を譲渡不能にすると、大規模生産の経済性を利用できるような所有地になるまで土地が集中することが妨げられる。しかし、未開社会においてはそうした土地利用は殆んど実現不能である。そうした土地利用には、組織能力、即ち多くの人々の仕事を中央の指揮の下に統合する能力が伴わなければならない。しかし、未開社会では、それは情報費用の高さによって不可能となっている。[12] したがって、特定の人に、彼が個人的に利用できる以上の土地の集中を許すことに社会的便益は殆んどない。その上、一夫多妻制は、所有地をふやすための機会を作り出す。それによって人は、妻を何人か買って、広い土地を利用させることができるようになるからである。[13] 前章で指摘したように、一夫多妻制が富と権力の平等化に及ぼす潜在的効果は、子供の数がふえるため、次世代では土地の分割が進むことになるということによって相殺される。[14]

ある資源への所有権が原始取得ないし現実の利用によってのみ保障される場合（占有に伴う権利だけが認められている場合）には、早い者勝ちという弊害現象が生まれるが、これもまた単純な社会では稀にしか問題にはならない。狩猟地域に単純封土権を設定して獲物の生息数を規制するよりも、獲物が枯渇した時に土地を移動する方が、猟師集団にとって割安である。また、土地を再生する技術が知られていない場合には、単純封土権を前提にして所有者が土地をより迅速に再生させるよう期待するよりも、疲弊した土地は何年か放置して産出力の自然な回復を待つ方が、未開な農業共同体にとって割安である。未開社会において、投資が実行可能な場合、例えば、罠をしかけることなどは、非占有的な財産権の承認によって保護される。誰かが罠にかかった動物を最初に発見し、したがってそれを「占有」した場合でも、罠をしかけた人がその動物に対する権利を持つことになる。[15]

契約

近代法と同様に、未開法でも、交換と契約とは同義ではない。結婚に伴う財の交換、世帯や親族集団内での交換、そして贈り物の交換などが交換の最も重要な形態である。しかし、生産や分配を組織化する明示的市場の役割は、未開社会の経済では近代社会の経済におけるよりも小さい。したがって、契約法（見知らぬ人々との取引を規制する法律）が適用される潜在的領域は限られている。

未開社会の契約法のいくつかの特徴は、典型的と見なすに充分なほど頻繁に現れる。

(1)未履行の契約（違反が発生した際にいずれの当事者も履行を開始していなかった契約）は強制されない。(2)賠償金は、その取引に期待利益の喪失に基づいて算定されない。これに代る標準的な救済方法は、原状回復あるいは現物返還である。(3)一方当事者が履行を完了してからの契約違反、即ち未履行の契約と区別される契約の半履行という違反は、しばしば受約者から窃盗と見なされる。(4)売り主は、売られた製品のいかなる欠陥にも責任を負う（売り主の危険負担）。

これらの特徴を総合すると、契約法は、それが適用される限られた領域においても、辛うじて存在しているにすぎないことがわかる。契約法などなくても、買い主が既に占有している財の代金支払を拒否する時に、彼は売り主にそれを返還しなければならないというルールを生み出すことはできる。しかるに、欠陥製品への責任を別とすれば、未開な契約法が課す重要な義務は、このようなルールだけであるように見受けられる。近代契約法の経済的機能が、一方ないし双方当事者の履行までに相当の時間を要するような取引の促進にあることを認識すれば、このことの理由も明らかとなる。それは、そのように時間の間隔が開くことによって、次の二つの可能性が生じるからである。即ち、予測されざる出来事によって履行が不可能となることもありうる。また、当事者の一方が、契約の履行が同時的でないことによって生じる戦略的機会を利用する誘惑に駆られるかもしれない。契約が履行されるまでの時間的間隔は、おそらく、その契約によって規制される経済活動の複雑性に正比例する。未開社会の経済活動は単純なので、契約法が規制する取引の履行が通常同時的（ないしほぼ同時的）であるとすれば、その法の適用範囲は、事後に露見する欠陥への責任を課すことだけに限定される。非同時的な要素は唯一つ、即ち、支払が時として売られた財の移転後になるという場合のみであると仮定すれば、必要なのは買い主に現物を返還させる原状回復的賠償原理だけとなる。近代社会の経済においては、履行が必要となるはるか以前に契約が結ばれる場合が多く、価格が急激に変化するため、価格変化の危険を一方が相手方に転嫁することが契約法の重要な目的の一つになっている。だから、現物返還は適切な原状回復とはならない。(16) 未開社会では多くの価格が慣習的でありかつ、価格変化が緩慢であるため、契約が履行のはるか以前に結ばれる必要はない。

危険転嫁のために未開社会が用いうる契約の一例が、飢餓の危険を配分する契約であることは言うまでもない。このような契約は、未開社会における最も重要な産物であると前章で示したもの、即ち飢餓に対する保険を促進する。しかしながら、明示的な保険契約のために必要な情報は膨大な量であるし、小規模な社会では非公式な親族保険によって、満足の行く水準の、しかもその運営費用も安価な代替物を提供できる。

未開社会の売買法における「売り主の危険負担」というルールは、未開社会の市場での情報費用の高さに由来するものかもしれない。確かに生産物が単純であるという事実だけから判断すれば、検査のための費用は売り主にとっても買い主にとっても同じということになろう。こうした推論は、十九世紀の英米のコモン・ローにおける「買い主の危険負担」ルールを説明するために用いられて来た。このルールは、生産物の複雑性が増し、それによって買い主の検査費用が売り主のそれと比べて高くなったという圧力を背景として、今や「売り主の危険負担」ルールに道を譲りつつある。しかしながら、未開社会の市場と十九世紀の市場との重大な相違は、前者においては後者ほど取引が頻繁でない点にある。見知らぬ人との財の交換は例外的であるから、個人が経験を積んだ知識豊かな消費者として充分な訓練を受けていない。それゆえに、生産物が単純であるにも拘わらず、買い主にとっての検査費用は売り主のそれと比べて高いかもしれないのである。これに加えて、売り主は生産費用を彼の全産出物に分散させることができるので、生産物の欠陥について優れた保険を得ることになる。こうした論点は、「売り主の危険負担」と「買い主の危険負担」の相対的長短に関する現代の議論にも適用しうるが、現代の状態においては皮相な議論となる。現代社会では、買い主には様々な保険の選択肢が用意されており、それは売り主の自己保険や市場保険と同等かそれ以上に良いものかもしれないからである。未開社会の消費者にとって、保険の選択肢は非常に限られている。

家族法

大部分の未開諸社会において、家族に関する法は、法的原則の中で最も精緻なものとなっている。このことは驚くにあたらない。世帯内の関係を規制するルールは、その機能と重要性において、近代社会の企業や政府機関に関する法に匹敵する。そして、女性こそは多くの未開諸社会で交換される主要な財であるから、結婚と離婚を規制するルールは契約法を凌ぐものとなる。私は、以下において、未開社会の家族法の四つの側面について論じる。即ち、その法の細則のレベル、結納金、離婚法の自由さ、そして族外婚についてである。[17]

細則のレベル

未開社会の家族法システムは、いくつかの基本的な原理(結婚で娘を与えるに際し、支払を求める同族の権利、一人以上の妻を買う権利など)から成り立ち、細部は関係当事者の交渉に委ねられていると想像する向きもあろう。しかし、実際に多く見られるのは、極めて多数の家族関係上の取引が、屢々その価格を含め、ごく細部に至るまで慣習によって規制されているという事実である。[18] 遺言によるにせよ同意によるにせよ、個人が慣習を変更する余地は限られており、時には全くその余地がない。未開法が厳格である理由として前章に示したものの中で、家族関係上の契約の文脈で最も重要なのは、多数当事者が関わる自発的契約の費用は高いという点である。未開社会では、潜在的には二つの親族集団の全構成員が当事者となる。例えば、結納金は花嫁の親族集団の財産であるから、その価格や親族内での配分が親族集団内の交渉に任されるとすると、花婿との取引は極度に費用のかさむものとなろう。結納金やその配分が慣習によって決まっていないところでは、交渉は長期化することが実際に報告されている。[19] 未開社会の家族法は、結納金のみならずそれが花嫁の親族内でどう分けられるべきかについても明記することによって、こうした費用の縮減を目指すことが多い。他の点が等しければ、結納金の分け前に与る権利を持つ親族集団が大きければ大きいほど、結納金の額と配分方法は、交渉に委ねられずに慣習によって決められる傾向が強まると予測される。[20]

結納金

未開社会では、一般に正の結納金（価格がない場合や、負の価格即ち持参金の場合と違って）は、花嫁自身というよりも花嫁の親族に払われる。おそらくこうしたパターンは、妻を得るための方法が、次のような（推測上の）三段階の歴史的発展を経て来たことに関係している。つまり、掠奪ないし窃盗から、代価の支払へ、そして慈しみ助け合うと約束する近代的システムへと移行して来たのである。[21] いずれの段階でも男性がイニシアティブをとるのは、発生論的理由にあるように思われる。[22] 女性の生殖能力には限りがあるため、性的交渉に身を委ねることは、彼女の遺伝子を永続化させるという観点からすれば、かなりの機会費用を彼女に課すことになる。男性の生殖能力は極めて大きいため、対応する機会費用は彼にとっては微々たるものである。それゆえに、女性は適当な相手を慎重にふるいにかけることによって彼女の生殖能力を保とうとするのに対し、男性ははるかに見境がなくなる。妻が掠奪によって獲得されるところでは、掠奪を逃れようとする女性の努力は、行動力に乏しい男性を、したがって成熟するまで生き残れるような子孫を多数残す可能性が低い男性をふるい落とす役割を果たす。結納金は、ふるい落としのための代替的装置である。結納金は、実際の資源の利用形態としては女性の掠奪のための戦闘よりも割高である。しかし、ある男性が妻のために支払う意志と能力を持つということと、彼が彼女の子供を作り保護してくれることとの間には大いに相関があるという点で、女性の観点からすれば効率的である。[23]私の分析は、有史以前を通じて人類は合理的であったという仮説を前提としている。それゆえ、掠奪から、物々交換への移行の原因は、合理性が高まったことに求められるのでなく、むしろ富の増大に求められる。花嫁の売買が生じるためには、生産力が生存のためのニーズを充分に上回り、女性と交換されるだけの財の在庫をもたらすようになる必要がある。

いくつかの未開社会で、貧しすぎて結納金を工面できない男は、女性の父親のところへ一定期間働きに行くことで花嫁を得られることが観察されているが、[24]これは以上の分析と整合する事実である。彼は、仕事の習熟によって、娘と結婚するための適性を示すのである。これに関連した解決法が「母方居住」婚である。そこでは、夫は結納金を支払うことなく妻の家族と同居する。[25]この場合には、花嫁の家族は、結婚のために彼の適性をふるいにかける必要は少なくなる。父方居住婚のように、保護的機能を夫と彼の親族に全面的に委ねるのでなく、彼らは子孫の保護を手助けするためそこにいるからである。

こうした分析によっては、なぜ今日でも、ふるい落としの装置として用いられているのがデートや求婚でなく結納金なのかは説明できない。一般に未開社会では、娘たちは思春期——彼女らが成熟した判断力を持たない年代——に結婚するため、デートは求婚者の中から一人の男を選ぶための効率的手段ではないかもしれない。結納金を支払わなくても、娘の親たちが結婚を認める場合もある。しかし、(族外婚のルールにより)別の村からやって来る見知らぬ男に関しては、相当の支払いをする能力によって伝達される情報なしには、彼の資質を親たちが知ることは困難であろう。

結納金を解釈する別の方法としては、これもまた情報費用に基づく解釈であるが、妻が世帯内で行うサービスに対して前もって補償するための工夫という考え方もできる。未開社会の妻が、彼女のサービスに対する適正な報酬を、夫に要求する能力には限界があるから、結納金の形で前もって支払を要求するのである。しかしながら、こうした説明が説得力を持つのは、結納金が花嫁に支払われる場合だけである。一般的には、結納金は彼女の親族に支払われるのであり、既に示唆した通り、それは保険的な制度である(26)。花嫁の親族には、彼女が妻として満足な仕事をするよう彼女を督励する（例えば、彼女が夫の許から逃げた場合に、彼女を匿まうことを拒否する）動機がある。と言うのも、もし彼女の行いが悪ければ、夫が結納金の返還を請求するかもしれないからである。夫には、妻を大事にする動機がある。彼が彼女を虐待すれば、彼女は出て行く権利を持つことになる。しかし、この場合には、彼女の親族は結納金を返還する何らの義務を負わないことになるからである(27)。

細部にわたる厳格な家族法を持つことと、求婚者をふるい落とす装置として結納金を用いることとの間の緊張関係に注目する必要がある。結納金が慣習で決められれば、求婚者と娘の親族集団との間の多数当事者間の交渉費用は減少する。しかし、求婚者相互間の結納金の入札による決定は妨げられるから、分配装置としての結納金の利用目的は減退する。

離婚法

未開法は、ごく最近までの西洋の法よりは、夫婦のどちらからの離婚も自由に認めている(28)。事実、多くの未開社会では、離婚はごくありふれた現象である(29)。離婚の自由は、核家族に代替しうるような児童養育制度があるところでは、子供の養育費が少ないことを反映しているのかもしれない。未開社会の子供たちは、多くの親族の中で成長し、親族たちは彼らに関係する子供たちを保護することに利害関心（共通の遺伝子を持つことに基づく）を持っている。こうした共同の「託児所」によって、子供を育てるために両親が揃っていることの重要性は小さくなる(30)。

未開社会において離婚が頻繁であることは、成熟した女性が求婚を受け自分で夫を選ぶという制度に比べると、結納金がふるい落とし装置として劣っていることを反映しているのかもしれない(31)。未開社会では情報費用が極めて高いので、女性を男性に適切に配分する方法がなく、そのため組み合わせがうまく行かずに結婚の不安定性が高まるのかもしれない。未開社会では、他の親族も子供の養育を分担するので、両親が子供たちと一緒の時間をあまりすごさない。だから、同じような遺伝的資質を持つ人々を夫婦にする(積極的調和交配)ためのふるい落とし装置の必要性はあまり多くないのかもしれない。積極的調和交配の一つの値打ちは、親と子供の間の特性の相違を減らすことで調和的な世帯を創り出すことにある(32)。未開社会ではそうした調和が相対的に重要でないとすれば、そうした調和をもたらすためのふるい落とし装置もまた重要でないから、結納金のような大雑把で安価なふるい落とし装置が効率的な代用物となりうる(33)。その上積極的調和交配は、家族間の不平等を促進し(34)、それが未開社会の均衡を掘り崩すことにもなりかねない。それゆえに、結納金が積極的調和交配のための効率的な方法ではないという事実は、欠点ではなくむしろ利点であるかもしれない。

未開社会の結婚が相対的に不安定であるもう一つの要因として考えられるのは、結婚の保険としての機能の重要性が、社会発展の後の段階と比べると小さいことである。この保険機能は、両配偶者の健康と他の厚生的要因との相関が一人の場合よりも低いため、夫婦の相互に支え合い助け合う義務を前提とすれば、結婚が一種の健康・飢餓・生命保険(一方が死ねば他方が子供の世話をする)として働くという事実に由来する。未開社会の親族の扶養義務のネットワークの下では、こうした形態の保険の重要性は小さいため、結婚の解消に伴う費用も、社会発展の後の段階のように、親族の扶養義務がすたれたにも拘わらず社会保険がまだ一般的でないような状況に比べれば安いものとなる。原則的には、結婚の持つ保険機能は、一方的離婚とは不整合であるが、協議離婚とは整合的である。と言うのも、ある配偶者が離婚に同意するのは、彼ないし彼女が、保険も含め結婚がもたらした過去の便益を充分に補償してもらう場合だけだからである。しかしながら、こうした社会発展の中間段階において、離婚への妻の同意が自発的なものかどうかを検査する費用が高いと仮定すれば[35]、離婚に根拠を要求したり、更には離婚を禁止することも合理的な社会的手段であることがわかるであろう[36]。

族外婚

未開社会では、男性に対して、彼の親族集団外の人と結婚せよという要求は、普通に見られる現象である。近親相姦のタブーと異なり、族外婚は遺伝的タブーと言うより、むしろ文化的タブーであるように思われる。このことは次の事実によって示される。(1)族外婚のルールには各文化ごとの違いが大きい。ある文化では、近親相姦こそ奨励されないものの、同族結婚は奨励される。(2)族外婚のルールはしばしば、遺伝的意味で極めて遠い親戚との結婚や、時には非親戚（同族集団に養子として入った構成員）との結婚をも禁止する。しかるに、例えば、ある男と彼の妹の娘とのように、部族の近親相姦タブーに反するにも拘わらず、一種の近親相姦的な結合が族外婚のルールにはふれないこともある。そして、(3)近親相姦のタブーが結婚の有無に関わらず性的交渉を禁ずるのに対し、族外婚はそうした交渉の制限と言うよりは、むしろ結婚に対する制限である。

族外婚の文化的意義は、以下のように説明可能であると思われる。族外婚が保険機能を果たすのは、よく見られるように、親族の義務が通婚集団間の境界を横断している場合である。したがって、父系システムの下では、男は彼の母親の親族集団の構成員ではないが、それでもなお彼は母親の親戚に援助を請求することができる[37]。このようにして、族外婚は保険プールを広げる。この効果がとりわけ重要となるのは、これもまたよく見られるように、各親族集団が狭い地域にまとまって住んでいるため、族外婚が危険の地理的拡散を可能にするような場合である。族外婚はまた、家族相互間および村落相互間に人間関係をつくり出すことによって、取引や同盟を促進する。最後に、族外婚は、ある親族集団の構成員が別の親族集団の構成員に対して行った犯罪に対する報復の残忍さを抑制するかもしれない。

不法行為における
厳格責任のシステム

近代社会の不法行為法には、様々な過失および故意の侵害行為が含まれている。例えば、殺人、傷害、財産の侵奪、名誉毀損などがそこに含まれる。一般的に言って、責任が問われるのは、その侵害行為が故意または過失によってなされた時だけである。その事故発生が、合理的な注意力の行使によって回避しえないものであった場合には、責任は問われない。故意の加害者は、不法行為のみならず犯罪についても有責とされるかもしれない。未開社会の法律は、例外なくというわけではないが、典型的にはこの類の不法行為について近代社会とは全く異なる取り扱いをするのであり、それは以下の命題に要約することができる。[38]

1．事故の抑止責任は、ほぼ全面的に不法行為法(私法)に委ねられる。未開社会には国家がないので、謀殺や窃盗のような行為を処罰する刑事法は存在しない。[39] 我々の知るような刑法は、公法の一部分である。

2．不法行為に対する救済は、報復から補償へと発展する。不法行為に対する最初の救済方法は報復であり、それはしばしば血讐につながった。しかし、それは、時と共に、加害者ないしその親族が犠牲者ないしその親族に支払う補償システム（血讐金、示談金、殺人賠償金）に転換して行く。補償を受け取るかどうかは当初は、選択の問題であり、それに代えて加害者に報復する権利も認められている。しかし、後には、補償を受け取ることが慣習化し、報復することは不適切と評価されるようになる。社会全体の観点からすれば、補償の方が報復よりも安価な救済方法である。なぜなら、補償は身体や財産などを損うことなく、単なる財の移転だけで済むからである。前に述べたように、私はこの報復から補償への移行の原因を、合理性が増したとか残忍性が減ったなどというように、未開社会の人間と近代社会のそれの間に知性や嗜好の根本的相違を仮定するような要因に求めることはせず、単に富が増したという要因に求める。加害者ないしその親族が、彼らの生存のためのニーズを超える充分な財の在庫を持ち、彼らが他の人々に加えた侵害を補償するための支払ができるようになるまでは、補償システムは働かないからである。[40]

傷害ないし殺人・致死などに対する制裁は、金銭による賠償金の支払いだけでなければならないという考え方は、経済理論と整合的である。犯罪の経済分析は、近代の刑罰システムに見られる禁固などの非金銭的な罰よりも、罰金に依存すべきであると主張するが、その根拠は社会的観点から見て罰金の方が費用が安い点にある。罰金が単なる財の移転であるのに対し、禁固の場合には、監禁期間中に被告が逸失した合法的生産活動を含む純資源費用を要する。(41) 確かに、金銭的制裁に依存することは、ある種の条件の下でのみ可能である。未開社会において、この条件がどの程度まで見出されるかについては、後で見ることにする。

3．責任は集団的である。報復段階の社会秩序において、ある人が他の誰かに傷害を与えた場合、被害者の親族は、加害者ないしその親族の一人を殺すか傷つけなければ解除されない報復義務を負うことになる。補償段階においては、加害者自身が補償金を提供できなかったりそうする意志がない場合には、彼の親族が必要な補償金を提供しなければならない。もし加害者や彼の親族が、必要な補償金を支払わない場合は、被害者の親族は、加害者ないし彼の親族に対し、彼らの補償拒否に対する報復を行う義務を負う。

未開社会の不法行為法の実施にあたって親族集団が持つ重要性は、有効な統治機能の欠如に由来する。報復の脅威が悪行為への唯一の抑止要因であるところでは、報復が確実であることが重要であるが、潜在的な報復者が一人しかいない場合には報復は確実とはならない。補償が報復にとって代った後でさえ、補償金の支払を強制するためには、背後になお報復の確実な脅威が存在しなければならない。確実な報復能力を維持する必要性が、危険プールの必要性に加えて、親族と認識されている集団が近代社会よりも未開社会で大きいことのもう一つの理由である。

近代人の感性からすれば非常に忌まわしい、集団責任の原理は、未開社会の諸条件の下では効率的であるかもしれない。殺人者の親族は、被害者の親族が彼の死に復讐するため彼らすべてを正当な獲物であるとみなす。その後の補償段階においても殺人者が彼自身の行為に起因する補償金を支払わなければ、殺人者の親族が集団的に被害者の親族に対して責任を負わなければならない。それゆえ、殺人者の親族たちは、殺人者の行為を監視する動機を持つことになる。彼らは、自分たちへの危険を回避するため自らの手で殺人者を殺すと決定するかもしれない。彼らはまた、彼らが殺人者を匿まえば負担することになる報復や補償の費用を回避するために、潜在的殺人者の出現を防止することに関心を寄せている[42]。かくして、殺人者が報復の最初の標的となるとは限らないという事実は、制裁が究極的に彼に課される可能性を減らすどころか、「彼を引き渡す」動機を彼の親族たちに与えることによって、むしろその可能性を高めることになる[43]。集団責任は、プライバシーの否定と同様に、未開社会に欠如している公的捜査機構の代替物をつくり出すためのもう一つの巧みな装置となっている[44]。

4. 有意な集団は、親族集団である。これまでの議論では、未開社会の不法行為システムにおける集団的権利・義務は、親族の権利・義務であると仮定して来た。ここでこの仮定を吟味する必要がある。親族集団の代りに、ロバート・ノジックによって論じられた保護団体のような自発的集団が見出されないのはなぜであろうか[45]。第一に、構成員が相対的に同質的であり、しかも親族集団が保険機能のおかげで相互的権利・義務のシステムに既に統合されている場合には、共通の目的のために人々を大集団に組織化するための取引費用は安いと推測される。自衛は、このような相互的権利・義務のうちの一つに該当する。第二に、親族性を組織原理として用いることで、自衛集団の規模は限定される。いかなる団体にとっても、内部の協調や管理の問題を克服することによって、他のいかなる団体をも凌駕するようになることは大きな利点である。しかし、純粋に自発的な保護団体のシステムの場合は、まさにこの利点ゆえに不安定化する。そのように他を凌駕する団体は、国家となってしまうであろう。有効な統治機能なしに存続している社会で、自衛を親族の義務とする理由はここにある。第三に、個人が傷害を負ったり殺されたりした場合、親族として認識される集団の全構成員に損害をもたらすことになる。なぜなら、彼らは被害者の所得に対して請求権を持っていたが、今やそれが減少ないし喪失してしまったからである。かくして彼らは、正当な原告適格を持つ。

法の執行目的との関連で、最適な主体は、どのような形態の親族であろうか。父系システムのような直系システムと、父母両系ないし血族的システムとを比べてみよう。父系システムでは、ある男の親族集団は、ある指定された世代数にわたる男系の親族を含む。このシステムは自動的に、いかなる個人をも、特定の非重複的な親族集団に割り振る。血族的親族集団では、ある男は男系・女系いずれの親戚とも同族であり、こうした集団は整然とした非重複的親族集団のパターンを描かない。このことが、法の執行責任を割り振るために親族集団を用いる際に、問題を惹き起こす。[46] 仮にAが妻の親戚であるBを殺したとすると、父系システムではBの親族集団はAを含まないから、この集団はAないしAの親族に対して報復する義務を負う。しかるに血族的システムでは、AとBは同族となるから、Aに報復するための明確な根拠はなくなる。[47] アフリカの部族社会においては、補償システムは父系親族に基礎をおいているため、その社会秩序は安定的であった。

前章で指摘したように、保険という観点から見れば、父系親族集団は理想的ではない。構成員たちが同じ村に住んでいる場合には、普通そうであるように、構成員の富の程度は非常に似通っているからである。この場合、分岐を伴う族外婚による補充や、結婚による親族への義務の追加的補充などによって、保険機能を維持するような解決策がもたらされる。保険原理は、異なる場所に住み、それゆえ富の程度もそれほど均質でないような集団をも包含するためにその対象を拡張する。しかし、法の執行目的にとっては、親族集団が明確な主体であることに変りはない。

5．殺人やその他の傷害行為に対する補償は、正確な基準によって定められている。慣習法は、例えば自由民を殺した時は四十頭の家畜が必要であり、奴隷を殺した場合は二十頭、人の目をつぶしたら二頭というように定めている。[48] こうした基準設定は未開法では極めて一般的であるが、これは、それぞれの場合に賠償金を個人的基礎から算定する近代不法行為法とは異なる点である。被害者の親族が補償金を受け取るか報復するかの選択を許容する社会発展段階において、双方の親族集団の構成員間で多数当事者の取引をするよりも、補償の基準を決めておく方が好まれる理由は容易に理解される。補償金の受け取りが強制的になった場合でも、個人ごとに賠償金を決定する情報費用を考えれば、未開社会の状況に最適な固定的補償基準を採用することになるかもしれない。

未開社会の人々の多くは、極めて貧しくかつ平均余命が短いため、生命の価値が低い。とは言え、未開社会の人々も、人間の生命の価値に等しいだけの金額を支払うことはできないという理由で、金銭的（ないし金銭と等価な）罰則に専ら依存することに対する疑問を呈することも可能である。しかしながら、集団責任の原理によって、平均的個人が支払いうるよりも高いレベルの補償を設定できる。その個人の親族は、決定された債務を支払う責任を負うからである。[49] たとえ支払能力の限界によって、金銭的罰の実効的な厳しさが、報復段階で課されていた身体的罰のそれを下回るとしても、だからと言って犯罪者にとって予測される罰の費用が低くなるわけではない。罰の厳しさが弱くなっても、罰が課される可能性は大きくなる。と言うのも、殺害された人（あるいは、まだ生きていれば被害者自身）の親族は、補償があることによって、復讐の動機以外に加害者を罰しようとする動機をもつことになるからである。

これまで私は、罰金が違反行為の費用に等しいならばそれは適切な抑止策であると仮定して来た。しかしながら、罰を受ける確率がそれ以下であるならば、罰の期待費用が違反行為の費用に等しくなるまで罰金を引き上げなければならない。未開諸社会には、警察その他の公的な捜査機関がなく、しかも情報費用は一般に極めて高い。このため、罰を受ける確率は非常に低く、それゆえ最適な「血讐金」も非常に高いと推測するかもしれない。しかるに罰金などの金額は、近代諸社会と比べて平均的には高くないが、[50] 罰を受ける確率は高く、[51] しかも犯罪率は――比較が可能である場合には――先進諸社会におけるそれにほぼ匹敵するように見受けられる。[52] 以下のような多くの要因が、警察力や公的に法を執行するためのそれに関連した制度などの不足を補っているのである。

a・プライバシーの欠如によって、犯罪を隠すことは難しくなる。[53]

b・集団責任の原理によって、親族集団は、危険な犯罪的性癖を示した構成員を特定し排除する動機を持つようになる。

c・犯罪を隠そうとする努力は、しばしば別個に罰せられる。[54]

d・宗教的信念が、犯罪の隠匿を妨げることが多い。[55]

e・未開社会で広く普及している「社会保険」が、財産関連の犯罪の利得を減らし、おそらくそれゆえに、そうした犯罪の発生を減らす。もしある人が、必要な食物を親族のところから自由に取ってよいが、必要以上に「貯め込む」のは禁じられていると仮定しよう。この場合、彼の親族やその他の人が誰も分けるべき食物を持たないような場合以外には、食物を盗むことは意味がない。事実多くの未開諸社会では、窃盗は軽微な犯罪であるように見受けられる。(56)

罰を受ける確率が高いことと非常に厳しい罰則との結合は、経済学的に理解できない。しかし、罰を受ける確率が高いことと、罰則の厳しさがさほどでないこととの結合は、経済学的に理解できる。しかし、それが「最適」の結合かどうかは別の問題である。経済分析が示すところでは、罰を受ける低い確率と非常に厳しい罰則との結合が最適である場合が多い。と言うのも、罰金や賠償金を集める費用が低いかぎり、罰を受ける確率の低下――それによって捜査や訴追に使われる資源の節約が可能になる――は、捕まったごくわずかな犯罪者への罰の厳しさを高めることによって、低費用で相殺されうるからである。(57) しかしながら、支払能力の問題は別としても、低確率・高厳格性というアプローチは、未開社会の諸条件の下では最適ではないと思われる。このアプローチは、罰の高確率を低厳格性と結合するシステムに比べて、罰の変動性を高めることになる。危険回避的な人々にとって、罰の変動性ないしその危険は費用負担になる。未開社会で保険制度が普及していることは、この社会の構成員が、近代人と同様に危険回避的であることを示している。罰の高厳格性・低確率という図式における危険要因は、不法行為法が厳格責任原理に依存していることから、とりわけ未開社会で顕著なものとなる。この図式は、人々は単に慎重にふるまっただけでは罰を受ける危険を除去できないということを意味するからである。

6・責任は厳格である。厳格責任は、死や傷害をもたらすような行為に対する未開社会の通常の反応である。もしある人が他の誰かを傷つけたら、たとえそれが適正な注意力によっても防止されえなかった事故によるものであれ、彼は犠牲者ないしその親族に補償金を支払わなければならない。いくつかの未開法システムにおいては、殺人や傷害が事故によるものであれば定められた補償金は安くなるが、偶発的事故ではない場合は安くならない。しかし、未開社会では、殆んど常に、加害者が近代不法行為法上の意味で「過失がある」かどうかに関わりなく、何らかの補償金を支払わなければならない。[58]

厳格責任のアプローチと過失責任アプローチの選択の問題は、未開社会の状況において重要であった。これに関して経済学文献は、四つの要因を特定している。[59] 第一は、情報費用である。単に被告が原告に傷害を加えたかどうかの認定に比べると、過失の認定のためにはより多くの要素を考慮しなければならないので費用がかさむ。

第二の要因は、回避不能な侵害に対する回避可能な侵害の比率である。[60] もしこの比率が非常に小さいとすれば、厳格責任のルールは魅力のないものとなる。なぜなら、そこでは何の配分効果もないのに、費用だけはかさむような法的活動が多く必要となるからである。回避不能な侵害の犠牲者に対する賠償金を課する裁判の脅威によって、潜在的な加害者の行為が左右されることはない。そうした事例では、定義上、裁判費用は危険回避の費用よりも安いからである。

第三は、被害者にとっての事故回避の費用である。厳格責任は、事故回避責任を潜在的被害者から潜在的加害者に全面的に転嫁する。その事故が、加害者よりも低い費用では被害者によって回避されえなかったと認定できる場合には、厳格責任が潜在的被害者の事故を回避する動機を最適水準以下にまで減らしてしまったのではないかとか、被害者の方が安価な事故回避者である事例を扱うには寄与過失の抗弁を補足しなければならないのではないかなどと悩む必要はない。

第四の要因は、加害者と被害者にとっての保険の相対的費用に関わっている。厳格責任は、加害者を被害者に対する保険者にする。被害者は、加害者に過失がある場合にしか保険金を請求できないため、被害者が保険に入る動機を持つようなシステムと比べて、より安価な保険制度であるか否かは判断できない。

これら四つの要因のすべてが示すことは、未開社会では厳格責任の方が過失責任よりもおそらく効率的である、ということである。

専門的な裁判制度もなければ、自然的世界がどう動いているかについての明確な観念もない社会では、過失の問題を裁く費用は高くなる。しかし、未開社会において、逆の方向に導く一つの要素として、技術の発展段階が低いという要素が介在している。自然現象についての明確な理解がないから、未開社会の仲裁人にとって、偶発的事故と故意行為の区別(不可避的行為と過失行為との区別は言うまでもなく)はしばしば困難であろう(61)。AとBが、同じ狩猟集団の構成員であると仮定しよう。彼らは矢を野豚に向って射るが、Aの矢は豚の背中で撥ね反されてBに当たってしまう。これは、偶発的事故のように見える。しかし、Aは呪いをかけることによって、こうした「偶然的」結果を引き起こしたのかもしれない。未開社会の仲裁人は、そういう可能性を捨て去ることができないのである。

不確実性は、因果的な事故の帰責原因に同様に作用することは確かである。事後に逮捕された犯罪者よりも、現行犯で捕まった犯罪者の方が厳しく処罰されるという古代法の奇妙なルールは、これによって説明できるかもしれない(62)。このルールは、通常、心理学によって説明される。犯罪がなされてから多少の時間が経過すると、被害者や彼の親戚の復讐心も和らぐから、という説明である(63)。経済学的説明もまた可能である。行為と被害とが同時に観察されない場合には因果関係の確定は困難であるから、逮捕が事後の捜査結果に基づいて行われる場合の方が犯罪者が逮捕される確率は高い。かくして、犯罪者が現行犯で捕まらなかった場合に罰則の厳しさを和らげるのは、無実の人々が負担しなければならない罰の費用を減らすための一つの方法である。

未開社会において、反証不能な事実の推定が広汎に用いられるのも、事実認定の費用が高いことのもう一つの証拠である。例えば、ある部族では、男と女が二人でいるという事実は、いかに短い時間であれ、性的交渉が行われたことの決定的証拠として扱われる(64)。別の部族では、居住領域内で結婚外の交渉が行われ、しかも女性の悲鳴が聞かれない場合には、彼女が強姦の訴えをしても全く根拠がないと推定される(65)。未開法が厳格責任に依存していることも、同じく情報費用に理由があるのかもしれない。

ある社会では、親族集団の構成員同士の殺人事件の場合には、殺人の責任は問われないが、この理由も前記の分析によって説明できるかもしれない(66)。免責ルールは、動機・義務・注意などの微妙な問題を認定する必要性を回避するという点では、厳格責任のルールに似ている。例えば、家族を復讐や責任の矢面に立たせるような殺人者を除去することなど、家族内の殺人を正当化するような推定もある。こうした推定を反証不能なものにすれば、費用のかかる事実認定を回避することができる(67)。

厳格責任か過失責任かという選択に関わる第二の要因、即ち回避不能な被害に対する回避可能な被害の比率という要因もまた、未開社会の環境においては厳格責任を支持する根拠となる。人類学者の報告から判断すると、未開社会の人々によって惹起される深刻な被害の殆んどは、経済学的意味では回避可能なものである。実際、殆んどは故意に行われている。したがって、厳格責任のルールが分配上の利得なしに損失を移転することは稀である。なぜなら、加害者が回避するための費用が、被害者の期待費用を上回ることは稀であるからである。

故意の加害者の比率が高いことは、更に、回避費用が加害者にとってよりも被害者にとってより高いことをも示唆する。もちろん、被害を生んだ紛争の多くが、回避可能な挑発によって惹起されたことも確かである。こうした状況においては、すべての費用を加害者に課する方が効率的であるし、厳格責任はこの論理を認めるのである。

最後の要因である保険は、前の二つの要因とある種の緊張関係に立っている。厳格責任のルールの下であらゆる事故が有責とされる意味が、過失責任ルールの下で有責とされるのと同じ意味であるとすれば、厳格責任は何らの追加的な保険をもたらすものではない。しかし、厳格責任の論理にはもっと魅力がある。加害者に責任を課すことが配分目的に役立たないところでは、事故の因果関係を精査することが何の意味も持たないため、過失の認定をするための費用は、全くの無駄となる。未開社会における事故の相当の部分が過失によるものではないと仮定すると、厳格責任のシステムは過失システム以上に、適切な保険機能を果たすことになる。それが「効率的」な保険機構であるかどうかは、加害者が被害者よりも良い保険者かどうかに依存する。次の二つの説得的な条件のいずれの下でも、答は「イエス」である。第一に、もし加害者が平均的に言って被害者よりも金持であれば、効用関数が富と相関しないことを前提として、加害者責任は保険の観点から了解できる。おそらく加害者は平均的に言って被害者よりも金持であろう。なぜなら、力がより強く、より行動的であり、犬や家畜や道具をより多く持っている人は、被害者よりも加害者になる場合が多いからである（ここで論じているのは、純粋に偶発的事故による被害である）。第二に、補償金が完全に適切な額に達しない場合には、加害者責任は、損失を被害者から加害者に全面的に移転してしまわず、損失を加害者と被害者に分担させる役割を果たす。(68) 保険の観点からして有意なのは、深刻な被害の場合であるが、この場合、我々の社会でも、被害者に対する損害賠償の仲裁裁定は、実際の損失を補塡する水準の金額を示してはいない。(69) 同じことは、おそらく未開社会でも生じるであろう。

刑法

私は、国家が存在しないから、未開社会の人々は刑法を持たないと前述した。しかし、これは言い過ぎである。統治機構を全く持たない社会でさえも、しばしば、魔術や近親相姦などの幾つかの行為を、たとえ被害者または彼の親族が犯罪者に対して訴えを提起しない場合でも、処罰すべき犯罪であるとみなしている。(70)「被害者なき」犯罪たる近親相姦に対して公的制裁を必要とする理由は、明らかに、それが社会にとって有害であるからだと思われる。魔術の場合は、おそらく、その社会的影響と捜査の困難さとが、通常の殺人や傷害事件において使用される損害賠償よりも、重い制裁を正当化する理由であろう。

国家の成立によって、まさに厳密な意味における刑法、損害賠償制度とは区別された刑罰制度が出現する。そして刑法は、謀殺、暴行、窃盗のみならず、我々が通常犯罪とみなすその他の行為を包含するまでに、拡大する傾向を示す。(71) 統治者は、何故私人に対して行われた暴力行為を、統治者に対する犯罪と考えるのであろうか。その理由として考えうるのは、統治者は、彼が徴収する税と引き換えに市民に保護を与えているという事実である。しかしながら、この理由は、国家成立以前の社会がその適切な証拠を提供しているように、損害賠償制度によって私人は既に保護されているという事実を見落としている。経済理論によって強固に基礎づけられる理由は、殺人または傷害は、統治者が被害者から徴収しえた税収を減少させることによって、統治者に費用を負担させるという理由である。統治者は、領民の富を減少させる行為によって害される「自前の」利益を有しているのである。この経済的利益は、純粋な私的補償利度においては考慮されないので、統治者は、この外部性を内部化する方法として刑罰制度を創出するのである。

私は、二つの一般的な疑問を提示することによって、この章を終えたい。第一の疑問は、既に論じたように、未開社会の法的制度およびその他の社会的な制度が経済的に合理的または効率的であるということが真実であるとすれば、いかなるメカニズムが未開社会をしてこの驚くべき帰結に導いたのか、という疑問である。[72] 同じ疑問は、第四章において見た如く、アングロ・アメリカ社会のコモン・ローが効率的であるということを認める際にも生じている。そして、これらの疑問は全く解決されていない。しかしながら、未開社会において効率性が大きな社会的生存価値を有していた理由を説明することは、現代社会におけるその理由を説明するよりも容易である。効率的な社会は非効率な社会よりも豊かである。それが効率性の意義である。そして、豊かな社会は、より多くの人口を養うことができる。大きな富の効果は、近代の戦争におけるよりも、戦闘形態が単純で人数が重要であった未開社会相互の戦争においては決定的に重要である。それ故、良質の文学的遺産および考古学上の遺産を残しうるほどに充分な永続性を持っていた古代社会、および厳密な人類学の研究が開始された十九世紀まで生き残るほど永続性を持っていた未開社会の習慣は効率的であったと考えられる。

更に付け加えるべき要因は、未開社会は、明らかに長期にわたって、その環境に適応してきた社会であるということである。適応に要する時間的余裕は、環境の変化の程度に依存している。変化の程度が非常に緩やかであれば、その社会は充分な適応のための時間をそれだけ多く持てる。

しかしながら、明らかに、未開社会の社会的均衡は、先進的な社会的均衡よりも、少なくとも長い目でみると効率的とはいえない。このことは、今日、未開社会の中で生活している人口が、世界的にみて非常に少ない事実によって証明される。この状況は、部分的には、平和的な競争によってというよりは、先進社会による圧力によって引き起こされたものである。例えば、北アメリカ・インディアンの場合は、それが劇的に生じている。しかし、おそらく大部分は、経済的環境変化に対する未開社会の適応力の不足によって生じたものである。このような適応力の不足には、プライバシーの否定や富の蓄積の禁止ルールのような、経済的発展とその結果としての人口の増加を抑制するような慣習が含まれている。

この分析は、私を二番目の一般的な疑問点へと導く。ある社会制度が効率的であるかどうか、または第I部の用語法に従えば、それが富を最大化するかどうかの評価は、どの要因を外生的要因、即ち、それは変えようがないのだから社会制度がそれにできるだけ最善に適応しなければならない要因とみなすか、そしてどの要因を内生的な要因、即ち制度の選択によって変更しうる要因とみなすかに懸かっている。コモン・ローが効率的であるか否かの分析に際しては、常に、憲法上および制定法上の制約と社会的・経済的な制度に関する重要な基盤を不変的なものとして取り扱ってきた。その上で、コモン・ローがその基盤に効率的に適応しているかどうかを分析したのである。例えば、ランデス教授と私は、海上以外の救難サービスに適用されるコモン・ローの原則は、陸上における救難サービスのために整備された公共的インフラストラクチャーと比較すれば効率的であると認識する点で一致した。しかし、おそらく、異なる型の公共サービスとの組合わせにより、別のコモン・ローの原則を構成するような、より以上に効率的な制度を工夫しうるであろうと主張した。(73) 同様に、もし高い情報費用が未開社会の変更不可能な要素として取り扱われるならば、本章および前章で述べた未開社会の制度は、たぶん効率的であろう。しかし、未開社会が高い情報費用を克服し、より高い水準の効率性を達成するための別の制度的な機構も存在しうるかもしれない。しかし私は、別の制度的機構がありうるとしても、コモン・ローと未開社会の法は、両方とも効率的であると敢えて言うことができると考えるのである。

第八章　応報とそれに関する罰の諸概念

この章では、主として、未開社会および古代社会において行われた罰に関する種々の概念を検討する。罰についての応報的概念は、以下の通りである。

> 罰は、犯罪が罰に値するという理由に基づいて正当化される。犯罪者は、彼の罪に応じて苦痛を課されるべきであり、そして適切な罰の重さは彼の行為の道徳的悪の程度に依存しているということが、道徳的に正しいのである。犯罪者が罰されるということは、彼が罰されないことよりも、道徳的にはより良いことである。そして、それは、彼を罰することにより生じる結果いかんに関わらず、より良いことなのである。[1]

このような応報的観点は、法および哲学の中に長い歴史を持っている。それは、ローマ法のタリオの法、旧約聖書の中の「目には目を」という戒律（そしてコーランの中の事実上同一の戒律）および多くのその他の古代法の中に見出される。そして、その哲学的な主張者の中には、イマニュエル・カントも含まれる。[2]

報復または復讐としての罰の概念は、罰を犯罪者が支払う償いの一形式であると見なしている点で応報的観念と似ている。しかし、報復または復讐は、罰を被害者の立場から見ているという点で応報的観念とは異なっている。応報は、犯罪者の悪徳に焦点を当てているのに対し、報復は、犯罪者に仕返しをしようとする被害者（または彼に同情する者）の衝動に焦点を当てている。「けがれ」の概念は、法律家および哲学者よりも、古典学者および人類学者にとって馴染みが深い。これは、犯罪者自身が罰を免れるように手段を講じた場合には、罰は、超自然的な働きを通じて犯罪者の隣人または子孫に課されるという信念である。幾人かの応報主義者は、応報の本来の概念は、犯罪者以外のある者に責任を負わせることを予め排除すると主張するけれども、応報とけがれの概念はしばしば結びついている。例えば、旧約聖書は、犯罪者は目には目を、歯には歯をもって贖うべきことを述べると共に、父の原罪は息子に災いをもたらすであろうと述べている。

復讐から応報へ、そしてそれを越えて

我々は、報復の威嚇は、それが未開社会の公的な秩序を維持する基本的機構であることを見てきた。本章では、私は、ある個人または彼の親族集団の構成員が、犯罪に対して報復しようとする誘因または動機について考究する。犯罪の抑止が、動機となることもありうる。被害者または彼の親族集団が当該犯罪に対する報復にどれほど熱心であるかは、彼らに対する将来の攻撃の可能性に影響を与えるであろう。未開社会において復讐が親族の義務とされている一つの理由は、まさに、復讐の遂行プロセス、犯罪抑止によって、充分に長い将来にわたる実質的な利益が存在するからである。

しかしながら、ある場合には、犯罪の抑止は、合理的に計算する人にとって報復のための費用を負担する充分な動機とはならないかもしれない。その一つの例は、犯罪者が、情報不足のため、事前に被害者（または彼の親族）が報復に熱心であることを知ることができない場合である。その場合でも、犯罪の抑止という動機以外に、報復を行う動機は存在しうる。即ち、報復は、犯罪者から一定の価値あるものを奪うという動機を含んでいる。そして、それは、犯罪の抑止とは別の私的な利益を生み出す。我々は、前章において、未開社会では、近代の不法行為法におけるのと同様に、（謀殺のような犯罪行為を含む）犯罪を理由として金銭またはそれに対応する賠償が命じられることがあることを見てきた。そして、このような慣習が存在したこと、およびそれが存続したことの主要な理由は、多分それが人々をして報復を動機づけるとともに報復の脅威の信頼性を高め、結果的には公共の秩序が強化されるということに

あった。しかし、賠償制度を利用できるか否かは、犯罪者または連帯責任の原理が適用されるならば彼の家族または村落が、犯罪の重大さと釣り合った富を所有しているか否かに懸かっている。そして、人類史の大部分を通じて、賠償を得ることができるという期待から、被害者または彼の家族が報復に要する費用を負担する動機づけとなるような充分な富、少なくとも交換可能な形態における富を、人々は、おそらく持っていなかったのである。

犯罪の抑止という意識的または計算ずくの関心が復讐を動機づけるのではないと思われるもう一つの事例は、将来の攻撃の期待費用の減少により、復讐を実行する費用が便益よりも少ない場合である。加害者が強力な保護の下にある場合には、復讐者は、加害者を攻撃するのに要する大きな危険その他の費用を負担せねばならない。あるいは、攻撃が、被害者またはその家族を余りに疲弊させたために、将来の攻撃を抑止する価値を殆んど無視しうる（もはや盗まれる物が無い）レベルまで減少させることもありうる。

報復によって生じる便益が、報復に要する費用よりも少ない場合には、報復は、個人的な観点からすると不合理な行為とみなされるであろう。しかし、ある人が、なんらかの攻撃を受けるたびごとに、確固たる不動の報復政策を予め持っており、そのことを（多分、彼の憤激を表明する所作または態度によって）知らせておくことは、不合理ではないであろう。被害者は、攻撃された場合にはいつでも、そのつど費用便益分析を行うことなしに報復するであろうという予測は、被害者が、攻撃された際に個々の攻撃行為に対して報復の費用および便益を衡量して「合理的に」対応するだろうという認識よりも、効率的に攻撃を抑制するであろう。確かに、この政策は、大きな便益と同時に大きな費用負担を生み出す。というのは、もし攻撃された場合には、報復に伴う危険やその他の費用に関わりなく報復が遂行されるからである。しかし、この政策は、経験的には、失うよりも得るものの方が大きい。

この政策の問題点は、報復が確実に行われるか否かにある。個人は、攻撃を受けた時に、報復の費用と便益の衡量によってその場その場で行動したいという誘惑にかられないように、前もって何らかの拘束を受けていなければならない。誓約の問題は、他の多くの文脈において述べられている。(3) しかし、法的に強制しうるという意味での誓約の最も普遍的な方法は、未開社会においては利用できない。しかしながら、二つの誓約の方法が未開社会でも利用できる。一つは、遺伝学的なものである。もし確固たる報復政策が、そのような誓約を信奉する者の適応性を増加させるものであるならば、攻撃された場合には便益―費用比率に関係なく確実に報復するような精神的形質を発達させる。即ち、被害者は、予め冷静な計算をすることなく、一挙に激怒して報復するような形質を、自然淘汰を通じて発達させるであろう。誓約の二つめの方法は、文化的なものである。「誇り高き男」は社会的に承認されることによって、最も些細な侮辱に対しても必ず報復する気構えを示すようになる。前章で指摘したように、この文化的な性格は、強力な公的執行機関を持つ社会においてよりも、それを欠く社会において一層強調される。しかし、因果関係の方向が、ここでは問題となろう。極めて個人主義的な、感情的かつ怒りっぽい人々の存在は、効率的な公的制度の創設と維持をより困難にする。

賠償を受けるという期待、または将来の犯罪を抑止したという世評を得たいという欲求によって動機づけられたものではない報復の欲求は、負の利他主義の一形態である。被害者または彼の家族は、犯罪者を害することが復讐者の効用を増加させるという理由で、犯罪を行った者に復讐する費用(個人の安全に対する危険を含む)を負担する。しかしながら、報復が被害者の効用に影響を与えるということを強調したとしても、それは、応報についての功利主義的正当化の根拠を提供するものではない。功利主義的な正当化のためには、被害者(または彼の家族)の効用の増加が、犯罪者の処罰によってもたらされる効用の減少を上回ることが必要である。私の主張したい点は、賠償がないにも拘わらず復讐を動機づけるためには、復讐者は彼の行為から効用を引き出さねばならないということのみである。

相互依存的な効用を仮定することは、経済学においては目新しいことではない。それは、家族経済学に関する多くの研究業績の中に存在する。(4) いくらか目新しいものは、相互依存的な負の効用を仮定することである。(5) この正と負の二つの形態の相互依存的効用の究極的な基礎は、生物学的なものであるように思われる。生物学者は、「家族の連帯」

という用語を使用する場合でさえも、家族における（正の）利他主義を遺伝学的適応性と関連づけて説明する。(6) 同様に、彼らは、攻撃に対する報復に種を保存する価値を認めてきたのである。(7) 報復がなされる場合、報復の費用と抑止の便益から判断して、報復が「不合理」である場合には、分析は一層複雑なものとなる。しかし、この場合においてさえも、我々が既に見た如く、報復行為は、それを個別的に見るのではなく、遺伝学的に継受しうる報復政策を手に入れるために個々人が支払う代価として見れば、合理的であり、かつ種の保存に寄与しうるものである。(8) もしこの点が承認されれば、犯罪を理由とする報復義務を個人のみならず家族にまで課すことが、いかに種の保存に寄与するかを理解することは容易である。

復讐を構成する要素は、攻撃を抑止するための重要な要素として、我々の遺伝学的枠組の中に残存している。例えば、核抑止理論は、報復がいかなる有形の便益を生み出さない（国家の完全な崩壊という）状況においても、国家の指導者は報復するであろうという信念を前提にしている。もう一つの例は、取引関係を継続する費用と便益を計算することなしに、即ちその取引を停止することから生じる不利益を考慮することなしに、人は、自分を欺いた者との取引関係を停止するであろうという信念がある。最近の論文の一つは、詐欺が明らかになると、負の利他主義ゆえに、売り手は、騙された消費者とのそれ以後の取引機会を失う結果になることを示唆している。(9) 他の研究者は次のように述べている。「取引の停止はお互いに費用を負担することであるから、相互依存関係にある……相手方当事者を罰することは、個人的な狭い利益に常に合致するとは限らない。しかし、詐欺を最も有効に抑止するために、取引停止というリアクションを用いることは合理的であろう」と。(10) この主張は、慎重に熟慮した上で報復を行うという姿勢について語っているように思われる。しかし、報復の欲求が遺伝学的な根拠を持っているのであれば、慎重な考慮は不要である。

私が消費者の事例で記述した一種の「応報」は、報復とか復讐というような不吉な名前では呼ばれていないし、原始的で不合理なものとして白眼視されてもいない。ところが、復讐の欲求を刑罰の基礎に据えようとする者は、血に飢えた古風な考え方の持主であると考えられている。この二つの観念にそれぞれ異なった反応が示されたことには、二つの理由が存在するように思われる。第一に、我々は、消費者が騙されないよう保護するためにだけ刑法に頼るというよりも、はるかに広い範囲において刑法を利用している。連邦取引委員会は、消費者保護の役割を与えられている。しかし、将来の取引を失うという不安の方が、連邦取引委員会手続の期待費用よりも、多分、より多くの消費者詐欺を抑止する効果があるであろう。十九世紀までは、刑事法の適用領域の大半は私的なものであった。[11] しかし、今日では、犯罪者を裁判に付する責任は、被害者または彼らの家族にではなく、公務員に課されている。法執行における私人の役割が小さくなればなるほど、復讐の機能もまた小さくなる。警察および刑事司法制度を運営する公務員は、復讐感情によって動機づけられることはない。彼らには、主として、犯罪抑止的合理性に基づいて刑事司法制度を運営するために給料が支払われている。確かに、公的な執行機関でさえも、一定の範囲においては、被害者や時には現場に居合わせた者に警察を援助するよう動機づけるために、「復讐の欲求」に依存することがある。たとえ損害賠償を全く得られないとしても、犯罪の被害者が警察に進んで通報し公判において証人として出廷することは、報復を助長する遺伝学的な素質が残存しているということの証拠である。というのは彼の協力は、彼に対する将来の犯罪の抑止にはあまり重要でないように思われるからである。それにも拘わらず、刑事手続におけるその役割が減少している以上、刑事罰との関連においては、復讐は時代遅れの衝動であるとみなされるようになっている。

今日、復讐概念を刑事罰の基礎とみなすことができない第二の理由は、罰しうる可能性が犯罪の可能性よりも少ない場合に生じる犯罪と罰の間の乖離現象である。この乖離現象は、健全な経済的考慮に基礎を置いている。[12] しかし、それは犯罪それ自体に対応した罰よりも、結果として、犯罪に対する罰をより厳格にするという副次的な効果を持っている。犯罪の程度に比べて重い罰がしばしば科される制度において、被害者の遭った害悪と犯罪者が処罰によって受ける害悪との均衡性または相当性を理由にその罰を正当化しようと試みる者があれば、それは実際残忍な主張と思われる。というのは、彼は、無意識のうちに、犯罪者が、犯した罪と釣り合わない罰を受けることを支持しているからである。この不均衡を正当化することは可能であるが、しかしそれは復讐という根拠に基づいてではない。

　この犯罪と罰の乖離現象という困難な問題は、逮捕の可能性を高める工夫と復讐に近い罰を持っている未開社会においては生じない。支払能力と危険負担の可能性についての考慮が、未開社会にとってこの形式を最適のものとしている。その副次的な効果は、犯罪の重大さに等しい罰を最適のものとすることである。このことが、旧約聖書やコーランの著者が、復讐を犯罪と罰の間の均等性として記述した理由を説明する。[13] それはまた、刑罰が伝統的に罰金の支払に対比されてきた理由を説明する。しかし、近代の刑罰制度においては、犯罪の重大さと刑罰の峻厳さとが厳密に一致する必要性は存在しない。比較的軽い犯罪も、それが発見されにくいものである場合には、比較的重い犯罪よりも重い刑罰を科されることがある。それ故、罰金のアナロジーはこじつけにすぎない。

　より複雑な解釈は、報復を被害者の復讐の欲求としてではなく、復讐の代替物または制限として説明する。それは、何らかの慣習または法的な制約なしには、人々は犯罪者に対して過剰に報復することによって犯罪に反応することが往々にしてあり、それは逆に報復された者または彼の家族による報復者やその家族に対する再報復へと導くという考え方に基づいている。攻撃、報復そして再報復の際限のない循環――それは攻撃の統制としてはあまりに高価な制度である――を避けるために、慣習によって、報復は犯罪と同程度の重さの損害（歯には目ではなく、歯には歯）でなければならないこと、および犯罪者は、逆に報復者に対して復讐をしてはならないことを規定する。[14] この見解において示された応報の概念は、純粋の報復制度の下での罰の峻厳さを緩和し、報復のレベルを下げる均等性の観念および（もし被害者たる復讐者が均等性の条件に従うならば）最初に犯罪を行った者の再報復を予め禁じる正義の観念によって、復讐から区別される。

　この見解は重要である。というのは、それは、単純な復讐という観点からなされる罰へのアプローチの重大な欠陥あるいは無力さを明らかにするからである。復讐の概念またはその情緒的な（遺伝学的な）基盤の中には、報復の制限を示唆するものは存在しない。ある人が損害を受け、報復の欲求が呼び起こされたとしよう。その場合に、何故、彼は加害者にそれを上回る損害を与えることを欲してはならないのだろうか。被害者は、場合によっては、少なくとも犯罪者が自分に与えた損害よりも、大きな損害を犯罪者に与えたいと思うであろう。それはしばしば生じうるように、大きな損害を与える費用が小さな損害を与える費用よりも少ない場合である。例えば、多くの場合、犯罪者に傷害を負わせるよりも、彼を殺す方が安価である。犯罪者を殺すことは、彼の家族による再報復の可能性を増大させるとしても、犯罪者自身が報復する可能性を消失させる。また、証人を消すことも、その報復行為が発見される可能性を減少させる。

このように、純粋の報復または復讐制度が、最適の刑罰を科することになるという保証は存在しない。しかし、この制度から、より多くの犯罪が発生するであろうとも言えない。むしろこの制度が、犯罪を減少させることもありうる。ある者が他人を侮辱したがゆえに復讐によって殺されるかもしれない社会の方が、侮辱されたことを理由とする復讐殺人を禁じている社会におけるよりも、侮辱行為の発生率は多分低いであろう。しかしながら、刑罰が犯罪よりもはるかに重い制度は、犯罪の発見と処罰の可能性が非常に低いのでない限り最適のものとはなりえないであろう。未開社会においては、その可能性は通常高いことを私は既に示した。犯罪の発見と処罰の可能性が高くなればなるほど、刑罰の重さと犯罪の重大さとは等しくなければならない。しかしこの条件は、純粋の復讐制度の下においてはしばしば満たされない。

報復には、遺伝学的な根拠があると考えられる。しかし、応報を等価的に課することによって報復を制限するという考え方には、遺伝学的な根拠に類似した根拠は全く存在しない。報復の制限は、一つの可能性として考えられるのは、部分的な例外を伴う文化的な根拠であろう。族外婚という未開社会の普遍的な慣行は、潜在的な報復集団を超えた家族関係の形成という効果を持つ。家族的利他主義の遺伝のゆえに、この効果は、ある集団が、彼らの構成員に対してなされた犯罪を理由として、他の集団に対して報復する際の残忍さを減少させる。即ち、族外婚の効果は、応報の観念が要請する等価性を導入することになる。

要約すると、法執行が私的なものであり、かつ犯罪の発見と処罰の可能性が高いという事情——この条件は未開および古代社会には広汎に当て嵌まる——の下では、純粋な復讐制度は最適のものとはなりえない。何故なら、それは過重な刑罰を惹起するからである。部族対立に対する古代以来の非難は、それが慣習的な基礎を持つとはいえないとしても、部族対立を認めることが過度の暴力を生み出すという意味で、結局は経済的な理由を有しているのである。同様に、刑罰の応報理論が犯罪に対する社会的考慮において、純粋の復讐理論よりも優れた社会思想の進歩を体現しているとする見解は、経済学的にも正しい。何故なら、等価性を付与された応報は、上述した条件の下での刑罰の根拠として、復讐よりも優れているからである。しかし、応報的正義は、これらの条件が満たされない——法執行が私的なものではなく、犯罪の発見と処罰の可能性が高くない——場合には機能しない。そして、このことは、近代国家の成立とプライバシーの確立によって犯罪行為が隠蔽される可能性の増加によって、それが廃れていった理由を説明する。

けがれ——隣人および子孫に対する応報

私は、これまでずっと犯罪者本人に対する応報について語ってきた。しかし、未開および古代社会の慣習は、しばしばそれ以外の者、例えば彼の隣人またはその家族の構成員に対する応報を認めてきた（集団責任）。ここでの私の興味は、「けがれ」として知られている集団責任の特殊な形式にある[15]。古代ギリシア社会においては、謀殺は彼の居住する都市をけがすものとされた。そして、もし謀殺者が追放されるか殺されるかしなければ、市民が疫病またはその他の不幸に見舞われるであろうとされた。ソポクレースの劇『オイディプース王』は、テーバイのけがれをオイディプースの父親殺しの結果として記述している。ギリシア思想の中では、謀殺その他の犯罪は、彼の子孫をもけがすものとされた。例えば、アイスキュロスの劇『アガメムノーン』において、我々は、アトレウスの犯罪が数世代にわたる彼の子孫をけがしていることを教えられる[16]。旧約聖書の中にもこれらのギリシアの信念と対比されるものがあるし、アフリカその他の未開社会においても同様の信念を見出すことができる。(17)

けがれは、以下の二つの点で、家族の集団責任とは異なる。第一に、罰は人間の関与なしに作用する。即ち、被害者の家族が復讐を行うのではなく、神が犯罪者の隣人または縁者に不幸を見舞う。第二に、けがれは、犯罪者の同時代の者というより子孫を不幸にするという意味において、しばしば「水平的」ではなく「垂直的」である。この相違は、第一の相違と関係がある。というのは、人間による復讐は、多かれ少なかれ犯罪者と同時代のものだからである。それゆえ、もし復讐が犯罪者の縁者に向けられたとしても、それはまだ生まれていない子孫ではなく生きている縁者を対象にする。超自然的な罰は、それほど早く執行される必要がない。

集団責任のこの興味深い形式は、古代アテーナイにおいて顕著であった。私は、その説明として次のことを強調したい。即ち(1)家族が、犯罪者に対する刑事訴追を行うことに対する信頼、(2)アテーナイの家族の規模が小さいことおよび強力な親族集団の不存在、(3)犯罪の処罰に要する高い費用を支えるための代替手段が存在しないこと、の三点である。

けがれは、オイディプースの父親殺しのように、家族内部における謀殺に関して最も頻繁に語られた。このことと関連して、親戚の者を殺すことによって生ずるけがれは、他人を殺すことによるけがれよりも浄化することが困難であることが重要である。(18)アイスキュロスの劇『テーバイ攻めの七将』の中の合唱は、親戚の者の謀殺を浄化することは不可能であると歌っている。親戚の謀殺とけがれの関係は、古典学者や文化人類学者によって指摘されてきた。一つの説明は、それが経済分析に相応しいものであるということを示唆している。謀殺またはその他の犯罪が家族内部で発生する場合には、その実行を被害者の家族構成員に依存する復讐のメカニズムは作動しない。即ち、彼の父親を殺した息子は、必然的に、彼の父親の謀殺者に対する復讐者となる。(19)（ホメーロスに見ることができる）被害者または彼の家族による直接の復讐というそれ以前の制度が、公的な裁判と処罰に道を譲っていた紀元前五世紀のアテーナイにおいてすら、謀殺を含めて、我々が犯罪と見なす行為の大部分に対して刑事訴追を行うことは、被害者の家族の排他的な権限であった[20]。この制度は、家族内部の犯罪の場合には有効に機能しなかった。そこで、それに代る救済方法が編み出された。即ち、けがれに対して、自動的に刑罰が科されたのである[21]。人々がけがれを信じ、かつ多くの者が信じたに違いないという限度において、彼らの信念は刑罰の通常の機構が抑止しえない犯罪を抑止することに役立ったのである。

けがれについての第二の相違点、即ち犯罪によるけがれの、家族以外の者への拡大の説明に際して特に重要な点は、殺人によるけがれという概念が最も高度に発達していたのは、小家族を特徴とするアテーナイにおいてであったということである[22]。家族の集団責任は、その構成員が報復の目標とされる危険があるので、彼を監視させるために別の構成員を配置しうる程度に、犯罪者の家族が十分に大きいことを前提にしている。しかし古代ギリシアに関して明らかな事実は、未開時代の基準または十九世紀の基準に照らして、小規模であったということである。私は、世帯のことを述べているのである。確かに世帯よりも大きな親族集団――血族やフラトリア――の存在も認められた。しかし、それらは、アフリカの部族制社会の親族集団に比べれば、流動的かつ分散的なものであった[23]。血族およびフラトリアの構成員は、アフリカの親族集団がそうであるように、相互に他の構成員の行為を監視するに適した状況にはなかった。家族の集団責任の原理は、アフリカの部族制社会においては充分に確立されており、そして謀殺者は、一般に彼の子孫をけがすものとは考えられていない。効果的な親族集団の規模がアテーナイにおいては小規模であるということが、家族の責任を垂直的にしている理由であった。というのは、子孫を集合体の中に入れることによって、犯罪に対する人または神による応報の潜在的な目標となる大集団が形成されるからである[24]。

興味深いことは、謀殺された被害者の家族が謀殺者から損害賠償（ホメーロスが言及しているポイネー）を得る権利がアテーナイにおいて廃止されたことと、けがれの信念は関係があるということである[25]。ポイネーの廃止は、処罰の蓋然性を減少させた。そして、けがれの信念は、その結果として生じると予測される処罰費用の減少を、刑罰の重さを増加させることによって補ったのである。

多くの未開社会において見出されるけがれと対比されるものは、通常、負債は相続されるという原理である。時折言われるように、「負債は腐敗しない」のである。[26] 裁判官も警察も保安官も持たない社会において、負債を回収することの困難さは、相続人が負債の保証人となることを要求する。刑事責任の相続可能性もまた、実務的な問題処理の方法であろう。確かに、ある人の犯罪を理由としてその子供たちをいかに峻厳に処罰しようと、小さな子供たちやまだ生まれていない子孫たちが、彼の行為を監視することは期待できない。しかし、彼らが刑罰を受けることは、彼が負担する違法行為の費用を増加させるという別の方法によって彼の犯罪を制約することに役立ったであろう。アーサー・アドキンスが説明しているように、「もしある者が一定の犯罪を行うならば、犯罪者の家族は抹殺されるであろうと脅迫する場合には、脅迫者は、犯罪者が死後において悲惨な状態になると脅迫しているのである。何故ならば、儀式を行う者が誰もいなくなるからである。それゆえ、脅迫者は、犯罪者の子孫を脅すことによって、犯罪者自身を脅迫しているのである。即ち、この理論が信じられているならば、良い行いの十分な保証となるのである。[27]」換言すれば、死者は生きている者によって行われる追憶の儀式を享受するという「迷信的な」信仰が、[28] 犯罪者の子孫の安全を危うくするいかなる行為も思いとどまらせる誘因を与えるのである。ここでは、家族による刑事訴追が効果的に機能しないので、けがれの恐怖が違法行為に対する効果的な制裁手段となっているのである。[29]

謀殺は全市をけがすという考え方も、子孫がけがされるという考え方と同様に、ギリシアの家族が小規模であったことと関係している。人々が大家族の中で生活していない場合には、生存している家族とは異なった集団責任の単位が使用されなければならない。それがもし子孫でなければ、それは隣人や町または都市となる。アテーナイにおいては、「血族は、多かれ少なかれ、もはや無関係な広汎な家族連環以上のものではなかった。血族の構成員または胞族の構成員は、極めて稀にしか会わなかった。それゆえ、この共同体は、日常生活において直接交際しながら生活している隣人よりも重要ではなかった。」[30]子孫がけがされることが犯罪者に対する刑罰の費用を高めたのに対して、隣人に及ぶけがれは隣人が彼を裏切る誘因を増し、それによって彼が処罰される蓋然性を高めた。[31] 人口移動が高まると、隣人による法執行は、次には、警察による「法」執行に道を譲るということが予測されるであろう。[32]

ホメーロスの詩の中に描写された社会は、紀元前五世紀のギリシアの社会よりも未開の状態である。けれども、上述の分析は、何故これらの詩の中でけがれの信念が殆んど示唆されていないのかを説明する助けとなろう。[33] このことは、古典学者にとって謎であった。ホメーロスは、意図的にけがれについて言及することを抑えていたと解釈できるかもしれない。[34] しかし、ホメーロスの社会には、けがれの信念が殆んど存在しなかったことが一般に承認されている。そして、多分その理由は、そのような未開社会においては、かかる信念によって復讐制度を補完する必要がなかったからであろう。確かに、紀元前五世紀のアテーナイにおけるのと同様に、ホメーロスの核家族は一般的に小さく、比較的大きな親族集団は重要でないものと見なされていた。しかし、ホメーロスの社会は、もし隣人がけがれの恐怖から彼を密告するのでなければ、紀元前五世紀のアテーナイにおいては犯罪者の逮捕を困難にする「都市の匿名性」の問題に直面していなかった。[35] 更に紀元前五世紀までには、ギリシアの諸都市間に大量の人口移動が生じた。それゆえ、逃亡した謀殺者はどこにでも再び落ち着くことができた。自ら亡命することは、ホメーロスの時代にもありえないことではなかったが、「紀元前五世紀のそれ」より危険であった。最後に、前述したように、ホメーロスの社会においては、犯罪の被害者または彼の家族には賠償を求めるという金銭的な誘因が存在した。しかし、この誘因は、紀元前五世紀までには消滅した。結局、ホメーロスの描写した社会における犯罪処罰に要する費用は、紀元前五世紀のアテーナイよりも高かったであろう。但し、この場合にも、費用の減少を防止するために確実に発生すると予測されるけがれの信念は別である。

幾人かの古典学者は、けがれの信念の発生を、ホメーロスの描写した時代とこの信念が開花したその後の古代社会の間の中間期における、治安の衰微に由来すると分析してきた。この見解は、上述の分析と一致する。(36) 個人的な安全が危うくなったことは、また、犯罪が処罰される蓋然性の減少として記述しうる。そして、そのような処罰蓋然性の減少が、処罰の蓋然性または刑罰のレベルを引き上げる方法を追及する刺激となったと考えられる。けがれは、その両方の目的に適っていたのである。

応報刑理論は、けがれをその一形態とする、集団責任を排除するという理由によって支持されてきた。(37) しかし、経済学的な見地から分析すると、刑罰は犯罪の咎責性に基づきかつそれに一致する場合にのみ正当であるという、応報刑理論に基づく見解は、処罰の蓋然性が既に高いということを前提としている。もし処罰の蓋然性が高くないとすれば、処罰の蓋然性または刑罰の重さを引き上げるための工夫がなされなければならない。もし応報刑理論がその説明たりえないとすれば、そのことは、応報は刑罰の根拠として適切な説明でないということの証拠である。

私は、典型的な未開社会の牧歌的な大家族状態から脱したすべての社会において、けがれの信念を見出しうると言うつもりはない。特に、家族内部の犯罪におけるけがれの重要性を説明するアテーナイの社会機構の特徴は、犯罪の訴追と処罰は公的なものであることを前提としている。けれども、この社会は処罰の執行を家族の責任に委ねていた。この責任は、訴追権限が家族に付与されていたというにとどまらない。即ち、家族は、実際に犯罪者を裁判に付するために訴追しなければならないのである。(38) そして、後の時代の、私人による法執行制度（ローマおよび十九世紀までのイギリスの制度を含む）とは異なり、家族以外の者がこの法執行の任務に関与する資格は認められなかった。即ち、執行者は、被害者の縁者でなければならなかったし、報償金その他の賠償金は勝訴した執行者に支払われた。(39) しかし、家族の規模が小さかったということは、犯罪者を処罰する家族の責任がしばしば果たされなかったことを意味する。というのは、犯罪者を裁判に付するという義務を果たすのに充分な家族構成員がいなかったからである。このような状況の下では、何か別の処罰方法、自動的な刑罰が必要であると考えられた。(40) けがれの概念は、それに相応しいものだったのである。

罪に対する責任

無実の者——謀殺者の子孫または隣人——に復讐が行われるということの中に、我々は再び「未開の」精神、即ち犯罪事実と責任または過失と義務の完全な乖離現象という特徴を発見する。その義務の懈怠が、費用的に正当化できない行為に帰せしめられる場合に、近代人は、故意または過失のいずれかの危険行為のみを罰することが適切であるとみなす傾向がある。近代法の中にも厳格責任が適用される領域が存在するし、それは実際にその適用対象領域を拡大しつつある。しかし、けがれは、法的な概念というよりは道徳的な概念であり、厳格責任の理念を法の中においてではなく道徳の中において理解することは困難である。近代の法であれ未開社会の法であれ、厳格責任の合理性は、法制度を運営する費用に関係している。前章において、未開社会の経済的な条件——特に情報費用が高くつくということ——が、厳格責任を採用した理由であると説明した。しかし、情報費用は、道徳的な信念をも生み出すであろうか。古代ギリシアの道徳律の顕著な特徴は、確かに帰責と責任とがしばしば分離しているということである。[41]道徳的な責任は、故意でも過失でもない行為に基づいて、そして時には全く避けえなかった行為に基づいて、人々に繰り返し帰責されている。『テーバイ攻めの七将』の中で、エテオクレースとポリュネイケスは、彼らの父、オイディプースが彼らを呪ったが故に災難にあったと記述されている。オイディプース自身は、先祖の犯した罪のゆえに、彼に対して予言されていた呪いを避けるために最大限の努力を払ったにも拘わらず災難にあった。実際、不幸と罰のカテゴリーは、ギリシアおよび他の未開社会の観念の中ではしばしば融合しているように思われる。少なくとも、我々の社会と比べ古代社会においては、故意よりも結果が重要視されている。オイディプースが有罪とされたのは、父親を殺し母親と結婚した事実のゆえであり、結果的に彼の都市に厄災がふりかかったのもその故であり、それらの行為を行った際の心理的状態は問題ではなかったことを示唆している。

道徳的な観念におけるこの相違は、情報費用の違いの反映である。故意または過失は、行為の評価に際しては考慮されない。というのは、故意または過失は、その行為を抑止しうるか否かによって決定されるからである。合理的な費用によって避けることのできない行為に人々を追いやることは、何らの効果も持たないか、または悪い効果（不適切な効果）をもたらす。それゆえ、自然法則の知識の増加および事実認定のための効果的な制度の創造によって情報費用が低くなれば、我々は厳格責任から離れた道徳的責任のみならず法的責任をも含む、新たな概念の創出を期待しうる。もしくは、少なくとも、いかなる免責も正当化も認めないような、単純な形態の厳格責任からの離脱が期待できるのである。このような発展の証拠は、古代ギリシア自身の中にある。ホメーロスの社会においては、故意の殺人と故意によらない殺人とは区別されていなかった。けれども、[42]紀元前五世紀までには、この区別はギリシア刑法において完全に確立されていた。[43]ただし、それは近代法に比べればはるかに粗雑なものではあった。厳格責任が克服されるという非宗教的な発展方向は、罰が純粋な損害を凌駕する刑事的および道徳的な非難の領域において、特に予測される事態である。ある人に、彼の行為によって被害に遭った者に対して単にその被害と同額の費用を支払うように要求することは、加害のための費用を含むその行為に要する費用よりも大きな利益をもたらす行為を抑止しない。[44]しかし、刑罰の特徴がそうであるように、もし罰が純粋な被害よりも多めに設定されたならば、[45]厳格責任は非常に有効な抑止力となろう。また道徳的非難も、もしそのように非難される行為に実質的な費用が課されるならば、非難できない行為に対しても抑止力が働くであろう。

アイスキュロスの劇『慈みの女神たち』は、この分析の道筋を揺るぎないものとするための適切な素材を提供している。オレステースは、父（クリュタイメストラの夫）であるアガメムノーンを殺したことの復讐として、母であるクリュタイメストラを殺した。クリュタイメストラは、アガメムノーンがトロイアへの途中で手にかけた彼女の娘イピゲネイアーの復讐をしようとしていたのであった。そして、復讐の女神は、クリュタイメストラ殺害のゆえにオレステースを責めたのである。アテーナイに逃避したオレステースは、アレオパゴスの法廷で裁かれ、アテーネーの投じた最後の一票によって無罪とされた。

この劇は、復讐、応報、けがれおよび厳格責任に関する種々の問題を叙述している。クリュタイメストラは、(生き延びた彼女の唯一の娘エレクトラの助けをうけた)彼女の唯一の息子によって殺されたので[46]、この犯罪に対する自然人たる復讐者はいない。そこで「法執行者」の役割は、超自然的な機関、復讐の女神に委ねられるのである。女神たちは、今度は厳格責任の精密な原則を用いる。オレステースは、父親の復讐という義務を負っていたにも拘わらず、謀殺の責任を問われた[47]。つまり、殺人は正当であったが、復讐の女神の目からすると、それは許しがたいことであった。

アレオパゴスにおいてオレステースが無罪とされたことは、子供を産むという婦人の役割は父親の役割よりも重要ではないという理不尽なアポローンの主張にその根拠をおいていた。とはいえ、この事実は、弁明理論がいかにして厳格責任の原則を緩和するか、同時に純粋の復讐がいかにして応報的正義に移し変えられるかを示唆している。復讐は、ある者を侵害した者を、侵害の理由を問わずに攻撃することである。それゆえ、弁明を認めない厳格責任制度に似ている。単なる実行行為者ではなく、犯罪者が処罰されるべきであるという応報原理は、過失に基づいて責任が課される正義のシステムへの一歩であり、また非難可能性に基づいて有罪とされる道徳のシステムへの一歩である。この歩みは、合法的な殺人と違法な殺人とを区別するための有責性を確定する制度が作られるまでは実現しない。このことは、アレオパゴスの法廷が、オレステースの責任を確定するという象徴的な目的のために創設されていたものとして、『慈みの女神たち』の中で記述されていることと正しく一致する。ホメーロスの描いた社会には、そのような制度は存在しなかった。そして、このことがオデュッセウスと彼に殺された求婚者の縁者の間の最初の不和が、その正当化をオデュッセウスに死を求める裁判所の判決ではなく、ゼウスの雷撃によって終結させられねばならなかったことの理由である。有害な行為の正当化に関する事実の発見と評価のための費用が低くなるに伴って、社会は復讐から応報へと移行し、それに連れて厳格責任から過失に基づく責任へと移行していったのである。

第Ⅱ部を極めて簡単に要約すると、私は、経済分析が、未開および古代社会の機構と行動に関する重要な洞察を生み出すと主張してきた。根底にある経済学的概念は、不確実性の概念と情報費用の概念である。これらの要素は、何故未開社会および古代社会において保険がそれほど強調されたかを説明するし、そこで採用された保険の形態、これらの社会においては近代社会よりも厳格責任に力点を置いた理由、および未開社会のその他の多くの価値と制度の根拠を説明する。各章においてなされた洞察を総合し拡大するためになすべき多くのことが残されている。けれども、これらの洞察は、人間の行動と社会的機構を説明する経済モデルの射程距離と効力の証拠を提供するものである、と私は信じている。

第Ⅲ部　プライバシーと関連諸利害

第九章　秘密保持としてのプライバシー

第Ⅲ部の三つの章は、プライバシーと関連する経済的諸利益をめぐる法と経済学を取り扱う。(1) 未開社会の法からプライバシーに主題を転じることは、唐突に見えるかもしれない。けれども、特に本章に関しては、プライバシー理論と未開社会論において基本的な役割を演じる、私の情報の経済学がこの二つの主題の間を橋渡しする。

「プライバシー」という言葉は、非常に曖昧で多くの意味を込められた言葉である。(2) 私は、その言葉の三つの異なった意味、即ち、秘密保持、隔離および自律について議論しようと思う。最初の秘密保持の意味におけるプライバシーは、最も興味深いものであり、本章の主題となる。プライバシーは、とりわけ個人的な情報を秘匿することまたは隠すことを意味するが、加えて業務情報についても簡単に議論したい。私は、まず、秘密保持としてのプライバシーの経済学の発展過程を検討した後に、プライバシーをめぐるコモン・ロー法理がこの主題に関する経済学とどの範囲において一致するのかを考究したい。

私的情報とコミュニケーションの経済学

個人的な事実の秘密保持

個人的な情報を秘匿する法的権利を認めるべきか否か、またどの範囲において認めるべきかという問題は、人が他人に関する個人的な情報を暴きたいと思う、別言すれば詮索したいと思うがゆえに生じる。私が提起する最初の問題は、それゆえ、なぜ人は詮索したがるのか、その理由である。それは、純粋に無益なまたは出歯亀的な好奇心の問題なのであろうか。それとも何か役に立つ、言うならば経済学的な説明が可能な問題なのであろうか。

私は、経済学的な説明が可能であると信じる。それは、業務上のものであれ個人的なものであれ、現実的または潜在的な関係が他人に関する情報をもたらすことから、(金銭的または非金銭的な) 利益を得る機会が生じる場合に最も明白になる。この事実は、徴税官、婚約者、共同経営者、信用供与者および競争者が個人的な情報を求める理由を説明する。社会生活の通常のあり方として、友人や同僚の私生活に対する何気ない詮索 (この言葉は軽蔑的な含意なしに使用している) の多くが、打算的で合理的な熟慮によって動機づけられているとは必ずしも言えない。人は、詮索することによって、ある友人や同僚について正確な像を形作ることが可能となる。そして、獲得された知識は、彼との間での社会的または業務上の取引において有益である。例えば、友人を選ぶ際に、彼が慎重な人であるか、軽率な人であるか、利己的な人であるか、寛大な人であるか、などを知りたいと思う。そして、これらの性質は、通常は、最初会った時には分からないものである。純粋な利他主義者でさえも、相手に譲渡される価値を測るために、利他主義の対象である将来の受益者のおおよその富を知る必要がある。

コインの裏側は、ビジネスのような社会的取引において、虚偽表示によって私利を図る機会を表示している。心理学者と社会学者は、以下の事実を指摘する。(3) 人々は、日常生活においてさえ、他の人々の彼に対する評価を操作するために、自分の収入、将来の展望、見解などに関する事実を述べたがらない。「プライバシーを守りたいという願望は、……自分の正体を隠している人に対抗して、お互いに相手方の認識や信念を支配したいという……欲望を示している。(4)」プライバシーの最も強固な擁護者でさえ、個人のプライバシーの権利を「その個人に関する情報の流れをコントロールする権利」として記述している。(5) そのような情報とは、過去もしくは現在の犯罪行為または道徳基準に悖る その人の道徳上の行為に関する情報であり、またその隠したいという動機は、彼の取引相手をしばしば誤った方向に導くためであることを、付言しておくのが公正であろう。人々が隠したいと思うその他の情報は、道徳的な意味においては非難されるべきものではなく、当該個人がそのことから私利を得ようとしているが、事実が明らかにされれば、相手方が思い違いを訂正するような情報である。例えば、労働者が彼の使用者に対して重大な健康上の問題を隠したり、妻となろうとする者が婚約者に対して不妊症を隠したりする場合である。なぜそのような情報に対して社会が個人に財産権を認めるのか、その理由は明らかでない。後で見るように、コモン・ローは一般的にそれを認めていない。これとは別の問題は、我々は後にその問題に立ち返るが、有罪判決を受けた者のプライバシーは別として、その他のプライバシーに財産権を認めることが、法がかかる事実を隠しておくために何らかの手段を提供することを意味するかどうかである。

我々は、もし虚偽または不充分な品質表示をした商品を売り歩くことを法が許容している場合には、それは不当かつ非効率な法であると考えるであろう。しかし、人々は、知人が彼らの性格を評価するのに必要な事実を知人に隠して、彼らにとって有利な社会的または業務上の取引に知人を導くために、自分達の品行が立派であることを公言し、彼らの商品を「売り込む」のである。重大な人格的欠点をすべてかつ率直に話すことが法的に義務づけられないことには、現実的な理由が存在する。しかし、個人は、道徳的資質を暗示的または明示的に性格づける際に重要な隠された事実をさらけ出すことによって生じる不利な取引から、自分自身を守ることを許されるべきではなかろうか。人は「他人に干渉されない権利」を持っているというのは答にならない。(6) 何故なら、殆んどの人は独りにしておかれることを望まないからである。むしろ、人々は、自分に関する事実を選択的に明らかにすることによって、自分を取り巻く世界を操作しようと欲するのである。

確かに、人々が隠そうとする幾つかの私的な情報は不名誉なものではない。我々の文化においては、多くの人々は、裸でいるところを見られるのを嫌う。しかし、そのことと、他人の裸を見たことを暴露するという恥ずべき行為とは全く別のものである。(7) 他人の裸を見たことを話さずにおくということは、恥ずべき事実を隠すこととは異なり、社会的費用に起源を有するものではない。また取引費用が安いので、この私的情報の領域において個人のプライバシーに財産権を認めることには経済的な理由がある。そして、それは法が認めてきたことでもある。しかし、殆んどの人は、恥ずべきことではない個人的な情報を隠したいと思うほど、「一般的な」慎み深さを持っているわけではない。飛行機の中やスキー・リフトの上で見知らぬ人と隣りあった人は誰でも、自分自身について全くの初対面の人に話すことに喜びを見出すことを知っている。友人、縁者、知人または仕事の上の同僚との会話において、彼らが業務上または社会的な取引において有利に（または不利を避けるために）それを使用するかもしれない個人的情報の暴露を抑制することは、より頻繁に起こりうる。

人々が自らの所得を明らかにしたがらないことは、純粋な道具概念としては説明できない、プライバシーの願望の好例であるように思われる。しかし、私は、人々が「低い」所得を隠すのは、主として、信用市場およびその他の場所で、高額の所得を得ていることが価値を有すると考えているからであると思う。これに対して人々が高い所得を隠すのは、徴税官、誘拐者および盗人の注意を引くことを避け、慈善運動や家族構成員からの懇請をかわし、かつもし他人に収入の内の幾らくらいを拠出しているかを知られたならば失うかもしれない、気前の良さについての評判を維持するために隠すのである。第一および第二の理由は、慈善活動に対する匿名の寄付が行われる根拠を説明する。しかしながら、一方で誘拐者やその他の犯罪者に所得を隠すことと、他方で徴税官や家族構成員および信用供与者に所得を隠すこととは、区別しなければならない。前者における秘密の保持は、完全に正当な自己防衛機能に奉仕するからである。

他人を誤った方向に導くために自分自身に関する事実を隠すという私の主張に対して、そのような秘密保持は効率的な取引を育むバランスに基づいているという反論があるかもしれない。何故なら、人々が隠している事実の多く（同性愛、少数民族、共産主義またはファシズムなどに対する反感や共感、軽度の精神病、過去の法律違反、婚姻上の不和、鼻をほじくる癖など）は、それが明らかにされると、使用者、友人、恋人などになるかもしれない人々に不合理な反応を引き起こすからである。しかし、この反論は、馬鹿げた理由によって人を避けるという機会費用、別の言い方をすれば、他の人が不合理な理由で避けている人との取引から利益が派生することを見逃している。殆んどの使用者が前科者が優れた労働者である事実を知らないとすれば、それを知っている使用者は、彼が就職の機会に恵まれないゆえに標準以下の賃金で彼を雇うことができ、それによって偏見を持つ使用者に対して競争上の有利さを獲得しうる。人種的に多様で分権的かつ競争的な社会においては、不合理な接触回避は時とともに除去されるものである。(8)

商業上のアナロジーは、この点を明らかにするのに役立つであろう。長年にわたって、連邦取引委員会は、一定の製品、特に日本製品の輸入業者に原製品の国籍をラベル表示することを要求してきた。委員会は、その合理性について肯定も否定もしなかったが、一定の外国製品（特に日本製品）は劣悪であるという広範に流布された信念をその理由としていた。また、真珠湾攻撃に対する遺恨という理由も信じられていた。しかし、周知の如く、日本製品は市場を席巻し、日本製品に対する偏見は弱まり、ついに消えうせてしまった。そして今日では、日本製であるということは品質の良さと高価であることの誇るべき指標となっている。これは、競争がいかにして時とともに偏見を駆逐するかの一つの例証である。同様の例、即ち日本製品ではなく日系アメリカ人の例も、雇用および個人的な関係の領域において競争プロセスが機能したことを示している。

不法行為法と証拠法における過去の犯罪行為の取り扱いの相違は、この点についての更なる洞察を提供する。ある個人の犯罪歴を公表した者に対する訴権は、カリフォルニア州を除いて、その犯罪の発生時期の遠近を問わず認められていない。しかし、刑事裁判において証人の証言を弾劾するために過去の犯罪歴を使用することは、（裁判官の裁量によって）比較的最近の犯罪歴に限定して認められている。(9) いずれの場合においても、人々は、その情報が最近のものであるという理由で、人格に関する否定的な情報を割り引いて考えることができるか否かは議論の余地がある。しかし、不法行為の場合には、割り引いて考える人々――友人、信用供与者、使用者、およびその他の現実のまたは潜在的な取引者――は、遠い過去の情報を過大評価するならば、有利な取引の機会の喪失という形で費用を支払うことになる。彼らは、それによって、そのような情報に不合理に反応しないよう動機づけられる。対照的に、陪審員は、不合理に行動することによって、いかなる費用負担も生じない。それゆえ市場アナロジーは、この場合には失敗し、彼らの決定の合理性を維持するためにパターナリスティックなアプローチが正当化されるのである。

市場システムによって排除されるような不合理な偏見と、不正確な情報に基づく行動とを混同してはならない。合理的な人または企業は、追加調査によって明らかになる知識から得られる限界利得が時間的、金銭的限界費用とちょうど等しくなる点で、社会的または取引上の相手に対する調査を止める。結局、ある人よりも別の人と取引する価値が小さいか、あるいは付加的な情報費用が高い場合には、合理的な調査のプロセスは、あるいは非常に早い時点で終了するかもしれない。もし前科者が平均的に劣悪な労働記録を持っているとするならば、そしてもし職を求めている前科者を個別的に評価し訂正することに高い費用がかかるならば、そして彼に代る前科を持たない労働者をそれほど高くない賃金で雇うことができるならば、使用者が前科者を誰も雇わないという一律の原則を適用することは合理的であろう。[10]

人々が、労働者や配偶者および友人などに対して行う調査が、伝統的な市場行動（雇用はその一つであるが）の調査よりも、一般的に合理的でないことを示す証拠はない。非市場的行動に関する実証的研究の増加によって、人々は、婚姻や出産および犯罪を含めて、この領域においても明示的市場における企業や消費者と同様に、合理的に振る舞うことが明らかになっている。[11] これらの研究者は、人々が隠そうとしている不名誉な事実にどれくらい重要性を与えるかについては、自分自身で決定することを許すべきであると主張している。この「自由市場」アプローチは、詐欺に適用される原則が通常の商品市場において最適なルールであれば、その近似値として、労働市場や信用市場、更に純粋に個人的な関係の「市場」ついても、そのルールを適用すべきであると示唆する。したがって、もし経済学的分析によって、商品市場において特定の事実を明らかにしないことが詐欺にあたると見なされる場合には、それが職業選択、個人金融または配偶者などを求める者によって行われた場合にも、同様に詐欺にあたるとみなされるべきである。詐欺を理由とする婚姻の無効は、このように、詐欺的な商取引契約を無効とするルールの正確なアナロジーである。もちろん、多くの個人的関係の領域においては、詐欺の費用が非常に小さいので、正式な法的救済を正当化することはできない。そして婚姻に代表されるように、費用が高いいくつかの領域では、代替的救済手段が利用できる。婚約期間は、配偶者となるであろう者が虚偽表示を訂正するために、お互いを充分に理解できる時間を提供する。このことが、通常の商取引契約の取り消しを求める事件に比べ婚約無効の事件において、より重大な詐欺の証拠が要求される理由である。(12)

私は、他人についての個人的な情報に対する需要の多くは、実際には一種の自己防衛を目的とするものであると示唆してきた。しかし、自己防衛は、新聞のゴシップ・コラムによって提供されるような、全く知らない人の私生活を知りたいという需要の説明にならない。しかしながら、ゴシップ・コラムは、異なった種類の価値ある情報を提供する。ゴシップは、富裕な人々や成功した人々の個人的な生活を詳しく述べるが、それらの人々の嗜好や慣習は、消費や職業選択などの決定を行う際に、通常の人々に対してある種のモデルを提供する。そのモデルは、常に啓蒙的なものであるとは限らない。例えば、ハワード・ヒューズの実話は、成功した者が陥る落とし穴について警告する一つの道徳劇である。悪名高い人々や犯罪者たち、例えばプロフューモやレオポルドといった人々の実話も、同様の機能を持っている。貧乏人の生活に対する人々の興味が、金持の生活についてのそれよりも少ないのは何故であろうか。例えば、小説の中で貧乏人がどれだけ頻繁に主人公として登場するかという基準で計ると、このことは明確になる。(13)その理由は、貧乏人の生活は、我々自身の生活を計画する際に有用な情報を提供しないからであると私は考える。貧乏人に対する興味は、いつも貧乏である人々よりも、裕福である（または裕福であった）がその後貧乏になった人々に向けられる。そのような情報が持つ、人々に対する警告的機能は明白であろう。

ウォーレンとブランダイスは、彼らのプライバシーに関する有名な論文の中で、人々の生活に対する好奇心の増加は、新聞による誇張されたゴシップ記事に由来するとした。(14)しかしながら、経済学者は、供給が需要を生み出すとは信じない。(15)ゴシップ・コラムの増加についてより説得力がある理由づけは、個人所得の長期的な増加である。最も貧乏な社会においては、プライバシーは殆んど存在しない。(16)その結果、人々は容易に他人の最も内部の生活を直接的に観察することができる。豊かな社会においては、個人的監視は多くの費用がかかるようになる。その理由は、人々がより多くのプライバシーを有していること、および時間の価値が（それゆえ機会費用も）あまりに大きすぎてその大部分を隣人の観察に割り当てることができないこと、(17)という二つの理由に基づいている。お節介な人々にとって情報を得る費用があまりに高い社会においては、その他の機能の中でもとりわけ、新聞が詮索の専門化機能を担う。新聞は、加えて、有利な手段で取引を行うために他の人々を欺くような虚偽表示を暴露する。私は、「取引」という言葉を、例えば一九七二年のトーマス・イーグルトンのように、精神病歴を明らかにせず副大統領となろうとする人を含むべく広い意味で使っている。

ゴシップ・コラムが情報機能を持っているというプライバシーの経済学的分析の含意に対しては、最も強力な批判が加えられている。しかし、裕福な人々や称賛を受けている人々の私生活に対する「野次馬的な」興味が物理的なプライバシーと正の相関関係を有している理由を、他のいかなる方法で説明しうるだろうか。ゴシップ・コラムや映画雑誌は、ヨーロッパよりも合衆国において繁栄している。ヨーロッパにおいては、合衆国におけるよりも、物理的なプライバシー空間や匿名性が少ないのである。しかも、ゴシップ・コラムや映画雑誌および公的なゴシップを伝播するその他の出版物などは、低俗かつ非教育的であると考えられている。けれども、合衆国におけるこれらの出版物の人気の上昇は、教育水準の上昇と一致しているのである。何故ならば、私が示唆したように、物理的なプライバシーの増加は、見知らぬ人の生活態様を直接観察する機会を排除するからである。(18)

個人的な情報の秘匿においては、虚偽表示の要素が重要であるが、しかし他の要素も存在する。(19)第一に、秘密の保持は、正確な情報の伝達を妨げるというよりも、むしろ時にはそれを促進する。人の心は、通常、会話表現のために慎重に選択した考えというよりも、もしそれが他人に明かされてもその人の意図や才能に関する情報を殆んど提供しないような、気紛れでまとまりのない、無分別な考えで充たされている。「内心の考え」を隠すことは、発言すべき考えを選択すること、つまり、その人の意図や価値判断について意見交換することのまさに裏面なのである。同様に、衣服をまとうことは、環境から人を守ることに役立つのみならず、その人の価値判断および嗜好を公表する役割を果たしている。もし、我々が裸で最初に心に浮かんだことをペチャクチャしゃべる場合には、注意深く衣服をまとい控え目に話すことによって自己表現する場合よりも、我々自身の内面を殆んど暴露しないことになろう。このことは、衣服による見せ掛けが社会関係の本質的な潤滑油であるということを言っているのではない。そこには、明白な経済学的な解釈の余地が全く存在しない。ここで言いたいことは、以下のことである。AがBを将来の仕事上の同僚として適当であると評価している場合に、Bに君は蛙に似ていると指摘することは、AがBを将来の仕事上の適当な同僚と評価しているという誠実な見解の表明ではなく、かえってその評価を不明確にするものであろう。[20] 情報の秘匿と虚偽表示との境界は、例として髪を染めることで説明できる。髪を染めることによって、その人がどういう種類の人であるかについてある種の情報を伝達できるが、その実際の年齢を秘匿することもできるし、その両方に関する情報を伝達することもできる。

衣服、装飾品、化粧品、言葉遣いなどは、情報を伝達することに役立つのみならず虚偽表示にも役立つ。このことは、[21] おそらく、歴史上時折行われた、衣服の豪奢さを規制しようとしたいくつかの試みの意味を説明するであろう。十四世紀において、

世襲貴族の衣装や振る舞いを成り上がり者がまね、それによって社会階層の間に引かれた不朽の境界線が曖昧にされたことほど、世襲貴族を憤激させたものはない。荘厳な衣装を着ることは、貴族の特権であると考えられていた。そして、貴族は、他の者に着ることを禁じた衣装様式によって、貴族と判明しなければなら

なかった。この原則を法として確立し、「資産と地位に不釣り合いな立派で目立つ服装」を禁じようとして、奢侈禁止法が繰り返し発布された。これらの法律は、人々がどのような種類の衣服を着てよいか、また人々はどれくらい衣服に支出してよいかを固定しようとする試みであった。(22)

この分析の第二の性格づけは、効率性の立場からみれば、情報の競争的な供給が情報の過剰生産を導くという点にある。(23) ある企業の宣伝広告は、部分的にライバル企業の宣伝によって相殺される。同じことは、衣装や振る舞いその他の自己宣伝のために行われる、真実の個性表現に関しても生じる。個性表現が真実である場合でさえも、人が大げさで明確な個性表現を示そうとする努力は、最適水準以上に、多くの個人的な性格に関する情報を生み出す結果になる。(24) この意味では、もし取引費用がゼロであるならば、すべての人にとっては個性表現を少なくする方が適切である。企業や私立の学校において時折見掛けられる服装規制は、表面的には衣服の水準を上げることを意図したものであるが、時には衣服の水準および費用を下げるという逆の結果をもたらすことがある。しかし、その真の目的は、種々の服装を禁じることによって、この自己宣伝の形式に使われる資源の総量を減らすことにある。

秘密保持と革新

プライバシーを情報操作または虚偽表示と関連させて位置づける見解の最も重要な特徴は、革新的なアイディアおよび私的な会話を分析する場合に表われる。情報公開は、他の人がその情報を直ちに手に入れることを可能にする。しかし、このような情報公開は、その情報の最初の生産者に対して、その情報生産に際して行った投資の回収を妨げることによって、そのような投資を行う誘因を減少させる。この問題を解決するためには、いわゆる市場システムに一致させる二つの方法がある。第一の方法は、特許法や著作権法に見られるように、情報に排他的な財産権を認めることである。第二の方法は、情報の秘密保持を認めることである。この場合、情報は、生産者が使用することはできるが、しかし排他的な使用によって彼が利益を得るまでは公開されないことを意味している。

　この二つの方法のどちらを選択するかは、特定の条件の下での、費用と便益の評価に依存している。便益に関しては、著作権に関する制定法とコモン・ローを比較してみよう。前者は、彼の作品の財産権を著者に与える。即ち、著作者の許可なく何人もその作品を複写できない。コモン・ロー上の著作権は、秘密保持という方法を使っている。即ち、著者が彼の原稿を公開しない限り、法は、許可なしに他人がそれを公刊することから著者を保護している。(25) しかし、もし著作者が作品の出版を希望していたり、またはある技術革新の結果直ちにそこに体現されている革新的内容が明らかになる場合には、秘密保持という方法は有効な手段でないことは明らかである。そして、秘密の保持がなんらかの保護に役立つ場合（出版者は、海賊版が印刷され頒布される前に相当の収益をあげることができるかもしれない）でさえも、それは極度に費用がかかるものであろう。例えば、貴重な情報を含む出版物については、出版者がその出版物に財産権を有している場合に比べ、費用が高くつく方法で急いで出版せざるをえなくなる可能性がある。秘密保持に対する保護という方法は、あるいは、別の産業分野に適用される場合には有益であるかもしれない。しかし、工業技術に関する秘密の所有者は、競争相手にその秘密が漏れるかもしれないという理由で、それを売ることを危惧するかもしれない。

　他方、情報に財産権が認められたとしても、それを執行するための費用は、しばしば保護すべき情報の価値と釣合わないほど高い。だから特許制度は、人気のある料理の調理法の保護には利用できない。しかも、ある情報の正当な出所を追跡するための費用は、財産権制度に対する信頼をしばしば毀損するほどに高額となりかねない。もし、特許法または著作権法によって保護された明確な具体性を持つアイディア以外のアイディアにも特許ないし著作権を認めるとすれば、その範囲を特定することが困難であるため権利侵害の範囲は広大なものになろう。結局、秘密保持のルールは、知的財産に対する公式の権利保護制度が、未発達な社会を前提にすれば、情報の生産を促進する重要な社会的装置なのである。それゆえ、法は、抜け目のない取引者に対して、情報の価値について、取引の相手方に彼の本音を明らかにすることを要求していない。ここで、「抜け目のない取引者」とは、少なくとも部分的には、ものの真の価値に関する情報を収集するために資源を投資する者を意味している。もし彼がその情報を潜在的な売り手と共有することを強制されるとすれば、彼が行った投資から全く利益をあげることができず、任意の交換によって商品をより価値のある使用者へと移すことができないであろう。それゆえ、法は、交渉過程における誠実さを結果的に欠くことが取引の「任意性」を損うとしても、彼に情報公開を強制していないのである。同様に、法は、ある会社の株の大口の買い主が、株の値段を過小評価している売り手に自分の行動を知られないように偽名で多くの小口の注文を出したとしても、その買い主を処罰の対象としてはいない。(26)秘密保持のルールは、市場の条件の変化を即座に調整するために極めて重要な役割を果たす、投機家の投資を保護する。のみならず、偉大なシェフや独創的な料理について友人の尊敬を「買う」主婦による、情報に対する投資をも保護する。同様に、弁護士業務に関する理論において、事件の調査および分析に対する弁護士（および結果的に依頼人）の投資を保護するために、秘密保持のルールが使われることも私にはよく理解できるのである。

私は、これまで、いかなる情報もその生産者の不可侵の財産であるかのように述べている。しかし、経済学理論がこのことを暗示しているわけではない。財産権または財産権の代用物としての秘密保持のルールの目的は、情報を産出することに対する投資の誘因を作り出すことにある。これは、社会的に望ましい情報の秘密保持と詐欺的なそれとの間に線を引く場合に、考慮すべき重要な事柄である。(27)このことは、コモン・ローが、家屋の所有者に対して、隠された目に見えない欠陥を買い手に明らかにすることをしばしば要求している理由を説明する。(28)家屋の所有および維持は生産的な活動であり、そのためには費用がかかる。しかし家屋の所有者は、その家屋の欠陥に関する知識を殆んど費用をかけずに手に入れる。それゆえ、家屋の所有者にその欠陥を明らかにするよう要求することは、彼にその欠陥を発見するための費用負担を強制する結果にはならないのである。

コミュニケーションのプライバシー

コミュニケーション（手紙、電話、対話または何であれ）は、それによって事実が明らかにされる一つの媒体である。もし、その事実が、技術革新を助長するため情報の秘密保持を認めることが望ましい種類のものである場合には、コミュニケーションは特権を付与されるべきであるし、その事実が信頼に値しないものであるならば特権を付与されるべきでないと思われるかもしれない。しかし、このアプローチは単純すぎる。コミュニケーションは、話し手と聞き手に関する事実を明らかにする場合のみならず、第三者について言及することもありうる。もし、第三者がそのコミュニケーションの内容を知りうるとすれば、話し手はコミュニケーションを修正するであろう。この修正は、慎重な発言に要する時間とコミュニケーションの明確さが減少するという、二つの理由で費用がかかる。例えば、AがBとのコミュニケーションにおいてCの悪口を述べ、Cがその会話を盗み聞きした場合には、Cは怒るかまたはAと仲たがいすることになろう。もしAが、Cに好意を持っていたりあるいはCが侮辱に対して報復する可能性があるという理由で、Cのリアクションを引き起こすことを望まず、しかもCが聞いているかもしれないことを知っている場合には、AはCの悪口を述べることを避けるであろう。彼は、言葉をより慎重に選ぶであろう。そして、その会話に慎重さと遠回しな表現が付け加えられることは、コミュニケーションの価値を減じ、その費用を増加させる。もし、その悪口が虚偽に基づくものでありかつCに損害を与えることを意図したものである場合には、その費用を相殺する便益が存在する。しかし、私的な会話において、平均的に、真実の侮辱よりも虚偽の侮辱が多いと信ずべき理由は存在しない。しかも、それが公にされる可能性がある限り、真実の侮辱も虚偽の侮辱と同じくらい抑制される。もし、AがCは嘘つきであるとBに述べることによって実質的な利益を全く得ることがなく、単にCの憤激を引き起こすだけである場合を想定してみよう。この場合、その会話がCの耳に入るかもしれないという認識は、Aをして、Bにとっては価値を有する情報を話さずにおく方向へと導く。これが、とりわけ、学術雑誌に提出された論文に対する審査が匿名で行われる理由である。

このことは、盗聴が事実を発見するための効率的な方法ではないということを暗示している。もし盗聴の危険が認識される場合には、情報の内容を第三者にとって価値のないものとするために、一定の社会的費用をかけて会話は修正される。会話以外の情報でこれと類似的に考えうるのは、法がその秘匿を認めていない、犯罪歴を有している人の場合であろう。彼は、それが明らかにされるのを避けるために、自分の名前や仕事や住所あるいは体型さえも変えることに大きな努力を払う。もし、個人の不名誉な情報に財産権を認めることを否定する主要な効果が、その事実を隠蔽する有効な手段を開発するために、彼に費用負担を余儀なくさせることにあるならば、社会にとって、得るものは少ない。しかし、おそらくそれは主要な効果ではないだろう。トーマス・イーグルトンは、一九七二年に民主党綱領に基づいて副大統領に指名された。その際、彼は精神病歴を隠すことができなかったが、しかし会話のプライバシーを理由として第三者に対する彼の見解を隠すことは認められた(29)。

上述の分析を支持する証拠は、すべての学業成績管理者によく知られた、バックレー修正法(30)の下での経験によって明らかにされている。この制定法は、学生に対して、事前にその閲覧権を放棄していなければ、彼らについて書かれた推薦状を閲覧する権利を認めている。しかし、学生は閲覧の客体である推薦状の情報価値が私信の推薦状よりもはるかに少ないことを知っているので、殆んどすべての学生が権利を放棄している。

会話のプライバシーに関する私の分析を支持するもう一つの証拠は、社会が発展するにつれて、言葉遣いが形式的なものでなくなるという事実である。第六章で述べたように、未開人の言葉は、二十世紀のアメリカ人の言葉よりも、洗練され儀式的でかつ作法にかなったものであった。その一つの理由は、未開社会におけるプライバシーの欠如に求めることができるであろう。通常、第三者が立ち会っているため、彼らに対する会話の影響が考慮に入れられねばならないから、未開社会では真の意味での私的な会話は殆んど行われない。現在でも、多くの人々が傍にいる場合には、人々はより形式的に話すものである。プライバシーの発展は、私的な会話を助長し、それによって言葉を節約することを可能とする。即ち、我々は、未開人には明らかに困難な、簡潔にかつ形式ばらずに話すことが可能になったのである。[31] 盗聴を許すことは、このコミュニケーションのもつ価値たる経済性を損うことになる。[32]

この分析は、人々のノートや手紙またはその他の私的書類を手に入れようとするすべての試みにも容易に拡大適用できる。即ち、これらの試みは、コミュニケーションを抑制する。コモン・ロー上の著作権は、事実、日記や通信の秘密を保護している。[33] 例えば、個人の家の中を映写的手段で監視することも、プライバシーの侵害にあたるとして、強力に保護しているのである。人々は、プライバシーが認められることによって第三者に対する影響を考慮することなしに、我が家で服を着たり裸のままでくつろぐことができる。この形式ばらずに済むことが資源の節約に寄与するのであり、もし家の中が公的な領域に属するとすればその快適さは失われるであろう。人が衣服を着けるのは、単に他人に与える影響のみならず、前に述べたように、裸でいることを抑制する必要ゆえにである。即ち、その抑制の必要性こそが、裸でいることを避けるために費用がかかるような場所について、プライバシーの権利を認めるもう一つの理由となっている。

プライバシーの領域における立法の傾向

近年では、州および連邦において夥しい数のプライバシーに関する制定法が出現しているが、これらについては第十章および第十一章で検討する。ここでは、私は、法制定の動きの中に見られる皮肉な巡り合わせについてのみ触れておきたい。

私の経済分析は、一般的に、個人的情報のプライバシーよりも業務情報のプライバシーの方が、より大きな保護を受けるべきであるということを示唆している。秘密の保持は、企業主にとって、彼が作り出した社会的便益を留保するための重要な手段である。しかし、私生活においては、秘密の保持は、むしろ単に不名誉な事実を隠すためにのみ役立っていることが多い。しかし、企業その他の私的組織（第十一章で示す如く政府は特殊である）内部のコミュニケーションは、個人間のコミュニケーションと同じ程度にしか保護を与えられていないように思われる。第十一章で述べるように、いくつかの例外は存在する。けれども、連邦および州の立法傾向を見ると、事実の秘匿とコミュニケーションの秘匿の両方のプライバシーについて、個人により多くの法的な保護を与える傾向にある。一方、企業およびその他の秘的組織のプライバシーの法的保護は、次第に減退する傾向にある。つまり、個人に関する事実の秘匿——逮捕歴、健康状態、信用状態、夫婦関係、性癖など——は、その個人の同意なしに開示されないようになっている。(34)これに対して、企業組織に関する事実は、企業がその計画と活動に関する重要な機密事項を保全すべく秘匿しようとしても、連邦安全保障法や公民権法その他一連の企業の報告義務に関する規則などによる、企業情報開示範囲の拡大を通じて公衆の目にさらされやすくなっている。

個人的プライバシーが尊重される反面で、組織のプライバシーが軽視されるというこの傾向は、経済学の立場からは不可解である。コミュニケーションに対するプライバシーを認める経済学的な正当化事由は、コミュニケーションを行う者が私的な個人であるか、大学や企業に雇用された者であるかには関係がない。そして、情報のプライバシーに関しては、企業のプライバシーを保護する論拠の方が、個人の情報を保護する論拠よりも強力である。

グリーナボルトとノームは、逆の結論に到達している。(35)彼らは、プライバシーをめぐる企業その他の組織の利害と個人の利害との間の区別を設定した。彼らは、第一に、後者は権利の問題であるのに対して、前者は単に便宜的で功利主義的な考慮にのみ基づいていると主張した。しかしながら、彼らが個人のプライバシー権を承認する理由も、功利主義的なものである。即ち、人は、過去における自己に不都合なまたは不名誉な事実を隠すことによって「新たな出発をする」機会を与えられるべきであり、また一定のプライバシーなしには人は平穏を保てない、というのがその説明である。矛盾していると思われるのは、彼らは、生産活動への投資の誘因としての情報の秘密保持を、功利主義によって正当化しようとはしなかったことである。功利主義的正当化は、主として事業活動という脈絡において関連があるにも拘わらず、彼らはそれを認めなかったのである。

プライバシーに対する業務上の必要性と個人的必要性を

区別する彼らの第二の主張は、企業秘密や生産上の秘密保持に関する私の主張を歪めて理解したことを反映している。彼らは、情報に財産権を認めることは困難であると主張し、秘密保持のプライバシーを認めることが唯一の方法であるとさえ述べる。しかし彼らは、情報の財産権を創出する手段として秘密保持のプライバシーを認めるとしても、政府が強制的に企業から情報を引き出すことを正当化するためには、情報市場が不完全であると指摘する。しかし彼らは、政府が情報を企業よりも生産的に使用できるか否か、またそのような情報とはいかなるものなのか、については全く説明していない。更に、彼らは、政府による情報集約が、情報生産の誘因に対していかなるインパクトを与えるかについても考察していない。

その他のプライバシー理論

　いくつかのプライバシーに関する理論を簡単に、そしておそらく肯定的に再検討すれば、経済学理論が正しく位置づけられるであろう。私は、最も著名な理論、即ちウォーレンとブランダイスの理論を検討することからこの作業を始めたい。彼らは次のように記述している。

　新聞は、妥当かつ礼儀に適った明確な境界線を、あらゆる分野において踏み越えている。ゴシップは、今や怠惰で不道徳な記事で充たされているばかりではなく、厚かましさと勤勉さを売物にする商売になっている。読者の野次馬的な嗜好を満足させるために、性的関係が日刊紙のコラムの中で詳細に報道されている。怠惰を穴埋めするために、コラムというコラムが退屈なゴシップで満たされている。しかし、そのゴシップは、家庭内部に侵入することによってのみ獲得されるものなのである。文明の発展に伴う生活の緊密化と複雑化は、人々に、世間からの避難所の必要性を感じさせている。そして、文化の変転絶えざる影響の下で、人々は世間の目にさらされることに対してより敏感になり、孤独とプライバシーとが個人にとって一層本質的に重要なものとなってきたのである。しかし、現代の企業発展と技術革新の進歩は、プライバシーへの侵入を通じて、個人に精神的苦痛や苦悩を与えてきたのである。この苦痛は、肉体的な傷害によって生み出されるものよりもはるかに大きなものである。のみならず、プライバシーの侵害による苦痛は、新聞雑誌およびその他の企業によって、侵害の対象とされた人だけにとどまらない。ここにおいては、他の商業部門と同様に、供給が需要を生み出すのである。醜悪なゴシップの生産物は、収穫された後により多くの種子となり、その撒布の割合に直接対応して、社会的基準および道徳の低下を引き起こす結果を導くのである。(36)

新聞のゴシップ・コラムに言及せずに権利の正当化にのみ限って焦点を当てると、ウォーレンとブランダイスの分析は、経験的に立証されておらずかつ信用できない一連の命題に基づいている。即ち、(1)新聞は、故意に読者の嗜好の品性を落としめようとしている、(2)新聞が掲載しているゴシップは、肉体的な傷害よりもはるかに重大な苦痛をゴシップの対象とされた人々に与えている、(3)ゴシップが提供されればされるほど、読者の需要は高まる、(4)ゴシップ・コラムを読むことは、(37)知性と道徳の水準を低下させる、などの命題がそれである。

エドワード・ブロウステインは、プライバシーを個性に関連づける理論家の代表者として、次のように述べている。

絶え間なく他人の中で生活することを強制され、彼のすべての要求、考え、欲望、好みまたは満足が公衆の凝視の対象とされている人は、彼の個性と人間としての尊厳性を奪われているのである。そのような個人は、大衆の中に埋没している。公にされる彼の意見は、決して他の人のそれと異なることがない。彼の熱望は、常にみんなが知っており、月並みなものとして受け入れられるものである。開陳される彼の感情は、独特の個人的な温かさを欠いており、そしてすべての人と同じ感情を示す傾向がある。そのような人は、感情は有しているとしても、それはいつでも豹変しうるものにすぎない。つまり、彼は個性を持った人間ではない。(38)

一つの観点からすれば、ブロウステインは、もし人々がプライバシーを全く持たないならば、彼らの大半が慣習的な行為規範に従って行動するであろうと述べているのである。即ち、多少単純化すれば、人々はプライバシーを持たなければ、善良に行動するであろうということになる。しかし、彼は、このような結果に対して反対すべきであると考えている。その理由は、社会的に承認された行動形態が大きな類似性を有するとすれば、彼の定義する、より多くの画一主義者を作り出すという理由である。この画一主義者というのは、彼がその理由を説明していないから自明であるに違いないが、彼の嫌いな一つの人間類型であると思われる。

ブロウステインは、情報公開が承認された道徳基準からの逸脱を減少させるのみならず、慣習的な思考や行動からの創造的な離脱をも減少させる、と示唆している。一定のプライバシーを有することは、確かに、知的創造の前提条件である。けれども、合衆国の人々が今日享有しているほどのプライバシーを持たなかった、古代ギリシア、ルネッサンス期のイタリア、エリザベス朝のイギリスのような社会においても、創造的才能は満ち溢れていたのである。

チャールズ・フリードは、プライバシーは、愛や友情および信頼という基本的な価値にとって不可欠である、と主張している。愛や友情は、「私的な情報を共有することなしには」考えられないものである。(39) そして信頼は、信頼されている人となりについて、知らない要素があることを前提としている。だから、もしその人のすべてを知っているならば、信頼に訴える必要は存在しない、と彼は主張するのである。しかし、信頼それ自体が価値あるわけではなく、完全な情報が存在すれば信頼は不要になるということを、彼は見逃している。信頼は、不完全な情報の代替物である。更に、愛や友情は、プライバシーが殆んど存在しない社会においても溢れていた。だから、ブロウステインおよびフリードのプライバシー理論は、自己中心的なものであるにすぎない。

我々自身の文化においてさえ、ある人々は、プライバシーが貴重な価値を破壊するという意味で、保護に値するか否か疑問を持っている。もし、無知が信頼の前提条件であるとするならば、プライバシーを妨げる知識は、寛容さの前提条件であるというのも真実である。ここで主張されている、現代社会におけるアノミー、没個性および共感の欠如は、それが事実である限度で、我々の社会が達成した高度のプライバシーに関係している。

フリードは、功利主義的な理由に基づいてプライバシーの権利を根拠づけてはいないが、しかし、非功利主義的な理由の探求にも完全に失敗している。非功利主義的根拠や非経済的な根拠に基づいて、権利を打ち立てようとするこの種の分析は、そもそもプライバシーに適用できるのかどうか疑わしい。社会的信用を「権利」として取り扱うことは、殆んど無意味であろう。社会的信用とは、他人が我々のことをどう考えているかであり、我々には人々の考えを統制する権利は存在しない。(40) しかるに、この分析は、プライバシーの名においてまさにこの種の統制する権利を追及しているのである。

グリーナウォルトとノームは、プライバシーを価値のある権利とするため、別の理由をあげている。即ち、「新たな出発」と「精神的な健康」である。第一の理由は、罪を犯したりあるいは社会の道徳規範を犯した人々は新たな出発をする権利があり、そのためには彼らが過去の過ちを隠すことを許される必要があることを根拠とする。第二の理由は、人間の心理的事実として、ジキルとハイドのように、公的な顔とは非常に異なる私的な顔を有することなしに、人々は効率的に活動できないことを根拠とする。その一つの例として食堂では主人のご機嫌をとっていた給仕が、台所では彼の悪口を言う場合が挙げられる。しかし、第一の理由は、人々が過去の犯罪行為を理性的に評価しないという、よく知られてはいるが立証されていない仮定に基づいている。即ち更生の証拠を承認することが不合理にも拒否される場合にのみ、社会はかつて極悪人であった人の新たな出発を否定していると主張できるのである。第二の理由は、直観に訴えるものを有しているが、しかし過大評価的で自己中心的な、純粋に個人的な意見を述べたものにすぎない。即ち、次章で示す如く、証拠はこれと逆のことを示しているのである。

同様に、スティーブン・シャベルの以下の主張も支持できない。(41) 彼は、ロールズ主義者の「無知のベール」(42)に隠れて行動する人々は、不名誉な個人的事実を人々が知った場合の反応を知っているからではなく、人々がもしそのように反応したならば派生すると予測される事態に対する一種の保険としてであれば、不名誉な個人的事実を隠すことに同意するであろうと示唆している。たしかに、人々がそのような反応を示すことは考えられる。しかし、そこで想定されている人々の選好関数および私的保険と社会保険の選択形態についての詳細な説明なしに、そのような同意が得られると結論することはできない。

プライバシーに関する不法行為法

ウォーレンとブランダイスの論文は、プライバシーに関する不法行為法の発展を促した。けれども、プライバシー法は、彼らが示唆した方向とは大いに異なった発展を遂げてきた。例えば、ブロウステインは、プライバシーに関する不法行為法についてのプロッサーの権威ある論文に対する批判として、彼のプライバシー理論を提示した。[43] 不法行為法は、おそらく、非経済学的思考よりも経済学的思考を通じて、プライバシーにより接近することが可能な領域ではないだろうか。本章の後半部分では、この問題について検討を加えることとする。

商業上のプライバシー

不法行為法の特徴は、経済的に適切であるプライバシーの権利に関する私の主張の中で示唆した、以下のような特徴を含んでいる。即ち、(1)創造的なアイディアの実質的保護、(2)個人の最も私的な事実を「詮索する」自由、(3)それらの事実を手に入れるための盗聴の制限、がそこに含まれる。これらのうちの最初の特徴は、取引上の秘密に関する法、即ち専ら不正競争に関する不法行為法の分野に属する。取引上の秘密の中で最もよく知られているのは、秘密文書ないし手続の保護であるが、法的保護の対象はより広いものである。即ち、「ある事業において使用されている殆んどすべての知識または情報は、その保有者が秘密裡に保持することができる」のである。[44] ある著名な事件において、裁判所は、競争相手の建設中の工場の航空写真を撮ることは不法行為に当たると判示し、保護法益を記述するために「商業上の秘密」という概念を使用した。[45] この判決は、これらの秘密を保護しようという裁判所の意図が、その会社の活動によって創造される社会的便益を、当該会社に享受できるようにさせることにあったことを示している。

商業上のプライバシーに適用される、不法行為法の外延はいかなる範囲に及ぶだろうか。競争相手の製造した商品を購入して、それがどのようにして製造されたかを知るために解体することは、たとえその「分解作業」（リバース・

エンジニアリング）を通じて、競争相手の製造プロセスを明らかにすることができるとしても許される。この型の詮索は、どのように前述の航空写真に関する事件と区別できるのだろうか。一つの違いは、建設中の工場の航空写真を撮ることをもし法が競争相手に許すならば、その主要な効果は、情報を生み出すのではなく、所有者は工場の内部を隠すために費用を支出せざるをえなくなるという効果である。この支出は、航空写真に費やされる費用と同様に、社会的には浪費となるだろう。家の内部を写真撮影する場合とは、状況は明らかに異なる。しかし、航空写真の事例とは異なり、「分解作業」の事例においては、製造業者が費用のかかる方法で製造方法を改める結果を導くとは思われない。もう一つの違いは、航空写真は、分解作業によって暴露される種類の秘密よりも、特許制度によって選択的に保護することが困難な秘密を暴露するかもしれないということである。

個人的プライバシー

個人的なプライバシーの侵害に関する不法行為法は、盗用、公開、虚偽の説明、および不法侵入[46]という、四つの側面を有している。

盗用　プライバシーの権利に関する初期のいくつかの紛争事例では、広告業者が、他人の名前または写真をその人の同意なしに使用していた[47]。これらの事例についての判決を「プライバシー」に関する判決として分類することは、適切ではないと批判されてきた。その理由として、これらの判例が保護の対象としたのは、プライバシーの公開に対する不満ではなく、公開に伴う報酬が与えられなかったことに対する不満であることが挙げられていた。というのは、これらの事件の多くは、公開されることを熱望している有名人に関する事件を含んでいたからである。しかし、この事実は、プライバシーの権利をいわゆる個人的な情報の秘匿という社会的利益の上に基礎づけようとする、不法行為法理論のみが直面する問題なのである。しかし、広告目的で写真が使用されたことに対して、ある個人に財産権を付与することには充分な経済的理由が存在する。即ち、このような財産権を付与することは、彼に対して、最も利用価値がある広告業者にその写真を買わせることを保証する。

この目的は、その写真を広告業者の商業上の財産とすることとでは達成できない。ブロウステイン教授は、「公開の権利」の経済学的根拠を認めず、プライバシー法のこの分野を、市場の擁護というよりはむしろ市場に対する批判として構成しようとしている。彼は、「営利目的の写真使用は、人を商品に変え、人をして経済的需要および他人の利益に奉仕させることになる」と書いている。[48] しかし、これは、不法行為法の理論ではない。法は、写真を「営利目的」で使用することを禁じていない。法は、営利目的による写真使用に関して、人に財産権を付与しているのである。例えば、ヘーラン・ラボラトリーズ対トップス・チューインング・ガム事件[49]において、裁判所は次のように判示した。ある野球選手が、ある風船ガム製造業者に対して広告のために彼の写真を独占的に使用する許可を与えた場合、他の風船ガム製造業者は独占的許可を受けた業者の許可を受けなければ、その野球選手の写真を使用できない。裁判所は、「人は、彼の写真を公開するという価値に対して権利を有する。即ち、彼は、自らの写真を公開する排他的な特権を取得する権利を有する」、と述べたのである。[50]

雑誌の購読者リストを購読者の同意なしに他の雑誌社に売ることを雑誌社に許すべきであるという判決は、この判決と矛盾するように思われるかもしれない。[51] しかしながら、購読者の同意を取り付けるのに要する費用は、リストの価値と比べて非常に高いので、ヘーラン判決のような取引による解決を非現実的なものとする。[52] 更に、同じ写真を別の競合関係にある製品の広告のために使用を認めることは、その広告の価値をゼロに減少させてしまうのに対して、購読者リストを他の競争相手が使用することはリストの価値を減少させない。それゆえ、被写体となった個人が、その者の写真の使用者数を制限できるような財産権を有することが重要なのである。他方、雑誌の購読者はそれに匹敵するような利益を持っていない。

公開　もしある広告業者が、ある個人の写真をその人の同意を得ずに使用するなら、その個人の法的権利は侵害される。しかし、同じ写真が新聞の報道欄に掲載された場合には（少なくとも、その写真の掲載がいやがらせの目的ではなく、かつ後に論じる不法行為としての虚偽の説明に該当しない限り）、権利侵害は成立しない。この取扱の違いは、表面的には、恣意的であるように見えるかもしれない。ある人が自分の写真を特定の相手に限定して公開することが、彼の肖像の最も価値ある使用の選択を許容する趣旨ならば、それを公開する権利を彼から買うように新聞社に何故要求してはいけないのだろうか。

皮相な答は、広告業者が同じ写真を使用する場合とは異なり、報道写真は公共財の要素を持っているというものである。広範な関心を有するニュースを発見することに資源を投入する新聞は、発見に伴う社会的便益を享受できないことがあるし、その投資を回収できないこともありうる。というのは、競争相手の新聞は、僅かの時間差でかつ最初にニュースを発見した新聞社に補償することなしに、そのニュースを取り上げて報道することができるからである。換言すれば、最初にそのニュースを発見した新聞社の調査活動は、外部便益を作り出すのである。そして、この便益を与える新聞社に補償する一つの方法は（それが最善の方法であるか否かは別の問題であるが）、その費用の一部を同様に外部化することをその新聞社に許すことである。しかし、この見解は、新聞社が報道価値のある人に対価を支払わなくてよい理由を説明するかもしれないが、対価を支払わずに写真を印刷する他の新聞社の権利を説明するものではない。ある新聞社がその写真の著作権を保持するならば、競争相手の報道機関は、その新聞社の許可なしにはその写真を再び印刷できないことになる。(53)

しかしながら、別の二つの理由が、広告で使用される写真と新聞で使用される同じ写真について、法的取扱が異なる理由を説明するかもしれない。最初の理由は、財産権を否定することに伴う社会的費用は、新聞の場合よりも広告の場合の方が大きいというものである。前に示唆したように、すべての広告業者がある有名人の写真を使用できるとすれば、その広告の価値は減少するであろう。従って、Xという銘柄のビール会社が有名人Aの写真を広告に使って利益を上げる場合、競争相手の会社もまた、写真が広告価値を持たなくなるまでこれを無断使用する可能性がある。これとは対照的に、競争相手の新聞によるある有名人の写真使用は、新聞の読者たる公衆にとってその写真の価値を減少させる結果にはならない。第二の理由は、新聞の場合には、有名人に自分の写真に対する財産権を認めるとすれば、彼は誤った印象を公衆に与えるべく財産権を行使する可能性があるという理由である。即ち、彼は特に実物以上によく撮れた写真の公開のみを新聞に許可することができる。この種の虚偽表示は、その財産権を公有にする以外には防ぐことが困難である。

個人に財産権を付与する理由は、その公開が特定の人の不快なまたは困惑するような性格に関するものである場合には、より一層薄弱になるであろう。この場合の公開は、前に述べたように、それが不名誉な事実を隠すことに役立つような多くのプライバシーが存在する社会において重要な、制度化された詮索機能に寄与するようにみえる。この結論は、一般的に正しく、同種の事件において判例が到達した結論であった。しかし、個人が公開されることを望まず、公開の社会的価値もまた非常に少ないような一連の事実が存在する。その人とつきあっている人々には勿論知られているが、奇形の鼻を持っている人がいるとしよう。そして、ある新聞社のカメラマンが、その人の鼻を撮影し、人間の外見上の醜さに関する物語としてそれを公開したとしよう。その奇形は隠しようがないし、またつきあっている人々には知られているのだから、その写真の公開は、彼が利用する可能性のある誤った印象を訂正するというものではない。確かに、新聞の読者は、その写真を見ることができるということから価値を引き出す。さもなくば、新聞社はその写真を公開しなかったであろう。しかし、その写真を公開されたくないという個人の願望は、いかなる事業または社会的市場における虚偽表示とも関係がないから、写真を公開することの社会的価値がそれを隠しておくことの社会的価値に勝るという推定を行う理由は存在しない。この場合、その個人の肖像に財産権を付与し、新聞社が彼の鼻の写真を公開することを望むならば、その新聞社に彼の写真を買い取らせるのが適切な社会的対応である。[54]

デイリー・タイムズ・デモクラット対グラハム事件は、[55]この例と類似するような事件であった。ある婦人が、ビックリ・ハウスの中で、空気の噴射によって彼女の衣服が腰の回りまで吹き上げられた瞬間の写真を撮影された。そして、ある地方紙は、彼女の同意なしにその写真を掲載した。裁判所は、新聞社が彼女のプライバシーを侵害したことを認める判決の中で、彼女は子供に付き添ってビックリ・ハウスの中に入ったのであり、空気の噴射があることを彼女が知らなかったという事実を強調した。このような状況の下では、その写真が彼女の性格に関する誤解を訂正しうるような情報を彼女の友人や知人に伝達するものではなく、かえって彼女の性格を誤って表示したことになる。

上述の分析は、以下の条件が充たされる場合には、プライバシーに財産権を認めることを支持しているように思われる。(1)虚偽表示の要素が全くなく、かつ(2)写真に含まれている情報を財産権の購入者がすべての外部性を排除しうる著作権として購入できる場合、がそれである。しかしながら、写真撮影された事柄の性質上、取引費用が非常に高い場合には、この原則の例外を認めることが必要である。撮影者にも特定できないような、パレードを見物している被写体の人々の肖像に財産権を認めることは非効率的である。あるいは、その写真が一定の時間内に公開されなければニュース価値を失うような時間制限が存在する場合には、当人との交渉を行うことができないような、事故の被害者の肖像に財産権を付与することも非効率的であろう。前者の事例では、財産権は一般的に、被写体となった人よりも撮影者にとって明らかに価値がある。この結論は、後者の事例においてはそれほど明白でない。この場合には、合衆国憲法修正第一条の問題をさておき、費用と便益の一定のバランスに対する考慮が要求される。私は、以下において、このバランスがどのようにすれば達成できるかを論じたい。

以上に論じた事例は、ある個人が友人や知人から秘匿しようとしてきた過去の違法行為または不道徳な行為を、ある新聞が暴露したような事例と区別することができる。このような情報は、その人が友情、尊敬および信用に値するか否かを判断する資料であることは否定できない。それゆえ、その情報を秘匿することに対する法的保護は、商品市場における虚偽広告を取り扱う場合と区別する必要はない。それにも拘わらず、カリフォルニア州におけるメルビン対リード事件(56)は、プライバシーの権利がこのような情報にまで及ぶと判示した。しかし、この事件は、どちらかというと特殊なものであった。というのは、この事件の請求原因は、彼女の芳しくない過去を暴露することが有益な情報を第三者に提供しないという、原告の主張を真実として認容することを裁判所に求めるものだったからである。(57) その後のカリフォルニア州におけるブリスコー対リーダーズ・ダイジェスト社事件は、(58) はるか昔のものは別として、プライバシーの権利は、近接した過去の犯罪行為に関する情報には拡張されないと判示した。この区別は、法を正しい方向へと導くものである。しかし、経済学的観点からみると、充分なものとは言えない。はるか昔の犯罪行為は、近接した過去の犯罪行為と比較して将来の過ちを予測するのに関連性が少ない。それゆえ、それを知覚する人々はその行為を考慮しないであろう。しかし、その人と社会的または取引上の関係を結ぶか否かまたは継続するか否かを考えている人々にとっては、その情報が全く関係ないとは言えない。もし、それが関係ないとすれば、(59) その情報公開は、その個人を傷つけないであろう。人は、恥かしさだけから前科を隠すのではない。知人となるかもしれない人が、その人と交際することは価値がないという証拠として前科を重要視するから、前科を隠すのである。この分析に照らせば、カリフォルニアを除く各州では、(60) メルビン対リード判決の原則が否定されていることも驚くにあたらない。

サイディス対F-R出版社事件は、虚偽表示が存在しないにも拘わらず、裁判所がプライバシーの権利の侵害を認めることを拒否した重要な判決である。(61) この事件では、ニュー・ヨーカーという雑誌が、成人となって以降は風変りな世捨て人となっていた数学の天才児について、「彼は今いずこ」という題の記事を掲載した。ニュー・ヨーカーの記事は、サイディスと付き合おうと思っていた人々に対して、有益な情報を生み出したと主張しうるかもしれない。しかし、この主張は、どちらかと言うと強引な主張である。何故なら、サイディスのプライバシーに対する希求は非常に強かったので、彼は他人とは殆んど交際していなかったからである。彼のプライバシーに対する希求はあまりにも強く、彼が自己の人生についての記事に対して要求した対価は、ニュー・ヨーカー社が支払うことを拒否するほどの金額であった。(62) しかし、前に示唆した明確な経済的理由は、その記事の掲載がサイディスの法的権利を侵害しなかったとする裁判所の結論に対する根拠を提供する。彼の半生は、天才的な子供に対する広範な公衆の関心を満足させたという意味でニュース価値を有していた。しかし、一旦ニュー

・ヨーカー誌がその物語を公開したならば、他の雑誌や新聞も、全く同じ内容の記事を再出版するものでないかぎり、(たぶん費用を使って)ニュー・ヨーカー誌が収集した事実に基づいて、ニュー・ヨーカー社に補償することなしにサイディスの記事を掲載できたであろう。潜在的な出版社の数を考慮に入れれば、ニュー・ヨーカー社の情報の社会的価値は、サイディスの半生についての権利を彼から買い取る交渉を可能にするような市場機構を成立させるものではなかった。このような条件の下では、サイディスにプライバシーの権利を与えないことを支持する主張も成立しうる。換言すれば、ニュー・ヨーカー社は、調査に要した社会的費用のいくらかを(サイディスに転嫁することにより)外部化することが許されるべきであるという主張が成り立つのである。なぜなら、ニュー・ヨーカー社は、その便益のいくらかを外部化せざるをえないからである。

この分析は、サイディスの人生物語を記事にしたニュー・ヨーカー誌やその他の雑誌の出版の価値を実質的に損うことなく、彼が負担する公表に伴う費用を減少させるという、単純な方法を見過ごしているようにみえるかもしれない。例えば、彼の本名を使用しないという方法がそれである。しかし、この方法によれば、雑誌社は彼の物語だと分からないように詳細な事実を変更しなければならなかったであろうし、その変更はその物語の情報価値を実質的に減少させたであろう。というのは、読者は実際にあった話を読んでいるのか、作り話を読んでいるのか分からなくなるからである。しかしながら、バーバー対タイム社判決(63)において、裁判所は、雑誌社がある女性が罹病した不愉快な病気に関する記事の中で彼女の実名を出したことにより、彼女のプライバシーを侵害したという主張を認めた。即ち、この記事のニュース価値は、彼女の実名の使用とは無関係であると判断したのである。

上に述べたことは、サイディス事件の結論が必然的に正しいとか、まして、経済学的に正しいということを意味するものではない。ニュー・ヨーカー社の記事は、単に外部便益を生み出しえたという理由だけで、この記事の便益の総額が、サイディスが負担する費用を含む費用総額を上回るという結論を導くことにはならない。このような費用と便益の比較を裁判所が行うことは、明らかに困難である。

しかしながら、裁判所は、それを試みているのである。即ち裁判所は、新聞による公開が違法か否かを決定するに際して、報道された詳細な事実のプライバシー侵害性と報道のニュース価値とに注目した。この侵害性とニュース価値のそれぞれは、事実を公開することの費用と便益の代理変数として機能しているのである(64)。

しかしながら、この代理変数は極めて不完全なものである。それは、次の疑問を生ぜしめる。即ち、ある領域（ニュース）の財産権を認めないという非効率的な結論を相殺するために、もう一つの領域（プライバシー）の財産権を排除するという方法ではなく、法はなぜ率直にニュースに財産権を認めないのか、という疑問である。この質問に答えるために、我々はプライバシーの領域から離れて、著作権に関する法と政策という困難な問題に立ち向かわなければならない。更に、我々は、この問題にのみとどまることも不可能である。もし、著作権の保護をアイディアにまで拡大することが実際には困難であるとすれば、以下のような解決の可能性についても考慮に入れる必要がある。即ち、サイディス自身に関する一定の事実について彼に財産権を付与し、ニュー・ヨーカー社はサイディスからその権利を買い取り、他の新聞社や雑誌社がサイディス物語を別途公表する場合にはその権利行使を認めるという解決方法である。この解決は、サイディス事件を、奇形の鼻を持った人の事件と類似したものとして把握することになる。しかし、この解決は、実際には非常に困難であろうが、その困難さについてここで論じない。ここは、ニュースに財産権を認めないことを埋め合わせるために、法が新聞社に与えた特権を評価する場所でもない。しかし、報道機関の法的権利と法的責任に関する完全な理論を求めようとするならば、収集されたニュースがどの程度まで外部便益を与えているかについても考慮しなければならない。更に、ニュースに財産権を認めることは、報道機関の努力の成果に財産権を認めないことの代償として、世界中のサイディスのような人々の犠牲において、社会が多くの免責を報道機関に与えるよりも効率的であるか否かについて考慮する必要がある。

本節を要約すれば、以下の通りになるであろう。法は、不名誉な個人的情報とそうでない個人的情報とを大まかに区別し、前者には殆んど保護を与えていない。経済的観点からすれば、この区別は肯定されるべきである。これに対してカリフォルニアにおいては、経済的観点からすれば、前者の情報に余りに多くの保護を与えすぎている。プライバシーが虚偽表示を全く含まない場合には、保護は手厚いものとなる。しかし、その保護は、雑誌社の購読者リストの事例で論じたように、信用を傷つけない事実に関してさえも、プライバシーの完全な法的保護を否定する要因となる外部性と取引費用によって制限を受ける。(65) リステイトメントが設定する、プライバシーの侵害性とニュース価値との比較衡量に関する基準は、問題の本質的に経済的な要素を概ね把握している。しかし、プライバシーの公開基準を、暴露目的に使われることのないような一群の事例に限定するならば、この基準は更によい経済的な基準となろう。もし、暴露された事実が、ある人が他の人に対して自分をよく見せるために隠していたような事実である場合には、その事実の暴露は彼にとってプライバシー侵害にあたる。しかし、それによって得られる公衆の利益が一般的に限られたものであるかぎり、ある売り主が彼の商品を虚偽の広告で売ることが許されるとする主張以上に、彼のプライバシーを保護する正当な根拠とはなりえない。

虚偽の説明　プライバシー事件の原告は、しばしば、新聞その他の報道機関が彼についての事実を歪めて報道したことを理由に損害賠償を請求している。名誉毀損という不法行為は、多くの研究者が述べているように、虚偽の説明というプライバシーをめぐる不法行為と、その法的根拠の大部分を共有している。この事実は、虚偽の説明によってある人について歪んだ印象を与える行為は、訴訟原因となりうるという結論を導くように思われる。しかしながら、法は、何が真実であるかの決定をアイディアに関する市場の競争原理に委ねることができるしまたそうすべきである。このような理由で経済学者は、虚偽の説明を根拠とする訴えに対する法的救済は必要でもなければ適当でもないと主張する。しかし、この主張は、報道機関相互間の競争が虚偽の説明によって生じた第三者の費用負担を考慮に入れていないことを見落としている。人質として監禁された家族に関するライフ誌の記事において、監禁した者がその家族を殴打し、言葉の上での性的暴行を加えかつその他の辱めを与えたという、事実に反することを報じたとしよう。この記事は、その家族に関する誤った情報を伝えることによって、私的および社会的費用を彼らに課することになる。というのは、誤った情報は、第三者にその家族の一員と社会的またはその他の交際をすることを思い止まらせるからである。もしこの家族の特性に関する正確な報道を行うべきであるとする公共的義務が存在するならば、競争相手の雑誌がライフ誌の記事によって作り出された誤った印象を訂正する記事を掲載することもできるが、しかしそれは確実ではない。競争相手の雑誌は、訂正記事を掲載するか否かを考慮するに際して、その家族およびその家族と取引しようとする人々が記事の訂正によって得る便益を考慮しないであろう。競争相手の雑誌は、単にそのような記事に対する読者の興味のみを考慮するのである。(66)

ニュース価値のある記事の報道は、それが新聞や雑誌がその費用の一部を外部化することを正当化するような外部便益を生み出すと前に述べた。この点に照らして考えると、経済学的主張は決定的ではないと思われるかもしれない。しかしながら、真実を歪めた形で費用を外部化することを奨励することは、非効率と評すべきであろう。というのは、事実の歪曲は、報道に伴う費用同様に、社会的便益をも減少させるからである。

本節における分析は、付随的に、公務員やその他の公的性質を有する職に就いている人々に対して、名誉毀損を理由に法的救済を求めることを、法が制限する経済学的理由を示唆している。公的地位に就いている人物は、彼に関する事柄のニュース価値を否定することによって、報道機関に近づく機会を増加させる。そして、そのことによって、法的決定とは明確に区別される市場の決定に、名誉毀損の主張が真実かどうかの決定を委ねることを可能にする。この分析は、また、コモン・ローが、ある商品に虚偽の中傷を行ったことを理由として、競争相手から損害賠償を求める権利を認めることに伝統的に消極的であった理由をも説明している。(67)即ち、中傷された当事者は、競争相手が使用したと同じ広告媒体を使って、いわれのない中傷に反撃できるからである。

不法侵入　盗聴、家の内部の映像による監視、個人情報を発見するための私的記録の無断閲覧、その他人々が守っているプライバシーの壁を越える侵入行為は、不法行為に該当する。(68) この結論は、経済学的分析と一致する。しかし、特定の人に監視者が随行するような「あからさまな監視」には、いくらか難しい問題が生じる。裁判所が、このあからさまな監視を不法行為に当たると認めた事例に共通する論旨は、その監視は個人情報を明らかにするために合理的に必要とされる以上に侵入的であったこと、およびその監視が威嚇やいやがらせまたは妨害の手段となっていたという事実認定にある。一つの事例は、オナシス夫人と攻撃的な写真家ロン・ギャレラの事件である。(69) 裁判所は、オナシス夫人の写真を撮るギャレラの権利を承認したけれども、彼に対して明文で「距離をおくこと」を義務づけた。彼が写真を撮るために使った方法は、彼がそれによって一層の情報を獲得できるという理由で正当化することが不可能な程度まで、オナシス夫人の行動の自由を侵害するものであったと認定された。(70)

コモン・ローは、本章における経済学的分析と一致するが、対象となった人の行動の自由を侵害しない方法によって詮索する権利を制限していない。それゆえ、ラルフ・ネイダーのゼネラル・モータース社に対する訴訟において、裁判所は、ゼネラル・モータース社がネイダーを尾行するために人を雇い、ネイダーの知人に質問をする権利を認めた。つまり、裁判所は、ゼネラル・モータース社に対して、ネイダーの公的な信用を落とすために利用できるような、個人情報を執拗に探し回る権利を認めたのである。(71) しかし、裁判所は、ネイダーの考え方を探り出すべく、彼の特定の主題に関する発言内容を監視するような試みを禁止すべきであると私は考えている。(72)

第十章　プライバシーに関する広義の見解

本章において私は、プライバシーの多様な形態について、種々の側面から経済分析を展開する。私は、プライバシーという言葉の語源を探究しつつ、特に、隔離と自治という二通りの意味でのそれに焦点をあてる。加えて、プライバシーの経済的アプローチのための実証的な証拠、プライバシーに付随する種々の法原理、名誉毀損を不法行為とすることによる社会的信用の保護、および各州における最近のプライバシー法の制定の動向を検討する。

プライバシーの語源——隔離と自治

前章においては、個人情報の秘密保持という、プライバシーの近代的な意味についてのみ検討した。古典的な用語法における「プライベート」という言葉の本来の意味は、国家的な事項に関わらない「非公的なこと」を意味していた。[1] 更に、その元来の意味は、「欠乏」や「剥奪」という言葉と同一のものである。本来、公的な事項に関与しないことは官職を剥奪されることであったし、ある人を「全く私的な人」と呼ぶことは、(今日ではいくらかその傾向があるが)古代社会においては、敬意の表明ではなかった。もし、論争すべき点が存在するとすれば、この語源は一つの重要な糸口である。即ち、今日我々が使用しているプライバシーの概念は、西欧文化の人工的な創造物である。公的な舞台から退くことが心地よいという観念は、物理的なプライバシーが本質的に存在しない——費用が非常に高くつくのみならず極めて危険である——社会においては殆んど意味がなかった。それゆえ、プライバシーは不可触賤民

であるのと同然であった。(2)

この言葉は、次第に、その好ましからざる含意を失った。というのは、私の推測するところでは、諸制度の分化・発達と富および公共の秩序の増加が、ある程度の物理的なプライバシー（最初は小さなものであったけれども）を持つことを、経済的に可能でありかつ物理的にも安全なものとしたからである。十七世紀までには、隔離された荘園などの所領へ物理的に移動する公共生活からの隠棲としてのプライバシーの概念が生じた。プライシーに関するこの観点は、隔離と呼称することができよう。そして、その際立った特徴は、多くの社会関係からの離脱である。それは、近代では種々の意味を持っているが、対比すべき言葉は、引退である。我々は、この言葉を無口な（沈黙した）人というのと同様に、（仕事から）引退した人というように使う。

隔離という意味でのプライバシーは、プライバシーに関する文献の中では非常に重要な要素であった。それは、前章で論じたウォーレンとブランダイスのプライバシーに関する論文の中で使用した意味と同じである。それは、実際にはむしろ、物理的なプライバシーが非常に制限されていた時代に存在した、古典的な意味を持つものである。その時代においては、人々は余りに人口過密な状態の下で生活していたので、(3)一定のプライバシーを持つためには、田舎の閑静な場所へ引っ込むことが必要であった。物理的なプライバシーの機会は、近代社会においては非常に多くなったので、ウォールデン・ポンドの孤独を楽しむことを切望する者はいなくなった。ウォーレンとブランダイスは、電気的盗聴が開発される以前の時代に書かれた論文の中で、現代の人々は彼らの先祖よりもプライバシーが少なくなっていると指摘している。しかし彼らは、物理的なプライバシーの広範な普及を見落としているのである。

しかしながら、隔離という概念は、ウォーレンとブランダイスによって示唆された嗜好的な隠棲よりも広い意味を持っている。「引退」という言葉が、私の定義を説明するのに再び役立つ。人は、俗事から離れて牧歌的な隠棲の場所に引き籠ることができるし、あるいは、論文を書くためまたは販売宣伝計画を練るために引き籠ることもできる。最初の事例が意味するのは、市場取引や非市場的生産からの引退である。二番目の事例の引き籠ることは、逆に、生産の創出または準備段階を意味する。この二つの概念の相違は、誰にも煩わされたくないとか、電話による勧誘が提供しうるよりも重要な社会的取引の最中であるとか、またはその準備中であるなど、いかなる理由であるにせよ、電話による勧誘に憤慨する場合に明確になる。

「社交上の隔離」は、孤独になるという意味における隔離よりも重要であるように思われる。孤独であることは、殆んどの時間と場所において人々が独りになることが不可能であるため、精神的安定や幸福の前提条件であるという主張は疑わしい。たとえ、ごく僅かの時間であっても、人が独りでいても安全になったのは、人類の発展史の中でごく最近のことである。今日でも、知識人は、引き籠って瞑想的生活に入ることを望んでいる。しかし、大衆は、依然として、好んで集団で働き、旅行をし、レクリエーションに興じている。そして、独りでいる時でさえも、平均的な人々は、通常、ラジオを聞いたりテレビを見たりしている。完全な孤独は無価値であり、精神病は、孤独になれないというよりも孤独であることと関係がある。(4)

しかしながら、肉体労働ではなく精神労働に携わる人々は、何よりも静かな環境を望んでおり、孤独であることを必要としている。これが、精神労働に携わる人々が一般的に個室の事務所を持ち、肉体労働に携わる人々が持たないことの理由である。レジャーの分析においても、同様のことがいえる。精神的な活動（ハイレベルの活動という必要はない）を含むレジャー活動を行う人々は、静かな環境を必要とする。

更に詳細に言えば、もし、純粋に孤独への嗜好が存在するとすれば――この嗜好は社会的な取引とは関係ない隔離であるがゆえに――、それは第三章における富の最大化の倫理学に関する議論で明らかにしたような意味での「利己的な」感情であることを、私は強調しておきたい。孤立した活動（またはその休止）は、行為者のみに利益をもたらす。労働や恋愛や子供の世話、そして時折行う社会活動でさえ、他人に利益をもたらす。これに対して非市場的な相互作用的生産は非市場的な形態の消費者余剰を生み出す(5)。市場的生産は消費者余剰を生み出すと想定できる。このように、たとえその人が専ら貪欲な動機によって労働するとしても、労働を行う者が「非利己的」であるというのは、この意味においてである。これに対して、社会から隠遁した人々は、怠惰な者（彼の取引は、労働の非効用という意味で市場所得を減少させる）と同様に、社会の他の人々の富に対する彼の寄与を減少させる。

孤独または隠遁とは区別される創造的または社交的活動としての隔離は、プライバシーの重要性を増加させる。何故なら、労働とレジャーの両面において、教育、事務労働、情報などの諸要素が成長した結果、知能的要素が増加したからである。今日では、人々がプライバシーの欠如を嘆く場合でも、彼らが主として望んでいるものは隔離とは全く異なると私は考える。即ち、彼らは、他の人々が彼らに不利益を与えるために使用するかもしれない、彼ら自身に関する個人情報の秘匿に対する法的保護の拡大を期待しているのである。これが、合衆国プライバシー保護法に定められた、プライバシー保護の意味である。(6) この法律は、政府資料に含まれる不名誉な個人情報の保全および公開制限について規定している。私は、この意味におけるプライバシーが、その当初の意味からいかに掛け離れたものであるかを強調しておきたい。当初の意味とは、ウォーレンおよびブランダイスによって強調され、隔離の理念にまで拡大したそれである。

秘密保持という意味におけるプライバシーの広範な権利を支持する者は、隔離と秘密保持という二つの概念を融合させてきた。彼らは、前科を使用者に秘匿する権利を支持するために、プライバシーを「全く私的な人」という、彼らにとって好ましい意味を含む表現として用いてきた。しかし、次章で示すように、彼らは、例えばエホバの証人の拡声器付きトラックによる隔離への侵害を是認する、修正第一条の拡張解釈に対しては抗議しなかったのである。数年前にフロイント教授が指摘したように、「結局、積極的な宗教的勧誘の利益は、静寂な環境やプライバシーの権利よりも手厚い保護が与えられるべき聖域であるとされてきたのである。(7)」

秘密保持という概念は、他の概念と密接な関係を有している。他の概念とは、「社会的信用」である。そして、この両者の関係は、不法行為法領域における名誉毀損とプライバシーの侵害との間の理論的関連を示唆している。社会的信用とは、取引上または社会関係ないし婚姻関係上その他のパートナーとして、特定の人に対する他の人々の評価を意味している。それは、虚偽であれ真実であれ、名誉毀損によって損害を被りうる、潜在的に重要な資産の一つである。損害を被る可能性は、虚偽の誹謗および中傷に対して損害賠償を請求したり、不名誉な個人情報を隠そうとする誘因の根拠となる。しかし、前者は名誉毀損の不法行為、後者はプライバシー上の不法行為の領域に属している。社会的信用の概念は、隔離としてのプライバシーの概念と同じものではない。事実、他の者との交際を減少しようとしている人にとっては、他人が彼のことをどう思っているかについては関心はない。

以上の点に関する議論を要約すると、「プライバシー」という概念は、少なくとも二つの異なった利益を含んでいるように思われる。一つは、独りにしておいて欲しいという、隔離の利益である。この利益は、不意の電話による勧誘、拡声器を付けたトラックの騒音、エレベーターの中の音楽、街路での雑踏、または劇場の卑猥な看板や叫び声によっても侵害される。この利益は、侵害者が、平穏または静謐——言葉の広い意味における隔離——を乱された者に関する個人情報を求めたり保有していない場合でも侵害される。人は、世捨て人になりうるが、しかしそうなる必要はないし、また通常は、そうなろうとは思わない。彼は社会活動や社交に完全に参加しながら、それが仕事またはレジャーの性質を持つものであるかは問わず、（考えたり休息することによって）社会的取引に関与したりそれを準備するために、一定の干渉からは自由であることが許されるべきである。

もう一つのプライバシーの利益即ち情報の秘密保持は、その個人的情報が帰属する者の意志に反して獲得される場合に侵害される。この侵害は、個人の平穏と静謐を乱すかどうかに関係がない。例えば、警察が犯罪の証拠を探すためにある人を停止させ捜索する場合には、彼の平穏と静謐は侵害されるであろう。しかし、電話加入者の住居に侵入することなしに電話盗聴装置が設置されたり、手紙を傷つけたり、送達が遅延することなしに開封されるような場合には、平穏と静謐が乱されることにはならない。確かに、個人情報が暴露されたり暴露されるかもしれない場合には、平穏と静謐が侵害される可能性がある。しかしこれは、人人が独りでいることに価値を認めるのと同様に、秘密の保持を評価していることを意味するにすぎない。それは、秘密保持が平穏や静謐と同一であることを意味してはいない。

上の議論は、プライバシーの概念が包含すると思われる諸利益を合理的に限界づけた上で、定義しようとする試みである。しかし、このような議論は、「プライバシー」という言葉を、説得的または感情的に使用することを正当化するものではない。このプライバシーという言葉は、公共の場から離脱するという元来の不名誉な含意から、近代思想においては、文明人が珍重する価値を包含する言葉に変容している。確かに、この近代的な含意に対する批判が全くなかったわけではない。集団主義者はその信念に基づいて、プライバシーに「厭うべき個人主義」という呼称を与えて批判した。そして、プライバシーを、共同体的な生活様式によって促進される公開性や率直性および利他主義などの特性に対比してきた。(8) この批判は、プライバシーが人間にとって本来、必要なものというよりも、文化的に生み出されたものであることを我々に思い起こさせる点で重要である。大部分の文化は、隔離および秘密保持のいずれの意味においてであれ、プライバシーの概念やその実態なしに充分に機能している。そして、プライバシーが愛情や友情および(時折主張されるように)健全な生活に不可欠な孤独など、人間の本性にとって重要な前提条件であると結論する前に、この事実こそ考慮すべきなのである。しかし、プライバシーに対するこのような懐疑的な見解は、広範に普及してはいないし、まして理解されてはいない。本章および前章の基礎となった論文を私が執筆したため、最近、ルース・ガヴィソンは、私をプライバシーに対する「慎重論者」に分類した。慎重論者とは、彼女の言葉によれば、「法的な権利としてのプライバシーについて考えたり語ることの有益さを否定するために団結した」(9) 者のことである。私は、「『中間的』諸価値の有益さを」(10) 否定するから、「最も卓越した」慎重論者であるとされている。しかし、この性格規定は、不正確である。私は、プライバシーの権利を重要な法的権利であると考えている。私は、前章においてその輪郭を記述しようと試みた。私は、ガヴィソンと同様に、(11) プライバシーそれ自体を中間的な価値であると考えている。

しかし、私は、彼女同様、中間的または道具的な価値が有益さを欠くものであるとは考えていない。この問題は、道具概念の適切さの問題である。

　私の見解に対するガヴィソンの不正確かつ軽蔑的な性格づけは、彼女の基本的な目的がプライバシーの概念を理解するよりも、むしろプライバシーの概念に対する尊敬の念を喚起することにあることを示唆している。このことは、「法はプライバシーに対して明白な言明を行うべきである」(12)という、彼女の結論と結びつけてみるとはっきりする。しかし、彼女は、その概念を拡大する試みによって、プライバシーが享受している好ましい含意を利用しようという誘惑には、少なくとも抵抗する姿勢を示している。これとは対照的に、最高裁(13)の判事たちおよび幾人かの憲法学者(14)や著名な経済学者(15)は、プライバシーを自由または自律の同義語と見なすという点では一致している。我々は、干渉なしに人が欲することを行うことを許されるという利益を表現するために、完璧に適切な言葉——解放、自律および自由——を持っている。我々は、プライバシーにこれと同一の意味を付与し、結果的にその他の意味を曖昧にするような定義を与えるべきではない。

　プライバシーをめぐる議論のポレミックな性格は、プライバシーの適用を認めるべき経済紛争事件が数多く存在するにも拘わらず、これを排除するために概念の恣意的歪曲が横行していることによって、更に浮き彫りになるだろう。プライバシーという言葉は、企業や大学の私的情報に関連して使われることは稀である。のみならず、たとえこれらの情報が個人によって秘匿されている場合でも、プライバシーの利益は、商業活動の文脈では殆んど意味のあるものとは考えられていない。

　ここで私は、物理的なプライバシーの概念について簡単に整理しておきたい。物理的プライバシーは、生活の諸条件に関するものであり、純粋な建築物に限らず、多かれ少なかれ他人と距離を取るための手段を提供する概念である。例えば、ドアや私室、一戸建の家屋や自家用自動車などは、隔離と秘密保持のいずれの意味かは明らかではないが、プライバシーの保護を容易にする。都市化や職業の流動性などの社会的諸条件の変化もまた、プライバシーの保護を容易にする。これらの変化は、人々の間の反復的な交渉を減少させることによって、監視や押し付けなどのプライバシー侵害行為を減少させるからである。電気的な監視装置の最近の発達は、逆方向に働く。電話盗聴は使用されないとしても、近代的な通信手段は、プライバシーの物理的な前提条件を時にはドアを取り払ったと同じ程度まで奪い去るということに注意する必要がある。(16)

この議論が示唆するのは、物理物なプライバシーの概念を個人の家屋や事務所のような、私的な場所において行われる活動に限定することは不適当であるということである。ある人が街路を歩いている場合、ある意味で「私的な空間」に取り巻かれている。彼は、その街路にいる他の歩行者を見たりその話を聞くこともできるけれども、誰にも妨げられることなく同伴者と会話することもできる。もし彼が独りならば、ある問題を考えたり周りを観察することもできるし、あるいは目的地に着くことに集中して歩行することもできる。彼に近寄って話し掛けたり、突き当ったり、叫んだりする者は、ドアを喧しく叩く音や拡声器付きのトラックの騒音が家屋や事務所内にいる者のプライバシーを妨げるのと同様に、彼のプライバシーを妨げる。しかし、街路におけるプライバシーの侵害は、重大なものではなく混雑に伴う不可避的な副産物であるから、不快なものでないかもしれない。しかし、公共の場所における活動に対して、プライバシーの概念の適用を否定する理由は存在しない。一定の条件を充足する限り、他の場所と同様に、隔離のプライバシーが認められるべきである。

プライバシーの経済理論のための証拠

本章と前章において展開したプライバシーの理論は、演繹的なものである。そして、このことから次の疑問が生じる。即ち、この理論にとっての経験的な基礎は何か、という疑問である。私は、バックレー修正条項および未開人のレトリックに関係する幾つかの証拠を、主として第九章とそして簡単にではあるが第六章において提示した。本章では、比較研究および心理学的研究に含まれている、プライバシーの経済モデルのための証拠を検討したいと思う。

1、社会が許容しているプライバシーの量を基準として、さまざまな社会をランクづけする適切な指標は存在しない。けれども、ある程度大まかな区別は可能であるし、示唆的でもある。私が既に示したように、未開社会には殆んどプライバシーが存在しない。[17] このことは、もし私の経済分析が正しいとすれば、未開および古代社会における話し方は、現代社会におけるよりも形式的かつ慎重なものとなる傾向があったことを示唆している。それは、現代人もまた、多数の聴衆を前にして話す場合には、より形式的に話すのと全く同じことである。このことは、私の経済モデルの正しさのもう一つの証拠である。[18] ホメーロスの叙事詩は、極めて感動的な話し方を示す例であるが、未開社会の几帳面で礼儀正しい話し方の唯一の証拠ではないにせよ、未開の人人の技術的に荒削りの話し方にも種々の差異がありうることを示すものである。[19] 修辞学は、アリストテレスの時代(およびそれ以前の長い期間)の重要な教育分野であり学習分野であったが、現代では実質的に消滅している。その背景には、話法や記述法の非形式化がすすみ、語彙と文法の正確さや修辞学的な技巧に固執しなくなるという、明らかな趨勢があるように思われる。そしてこの趨勢は、プライバシーの発達と歩調をあわせており、その相互関連性は論証可能な趨勢である。

プライバシーの経済分析に関するもう一つの示唆は、発達した社会に比べて、未開社会においては嘘があまり非難されないということである。プライバシーが存在せずかつ人々が互いに親密な関係の下にある社会においては、取引相手について殆んど知らず信用に依拠しなければならない高度に分散的な現代社会におけるよりも、嘘をつくことが詐欺的な目的に役立たない。嘘は現代社会におけるよりも、演劇的・外交的・比喩的な役割を果たしているのである。未開社会と現代社会において嘘に対する評価が異なることは、著名な社会学者によって、これに類似した表現で説明されている。[20]

プライバシーの経済分析によって、「恥の文化」から「罪の文化」への移行も説明可能である。これらの文化概念は、自尊心が単に外的な行動基準と一致していれば充分な社会と、自尊心とともに(またはその代りに)明確な良心を持っていることを必要とする社会とを区別するために、人類学者や古典学者が使用してきた。[21] 未開または古代社会は、どちらかといえば恥の文化モデルに類型化され、(我々の社会を含めて)より発達した社会は、罪の文化モデルに類型化される。この類型化は、未開社会や古代社会にはプライバシーが欠如していることを反映している。ある人が、常に隣人や親類に監視されているならば、常に神によって見守られているという観念を持つ必要がない。人々がプライバシーをもち、それによって犯罪を隠す可能性を手に入れると、プライバシーによって妨げられない監視に対する需要が生まれる。そして、この需要は、良心と罪の概念と、これらの概念の形成を促す宗教的な信仰によって充たされるのである。(22)

未開社会の文化におけるプライバシーに関係する他の二つの問題点については、第六章において検討した。第一に、公的な法執行がないので、犯罪を発見する可能性を高めるために、プライバシーは否定される。第二に、未開社会は、技術進歩が緩やかである。その理由は、アイディアに財産権を認めるための発達した制度が存在しないので、秘密保持がアイディアから得られる社会的利益を守るための本質的な要素となるからである。犯罪を統制するためにプライバシーを否定する社会においては、新しい工夫を発展させる誘因は殆んど存在しないであろう。

しかしながら、技術革新を奨励するのに必要なプライバシーの量は、我々が考えるよりも少ないのかもしれない。例えば、古代ローマにおいては非常に裕福な者のみが、今日では先進国の殆んどの人々が享受しているような、物理的なプライバシーを享受していた。しかし彼らのプライバシーは非常に危ういものであった。というのは、彼らは常に召し使いによって監視されていたからである。そして、召し使いの多くは明らかに主人に対して忠誠ではなかった。召し使いは、しばしば金で買われた警察の情報員であったからである。中世の荘園においては、すべての家人は大広間で雑魚寝をしていた。そして、領主とその夫人は、時には少数の客と共に一つの寝台に寝ていたのである。しかし、十七世紀に至るまで、裕福な者は、侵入者から身を守るために自分の寝室に召し使いを侍らせることが常態であった。そして十八世紀に至るまで、寝室は共通の広間に開かれてはいないとしても、相互に通じていたのである。(23)

西欧社会においては、かなり以前から、個人的なプライバシーの量的拡大が促進されてきた、と私は推測している。しかし、このプライバシーの増加は、もはや技術革新を加速する誘因には結びつかず、人々の詐欺的な活動を隠す能力を増加させる傾向を導いたように思われる。プライバシーの増加に対応する社会的報酬が、いつの時点で消えてしまったのかを特定することは一つの研究課題である。しかし、それは、極めて困難な課題である。私は、ここではこれ以上言及せず、単に、プライバシーの近代的な概念は資本主義の初期に生じたという、ローレンス・ストーンの見解を記すに止めておきたい。[24] この見解は、プライバシーと技術革新の相互関係をめぐるもう一つの証拠を提供し、この関係の消滅時点を考える手掛かりを提供するものである。ストーンは、プライバシーと企業家精神のイデオロギー的な親近性を示唆した。これに対して、私は、その経済的な関係を示唆したいと思っている。

他の興味深い比較は、現代のアメリカとヨーロッパとのそれである。[25] アメリカには、物理的なプライバシーがヨーロッパより多く存在する。ヨーロッパ人は、より人口の密集した地域で生活しており一戸建ての家は稀である。「田園的な広がり」は、アメリカ的風景として残っている。[26] 多くのヨーロッパ人は、依然として集落の中で生活している。それゆえ、合衆国にはヨーロッパよりも多くの職業的、地理的な移動可能性が存在するのである。ヨーロッパで物理的なプライバシーが抑制された背景には、国家的介入がアメリカに比べヨーロッパで厳しく実施されている事情がある。国内通行証などがその例である。経済的な観点からすると、プライバシーの欠如によって、ヨーロッパ人がその言葉遣いにおいてより形式的かつ正確であり、見知らぬ人に対して内気で用心深い、つまり「私的」であると観察できる。また、アメリカの基準でいうとプライバシーを欠いている、日本人の行動様式もこの見解を補完する。アメリカ人は、臆さずに見知らぬ人に対して早口でしゃべりたてるが、ヨーロッパ人や日本人はそうではない。アメリカ人は、彼ら自身の不名誉な情報を隠すことに関して恵まれた立場にあるので、見知らぬ人に自身を表現することに殆んど費用を負担しないで済む。アメリカでは、見知らぬ人が彼と再び出会ったり、彼の友人を知っていたり、あるいは将来の重要な取引相手となる可能性は、ヨーロッパや日本におけるよりも少ない。

このことは、合衆国において、例えばスラムに住む黒人のように、人口の密集した環境に住む人々の間では、高度の修辞的な技巧がみられることを示唆している。彼らがあまり教育を受けていないことを考えると、彼らの表現力が優れていることを発見して驚くであろう。社会言語学者は、文法および語彙において標準英語と顕著に異なっているけれども、「非標準的なネグロ英語」や「黒人英語方言」が、相当に精緻かつ力強い表現手段を有することを発見していた。(27) プライバシーの欠如は、この別の意味で恵まれない人人の文化に見出される、修辞的な技巧の重要性を説明する。

2、比較研究と同様に、心理学的な研究は、正直であることの費用が高い場合には慎重さの度合が大きくなることを明らかにする。例えば、見知らぬ人に近寄られた男性は、見知らぬ人に近寄られた女性に比べて、見知らぬ人と気さくに話さない傾向がある。(28) この相異を、両性の間の生物学的な相異に帰すべきではない。男性は、女性よりも伝統的に多くの市場取引に関与しており、おそらく女性がそうである以上に、不名誉な情報を秘匿することから多くの利益を得てきた。このことが、男性は、職業を持たない女性に比べて、感情を抑制する習性を身につけていることとして説明しうるであろう。心理学的な研究は、男性は一般的に見知らぬ男性よりも見知らぬ女性に対して、より正直に自分自身を語ることを示してきた。この行動は、時折見られるドン・ファンを除けば、男性にとって女性がそうであるよりも、将来の取引相手が男性（税官吏、捜査官または競争相手の使用人かもしれない）である可能性が大きいという事実に対応している。

心理学的な研究は、空港でボストン市民が見知らぬ人と近づきになった場合には、彼がボストン市民と近づきになった場合よりもその見知らぬ人に対して個人的な情報を打ち明けるという事実を明らかにしている。この経験は、経済的なアプローチによって説明することができる。即ち、「ボストン市民は、おそらくいつの日か、ビーコン・ヒルやコプレイ・スクエアーで、前に会った者に再び出くわすと考えられるのに対して、市民でない者と再び出会うことは、ないことはほぼ確実である」(29)からである。

プライバシーに関する心理学的研究は、また、プライバシーが心理学的にみて必要であるという見解に反論を提示する。プライバシーの欠如の代理変数である人口密度に関する研究は、人口密度が種々の形態の精神的な健康と精神的安定に与える純粋な影響は、重要なものではないことを示唆している。(30)プライバシーは、我々が食物や空気を必要とするように、我々の生活にとって「必要・不可欠な」ものではない。即ち、それは、生物学的衝動とは無縁の、生活設計のために必要なものなのである。人がプライバシーに関して合理的に振る舞うことは、物理的なプライバシーが充分に与えられない場合には、(31)沈黙することによって物理的なプライバシーを代替させることで証明される。また、我々は、多くの聴衆を前にすると（そこではプライバシーが少ないので）、より形式的な表現で話をすることによっても示唆される(32)。

プライバシーに関する
コモン・ローと経済理論

前章において、プライバシーの不法行為との関連性、取引上の秘密および著作権について簡単に検討した。ここでは、私は、プライバシーの経済分析から明らかにされる三つのコモン・ロー上の理論について簡単に検討する。それらは、特権的なコミュニケーション、脅迫、暴行威迫および暴行である。

特権的なコミュニケーション

例えば、AがBとの会話の中でCを中傷し、BがそれをCに告げたため、CがAを名誉毀損で訴えたと仮定しよう。Aは、Bが信頼を裏切ったことを理由として、Cに支払った損害賠償を取り戻すためにBを訴えることができるか。Aの信頼付与に対してBが責任を負うという契約がAとBの間にない限り、答は一般的には否である。そのような契約は稀にしか結ばれない。というのは、信頼に背くことに由来する費用は、契約を締結しそれを履行する費用に比較すると通常低いからである。また、友人や家族相互間の約束違反に対する効率的かつ非法的サンクションは、友好関係の継続という性格の上に成り立っている。時に生じる例外は、取引過程で互いに信頼関係が成立した場合、特にそれが高価な取引上の秘密である場合における、信頼保護の問題である。この場合には、しばしば、信頼を破ることを禁止する明確な契約条項を締結するのが通例である。

しかしながら、Aがある犯罪についてBに告白し、かつBがその告白を誰にも漏らさないと約束した場合は、契約上の義務形式が採られているか否かに関わりなく、その約束は強制しえない。但し、この原則にも例外が存在する。コモン・ローは、配偶者同士、顧客と弁護士、（行政上の特権を保有する）一定の政府官吏との会話の中で、信頼に基づいて明らかにされた情報については特別の保護を与えている。(33) 例えば、妻に犯罪を告白した夫は、刑事裁判においてその告白について妻に証言させないことができる。この結論は、経済学的な観点からは不可解である。確かに、配偶者や顧客がそれぞれ極度の慎重さをもって会話を行わなければならないとすれば、婚姻関係や弁護士・顧客関係は破壊されるであろう。何故なら、これらの関係の性質上、配偶者や弁護士は、相手の不用意な発言から有罪とされる事実を発見することが容易だからである。しかし、何故、社会は、犯罪者のために、婚姻関係や法的代理関係の強化を望むのであろうか。(34)

配偶者の証人適格を排除する理由は、次のようなものである。即ち、もし婚姻関係の継続を促進するに足る充分な社会的利益が存在するとすれば、証人適格を否定することは、犯罪費用を増加させる。けれども、配偶者が会話の中で明らかにした情報が不利な証言として使用されないという保障は、夫婦間のコミュニケーションを促進するという理由によって正当化できるであろう。それゆえ、安定した婚姻関係への社会的評価が減退する時代環境においては、証人適格の否定に反対する強力な運動が現れるとしても驚くに値しない。(35)

脅迫

脅迫は、ある人に対して不名誉な事実を暴露されたくなければ、金銭を支払えと強要する行為である。ある人との会話で明らかになった、彼に関する私的事実を公にすることが正当であると仮定してみよう。この事実の公表によって、彼と社会的または仕事上の関係を開始ないし継続するか否かを決定しなければならない人は、彼に関する充分な情報を手に入れることができる。しかし、この事実はお節介な人が獲得した個人情報を、その相手方に買い取らせることが許されることを意味しない。人の過去を調査し、その結果を新聞社に売ることを職業としている者は、いかなる法的制裁の対象にもならない。それでは、彼が、調査の対象となった者にその調査結果を売りつけようとした場合に、何故脅迫罪で有責とされるべきなのだろうか。

消費者が売り主を虚偽広告で訴える場合に、彼の目的は広告の真偽を争うというより、金銭的な解決を得ることにあることが多い。この解決方法は、不当な目的とは考えられていないし、自由に認められている。脅迫は、このような虚偽広告の訴えと同様の機能を果たすように思われる。なぜなら、脅迫は、社会的取引や商取引をしようとしている人々にとって、相手が望ましくない性格を装ったり隠したりすることを抑止する機能を果たすからである。

他方、消費者でも商売敵でもなく、単に法執行を職業とする者は、虚偽広告を理由に損害賠償訴訟を提起することは許されない。この訴訟は、脅迫とより密接な類似性を有する。このような訴訟を禁ずる政策は、私的な法執行の経済学に基づく考慮に基礎をおいている。(36) これは、虚偽広告は、商業領域は別として、個人的な領域では被害が少ないという判断とは無関係である。処罰可能性が低い場合には高額の罰金が最適の刑罰であると仮定すれば、(37) もし訴訟が許されるならば、罰金は法執行「市場」において私的な法執行人の手に委ねられる傾向が表われる。その結果、処罰可能性は増加し、処罰可能性と刑罰の重さとの最適関係は破壊される。問題の解決は、私的な法執行——脅迫はその一形態である——を制限することによって導かれる。換言すれば、公的な法執行が私的な法執行に取って代ることになる。

もしこの分析が正しいとすれば、我々は、公的な法執行の成立と脅迫に対する禁止政策との間に正の相関関係の存在を予測できる。我々は、以下の事実を検証しうる。即ち、十九世紀以前においては、脅迫の禁止は、今日では恐喝に当たる行為（「安全保障の負担金」を支払わなければ家を焼き払うという威迫）のみに限定されていた。即ち、それは、ある人の犯罪または不道徳な行為を暴露するという脅しを含んではいなかった。[38] この時代は、[39] 刑事法を含めて、法執行の殆んどが私的なものであった。現代的な意味における脅迫の禁止は、おそらく十九世紀における公的な法執行が現れた時点から始まったと思われる。

暴行威迫および暴行

プライバシーと暴行威迫および暴行の関係は、逆説的な緊張関係の下にあるように思われる。確かに、この領域の不法行為法は、プライバシーよりも有形の利益、即ち身体的安全性を保護してきた。しかしながら、私は、隔離の意味でのプライバシーの理念が、コモン・ローにおいて、厳密な意味における暴行威迫と（唾を顔面に吐きかけるような）身体の侵害を含まない暴行が不法行為とされてきた理由を理解する鍵となると信じている。

不法行為法において暴行威迫は、ある人に対して殴打するために手を上げるとか、銃で狙うとか、剣を抜くとか、あるいは日常的な意味ではなく法的な意味において「不安を抱かせる」ような、暴行の切迫を予想させる身振りを示すことによって成立する。実際に身体に触れなければ暴行ではない。威嚇的な身振りは、実際に身体に触れる前に妨害されるかもしれないし、中止されるかもしれない。あるいは、威迫者が、弾が込められていると信じている人に対して弾の入っていない銃を向けた場合のように、実際に暴行する意図がないこともありうる。威迫者にその権利がないにも拘わらず、威嚇的な身振りが被害者から何かを得るために使用された場合には、我々は盗罪の一形態であるとみなすであろう。しかし、単に暴行を行おうとしたが、威迫者の気が変ったか妨害されたかのいずれかの理由によって暴行が実行されなかった場合に、その暴行未遂を処罰可能と見なす根拠は何であろうか。

多分、未遂は、暴行を抑制するために処罰可能とされるのであろう。つまり、謀殺未遂が処罰されるのと同じ理由によって処罰されるのである。この場合、被害者がなんらの侵害も受けていないにも拘わらず、処罰されるのである。[40] しかし、それは、明らかに、暴行威迫に関する不法行為の理論ではない。仮に、可罰的未遂という観点からすれば、不安を抱かせるかどうかは刑罰の適用には関係がないとしても、暴行される危険が切迫しているという不安を被害者が抱かない限り、不法行為は成立しない。[41] AがBの背後に忍び寄り彼の頭を殴ろうとして妨害されたが、Bは後になるまで、Aの試みを知らなかったと仮定しよう。Aは、犯罪については有責であるが、不法行為は成立しない。

この事例と暴行される危険が切迫しているという不安を抱いた場合の違いについて、私は次のように示唆したい。即ち、その違いは、後者は隔離に対する侵害が存在するのに対して、前者にはそれがないという点にある。不安を抱いたということは、現実の恐怖または稀にではあるが情緒の侵害があったか否かに関わらず、平穏および静謐に対する侵害・または妨害・介入に当たる。[42]

隔離としてのプライバシーは、唾を吐きかけるとか、怒りに任せて殴ったが傷つけるには至らなかったというような、実害を伴わない暴行の被害者に対してコモン・ローが救済を与える理由をも説明する。[43] これらの行為は、公衆の面前においても思考に耽ることを保障する、「私的空間」に対する侵害にあたるからである。これらの行為は、実体的な意味における身体的攻撃としてではなく、プライバシーの隔離という要素に対する攻撃とみなされるのである。

最後に、身体に実害を与えないやり方で、例えば、Aが手袋をはめてBを撲るような身振りをした場合のように、実害を与えない暴行威迫に対する法的保護は、身体的な侵害とは区別された純粋に隔離という利益保護の明白な例である。

名誉毀損と侮辱

名誉毀損（文書による名誉毀損と口頭の名誉毀損）による不法行為は、これまでプライバシーの侵害による不法行為と重複する問題を生じると理解されてきた。経済学は、この二つの不法行為の正確な関係を類別するのに有益である。経済学はまた、理論的にみれば、名誉毀損は不法行為法の最も遅れた部分であるという非難に対して、これを正確に評価するための判断基準を提供する。[44] なぜなら、名誉毀損をめぐる法理論は、文書それ自体による名誉毀損と見掛けの文書による名誉毀損というような、不可解かつ不合理な区別によって混乱しているからである。後で見るように、経済学理論は、詳細ではないにせよ、名誉毀損法の一般的な構造を理解可能なものとするのである。

社会的信用、つまり、人々が商業的または社会的取引の相手方に対して抱く評価は、市場制度および任意の取引が重視されるすべての制度の下で、重要な経済的役割を演じる。それは、買い手および売り手の調査費用を減少させるとともに、劣った生産者のそれよりも優れた生産者の商品販売量を増加させる。このような方法によって、それは最も価値のある利用者に資源を集中させる――これは市場制度の中核をなす過程である――機能を促進する。この社会的信用の役割は、明示的な市場に限定されない。それは、「結婚市場」[45]、友人市場、政治市場等々においても機能するほどの活力を有する。

社会的信用の捏造は、それゆえ、社会的関心が向けられる法現象となる。社会的信用の捏造は、以下の二つの形態で行われる。企業または個人は、積極的な虚偽表示ないし信用を損う事実の秘匿のいずれかによって、不当に良い評判を作り出そうと試みる。後者は、前章において議論した、一種の疑似的プライバシー訴訟を生じさせる。また名誉毀損の不法行為として考えるならば、社会的信用の捏造は、他の個人や企業の正当な評判を汚すという形態をとる可能性もある。

我々は、より広範な方法で、名誉毀損の試み[46]が多少とも行われ易くなる諸要素を定義することができる。第一に、もし、ある個人についての情報がすべて知られており、それゆえ、彼の社会的信用が限られた知識に基づくものではなく、彼に関するすべての事実の総量によって評価されている場合には、名誉毀損はその費用に値する行為とはならないであろう。というのは、その名誉毀損行為は他の人々に信じられないからである。別の言い方をすれば、もし情報費用が非常に安い場合には、個人または製品に対する中傷に含まれている嘘は容易に発見されるからである。このことは、名誉毀損は、部族社会または村社会においてではなく、主として、かなり近代化された社会における問題であることを示唆している。未開社会において、名誉毀損について稀にしか言及されないことは、この推測に対する一定の補強証拠を提供する。[47] しかしながら、別の要素は、取引における一要素としての社会的信用の重要性と契約違反に対する救済手続の発展の間に存在する、逆比例関係である。このような救済手続が存在しない場合には、契約を守ることによって社会的信用を保持しようとする当事者の利益は、両当事者が恣意的に契約を打ち切ることはないという強固な確約のみである。契約に関する社会的制度が発展していなければ、それに比例して、社会的信用の侵害から生じる損失は大きくなる。

これと関連するより複雑な問題は、極めて緊密な部族社会や村落社会においては、社会的信用を「回復すること」は困難であるという事実にある。我々の流動性のある都市型社会においては、社会的信用を傷つけられても、しばしば仕事や住所を変えるだけでそれを回復することができる。しかしながら、転職や転居は、非常に多くの特殊な人的資本を喪失するから、社会的信用の回復には費用がかかる。近代技術によって可能となった名誉毀損の表現手段の拡大現象もまた考慮すべき問題である。即ち、テレビジョンは、世界的レベルで、ある個人の評判を落とすことができる。

上述の諸要素を考慮すると、名誉毀損の問題は、部族的村落社会から急速に近代化した社会において、最も深刻であると結論できるかもしれない。なぜなら、このような社会では、社会的信用を人が信じるほどに偽造することは不可能であるが、しかし取引するか否かを決定するための要素としての社会的信用の重要性を高めるほど、発達した効率的な契約制度をいまだ持たないからである。この示唆と一致するのは、名誉毀損に関する不法行為が、共和制ローマの初期にではなく後期において導入された事実である(48)。同様に、部族社会から急激に発展した中世イギリスにおいても、特に教会裁判所において、名誉毀損の訴えは隆盛を極めていた。その後、不法行為概念はいくつかの点で定義が拡張された。けれども、その実際上の効用は、種々の抗弁の採用、とりわけ被害者に不利な名誉毀損的発言を厳格に解釈する諸原則によって減少したのである(49)。

個人の名誉を侵害したり競争相手やその商品を中傷することは、両者共に詐欺に該当する。それゆえ、なぜ、名誉毀損に関する不法行為は、中傷に関する不法行為に先行し、かつそれ以上に発達したのかという疑問が生じる(50)。一つの答は、詐欺に関する経済学研究によって示唆される(51)。経済学は、「調査」と「検査」を区別する。商品は、販売の前に検査によってその品質および規格が確認される。つまり、カメラの耐久性のように、その品質は使用して初めて分かる「経験」商品と、その品質評価が非常に困難なので、売り手の良い信用に依存せざるをえない「信用」商品を区別する。買い手の法的保護の必要性は、我々が信用商品の調査から生じるスペクトルに沿って進む場合に理解可能となる。中傷に関するコモン・ローの形成期（一九一四年の連邦取引委員会法の制定までの時期）において、大部分の商品は検査を必要とする経験商品であった。それゆえ、競争相手の中傷に対する法的保護の必要性は小さかった。しかし、この時期より相当以前から、人間は、検査ではなく信用によって取り扱われる、信用商品となっていた。このため、人の社会的信用の法的保護の必要性は、中傷された商品の生産者の法的保護の必要性よりも大きかった。もし、AがBをペテン師であると言った場合、Bの知人や取引相手は、Aの主張が虚偽であると確信するほどには親しくBを知らない場合が多いからである。(52)

名誉毀損と商業上の中傷を同列に取り扱うことは、名誉毀損に過度に商業的色彩を与え、不法行為法が保護している「高貴な人」の利益を無視するように思われるかもしれない。しかしながら、不法行為法は、実際には、心の平安や自尊心などの「私的な」利益や感情の保護を意図したものではない。このことは、「公開」の必要性によって示される。中傷を理由として訴えるためには、被害者以外の誰かにその中傷が伝達されなければならない。即ち、それは被害者の人格に関する他の人々の評価を下げ、それによって、被害者にとって有利な社会的または仕事上の取引機会を阻害するものでなければならない。(53) これらの取引機会を阻害しない、他人に対する中傷は訴因とはならない。この結論は、プライバシーに関する不法行為法が、他の人々が彼と取引をするか否かを決定する際に決定的役割を果たすような、真実の暴露によって傷つけられた個人の感情を救済していない事実と一致する。

名誉毀損およびプライバシーに関する不法行為法は、二つの異なった注目すべき方法で、相互に影響しあっている。第一に、もしAがBとの秘密の会話においてCを侮辱し、盗聴者がその会話を盗み聞きしたとしても、CのAに対する口頭による名誉毀損の訴えは成立しない。(54) これは、私がその経済的基礎について論じたように、会話のプライバシーは効率的会話を助長するために保護されねばならないという、社会的判断からの論理的なコロラリーである。第二に、プライバシーと名誉毀損は、私的情報の公開の程度によって異なる。名誉毀損は、他人がそれを読んだり聞いたりしただけで成立する。これに対して、プライバシーの侵害として訴えるためには、私的な情報が広く普及されるという意味で「公開」されなければならない。[55] この違いは、二つの不法行為法の間の経済学的な関係が把握されれば、説明可能となる。プライバシー侵害訴訟は、通常、真実を暴露された場合に提起される。もし、それが虚偽であれば、名誉毀損を理由として訴訟を提起できる。真実の暴露は、プライバシーを侵害される個人を良く知っている人々の小さな集団内部で行われる場合には、社会的な利益が存在する。即ち、裸の付き合いをしている彼の知人たちは、彼の人格についての完璧な知識に照らして、彼らの関係を再評価できるからである。[56] しかし、もし真実が広範に公開される場合には、彼の知人の集団を越えて、彼がこれまで付き合ったこともなく、将来実質的に付き合いそうもない人人にそれが知られることになる。付き合いのない人々にまで真実を暴露することは、限定された知人たちへのその暴露と違って、裸の付き合いを深める機能を営むことは少ないし、(悪意の情報操作とは区別すべき)隔離の利益を侵害する場合が多い。このように、情報公開の義務づけは、合法的な利益侵害を惹起し易い暴露の部分集合を特定することに役立つ。名誉毀損の場合においては、事情が逆であることが多い。名誉毀損は、友人や知人の集団の中において、最悪の社会的損害を引き起こすことが多い。それらの人々は、彼と現に取引を行っているから、名誉毀損の被害者と同様に、虚偽事実の暴露によって彼ら自身も損害をうけるからである。

名誉毀損による不法行為をめぐっていくつかの際立った特徴を示す経済的合理性について考察してみよう。第一に名誉毀損は、通常故意による不法行為に分類されているけれども、それは厳格責任法理が適用され易い領域となっている。何故なら、被告人が原告の名誉を毀損することのないように合理的な配慮をしたという事実は、免責事由とはならないからである。一つの有名な事件において、ある新聞紙上で小説家が全く偶然に、同性同名の実在の人物、アーテマス・ジョーンズ氏の人格について書いた。ジョーンズ氏は、文書による名誉毀損で訴えを提起し、彼の隣人がその小説は彼についてのものであると考えたことを証言したため勝訴した。(57) 第七章で示したように、厳格責任ルールと、無過失責任または過失責任のような代替的ルールのいずれを選択するかを判断する場合、一つの根拠は、損害を回避するための加害者および被害者の相対的能力の差異に求められる。ジョーンズ氏は、名誉を毀損されることを避けるためになす術がなかった。他方、この小説家と出版責任者は、フィクション上の悪漢の名前に該当する実在の者がいるかどうかを確認することが可能であった。また、少なくとも、生存のいかんに関わらず実在の人物との類似性が全く偶然に生じた場合にその影響を防ぐために、現実の話ではない旨の断り書きを挿入することは可能であった。(58) 名誉毀損の殆んどの被害者は、誤ってその名誉を毀損されることを避けることはできない。それゆえ、彼らに責任を負わせることは、有益な責任配分理論とはなりえない。対照的に、殆んどの誤ちによる名誉毀損は、名誉毀損を行った者の側で合理的な調査を行うことによって避けることが可能である。このような状況においては、経済的観点からすると、厳格責任ルールの適用は魅力的である。

この区別と一致するのであるが、口頭による名誉毀損または文書による名誉毀損を単に広めるにすぎない者の場合である。例えば、新聞社は、新聞記事の名誉毀損的または虚偽的な性格を理解しなかったことに過失が存在する場合にのみ名誉毀損の責任が問われるべきである。つまり、単なる情報伝達者による名誉毀損の防止費用はしばしば極めて高くつくので、厳格責任ルールの適用は経済学的には正当化できない。なぜなら、厳格責任ルールは、しばしば、名誉毀損を防止する実際上の能力を持たない者に名誉毀損の損害を転嫁するからである。

厳格責任に関するもう一つの注目すべき例外は、集団に対する名誉毀損の免責ルールである。例えば、「すべての弁護士は、いんちき弁護士である」というような名誉毀損がこの例である。種々の考慮が、この原則を支えている。第一に、その集団の個々の構成員に対する侵害は取るに足りないものである。この観点からすると、集団に対する名誉毀損と個人に対する名誉毀損の間の違いは、個々の企業が直面する需要と、その企業が一員を構成する産業が直面する需要との違いに対応する。ある企業の製品の他企業による代替可能性は、個々の企業の生産を殆んど完全に左右するほど大きいものでありうる。しかし、他の産業分野の製品が近似的な代替物となりえない場合、その産業における需要は殆んど弾力性のないものとなる。もし、人々が「Xは、いんちき弁護士である」という文書による名誉毀損を信じた場合には、彼らは、他の弁護士に代えることができるし、実際に代えるであろう。そして、Xの仕事は急激に減少するであろう。しかし、彼らがすべての弁護士がいんちき弁護士であると信じた場合には、彼らはなす術がない。弁護士の業務に近似する代替業務は存在しないからである。もし、弁護士たちが名誉毀損によって引き起こされた専門的業務の減少を均等に負担すると仮定するならば、個々の弁護士にとって業務の減少は小さいであろう。

関連する点は、集団に対する名誉毀損の大部分は、もしそれが集団のすべての構成員に対するものである場合には、本来人々によって信じられないから殆んど実害のないものである。そして、もし名誉毀損が、その全部または若干の構成員に対するものである場合にも、個々の構成員に対しては殆んど実害を与えない。しかし、もし信用に関していうならば、文書による名誉毀損が「殆んどの弁護士はいんちき弁護士である」という形式に書き換えられるならば、個々の弁護士に対する実害は、顧客または顧客となるべき人が特定の弁護士をいんちきでない少数派ではなくいんちきな多数派に含まれると見なす可能性を考慮しなければならない。最後に、集団的属性または集団的傾向が争点となっている場合には、名誉毀損の内容が真実か虚偽かを決定するための費用は、個人の性格が争点となっている場合よりも大きい。

名誉毀損に関する不法行為法のもう一つの特徴は、死者に対する名誉毀損は訴えることができないという点にある。これは、真実か虚偽かを決定するための費用を考慮に入れたルールであると思われる。しかし、この原則については、別の説明も考えられる。社会的信用の経済的機能は、取引を促進することにある。それゆえ、取引相手が死亡した場合には、彼の社会的信用をいかに傷つけようと市場に影響を与えない。換言すれば、個人の社会的信用は、譲渡できない人的資本の一形態であり、それゆえ死亡により消失する。しかし、これは言いすぎである。例えば、おまえの父親は盗っ人であったとか破産者であったと言うことは、もし犯罪傾向は遺伝すると私が信ずる場合には、その人と取引しようという私の意志に影響を与える。法はこの種の事件のうち最も重大なもの、例えば、死亡した祖先が何らかの明らかに遺伝可能な欠陥や病気を持っていたと言われる場合には、子孫による名誉毀損の訴えを認めることによって救済を与えている。(59)

最もよく知られた、そして大きな批判を受けている名誉毀損に関する法理論は、口頭の名誉毀損と文書による名誉毀損の立証基準を区別していることである。口頭の名誉毀損は、申し立てられている名誉毀損行為が、四つの本質的カテゴリーのいずれかに該当する場合にのみ、特定の損害を立証することなしに（金銭的な損失の立証なしに）訴えることができる。四つのカテゴリーとは、犯罪行為、業病、女性の不貞、および職業上の不適格性である。これらのカテゴリーを除き、口頭による名誉毀損の訴えは、被害者にとって実際上の金銭的損失の原因になったことを立証しなければならない。文書による名誉毀損は、それほど厳密なものではない。被害者は、名誉毀損文書の表面的記述からは特定できない場合にのみ、特定の損害を立証する必要がある。付随的な事実が損害の特定のために必要である場合には、名誉毀損と主張されている行為が口頭の名誉毀損の四つの本質的カテゴリーの一つに当たらなければ、特定の損害を立証しなければならない。

本質的カテゴリーの理念は、それ自体としては、批判されるべきものではない。これは、特定の事件の諸事実をより詳細に検討することによって、過失の費用と過失の可能性を減少させる費用のトレードオフ関係を基礎として、多くの領域において正当化されてきた周知の法技術である。例えば、独占禁止法において、この法技術は広く使われている。口頭の名誉毀損における本質的カテゴリーに対する原理的な批判は、それが時代の変化に対応できないという点にある。それは、最初に作り出された時には、明らかに意味があった。(60)伝統的な社会において、ふしだらと思われた女性は、女性にとっては極めて大きい取引である結婚の機会を劇的に狭められる。また、ある人がハンセン氏病や梅毒または伝染病——不法行為の対象となる業病——であると思われることは、犯罪者と思われるのと同様に、すべての種類の取引機会を奪われる結果となる。最後に、ある人が仕事に不適格であると考えられることは、有利な市場取引行為に参加する可能性に直接影響を与えるであろう。

しかしながら、文面から被害者を特定できる文書による名誉毀損と被害者の特定のために付随的な事実の立証を必要とするそれとの区別は、皮相な経済的理解のみを生み出す。特定の被害者と文書による名誉毀損とを結びつけるために付随的な事実を必要とすることは、被害者（および利害関係者）に不利益をもたらした文書による名誉毀損について訴える利害関係者の範囲を変化させる。しかし、重要な付随的事実を知っている者は、まさに、被害者を最もよく知っている可能性がある人々である。一方、これらの事実について無知な者は、被害者を知らないか知る可能性のない人々であり、したがって文書による名誉毀損を訴える可能性は全くない。付随的な事実を必要とするルールは、公開の要件を裏口から名誉毀損の中に密輸入するものである。名誉毀損事件では、私が既に説明したように、それは必要ではない。

詳細な説明はさておき、口頭の名誉毀損よりも文書による名誉毀損を厳しく扱うことは、以下の理由によって経済学的な意味がある。

1、文書による名誉毀損は、口頭によるそれよりも多くの人々に伝達されるという伝統的な理由づけは、今日では既に説得力を失っている。(61) 例えば、私信対多数の聴衆の前での公開演説のような例外は常に存在する。しかし、伝統的な理由づけの説得力を掘り崩したのは、ラジオとテレビジョンの発達による影響が大部分を占めている。

2、文書による名誉毀損は、口頭によるそれよりも永続性がある。当初はそれほど広くは伝達されない場合でさえも、文書が存在している限り後々まで読まれ続ける。それゆえ、総計すれば、知る人が多くなる。

3、前章で述べたように、会話における偶然の結果として派生する名誉毀損を避けるために必要な費用は高くなる。他人について語ったことが誤って理解される可能性を注意深く排除するために、非常に慎重に言葉を選ぶことは、会話の効率性を減少させる。文書による名誉毀損の場合には、慎重さを要求しても、少ない費用しか要しない。書くことは、話すことに比べ、それ自体が慎重な過程だからである。(62)

4、文書は口頭の供述よりも信用性が高いから、名誉を毀損された個人に対する侵害の程度も大きい。まさに、文書によるコミュニケーションは、会話によるそれよりも正確性を保持するための費用は少なくてすむ。また、記述された言葉は、持続性があり潜在的な読者も多いから、不正確な表現に課される費用は高くなる。つまり、読者は正確な表現を期待するがゆえに、口頭の名誉毀損よりも文書による名誉毀損が重視されるのである。名誉毀損による損害額が容易に計算できるならば、この相違は自動的に、文書による名誉毀損と口頭の名誉毀損の損害額に反映するであろう。しかし、その計量は困難であるから、文書による名誉毀損に要求される立証基準が低いことに意味があるのかもしれない。要約すれば、口頭の名誉毀損の場合よりも、文書による名誉毀損の被害者の費用負担は大きく(理由の1、2、および4)、文書による名誉毀損を回避するための費用は少なくてすむ(理由の3)ことになる。

名誉毀損については、その事実が真実である旨の抗弁に言及する必要がある。真実であるという抗弁を法が絶対的な免責事由とすることは、「不公正」であるとしばしば主張される。(63) 真実ではあるが彼の人格の些細な汚点として長い間忘れられていたある人の真実が暴露されることから生じる損害は、彼の社会的信用の根拠となっている誤った印象を訂正することから生じるいかなる利益よりも重視されるべきである、と主張されている。しかし、真実であれば名誉毀損の訴えに対する絶対的免責事由と認める法の改正提案には、強固な抵抗があったことが証明されている。そして、このことは、前章における分析とも一致している。即ち、法は、商品の売り手ではない人々が、自らの資質を虚偽表示したために、第三者が彼らと有利な個人的または仕事上の関係を取り結ぶ場合には全く保護を与えていないのである。

名誉毀損に関するその他の重要な免責事由は、以下のような、特権に関する標題の下にまとめられる。名誉毀損に関する法には、「条件つき」の特権と「絶対的な」特権がある。条件つきの特権は、被告人の動機が「実際に悪意」

のものでないかぎり、被告人に嘘をつくあるいは名誉毀損的な発言をする特権を認めている。実際には、これは不合理ではあろうが、彼が誠実であるかぎり、真実であると信じた発言とみなすことを意味する。絶対的な特権は、たとえ実際に悪意があったことが証明された場合でも効力を有する。条件つき特権の例は、使用者が以前の労働者の人格について照会に応ずる場合である。[64] 絶対的な特権の例は、映画についての批判的な論評である。

特権の効果は、特権が付与された事実について発言する際の費用を縮減することにある。何故、法はこの効果を付与するのであろうか。ある人の活動費用の幾分かを外部化することを認める一つの理由は、その活動の便益もまた外部化されるという点にある。即ち、彼が全社会的費用を負担しなければならないとすれば、彼は社会的最適になるようにその活動を行わないかもしれない。このような法技術は、コモン・ローにおいても、時折採用されている。[65] 労働者の人格についての照会は、前の使用者にではなく、主として将来の使用者に便益をもたらす。だから、もし照会に応ずる使用者が名誉毀損について責任を負うとすれば、彼は多分全く照会に応じないか、または労働者の性格についての否定的な言及をすべて回答から排除するかもしれない。原則の問題として考えれば、将来の使用者は、名誉毀損について前の使用者が責任を負う危険に対して補償することもできる。また、労働者が名誉毀損で訴える自らの権利を放棄することもできる。しかし、いずれの解決方法も、それが有する価値と比較して高い取引費用を必要とする。このため、実際問題として、殆んどの労働者の人格に関する照会は排除されることになろう。それゆえ現行法の解決方法は、効率的なものと思われる。

殆んどの条件つき特権の事例は、この種の一般的な性格のものであるが、全部がそうなのではない。[66] 特に、クレジット会社がいわゆる「信用供与による名誉毀損」事件において条件つき特権を享受することは、経済的理由によって正当化することは困難である。クレジット会社の諸活動に伴う便益は全く外部化されず、そのサービス料金を顧客に支払わせるのみである。それゆえ、クレジット会社に対して条件つき特権を認めることは、極めて異常な論理であろう。以上の分析視点は、本章の次節で論じられるプライバシー法の重要部分のお膳立てをするものである。

映画批評家の絶対的な特権は、別の根拠、即ち虚偽表示不在の理論に依拠している。もし、私が「チャーリー・チャップリンは大根役者である」とか、「チャップリンは演技ができない」とか述べ、かつそれを私が信じていると仮定しよう。この場合、私は、虚偽の事実を述べたのではなく愚かな見解の表明であるとしても真実を述べているのである。もし、それがチャップリンに対する私の悪意に満ちた嫌悪のなせる業であるならば、私の見解は真実ではなく、むしろ誤解を招くものとなる。虚偽表示は、批評家がある著者を剽窃者であるというように[67]、事実について虚偽の供述を行う場合や彼の見解が虚偽である場合にのみ、適用されるものである。

要約すれば、名誉毀損の不法行為の基礎理論は、一般的には、この問題に関する経済的分析と矛盾しない。しかし、口頭による名誉毀損に関する不法行為法は、中世の教会裁判所において発達し、文書による名誉毀損は、反乱扇動文書に対する星室裁判所の刑事手続において発達した。この二極分解した歴史的起源によって、コモン・ローのこの領域は多くの奇妙な特徴を有しているため[68]、経済学もそれらのすべてを説明することはできない。経済学者によって研究された消費者行動およびその他の社会的諸活動に関する法領域においても、経済学は個人的意思決定について説明することではなく、その一般的な傾向を説明することに成功している。

プライバシーの立法化を求める運動

近年、プライバシー、なかんずく秘密保持という意味におけるプライバシーに関する、多くの州立法および連邦立法が制定されている。第九章において、私は、この種の立法活動は、個人のプライバシー（ここでは個人情報の秘匿を意味する）を増加させる反面で、企業その他の団体のプライバシーを減少させる一般的傾向があることに簡単に触れた。しかし、これらの立法自体については、殆ど何も述べなかった。この傾向は、実際には複雑である。情報公開法は、表面的には、政府の保持する秘密を減少させることを意図したものであるが、それは同時に個人情報も危うくするものであった。同法によって開示の対象とされた政府が保持する情報の多くは、個人に関係するものである。プライバシーの権利は、情報開示がプライバシーの「明らかに不当な」侵害に当たる場合にのみ、開示義務よりも優先されるにすぎないのである。[69] 同様に、次章で論ずる銀行秘密保護法は、銀行の秘密を対象としているが、それは単なる名目にすぎない。その実際の目的および効果は、銀行預金者の個人的財政データの秘密を減少させることにある。

私は、ここで、非政府組織によるプライバシー侵害の保護を意図した最近の法律を、より詳細に検討してみたいと思う。そして、政府によるプライバシー侵害の保護については次章で検討する。これらの法律の大部分は、使用者または信用供与者が、将来の労働者または債務者に関して、いかなる情報源からであれ、情報を得ることを制限する州法である。[70] これらの州法は、雇用との関係では、使用者が労働者の逮捕歴や労働能力とは「無関係な」前科にアクセスすることを制限している。信用との関係においては、将来の被供与者の信用歴へのアクセスを制限することが中心である。これらの法律は、細部においては非常に異なっている。多くの州は、雇用法を持っているが信用法は持っていない。あるいは、その逆の場合もある。連邦の公正信用報告法も存在する。それは、信用供与者に対して、十四年以前に生じた破産理由または七年以前に生じた（逮捕歴、前科を含む）事項に関するその他の不利な情報について、調査したり信用を拒否することを禁止している。これは、直接に私的部門におけるプライバシーを正面から保護する最も重要な連邦法である。[71]

以上のような制定法の立法趣旨を説明する、種々の見解が存在する。その一つは、これらの法律は、ある種の「市場の失敗」に対応するために制定されたと考え、公的な介入を正当化する。このアプローチは、この争点をプライバシーの領域から遠ざけるものではない。使用者に対して、不適格な労働者を排除することによって得ることのできる便益を正当化しうる以上の情報を、労働者または求職者に要求することを認める理由は存在しない。前章で示したように、カリフォルニア州を除くコモン・ロー裁判所は、たとえそれが昔のことであっても、その暴露に対して他の人人が「非理性的に」反応するかもしれないという理由で前科を隠す権利が与えられるべきである、という主張を否定してきた。このような主張は、雇用分野においては、不合理な雇用慣行を採用する企業に対して市場競争が重いペナルティを課すがゆえに、根拠の弱いものとなろう。信用に関する法の分野においては、以前に述べたように、コモン・ロー裁判所は、クレジット会社に対して、信用についての口頭の名誉毀損を根拠とする不法行為責任を免責してきた。しかし、この問題を解決する賢明な方法は、コモン・ローが混迷している領域において州立法が行っているように、単にコモン・ロー上の免責を廃止することであろう。

プライバシーに関する制定法は、私的市場の失敗によっては説明できないとしても、差別の不公正さに対する公衆の意識の向上によって説明しうるであろうか。第Ⅳ部で示唆するように、多くの人種的および性的な差別は、人種的集団の平均的な特徴を含む非常に限定されたデータに基づいて人々が判断することによって生じる、単なる情報費用の産物であると経済学者は主張してきた。差別に反対する大きな全国的運動は、雇用や信用を求める人々を選別するために、人種や性別以外の粗雑な代理変数によってなされる差別に対する公衆の関心を増加させてきたのであろうか。例えば、前科について考えれば、慎重に調査すれば、特定の人がその職に不適格と判断すべきではないことが明らかになるような場合には、前科を持っている者に不利な一律の原則を適用して、その人に職を与えることを拒否することは正義にかなうものではない。[72] これは、関連する雇用分野における黒人の平均的能力を理由として、ある黒人に職を与えることを拒否する場合と同様の差別である。

しかし、プライバシー法分野において、このような「同情」理論を支持することが困難なのは、その射程が長すぎることに加えて、それが容認しがたい含意を有しているからである。すべての関連事項についての完全な調査を行うための情報費用は、しばしば高額であるから、代理変数に重い信頼を置くのでなければ社会は機能しえない。我々が、十五年前の破産判決によって新たな信用を受けることを拒否された者を気の毒だと思うのであれば、我々は同様に、彼の実際の学力を正確には反映しない規格化された入学試験の成績を理由として、大学への入学を拒否された青年に対しても同情すべきであろう。

　プライバシー法は、全体としての公衆、とくに利他主義的な公衆の圧力というよりも、少数派によって構成されたある種の利益集団の圧力に対する対応の結果である。多くの制定法は、このタイプのものであることが明らかにされている。[73] しかしながら、プライバシー法においては、広い意味ではこれに関連する「消費者保護」のための法と同様に、利益を受ける集団は、影響力を持った政治的利益集団という性格を有していない。この利益集団は、前科を有する人々や劣悪な信用歴の人々からなっているからである。前者は、うさん臭くかついかがわしく、そして非組織的な集団である。後者は、仮に数は膨大であったとしても、利益集団理論からみて効率的な政治活動に適すると認められるほどに凝縮した集団ではない。しかもこの集団は、信用供与者が、債務者の信用度について充分な情報を手に入れることができないがゆえに、不良貸付を埋め合わせるため、より高い利子率を支払わなければならない人々の集団よりも少ないであろう。なぜなら、信用度の高い債務者は、低い利子率のカテゴリーに分類されるのに対して、高い利子率を支払う人々は、それ以外の限界的債務者とみなされることになるからである。

　彼らよりも、プライバシー法の恩恵を受けると思われる影響力のある利益集団は黒人であり、彼らの政治的影響力は最近顕著である。以下の経過を想像してみよう。黒人は、その理由が何であれ、当該領域における彼らの実績が平均的に白人よりも劣っているという理由で、信用や雇用領域において差別されている。このため、いくつかの州と連邦政府が、黒人に対する差別禁止立法を制定する。使用者や信用供与者は、雇用適性と信用度の代理変数として人種を使用することを禁じられると、逮捕歴、前科、破産、判決など、別の代理変数に依存する。この場合、使用者や信用供与者は、黒人に対する差別を試みているわけではない。正常な価格では資格条件に合致しない者を選別し、または低賃金または高い利子率のカテゴリーに入れるために、別の代理変数を使用するのである。しかしながら、人種的要素は、使用者や信用供与者が関心を示す基本的属性の合理的な近似的代理変数であり、かつ人種に代る代理変数もまた合理的なものであるならば、人種に代る代理変数は、労働者や債務者の人種構成に対して、人種を代理変数として明示的に使用した場合と同じ効果を持つ。したがって、差別の禁止は、殆んど影響を与えないであろう。

これらの状況の下では、これらの人種集団は、人種に代る代理変数の使用禁止をも追求するかもしれない。しかし、雇用の際に逮捕歴を考慮に入れることを禁ずることは、逮捕歴のない黒人が、逮捕歴のある黒人のために求職の機会を失う可能性を生じさせるかもしれない。また、過去の破産を考慮することを禁ずることは、信用供与者が破産記録のある者を排除できないがゆえに、破産記録のない黒人が高い利子率を支払うという結果になる。信用供与者が過去の破産記録を調べる理由は、過去の破産は将来の破産の可能性を高めるという仮定は真実だからである。しかしながら、黒人の債務者は、人口比率から言えば、多くの構成員が劣悪な信用記録を有している。また、黒人求職者は、人口比率から言えば、多くの構成員が逮捕歴を有している。それゆえ、信用供与や雇用分野における差別的障害を撤廃する法律は、その法律によって損害を受ける黒人よりも多くの黒人に便益を与える結果になる。

この仮説の実証は、公民権に関する法律を制定している州と、信用と雇用分野の一方または双方において、プライバシーに関する法律を制定している州とを比較することによって可能になる。ランデスが一九六八年に行った雇用上の差別に関する研究は、二九の州が雇用分野における人種差別を禁止する（少なくとも、何らかの行政救済手続を定める）法律を制定しており、そのうち二一の州法が一九六四年の連邦公民権法制定以前のものである事実を明らかにした。[74] また、プライバシー委員会の一九七七年の調査報告は、八州が私的部門の労働者および求職者のプライバシーを保護する法律を制定していることを明らかにした。[75] これらの州の中の六州（七五％）は、ランデスの研究において「救済手続」を持った反差別法を制定していた二九州の一部であり、五州（六二％）は「早い時期に」反差別法を制定した二一の州に含まれていた。このように、反差別法を制定した州は、それを制定していなかった州よりも、雇用に関するプライバシー保護法を制定する傾向があることが明らかになっている。しかし、プライバシー保護の法律が制定される可能性がある州を含めれば、上述の数値はそれぞれ五八％と四二％となる。

信用供与の領域では、諸州が立法を制定する以前に、連邦政府が信用機会均等法[76]と公正信用報告法[77]を制定して、差別とプライバシーの両方を規制したという事実によって、この分析は複雑なものになっている。しかしながら、ランデスのリストは、特に信用に関する立法に言及していないとしても、強力な公民権運動の存在した州を指示するものである限り、以下の事実を明らかにすることができる。即ち、連邦公正信用報告法（この領域における先占管轄権限は認められていない）よりも厳格に、信用に関するプライバシー情報の利用を制限する法律を制定した一一州の中で九州（八二％）は、ランデスのリストの中に含まれている。また、六州（五五％）は、ランデスのリストに早い時期に制定された立法として載せられている二一州の中に含まれている[78]。

私は、少し異なった一連のデータ、即ちごく最近のロバート・スミスによって作成された州および連邦のプライバシー法のデータを使用して、別の実証を行った。彼は、これらのプライバシー法を、一五のカテゴリーに分類した。これらのカテゴリーには、以前の分析によれば、明らかに黒人の利益に与するように思われる逮捕歴、信用情報および雇用記録の三つのカテゴリーが含まれていた。その上で、彼は、どの州（またはコロンビア特別区または連邦政府）がそれぞれのカテゴリーに含まれる法律を制定しているかを記録した[79]。ここで、再度ランデスのデータを使用し、コロンビア特別区を含む、各州を一九六四年以前に公正雇用慣行法を制定していた州、その後に制定した州およびランデスの研究によってカバーされた時期には制定していなかった州に分けてみる。これによって、プライバシー法を制定している州の、三つのグループの中で、カテゴリーの平均値が分かる。これによれば、初期に公正雇用慣行法を制定していた州については、一・一、後に制定した州に関しては一・〇、そして制定していない州については〇・七八となる。

この結果は、利益集団仮説または反差別立法やプライバシー立法が同情によって動機づけられるという仮説のいずれとも、等しく整合的である。但し、この場合の同情とは、劣悪な信用の危険または前科などに対する同情ではなく、黒人に対する同情を意味する。これら二つの仮説を区別する方法は、プライバシー法の存在と、当該プライバシー法によって利益を受けるであろう二つの主要な少数グループ、黒人およびヒスパニックの人口との相関関係を検討することである。もし、相関関係が正であるならば、利益集団仮説にとって有利な証拠となる。もし、それが負ならば、同情仮説に有利な証拠となる。なぜならば、同情の費用が小さいことは、便益を受ける集団も小さいことを意味するからである。相関関係が存在しないならば、いずれの仮説にとっても不利な証拠となる。(80)

重回帰分析によるなら、プライバシー法の需要と供給は、各州における黒人およびヒスパニックの単なる人口構成比のみの関数であるとみるモデルよりも、一層内容豊かなモデルの中にこの相関関係を組み込むことが可能となる。この結果を示したのが表3である。ここで示されている回帰における従属変数は、もし各州が、逮捕、信用および雇用の三つの重要なカテゴリーのいずれかに関連するプライバシー法を全く持たない場合には〇、一つのカテゴリーに該当する法を有する場合には一、そして三つ全部を持つ場合を三としている。私は、大部分の制定法が一九七〇年代初期に制定されたので、可能なかぎり一九七〇年に近い時期のデータを使用した。

これらの制定法に関する利益集団仮説を検証するための鍵となる独立変数は、もちろん黒人およびヒスパニック(表の中では、MINOと表示してある)の人口構成比である。しかしながら、この変数は、これらの人種集団に対する制定法の便益のみを特定するのであって、その州の(投票権を有する)他の人種集団に属する人々の費用を特定するものではない。人々が住所を頻繁に変えれば変えるほど、彼らと取引を行うか否かを決定する際に有益な情報を獲得することが一層困難になるので、私は、近年その州に移動してきた人々の人口構成比を示すような変数を付け加えた(MIG)。これらの符号は、負であると予想される。なぜなら、他の事情が等しければ、移動が多くなればなるほど、州がプライバシー法を制定する可能性はそれだけ少なくなるからである。私は、スティグラーに従って、州における一人当り所得を計測する変数(INC)を含めている。スティグラーは、この変数を、プライバシー法のような法律に関する利他主義または同情理論の検証におい

表3　プライバシー法の回帰分析（従属変数は，州のプライバシー法制定に関連するカテゴリーの数に等しい）

回帰式	定　数	TAX[a]	PROG	RATIO1	RATIO2	TRAN	LTRAN	INC	LINC	MINO	MIG	R^2
1.	−1. 013	−. 0002						. 0003		. 240	−. 019	. 12
	(−. 940)[b]	(−. 178)						(1. 323)		(2. 073)		
2.	−1. 428	−. 0007	. 030					. 0004		. 026	−. 015	. 14
	(−1. 214)	(−. 594)	(. 889)					(1. 550)		(2. 210)	(−. 627)	
3.	. 060		. 043	−8. 292				. 0003		. 026	−. 003	. 18
	(. 051)		(1. 322)	(−1. 544)				(1. 854)		(2. 199)	(−. 105)	
4.	−1. 033		. 020		. 327			. 0003		. 026	−. 020	. 13
	(−1. 010)		(. 567)		(. 034)			(1. 601)		(2. 210)	(−. 913)	
5.	−4. 731					. 023		. 0005		. 025	−. 015	. 23
	(−2. 677)					(2. 491)		(2. 992)		(2. 284)	(−. 717)	
6.	−44. 414						2. 539		3. 797	. 026	−. 005	. 29
	(−3. 626)						(2. 936)		(3. 477)	(2. 450)	(−. 236)	

a. 独立変数の定義：
TAX＝1976年の一人当り州税（*Statistical Abstract of the United States*, 1978）
PROG＝ 州の所得税率の最大値－州の所得税率最小値（Id.）
RATIO1＝州の一人当り所得に対するハイウェイの支出を除く一人当りの州および地方の支出の割合（Id., 1972, 1978）
RATIO2＝税／所得
TRAN＝1976年の一人当り所得に対する振替支出総額の割合（Id., 1978）
LTRAN＝TRAN の自然対数
INC＝1976年の州の一人当り所得（Id. から作成）
LINC＝INC の自然対数
MINO＝州における黒人およびスペイン系の人口構成比（*1970 Census of Population* から作成）
MIG＝1965年以来の新住民の構成比率（*Census Subject Reports-Mobility for State and Nations*, 1970）
b. 括弧内は t 値：値の絶対値が 2 より大きい場合は，5%水準で統計的に有意。

て使用した。[81] 最後に、再分配的法律に対する州の抵抗は、既に実施されている再分配の総量の（負の）関数であると推測できる。それゆえ、私は、一人当りの税負担（TAX）および州の所得税の累進度（PROG）のような、州のその他の再分配活動を表示するいくつかの変数を含めた。

少数民族の人口を計測する変数は、すべての回帰においてて正であり、しかも有意である。所得もまた、同情理論によって予期されたように、すべての回帰において正であるが、六式のうち二式のみが有意であるにすぎない。州における再分配活動の総量を計測する変数は、殆んど有意でなく、ある事例においては逆の符号を持っている。プライバシー法の費用と州への最近の転入の総数についての私の尺度は、予想通り負の符号であるが、全く有意ではない。

これらの結果は、全体としてみると、利益集団理論を支持するものであるが、一定の限界を有することを示している。そして、同情または利他主義的理論に関しては、全く支持していない。また、表3には示されていないその他の回帰は、これらの貧弱な結果を損うものでさえある。例えば、私は、プライバシー法を制定する費用の追加的な尺度として、都市化と犯罪率を付け加えた。前者は、人々が有しているプライバシーの量の代理変数である。後者は、個人の逮捕歴その他の人格的背景を明らかにすることによって、自己防衛を人々から奪う費用の尺度として用いている。これら二つの変数を付け加えると、これらの変数は逆の符号（正）をもつだけでなく、少数民族という変数は、有意でなくなってしまう。困難なことには、都市化と犯罪率が、黒人およびヒスパニックの人口比率と正の相関性を有しており、少数民族の変数の効果のいくらかが他の二つの変数の中に吸収されてしまう可能性がある点にある。

これらの結果は、州のプライバシー立法に関する別の理論が存在しうることを示唆している。即ち、プライバシー立法は、比較的犯罪費用に無関心な州において制定される傾向があるという理論である。このことは、部分的であるにせよ、各州の刑事司法の運用実績を反映していると推測される、犯罪率の高さによって立証される。表4は、追加的独立変数として犯罪率を付け加え、そして犯罪行為と最も明白に関連するプライバシーのカテゴリーに属する、逮捕歴についての秘密保護法を持っているか否かというよう

表 4　州のプライバシー法と犯罪（従属変数は，もし州が逮捕歴に関するプライバシー法を有している場合は 1，有していない場合は 0）

回帰式	常　数	TAX[a]	PROG	RATIO1	RATIO2	TRAN	LTRAN	INC	LINC	MINO	MIG	CRIM	R^2
1.	−.073	−.0002						−.0000006		−.002	−.014	.382	.36
	(−.119)[b]	(−.298)						(−.004)		(−.354)	(−1.200)	(3.928)	
2.	−.255	−.0004	.012					.00003		−.001	−.012	.377	.37
	(−.383)	(−.607)	(.702)					(.235)		(−.192)	(−1.028)	(3.859)	
3.	.110	.010		−1.016				−.00003		−.002	−.013	.384	.36
	(.172)	(.570)		(−.354)				(−.324)		(−.235)	(−.997)	(3.943)	
4.	.078	.012			−2.584			−.00001		−.002	−.013	.386	.36
	(.138)	(.665)			(−.523)			(−.140)		(−.260)	(−1.164)	(3.996)	
5.	−1.00					.006		.00005		−.001	−.013	.346	.37
	(−.895)					(1.031)		(.389)		(−.122)	(−1.197)	(3.369)	
6.	−7.00						.608		.464	−.00005	−.011	.325	.37
	(−.686)						(1.509)		(.492)	(−.007)	(−.972)	(3.278)	

a. 独立変数の定義については表 3 の注参照。CRIM＝州の一人当り犯罪率（FBI index crimes）（*FBI Uniform Crime Reports,* 1970 から作成）。
b. 括弧内は t 値：　値の絶対値が 2 より大きい場合は，5％水準で統計的に有意。

に、従属変数を転換した上で表3における六つの回帰式を再度操作することによって、この仮説を検討したものである。これらすべての回帰式において、犯罪率は従属変数に対して正でかつ高度に有意な効果を持っている。この結果は、プライバシー法の「犯罪緩和」理論(82)をある程度支持するものである。しかしながら、私は、プライバシー法制定運動の効果は、経済学の立場からは依然として謎を残していると結論したい。

第十一章　最高裁におけるプライバシーの法理

合衆国憲法は、プライバシーの権利については全く規定していない。しかし、憲法判例の流れの中で、プライバシーの観念は、以下の二つの場合に考慮されるべき価値として、長年にわたって重要な役割を果たしてきた。第一は、連邦公務員による不当な捜査や押収を禁止する修正第四条のように、特定の憲法条項によって保護されるべき価値として。第二は、拡声器を積んだトラックや口喧しい戸別訪問販売業者から自由でありたいと願う住民の期待と憲法上の言論の自由の保障が抵触する修正第一条のように、他の憲法条項との関連で相互に矛盾する価値を保護する解釈に際して衡量されるべき価値として。そして、一九六五年に最高裁は、合衆国憲法のいかなる特定条項にも基礎づけられない価値として、憲法上のプライバシーの権利が存在することを認めたのである。

プライバシーの権利は、私人や私企業による侵害から保護されるべきであると同時に、政府による侵害からも保護されるべきであるとする命題に抵抗することはできない。プライバシーの権利の範囲は、公正な議論の対象とされるべき主題である。私は、前の二つの章で、現在広く受け入れられているプライバシーの範囲よりも、それを幾分制限する構想を提唱した。しかし、少なくとも秘密保持のためのプライバシーは、政府に対してその権利を主張する場合には、私的当事者に対してそれを主張する場合よりも、強い保護が与えられるべきである。例えば、債権者や使用者その他の私的当事者が、虚偽表示から自らを防御するために、潜在的な取引相手に関する情報を求める場合を想定してみよう。もし、彼らが自己防御に必要とされる以上の情報を求めるならば、彼らはその代価を支払いかつ競争上の不利益を被ることを余儀なくされる。また使用者は、定期的に嘘発見器によるテストを受診することを求める労働者に対しては、その受診を求めない労働者に比べて高い給与を支払わなければならない。もし、このテストによって得られた追加的な情報がその特別給与に値しないならば、使用者は相殺可能な便益をもって正当化できない損失を被る。と同時に、このようなテストを要求しない企業との競争においても不利益を受ける結果となる。これに対して、政府は、その大部分の活動においていかなる競争にも直面しないから、このような市場の抑制力に服することがない。この事実は、特に連邦政府の活動について当てはまる。このような状況では、ポール・ラビンが主張するように、政府が情報公開と情報秘匿の間に適切なバランスを設定するだろうと推測する根拠は存在しない。(1)

以上の分析と、最高裁の裁判官がこの分析の含意を認識しかつそれに基づいて行動している程度は、別の問題である。我々は、最高裁のプライバシー保護理論が、よく言っても気紛れであり悪く言えば頑迷であることを見てゆくことにする。

グリスボルド判決以前のプライバシー事件

最高裁は、不法行為法上のプライバシーの権利を審理対象とした時期よりもかなり以前から、修正第四条および第五条の下におけるプライバシー保護に関する訴訟事件に直面していた。これらの判決は、ウォーレン判事とブランダイス判事がプライバシーに関する有名な論文を書いた時期以前に出現している。最高裁は、これらの判決の大部分において、これらの修正条項に明示的に規定されている捜索・押収、蓋然的理由、自己負罪などの文言は、そこに内在する本質的なプライバシー保護のための目的と関連させることなしに解釈することが不可能であることを認めていた。オルムステッド対合衆国(Olmstead v. United States)事件(2)は、その重要な例外であった。この事件における争点は、連邦公務員による電話盗聴が修正第四条によって禁止されるべきか否かにあった。そしてその結論は、修正第四条によって保護されるべき厳密な意味でのプライバシーの利益いかんに論理的に依存していた。(3) もし、修正第四条が保護するプライバシーの利益が隔離の利益のみを意味するならば、電話盗聴は修正第四条によって禁止される行為と見なされないことになる。なぜなら、電話盗聴は、物理的なプライバシーの侵害をその実質において含んでおらず、また、オルムステッド事件でも明らかなように、不法侵害のような技術的な意味でのプライバシーの侵害も殆んど含んでいないからである。しかし、修正第四条に広義のプライバシーの概念が含まれていると解釈されるならば、電話盗聴にもその適用が及ぶことになる。

最高裁は、被上告人の住居への不法侵害がなかったことを一つの理由として、修正第四条は電話盗聴に対して適用されないと判決した。しかし、この判決が不法侵害の成否いかんを強調したことは間違いであった。もし、修正第四条が隔離の意味でのプライバシーのみを保護するものであれば、知覚されない不法侵害はこのような利益を侵害しないから、修正第四条違反はありえないことになる。しかし、修正第四条が保護するプライバシーの利益がより広範囲なものと解釈されるならば、不法侵害が存在せずまた隔離のプライバシーに対する侵害がないことも、主要な事実とはなりえない。オルムステッド事件で判断されるべき争点は、修正第四条がいかなるプライバシーの利益保護を目的とするものであるかを厳密に確定することであった。しかし、最高裁はこの争点について全く言及しなかったのである。

もし、隔離のプライバシーが修正第四条によって保護されるべき唯一の利益でないとすれば、秘密保持に関心を持たない人でさえも、電話盗聴に対してその適用を求める動きを強めるだろう。第九章で論じたように、電話盗聴行為は、少なくとも電話盗聴が広範囲に使用されていることが知られている場合には、情報を獲得し秘密保持を危うくする手段としては効果が少なく、むしろ会話を抑制する効果をもたらす。電話盗聴が行われていることを人々が知ることは、恐らくよいことでもある。しかし、この場合のコミュニケーションは、平常の場合よりも費用が高くつく結果となる。コミュニケーションが違法な活動を助長する場合にはそれを制限することが望ましいと考える社会では、人人は、このような結果についても受忍可能かつ望ましいと考えるかもしれない。しかし、もし法を執行する公務員が、電話が盗聴される無実の人々に課されている、コミュニケーションの効果が減少することに伴う費用を負担しない場合には、人々の反応は別のものとなる。この場合には、盗聴行為が違法なコミュニケーションに限定されていると説明しても、人々は信じないであろう。政府の執行機関による電話盗聴の裁量権限については、不法行為法上の救済や令状その他の合理的な義務づけによって、外部的にコントロールされるべきである。

オルムステッド判決に対するありきたりの批判は、警察官による通常の捜査と電話盗聴の間の唯一の相違は、憲法起草者が予見しえなかった技術的進歩に由来するに過ぎないから、この判決は間違っているというものである。しかし、私はこの見解に同意しない。通常の捜査と電話盗聴の相違は、本質的には、隔離のプライバシーと秘密保持のプライバシーの相違に由来する。憲法起草者は、人々の間の会話の秘密保護よりも、人々の平和や静寂の保護により大きな関心を持っていたと想像することも可能である。(4) もしそうであれば、たとえ憲法起草者がこのような捜査方法を予見しえなかったとしても、捜査技術の進歩によって警察官が騒音を発する超短波ビームを使用して人の住宅を捜査することは、修正第四条によって制約される。反面、電話盗聴や「盗聴マイク」の使用は、修正第四条によって全く制約されない結果となる。

平和と静寂を保持する利益は、長い間にわたって、警察官の違法捜査を制約する根拠として位置づけられてきた。(5) 被告人の所有にかかる財産の捜査・押収事件に関する初期の判例(6)の重要性は、修正第四条の目的が、警察の捜索によって平和と静寂が乱されることから人々を保護することにあることを明確にした点にある。ある人自身の財産に対する捜索は、第三者の財産に対する捜索に比べ、その人の平和と静寂を妨げる可能性がある。最高裁は、ヘスター対合衆国（Hester v. United States）事件(7)において、警察官による被告人に対する秘密裏のスパイ行為は、たとえ彼らが被疑者の財産に対する不法侵害を犯していたとしても、修正第四条に違反するものではないと判決した。(8) この判決は、上記の見解に矛盾するものではない。だから、オルムステッド事件の結論について、修正第四条によって保護される唯一のプライバシーの利益は、個人が保持する平穏な生活が警察によって侵されない利益に過ぎないと説明することも可能である。この解釈は、その究極的利点が何であれ、少なくとも明快であり、また技術的進歩によって影響されないという利点がある。

ブランダイス判事は、オルムステッド事件での自らの反対意見において、多数意見とは異なり、この事件の主題が修正第四条によって保護されるべきプライバシーの利益いかんにあることを承認した。彼は、その反対意見の中心的な一節において、憲法起草者が採用したと考えられるプライバシーの概念について、次のように説明した。(9)

憲法の起草者は、幸福追求のために望ましい条件を保障することを意図していた。彼らは、人間の持つ精神的本性や感情および知性の重要性を認識していた。彼らは、物質的なものの中に見出せるのは、人生の苦痛や喜びおよび満足の中のほんの一部分に過ぎないことを知覚していた。彼らは、アメリカ市民が持っている信仰・思想・情緒・感動などを保護することを求めた。彼らは、政府に対する権利として、文明人にとって最も本質的な権利でありまた最も価値ある権利として、自らを独りにしておく権利を保障した。この権利を保障するために、連邦政府による個人のプライバシーに対する不正な侵害行為は、その手段がいかなるものであれ、修正第四条に違反すると見なさなければならない。また、かかる侵害行為によって獲得された事実を刑事訴訟における証拠として利用することは、修正第五条違反と見なさなければならない。

しかし、憲法起草者が人間生活におけるある種の理想の優越性を保障することを期待したことを理由として、政府に対する権利として、「自らを独りにしておく権利(10)」が創出されたと短絡的に結論することはできない。憲法上には、このような権利について何らの示唆も存在しない。ある種のプライバシー侵害からの自由を保障する、憲法上の特定された権利が存在することは確かである。しかし、ブランダイス判事がそのように考えていたという証拠はないが、もしプライバシーが自由と同義語ではないとすれば、自らを独りにしておく権利は、プライバシーの権利以上に保護されることになる。(11) 例えば、徴兵制度は、自らを独りにしておく権利の侵害にあたることになる。しかし、ブランダイス判事は、前述の引用部分に続く文章で徴兵制度の正当性に言及することによって、徴兵制度を無効とはしなかった。(12)

前述のブランダイス判事の意見の引用文は、最近のプライバシーをめぐる最高裁判決における二つの重要な傾向の先駆けであることが明らかである。一つの傾向は、憲法の特定条文に根拠を置かない、憲法上のプライバシーの権利を承認する傾向である。他の一つは、プライバシーの権利を隔離や秘密保持の趣旨以上に拡張して、選択的かつ非中立的に適用される、政府の干渉から自由になる一般的権利として位置づける傾向である。ブランダイス判事が、このような傾向の先駆者であったことは驚くべきことである。前述の引用文における彼の分析方法は、他の判事たちが州議会の干渉に対する自由放任経済の保護のための憲章として修正第十四条のデュー・プロセス条項を解釈した時に、彼がそれを慨嘆したまさにその方法である。これらの判事たちは、彼らの政策的選好を憲法典の解釈に持ち込むに際して、修正第十四条の文言や歴史に関連するいかなる根拠を示すこともなかった。ブランダイス判事のやり方も、まさにこれと同様である。

オルムステッド事件におけるブランダイス判事の反対意見は、「自らを独りにしておく権利」に言及した部分を除けば、ボイド対合衆国事件（Boyd v. United States）判決(13)の論理に大きく依存している。この事件で最高裁は、次のような連邦関税法は、修正第四条および修正第五条の下で憲法違反となると判断した。この関税法は、ある人が連邦行政機関が求める文書提出を拒否した場合、歳入法に基づいて彼に罰則を適用する訴訟において、彼がその文書内容に関するすべての訴追事実を真実であると自白したと見なす旨を規定していた。ブランダイス判事は、電話盗聴は修正第四条に違反するという彼の見解を支持する論理として、このボイド事件における以下の判決部分を援用した。(14)

犯罪の要素を構成するのは、被疑者のドアを破壊したり箪笥を引っ掻き回した行為ではなく、エンティック対キャリントン（Entick v. Carrington）事件におけるキャムデン卿の判決の基礎となりその要素を構成した……身体の安全、身体の自由および私的財産権という、彼の犯すべからざる権利を侵害した行為である。住宅に押し入り箱や箪笥を掻き回した行為は、その犯罪要素の加重要件である。しかし、被告人の犯罪を立証しかつ彼の所持品を証拠として押収するために、彼自身の証言や私的文書を無理矢理に強要した行為は、この判決で有罪と宣告されるべき行為の範囲内にある。この点に関しては、修正第四条および修正第五条は殆んど相互に重複する関係にある。

この文章は若干曖昧ではあるが、修正第四条が隔離の利益のみを保護するのか、より進んで秘密保持や秘匿という利益をも保護するのか、という問題について適切な指摘を行っている。最高裁は、ボイド事件において、エンティック対キャリントン事件のキャムデン卿の意見(15)を詳細に引用している。それによれば、キャムデン卿は、違法捜査によって獲得されたすべての文書の証拠無価値性を、財産の不当な押収に対する基本的な違法性の加重要件として扱っている。つまり、権利の侵害が一次的な違法要素であり、秘密保持の利益を危うくする行為が二次的違法要素とされているように思われるが、しかしこの外見は誤解を招きやすい。なぜなら、ここでは住居への侵入や私物を掻き回す行為は二次的であると記述される一方で、一次的なものは「身体の安全、身体の自由および私的財産権」とされているからである。つまり、身体の安全は隔離の意味でのプライバシーと密接に関連し、身体の自由や私的財産権もまた概ねそれに関連する。更に、ボイド事件には、多少希薄ながら、伝統的な警察の捜査に見られるのと同じ種類の違法性の加重要件が存在する。なぜなら、ボイド事件で問題となった関税法は、文書提出命令を遵守するために文書を吟味する時間を費やすことを人々に強制しているからである。

ボイド事件判決の前述の引用文を読んでみると、最高裁のすべての関心事が、文書を作成提出しなければならないという煩わしさの問題にあったと考えることはできない。また最高裁は、自分の証言によって自らを罪に陥れることを強制されることと、同様のことを自分の文書によって強制されることの類似性に関心を示していた。もし、人が自ら作成した文書によって有罪の証拠とされることに対しても修正第五条の保護が及ぶとする、ボイド事件における最高裁の判断が正しいとすれば、なぜ電話を通じての会話についても同じことが言えないのであろうか。電話を通じて行われた会話はそれ自体証言ではないが、ボイド事件で問題となった荷物の送り状もそうではない。

ボイド事件における修正第五条に関連する判断部分は、現在では最早適切な判例理論とはいえない。[16]しかし、ボイド事件において、プライバシーの権利に関する判断部分で現在もなお意義ある重要な点は、修正第五条がプライバシーの権利と希薄ながらも関連性があることを認めた点にある。[17]修正第五条は、刑事訴追の危険に陥れられない事柄については、それがいかに私的な事柄であっても、尋問することを許容している。だからこの修正第五条は、無実の人のプライバシーを全く保護しない。のみならず、被告人は、彼が刑事訴追を免責されている限りでは、罪に陥れられる事柄についてさえも証言を強制される。だから、たとえ盗聴行為がプライバシーを侵害したとしても、その侵害行為自体は、修正第五条の保護を求める理由とはならない。また、ボイド事件における最高裁の修正第五条の拡張解釈も、プライバシー概念の拡張を必ずしも支持する論理ではない。

私は、オルムステッド判決が隔離のプライバシーと秘密保持のプライバシーの間の相違に言及した点について、理性的に支持すべきであると考える。また、ブランダイス判事の反対意見は、秘密保持のプライバシーもまた保護されるべき利益であるとする、説得力ある立論を展開することに失敗したと評価する。しかし、私は、オルムステッド事件判決が、正しい結論を実際に導いたと示唆しているわけではない。植民地時代のアメリカ市民は、彼らの休息と平穏への侵害のみならず平和と静寂への干渉の要素も殆んどない状況下でも、無許可での親書の開封など、私的な通信物の押収については特に高い関心を持っていた。[18]親書の開封行為は、配達の遅延や紛失の危険などを惹き起こすことは確かである。しかし、これらの危険は、コミュニケーションの信頼性を毀損する効果や、警察の家宅捜索による平和と静寂への干渉などに比較すれば、相対的に小さな危険である。また、修正第四条の背景には、臨検令状をめぐる問題も存在する。この臨検令状は、倉庫その他の商業的建築物に対する捜索などのように、主として商業取引に関する制定法の執行に際して利用されてきた。[19] 臨検令状に対する主な反対理由は、このような捜索によって不意に業務が中断されることよりも、多分、この余り有名でないイギリスの商業取引法が違法行為を暴き出すその有効性にあったように思われる。[20]

ここで、時代を飛びこえて、オルムステッド判決がいかに現代に適合してきたかを見てゆくことにしよう。最高裁は、ゴールドマン対合衆国（Goldman v. United States）事件[21]において、オルムステッド判決が暗黙裏に認めた、物理的なプライバシー保護と秘密保持のプライバシー保護を区別する論理を引き継いだ。この事件では、電話盗聴ではなく盗聴マイクという電子機器盗聴が問題になったが、最高裁は、このような盗聴行為には修正第四条の保護は及ばないと判示した。しかし、シルバーマン対合衆国（Silverman v. United States）事件[22]では、最高裁は、これと逆の結論を導き出した。シルバーマン事件では、盗聴マイクは被告人の住居の壁面に埋め込まれていた。最高裁は、これを理由として、盗聴マイクが被告人の住居の外壁に接着されていたために、いかなる物理的侵入も行われなかったゴールドマン事件と区別した。最後に、カッツ対合衆国（Kats v. United States）事件[23]では、公衆電話ボックスにおける電話盗聴が問題となった。この事件で最高裁は、シルバーマン判決とそれ以降の判決の権威に依拠して、ゴールドマン判決およびオルムステッド判決を変更した。

カッツ事件で反対意見を述べたブラック判事は、多数意見がシルバーマン判決に依拠したことを批判した。彼は、その理由として、シルバーマン事件では、カッツ事件（およびゴールドマン事件とオルムステッド事件）とは異なり、被告人の住居に対する物理的侵入とその結果としての不法侵害が存在した事実を指摘した。しかし、不法侵害が存在したか否かは、カッツ事件の帰趨と無関係と考えるべきである。シルバーマン事件における不法侵害は、被告人の住居の平穏を実際には乱していない。ヘスター対合衆国事件[24]で最高裁は、不法侵害が存在する場合でも、控え目な監視行為に修正第四条を適用することを拒否した。シルバーマン事件における「壁に埋め込まれたマイク」は控え目であり、被告人の物理的プライバシーを乱してはいなかった。もし、オルムステッド判決の本当の理由が、修正第四条が保護するのは隔離の意味でのプライバシーのみであることを理由とするならば、シルバーマン判決は、オルムステッド判決とは実際には矛盾する。なぜなら最高裁は、シルバーマン判決において、修正第四条を隔離のプライバシー保護というよりも秘密保持のプライバシーを保護するものと解釈したからである。

カッツ事件において、最高裁は、プライバシーの概念に価値があることは自明であるとして論議を止めたために、隔離のプライバシーと秘密保持のそれとを区別する必要性を看過ごした。[25]ブラック判事は、この点について次のような批判を展開した。

最高裁は、言葉を巧妙に玩ぶことによって、財産の捜査・押収に適用されるべき憲法上の文言を、プライバシー保護を標榜することを通じて、捜査や押収の対象とはならない会話盗聴の証拠に適用できるとする見解を尤もらしく仕立てあげた。プライバシーに何らかの程度で影響を及ぼさない、個人の所有する財産の捜査・押収は殆んど存在しない。最高裁は、不当な捜査や押収からの保護のための憲法の文言を、プライバシー保護のための判決文に置き換えることを通じて、自らが広義のプライバシーに抵触すると判断するすべての法を憲法違反とする媒体として修正第四条を利用したのである。

修正第四条が有形物の押収に対してのみ適用されるという解釈は、その文言や制定経過による裏付けがない。[26]しかし、この解釈部分を除けば、ブラック判事の意見に反論することは難しい。多数意見は、プライバシーを定義する努力を行っておらず、またオルムステッド判決の結果を、不法侵害が存在しないという理由とは別の理由で正当化できることを自覚していないことは明らかである。

ブラックストンの『釈義』は、盗聴行為をコモン・ロー上の軽罪として記述している。[27]ブラック判事は、盗聴行為と捜査・押収を区別する彼の主張を裏付けるために、この『釈義』を根拠として、盗聴行為は権利章典が採択された当時から存在していたと指摘した。しかし、彼は、修正第四条その他の修正条項を根拠として盗聴行為を禁止することを、憲法起草者は意図しなかったと主張した。立ち聞き行為と電気的盗聴行為の間には、その効率性に相違があることは明らかである。また、ブラックストンの記述は、法を執行する公務員以外の「近所の口さがない女たち」の立ち聞き行為に向けられていた。これらの事実を前提とすれば、例えばギャングや破壊的集団の内部への覆面捜査官の配置などに代表される、ある種の立ち聞き行為の重要性と効率性が見出されるまでは、盗聴行為と捜査・押収の区別は決定的ではなかったかもしれない。しかし、法執行に際して覆面捜査官を利用する方法は、数千年とは言わないまでも[28]、権利章典に数世紀は先立って行われており、その目的が盗聴行為にあったことは明らかである。

　最高裁は、犯罪の手掛かりや証拠の収集のための覆面捜査官の利用については、修正第四条は適用されないと解釈した[29]。その際、最高裁は、相手方の同意を擬制することによってこの解釈の正当性を根拠づけた。そして、オズボーン対合衆国（Osborn v. United States）事件[30]のように、覆面捜査官が秘密マイクを携帯して被疑者とのインタビューを録音した場合でさえ、このような解釈に固執したのである。この最高裁のアプローチは、オルムステッド事件が問題となった時代背景の下でのみ、擁護することが可能である。なぜなら、この時代における修正第四条によって保護されるプライバシーの権利は、親書に対する保護を除けば、人のデスクの中の捜索など、警察官が家の中を引っ掻き回すような家宅捜索によって妨げられない権利としてのみ主張できたからである。しかし、秘密保持の意味でのプライバシーが修正第四条によって保護されることがひとたび承認されたなら、覆面捜査官による盗聴行為は、修正第四条の適用範囲外にあるとする説得力ある根拠は見出しえない[31]。最高裁は、シルバーマン判決およびそれに続くカッツ判決でも、このような解釈を採用している。覆面捜査官は、彼がスパイの対象としている人々の秘密保持のプライバシーを明らかに侵害している。いかなる場合でも法は尊重されるべきであるという意味では、この種のプライバシーの侵害について、相手方が「同意している」という論理は強弁に過ぎない。従来から、詐欺による同意の意思表示は無効とされてきたのである。プライバシーを侵害された特定の個人は、彼がプライバシーについて合理的な期待を持っていなければ、プライバシーの侵害は成立しないとする論理も循環論にすぎない。彼がそのような期待を持って

いるか否かは、その法的ルールいかんに依存するからである。(32)

グリスボルド判決

カッツ判決は、プライバシーの概念を、身体的ないし隔離の意味でのプライバシーから、秘密保持の意味でのプライバシーへと拡張した。この概念の拡張は、的外れではあるが、必ずしも誤りではない。同様に、グリスボルド対コネチカット（Griswold v. Connecticut）事件判決(33)も、その憲法上の根拠の変動を伴うようなプライバシー概念の重大な拡張を承認した。この事件では、既婚者についてさえ避妊薬の使用を禁止する州制定法に違反したという理由で、患者に処方箋を与えるとともに避妊薬を調剤した、二人の産婦人科医師が従犯として刑事訴追された。ダグラス判事は、最高裁の意見を代表して、この州制定法は権利章典によって認められた憲法上のプライバシーの権利を侵害すると判決したのである。

ダグラス判事の意見は、「実体的デュー・プロセス」の観念に依拠することを放棄することの弁解に始まって、修正第一条がいかに広汎に拡張されてきたかを読者に思い起こさせる記述を展開する。修正第一条は、結社の権利に言及していない。しかし、従来から、その解釈として、結社の自由を包摂することが承認されてきた。ダグラス判事は、これを根拠として、「権利章典におけるある種の保障条項は、これに生命と実体を付与する役割を果たすような、これらの条項から派生する放射物によって形成される半影部分を持っている」(34)と分析する。その上で、彼は、修正第一条・第三条・第四条および第五条は、プライバシーを保護する趣旨を内包し、これらの保障条項から派生する「放射物」が既婚者達の避妊薬を使用する「半影的」権利を創出していると結論する。

ダグラス判事が、住宅所有者の同意なしに平時に軍隊を民家に宿営させることを禁止する修正第三条に言及したことは、奇妙かつ不適切というべきである。修正第三条は、単なる隔離の意味でのプライバシー保護を目的として設けられた、最も明瞭な憲法条項の一例である。更に、グリスボルド判決に対する多くの反対論は、放射物ないし周辺的権利理論は中核的権利と周辺的権利の間に関連性があることを前提にしているが、避妊薬を使用する権利の場合には このような関連性が欠如している点に目を向けている。例えば、政治評論家が彼の意見を表明する場合には、修正第一条に基づく表現の権利と、これに付随する匿名を利用する権利を想定することが可能である。しかし、修正第三条・第四条および第五条によって保護される中核的権利と避妊薬を使用する権利の間には、このような関連性は存在しないからである。(35)

付随的権利としてのプライバシーの尤もらしい擁護論は、公益事業委員会対パラック (Public Utility Commission v. Pallack) 事件(36)における、ダグラス判事の反対意見の中にも見出される。この事件における争点は、コロンビア特別区の公益事業委員会がトロリー・バス会社に対して、そのトロリー・バスの車内で放送(主として音楽放送)を行うことを許可したことが、修正第五条が規定するデュー・プロセスに違反したか否かであった。最高裁の多数意見は、その車内放送が乗客の隔離の意味でのプライバシーを侵害したことを認めたが、その侵害の程度は重大なものではなかったと判断した。ダグラス判事は、この多数意見に反対した。その反対の根拠は、乗客の平和と静寂がそれ自体として、デュー・プロセス条項によって保護される自由の一側面であるという理由ではなかった。ダグラス判事は、この民間トロリー・バス会社が公益事業委員会によって極端なまでに規制を受けていたため、これを政府事業と見なした。彼の反対論は、これを前提として、政府が囚われの聴衆に音楽放送を聞かせることを許容することは、究極的には、政府がそれを聞くことを喜ばない聴衆に対してプロパガンダを行うという陰険な行為をも許容する可能性があるという点にあった。この彼の見解に従えば、乗客のプライバシーに対する侵害行為は、修正第一条の自由を侵害する危険(抽象的な危険があることは確かである)を惹起する場合にのみ、憲法違反とされることになる。

最高裁が付随的権利としてのプライバシーについて判断したもう一つの例は、バックレー対バレオ (Buckley v. Valeo) 事件(37)である。この事件で最高裁は、公職への立候補者に対する百ドル以上の献金者名の公開を義務づけた連邦選挙献金法の規定に対する、プライバシーを理由とする異議申立を棄却した。この事件では、政治的立候補者に対して匿名で献金する権利について、政治的自由をも保障する修正第一条の表現の自由に付随する、プライバシーの権利として考察することが可能であった。しかし、最高裁は、このような解釈を採用しなかった。プライバシーの権利を否認する最高裁のこのような態度は、政治評論家の匿名の権利に関する判例と矛盾すると同時に、プライバシーの権利に関する最高裁の解釈の動揺を示しているように思われる。[38]

グリスボルド判決は、これとは対照的に、周辺的権利や放射物理論について言及したにも拘わらず、プライバシーの権利を独立した憲法上の権利概念にまで引き上げた。避妊薬を使用する権利は、住居や勤務先で騒音その他の邪魔物から自由になるという意味での隔離の権利でもなければ、情報を秘匿する権利でもない。それゆえ、最高裁は、この判決において、プライバシーに関する新しい広義の概念を採用したと理解すべきである。この新しい概念は、隔離の意味でのプライバシーの権利に類似する概念、ないしは少なくともこの権利に基礎を置く概念として理解されるべきところであろう。しかし、隔離の意味でのプライバシーは、私的に過ごすことつまり独りで邪魔されずにいることは、不法行為法・財産法・刑事法その他これを許容する法源が何であれ、法的に許容されるべきであるという主張に根拠がある。これは、法が許容する以外の何ごとかを行うことを、法が許容すべきであるという主張ではない。[39]グリスボルド事件における避妊薬を使用する権利の主張は、州が禁止している何ごとかを行うことを許容すべきであるという主張である。憲法が前者の主張を保護していることを理由として、後者もまた憲法上保護されるべきであると結論することはできない。個人に対して自分の住居において騒音その他の邪魔物から自由になることを保障する権利は、州がその住居で個人が秘密裏に行為することを望んでいる様様なことを禁止したならば、殆んど価値がなくなってしまうことは確かである。しかし、人がその住居で秘密裏に彼が望む何ごとかを行う自由は、もし彼が貧しかったり健康でなかった場合には、州が禁止するのと同様に殆んど価値がないものとなる。よい人生を過ごすための個人の権利を修正第四条から引き出すという分析方法は、どこか間違っている。何が間違っているかといえば、この方法は、プライバシー自体と人々がそのためにプライバシーを望む目的を同一視しているからである。

更に、憲法上のプライバシーの権利をプライバシーの目的の観点から定義することは、憲法条項のそれぞれの特殊な限定条件を無視する結果となる。修正第四条が隔離の意味でのプライバシー概念の上に成立していると結論することは、修正第四条の文言が明らかにその保護の対象から除外している権利の根拠として、その概念を利用することを正当化するものではない。パラック事件における囚われの聴衆に音楽を放送することは、その乗客の何人かは思考や読書をすることを妨害される可能性がある以上、隔離の意味におけるプライバシーの侵害に当たる。ここでは、その侵害がどの程度に深刻であったかは問わない。しかし、この場合における音楽の放送が捜査もしくは押収に当たると解釈することは、言葉の意味を歪めることなしには不可能である。同様に、たとえプライバシーの概念が避妊薬を使用する権利を含むと仮定しても、修正第四条はもちろんその他の憲法条項によっても、避妊薬を使用する権利を根拠づけることは不可能である。

この問題は、グリスボルド事件におけるダグラス判事の意見を素材として、より明確に説明することができる。ダグラス判事は、コネチカット州の避妊薬使用禁止法の執行方法として、法違反の証拠を求めてベッド・ルームを捜査するという執行方法を想定した。おそらく彼は、「放射物」アプローチを補強するために、この仮説的執行方法を用いることによって、避妊薬を使用する権利をプライバシーの伝統的観念に対比したものと思われる。このような捜査は、実際に伝統的意味におけるプライバシーの侵害に当たると考えられる。しかし、もしこの制定法が、その執行方法以外の点で憲法上の疑義を生じない性質のものであれば、その侵害行為を正当化することも可能である。(40)

ハーラン判事は、ポー対ウルマン (Poe v. Ullman) 事件(41)における彼の反対意見で、グリスボルド事件におけるダグラス判事の意見を予測させるような見解を示していた。彼は、この判決において、プライバシーの侵害なしにコネチカット州の避妊薬禁止法を執行する余地がないことを示唆していたのである。しかし、グリスボルド事件は、単に産婦人科医師を従犯として起訴することによって、プライバシーを侵害せずにこの法律が執行可能なことを明らかにした。法の主たる違反者に対する効果的な執行方法がない場合に、従犯についてのみ法を執行することは、格別に目新しいことではない。例えば、特許法や著作権法の分野では、直接的違反者に対する供給者である教唆犯のみが常に訴追されている。(42)しかし、このコネチカット州法は、たとえ憲法上保護されたプライバシーの利益を侵害することなしに執行不可能であると仮定しても、その法律自体がプライバシーの権利を侵害しているわけではない。その法律は、執行不能であることを意味するにすぎない。多くの制定法は、「被害者のない」犯罪を処罰しているのである。また、このことは、産婦人科医師の訴追が捜査に該当することを意味するわけでもない。

コネチカット州避妊薬禁止法に対する本質的な批判は、それがプライバシーを侵害するという理由による批判ではなく、既婚者に対してさえも避妊薬使用を禁止することは、個人の行動の自由に対する不当な制限に当たるという観点からの批判である。この観点からの批判は、それをプライバシーの定義に挿入することによって、理論的な重みを加えるものではない。ダグラス判事は、おそらく、「実体的デュー・プロセス」(43)の概念に明示的に依拠することを回避する目的で、プライバシーの定義に言及したものと思われる。彼は、プライバシーに関連させることなく、家族に対する政府規制を制限した、以下のようないくつかの判決を引用した。たとえば、メイヤー対ネブラスカ（Meyer v. Nebraska）事件(44)では、学校において児童にギリシア語・ラテン語などの古典語以外の外国語を教えることを禁止した、州の教育政策が争点となった。最高裁は、この州の教育政策は、「個人の契約を締結する権利」および「人生において普遍的な職業に従事する権利」をも含む、自由の概念に違反すると判決した。(45)この判決では、マクレイノルズ判事が多数意見を代表し、ホームズ判事が反対意見を述べている。(46)実体的デュー・プロセスの判断基準は、表面的には近代的に見えるが、正当な立法目的との合理的な関係を証明できない場合にのみその制定法を無効とする。(47)メイヤー判決は、これを誤って解釈している。(48)ダグラス判事によるメイヤー事件の引用部分は、その後のプライバシーに関する判例でも繰り返し言及されてきた。これは、たびたび否認されてきたにも拘わらず、実体的デュー・プロセス理論が復活した証拠とみなすべきである。現在の最高裁は、家族に対して、単純に「規制を緩和」すべきであるとする立場をとっている。[49] これは、州による事業活動規制を緩和する、評判の悪い先例と同じ方法である。この政策を許容する憲法上の根拠が問題であるとしても、我々は、正義の一方または双方を優先させる政策に同意を与えることができる。[50]

グリスボルド判決以後の最高裁のプライバシー判例

グリスボルド判決

グリスボルド判決は、プライバシーに関連する権利章典の特定条項から離れて、憲法上のプライバシーの権利を宣言した最初の最高裁判決であった。同時に、隔離のプライバシーないし秘密保持のそれを超えた、一般的なプライバシーを承認した最初の最高裁判決でもあった。この判決は、憲法上のプライバシー法理を新しい時代に導き入れたのである。[51]

性的プライバシー

最高裁は、アイゼンスタッド対ベァド（Eisenstadt v. Baird）事件[52]において、未婚者に対する避妊薬の販売を州が禁止できるか否かという争点に直面した。最高裁は、既にグリスボルド事件判決で避妊薬を使用する権利が確立されている既婚者と未婚者を区別する法的根拠は存在しないという理由で、この州の政策は修正第十四条の平等保護条項に違反すると判決した。[53] この判決の中心的判断部分は、以下の通りである。

グリスボルド事件で問題となったプライバシーの権利は、婚姻関係を前提としていることは事実である。しかし、既婚の夫婦は、精神的ないし感情的に独立した実在ではなく、それぞれが別個の知性的ないし情緒的性格を持った二人の結合である。もしプライバシーの権利が何ごとかを意味するとすれば、結婚していようが独身であろうが、子供を生むか否かの決定のように、基本的にその人に影響を及ぼす事項への不当な政府の介入から自由であるべき「個人に」属する権利である。

最高裁は、未婚者に対して避妊薬の購入を許さないとすれば、プライバシーの権利は無意味なものとなると判断した。この論理は、一九七二年までの間に、通常の意味での「プライバシー」という言葉を、最高裁がどこまで修正したかを明らかにしている。グリスボルド事件では、最高裁は、避妊薬使用禁止法の干渉がましい執行方法を考慮に入れることによって、避妊薬を使用する権利をプライバシーの伝統的な観念に関連させることを試みた。しかし、ベァド事件では、問題となった制定法が避妊薬の使用ではなくその販売を禁止するものであったため、このような解釈は不可能であった。ベァド判決は、実体的デュー・プロセスに関する純粋な試論である。つまりこの判決は、プライバシー保護というよりもむしろ性的自由の理念を基礎に置くことを通じて、グリスボルド事件判決におけるその覆面を脱いだのである。[54]

ベァド判決において、最高裁は、避妊薬を使用する権利を、個人の私的な行為という意味でのプライバシーの概念から切り離した。このため、すべての女性がその望まない出産を防止するために避妊薬を使用する権利と、その二者択一的手段である妊娠中絶の権利は、両者ともプライバシーの権利に含まれると解釈される余地が生じた。この二つの手段の間には、政府の干渉を正当化するか否かの争点をめぐる相違点があることは確かである。特に、妊娠中絶は人間ないし少なくとも人間の原型の生命を奪うのに対して、避妊薬はそうではないという相違がある。しかし、憲法上保護されるべき利益として、望ましくない子供の出産を回避する手段としてその採用が許されるか否かという争点に関しては、避妊薬と妊娠中絶の間に本質的な相違は存在しない。この争点は、ある利益がそれと競合する利益によって比較衡量されるべきか否かという争点とは、明らかに区別される。だから、ルー対ウエイド（Roe v. Wade）事件[55]において、プライバシーの権利が妊娠中絶をしてもらう権利を含むか否かという争点について、最高裁がただ一言の文章で片づけたことも驚くには値しない。

ベァド判決とウエイド判決は、以下のような争点を、グリスボルド事件よりも一層鮮明に浮かび上がらせた。それは、合衆国憲法は、新しい憲法上の権利を創出することを制限するものであるのか、それとも最高裁の裁判官に対してその個人的選好によって公共政策を選択する裁量権限を認めているのか、という争点である。憲法の文言や立法経過ないし立法的背景のいずれにも、人種差別その他の不公正な要素を含んでいない限り、憲法が家族的事項を規制する州の権限を制約する趣旨を含むことを証明する証拠は見当たらない。この憲法上の原則が不鮮明であることによって、ベァド事件とウエイド事件における法的争点は、オルムステッド事件やカッツ事件のそれとは全く異なる性質のものとなっている。修正第四条は、情報の秘匿の意味も含みうるほど充分広汎なプライバシーの概念を体現している可能性があることは確かである。しかし、修正第四条はもとよりその他の修正条項においても、人々に出産の虞れなしに性的行動をとることを許容する趣旨を体現しているという証拠は見当たらない。最高裁は、プライバシーの概念を、規制されるべきでない行動をとる自由という視点から考察することを通じて、言葉上の便宜的解釈として、このギャップを架橋することを試みた。この見解によれば、プライバシーとして保護されるべき行為とは、単に、最高裁が公的規制に従わせるべきではないと考える行為とされることになる。しかし、この見解によれば、政府の干渉なしに職業選択を行う権利も、プライバシーの視点から同様に解釈することが可能となる。最高裁の判事たちは、政府の干渉なしに労働条件を設定する使用者と被用者の権利さえも、憲法が保障していると考えている。彼らは、プライバシーの概念操作において、自らの信念を正当化するための知恵を欠いているのである。(56)

他の諸権利との抵触

最高裁は、グリスボルド事件の相当以前から、拡声器を積んだトラックや戸別訪問による勧誘によって思想を普及させる修正第一条の権利と、このような行為によって引き起こされる騒音や干渉から自由になる居住者の権利の抵触問題に取り組んできた。最高裁は、一九五一年に、住宅の所有者ないし居住者の事前の許諾がない場合には戸別訪問による勧誘行為を禁止する州法を、合憲であると判断した。(57)このプライバシーの権利と表現の権利の調整に関する巧妙な理論は、後に、人々が郵便局に対して事前にその郵便物の受領拒否を文書によって届け出た場合に、猥褻なダイレクト・メール宣伝文の配達中止を命ずる旨を規定する州法を合憲と判断する時にも利用された(58)。しかし、この調整理論は、拡声器を積んだトラックの事件には適用できない。

最高裁は、サイア対ニューヨーク州（Saia v. New York）事件(59)で、拡声器を積んだトラックを許可する条例を無効とした。この判決は、「ある場合には、若干の人々がその騒音が苦痛であると感じているから、また別の場合には、若干の人々がその思想を聞くことが苦痛であると感じているから、許可制度は否定されるべきである」(60)と判示した。拡声器を積んだトラックから生じる騒音がプライバシーの侵害に当たるのに対して、思想表現はそうではない。それゆえ、一見して、騒音によって感じる苦痛と思想表現によって感じる苦痛を並列させることは間違っているように見える。しかし、この両者の相違は、表面的なものに過ぎない。休息と平穏は、騒音と同じく、思想表現によっても妨げられる可能性がある。苦痛を感じる騒音と思想表現との間の本当の相違は、前者が思想に対する重大な制約なしに規制可能であるのに対して、若干の重要な例外があるにせよ(61)、後者はその思想の伝播を全面的に禁止することによってのみ規制可能な点にある。だから、修正第一条の存在は、この両者に対して非常に異なった影響力として表われる。最高裁は、一年も経過せずにこれを認めて、拡声器を積んだトラックの耳障りな音声が「静寂と平穏」の侵害に当たると判断することによって、サイア判決を実質的に変更したのである(62)。

隔離のプライバシーの権利は、合衆国憲法とくにその修正第四条の存在によって、グリスボルド事件で主張された避妊薬を使用する権利よりも確固たる根拠を有するように見える。にも拘わらず、最高裁は、前記判決の結論に到達する際に、憲法上の隔離のプライバシーの権利の根拠についていかなる指摘も行わなかった。憲法上の隔離のプライバシーの権利は、私人よりもむしろ政府からの権利侵害の保護に向けられている。この特徴は、政府によるプライバシーの侵害と私人によるそれを区別する正当な根拠を与えるものであり、それゆえ両者の区別は技術的な区別以上のものを含んでいることを明らかにする。しかし、グリスボルド判決は、憲法上のプライバシーの一般的権利の存在を確認した以上、プライバシーの権利によって保護される基本的な利益の重要性について、最高裁の何らかの見解を語っているものと推測できる。プライバシーの憲法上の概念は、それが伝統的なプライバシーの定義から完全に切り離されていない限り、平穏と休息の利益を含んでいる。それゆえ、プライバシーの権利が憲法上の権利としてその権威を確立した現在、人々は、ブレアード事件とコバクス事件で主張されたタイプの利益が、憲法上の他の権利との衝突場面でより優先されることを期待するかもしれない。しかし、驚くべきことに、このような期待を実現する判決はいまだ出現していないのである。

アーズノズニック対ジャクソンビル市（Erznoznic v. City of Jacksonvill）事件(63)では、拡声器を積んだトラックの勧誘行為にも関連するような、表現の自由と隔離の意味でのプライバシーの権利の衝突が問題となった。この事件では、公共道路その他の公共所有地からも鑑賞できる野外映画館でヌード場面を上演することを禁止する、市条例の合憲性が争点となった。この条例を正当化する根拠として、運転者が、眼前に巨大なヌード場面が輝き浮かぶという困惑なしに運転できる利益が主張された(64)。最高裁は、この条例を無効と判決したが、プライバシーの利益には一切考慮を払わなかった。最高裁は、猥褻であるか否かに関わらずすべてのヌード場面の上映を禁止する点で、この条例の適用範囲が広過ぎると判断したのである。五〇フィートに及ぶヌードは、それがいかに趣味のよいものであり、また猥褻行為規制法の下で抑圧することが不可能なほど高い芸術的価値や芸術的意図を体現した作品であるとしても、困惑を感じる対象であることは確かである。ある人々は、ヌード場面が猥褻行為規制法に違反するか否かに関わらず、不快であると感じる。また、現在でも、このような場面を子供に見せることを好まない人々も存在する。映画愛好者の僅かな利益侵害と比較すれば、この種の隔離の利益は重要であり、裁判所が権利章典の多くの条項から放射するプライバシーの権利であると信じるために、この条例は充分実質的であると考えられる。この条例は、一般の映画館やドライブ・イン劇場で、ヌード場面を上演することを禁止するものではない。この条例は、単にヌード場面を上演する場合に、映画のスクリーンを公共道路から見えない場所に設定したり遮蔽することを義務づけるに過ぎない。そのために必要な調整作業は、おそらく、少額の費用でなしうるであろう。反対に、ヌード場面によってその感受性を侵害されることを望まない公共道路の利用者は、別の道路への迂回を余儀なくされることによって、累積的には相当の不便を被る可能性がある。

確かに、野外劇場の所有者の何人かは、公共道路の利用者からスクリーンを遮蔽するよりも、むしろヌード場面を含む映画を上演しないという選択を行う可能性もある。しかし、彼らがそのような選択を行った場合でも、屋内映画劇場はもちろん、すべてのドライブ・イン劇場のスクリーンが公共道路から見えるわけではないから、ヌード場面を鑑賞する観客に与える影響はおそらく非常に小さい。また、この条例が制定された後に建設されたドライブ・イン劇場のスクリーンは、この条例の規制に従って設置されまたは公共道路からは容易に遮蔽できるから、長期的にみればその影響は極めて少ないであろう。最高裁は、このような可能性に気がついていたように思われる。なぜならこの判決は、たとえヌード場面に嫌悪感を持つ観客から遮蔽する同じ動機によって制定された場合でも、ドライブ・イン劇場の立地を規制する地域区分型の条例は、修正第一条に違反しないと示唆していたからである。(65)

アーズノズニック判決の論理的帰結は、最高裁が考慮の対象とするプライバシーの権利には、ヌード映画の画面から自由になる権利は含まれないが、未婚の人々が避妊薬を使用する権利は含まれることを示唆している。これは、最高裁における「プライバシー」の定義に関する価値の転換である。この最高裁の見解によれば、合衆国憲法は、映画館の所有者が見たくないと思う観客にヌード場面を押しつける権利や、未婚の男女が妊娠の恐れなしに情交する権利の保護には熱心であるが、自動車運転者の道路脇に輝く五〇フィートのヌード画面で侵害されるプライバシーの保護には熱心でないことになる。(66)

アーズノズニック事件では、その隔離のプライバシーの侵害は、物理的侵害というよりも精神的侵害であった。しかし、この判決において特に注目すべき点は、修正第一条の利益を著しく損傷することなしに、プライバシーの権利保護が可能であると示唆した点にある。しかし、その判断がより困難な事件として、コーエン対カリフォルニア(Cohen v. California) 事件[67]が現れた。この事件では、「何人に対しても……その平和と静寂を」侵害する行為を禁止する旨を規定する州制定法が問題となった。最高裁は、裁判所内で「徴兵制度をファックせよ」という標語を印刷したジャケットの着用を、この法律によって禁止することは合憲とは言えないと判決した。この事件では、平和と静寂に対する二種類の侵害を区別することが可能である。一つは、その標語の背景となっている、徴兵制度および当時のアメリカのベトナム政策に反対する暗黙の感情表現によって引き起こされる困惑である。この困惑については、他人に対して彼が欲しない思想を押しつけることは望ましくないと考えたとしても、これを規制するための充分な法的根拠は見出し難い。この困惑の根本的な原因は、ジャケットに記された徴兵制度に反対する標語を見ることから派生するのではなく、その人が徴兵制度に反対していることを知ることから派生する。この知ることから派生する困惑は、その思想表現を何らかの方法で侵害せずに抑制することは不可能である。

プライバシーに対する第二の挑戦は、猥褻な隠語の使用から派生する。表現上の攻撃性と内容上のそれとを区別する必要は、徴兵制度に反対する人々でさえも、このような隠語の使用によって不快を感じる可能性があることによっても明らかである。猥褻な言葉を公共の場所で使用することに人々が不快を感じるならば、不本意な電話による勧誘行為や拡声器を積んだトラックによる喧騒と同様に、このような行為が平穏と休息に対する侵害に当たることは明らかである。だから、コーエン事件における究極的な問題は、その敵意を表現するために彼が気に入っている卑猥で発音がはばかられるような言葉の使用を禁止されるというコミュニケーションの有効性の減退が、この種のプライバシーの侵害とどの程度実質的に関連しているのかという問題である。

このコーエン判決は、その数年後のF・C・C・対パシフィカ財団 (F.C.C. v. Pacifica Foundation) 事件判決[68]によって否定された。しかし、最高裁は、コーエン事件においては、アーズノズニック判決を繰り返し引用することによって、プライバシーの実質的侵害はなかったと判決した。

この判決において、最高裁は、法廷にいる人々が、「彼の目を逸らすことによって更なる攻撃を効果的に回避することが可能であり」、不快な場面に「短時間だけ晒される」のみであると指摘した。(69) この最高裁の論理は、その時間的な長短の指摘を除けば、プライバシーの侵害に関する重大な問題点をすべて無視するものであった。この論理は、十秒足らずの轟音を聞くことはより静かな騒音を二十秒にわたって聞くことに比べ、プライバシーの侵害効果が本質的に少ないという論理である。また、最高裁は、不快な場面や音声が記憶を長引かせる役割を果たすことも無視している。

パシフィカ事件では、最高裁は、ラジオ所有者とその家族の（隔離の意味での）プライバシーの利益を主たる根拠として、猥褻な言語による放送を規制する連邦コミュニケーション委員会規則の合憲性を支持した。しかし、運転中にドライブ・イン映画の場面から人々およびその子供の目を逸らすことと同様に、ラジオの番組を切り換えることも困難なことではない。だから、パシフィカ判決は、コーエン判決とは異なり、仮に猥褻な言語に憲法上の保護を与えたりドライブ・イン劇場をラジオ放送よりも意見表明のためのより価値あるフォーラムとみなさない限り、アーズノズニック判決とは矛盾する。もし、パシフィカ事件とアーズノズニックまたはコーエン事件を区別する実質的根拠がないとすれば、最高裁は、ラジオ放送よりもドライブ・イン劇場の表現の自由を重視したと考えるのが真実に近いと見るべきだろう。(70)

プライバシーと修正第一条の抵触に関するもう一つの問題は、タイム社対ヒル（Time Inc. v. Hill）事件で現れた。(71) この事件では、報道の自由との関連で、メディアによる「虚偽の説明」から人々を保護する、プライバシーに関する州不法行為法が問題となった。最高裁は、故意または重過失によって真実を無視する「故意の悪意」に基づく場合にのみ、州が「虚偽の説明」として不法行為法上の救済を与えることが許されると判決した。最高裁は、この結論を、ニューヨーク・タイムス社対サリバン（New York Times Co. v. Sullivan）事件(72)における自らの判決によって基礎づけた。このサリバン判決で、最高裁は、公人による名誉毀損の訴えは、その名誉毀損が故意または重過失による虚偽に基づいてなされた場合にのみ、修正第一条の下で許容されると判示していた。名誉毀損の不法行為と虚偽の説明の不法行為は、緊密な類似性があることは確かであるが、両者は全く同一の問題ではない。相違点の一つは、虚偽の説明の不法行為が成立するためには、単なる発表というよりも広範囲な普及効果を意味する公示効果が不可欠とされている。これに対して名誉毀損の不法行為では、たった一人の第三者に発表された場合でも訴訟提起が可能となる。もう一つの相違点は、虚偽の説明では、その虚偽が原告の社会的信用を損わせる必要はないという点にある。不法行為法上のこの両者の相違は、次のような方法で要約することが可能である。名誉毀損は、その名誉が損われたため、個人が利益の多い取引機会を失う結果に陥らないように保護することを目的とする。これに対して、虚偽の説明によるプライバシーの不法行為は、世間の注目から人々を保護する、隔離の意味でのプライバシーの保護を目的としている。(73)

名誉毀損の不法行為は社会的信用を保護し、虚偽の説明による不法行為はプライバシーを保護する。しかし、最高裁は、プライバシーの権利が憲法上に存在することを認めたが、社会的信用の権利が憲法上に存在することを示唆したことはない。(74) また、サリバン事件の原告は公人であるから、そのプライバシーの侵害について、平均的な市民である私人のそれよりもある程度は我慢できると推測される。以上の諸点を考慮に入れると、我々は、ヒル事件においてサリバン事件よりも一層困難な争点となった、被告の悪意の立証が必要か否かの争点について最高裁が詳細に検討することを期待することになる。しかし、最高裁は、ヒル事件では、この争点をめぐるプライバシーの権利いかんについては全く言及しなかった。つまり、最高裁は、ヒル事件における不法行為法上の責任には、「社会的信用の毀損から個人を保護する州の付随的利益」(75)が含まれているという理由で、サリバン事件のそれよりも重大であると結論したのである。グリスボルド判決を前提とすれば、プライバシーの権利は憲法上尊重されるが、社会的信用はそうではない。にも拘わらず、最高裁は、社会的信用をプライバシーの上位に置いたのである。

最高裁における、州不法行為法上のプライバシーの権利に対する誤解ないし軽視傾向は、コックス放送会社対コーン（Cox Broadcasting Corp. v. Cohn）事件[76]において、より明瞭となった。この判決で、最高裁は、強姦事件における被害者の氏名の公表ないし報道を禁止する州制定法を無効とした。この州制定法は、いかに真実であったとしても個人情報の公表による困惑から人々を保護するために、不法行為法上のプライバシー保護の視点から制定された。既に第九章で論じたように、不法行為法上のプライバシー保護に関するこの視点は、適切な方法で限定的に解釈されてきた。なぜなら、ある人が彼自身に関する情報を秘匿する一般的な動機は、他の人々が真実を知った場合には取引を回避するような取引に彼らを誘い込むことにあるからである。このような動機に基づく情報秘匿行為は、商品市場における詐欺と同様に評価されるべき、「反証可能」な詐欺的行為である。しかし、個人情報の秘匿のすべてがこのような動機に基礎を置くものではないことは、コックス事件の事実関係からも説明できる。この事件で問題となった強姦の被害者は、加害者によって殺されていた。だから、彼女との将来の取引を期待する第三者にとって、彼女が強姦されたことを知ることは主要な関心事とはなりえない。この事件では、被害者の身元を隠蔽する動機は、他人の墓を暴くような残忍な世間の人々の注目を集めることを防止することを通じて、彼女の両親の悲しみを和らげることにあった。この事実は、秘密保持のプライバシーの利益が、より古典的な隔離のプライバシーの利益に合流してゆくことを物語っている。また、被害者の氏名は、強姦事件を報道する記事や放送に関連しているとしても、その報道のために不可欠な情報ではなかった。

最高裁は、プライバシーに基づく請求を是認するために極めて魅力的な、本件の特殊な事実関係についても全く関心を払わなかった。最高裁は、強姦事件の被害者の身元が公衆の閲覧のために公開されている裁判記録に記載されていること、また修正第一条は報道機関に対してこの記録に記載されているすべての事実を公表することを認めていると解釈されること、などを理由としてこの州制定法を無効とした。最高裁は、本件における州制定法が、情報に対する公的アクセスをすべて否定することによって修正第一条違反とされたわけではないことを認めた。しかし、情報に対する公的アクセスをすべて否定することが認められない以上、報道機関による情報の公表を妨害するいかなる資格も、州には付与されていないと判決したのである。

この判決の理由づけは、強姦事件の事実審理を「非公開」で（被告人の公開の裁判を受ける権利に違反せず実施できると仮定して）実施するか、それとも強姦被害者のプライバシーを犠牲にするかという、州にとって望ましくない選択肢を提示する。最高裁によって無効とされた本件における州の規制態様は、最高裁が示唆した態様よりも費用の少ない方法で、公開審理の原則を犠牲にすることによって後者の利益を保護するものであった。最高裁は、州が被害者の氏名を裁判の公的記録に残すことを許容する態度を示したことは、州がプライバシーに関心を払っていないことを意味すると判断したように見える。これは、単なる公的な事柄と公開されるべき事柄の間に存在する、不法行為法上のプライバシーに関する基本的な区別を見逃すものである。不法行為法上のプライバシーの侵害は、広範囲の普及効果としての公示効果なしには成立しえない。これを裏側からいえば、このような公示効果に対する救済申立を行う権利は、その情報が既に若干の人々に知られているという理由のみで喪失させられるべきではないことを意味している。(77)

記録の保存

ウォーレン判事とブランダイス判事によるプライバシーの権利に関する有名な論文は、彼らがプライバシーに対する脅威であると見なした、新聞のゴシップ記事の増加傾向に対処するために執筆された。既に第九章で指摘したように、彼らは、都市化の進展・時間的価値の上昇・人々の高学歴化などによって、近隣関係の下での非公式な監視機能が低下したことに対する代償として、ゴシップ記事が増加した可能性があることを見落としている。プライバシー喪失を加速する現在の時代状況について心配する人々は、その関心の焦点を電子技術の発展に向けている。電子技術の発展は、盗聴のための効率的な手段を提供するのみならず、データの蓄積と検索のための効率的な技術を提供することによって、情報を広汎に収集しかつ普及させることを可能にした。繰り返しになるが、これらの電子技術の進歩は、プライバシーの増加傾向を導きだす不断の都市化の進展など、他の諸要素の影響を相殺してきた可能性がある。しかし、この事実自体は、確証されているわけではない。確証されている事実は、プライバシーの擁護者と自認するすべての人々は、最高裁を例外として、現代における記録の保存に対して重大な関心を持っているという事実である。

一九七〇年に制定された銀行秘密維持法は、[78]プライバシーの主唱者の関心を集めるような、情報集積の進展を前提として制定された立法の一例である。この法律は、法の執行を容易にする目的で制定されたものであることは明らかである。即ちこの法律は、銀行に対して、すべての小切手その他の金融譲渡手段のコピーを保存すること（施行規則はそのコピー保存義務の適用対象を一万ドル超の小切手などの大型取引に限定している）、および法執行機関がそのコピーを入手可能な状態にしておくことを義務づけている。最高裁は、カリフォルニア銀行家協会対シュルツ（California Bankers Ass'n v. Shultz）事件[79]において、プライバシー保護などを理由にこの法律による記録保存義務を無効とする主張を退けた。また、合衆国対ミラー（United States v. Miller）事件[80]でも、最高裁は、銀行秘密維持法に従って作成保存された被告の小切手のコピーに対する法執行機関の召喚状に関連して、この法律によるコピー作成義務を支持する判断を示している。

これらの判決において最高裁は、銀行の取引に関する記録が、預金者その他の銀行の顧客の所有物ではなく、銀行自身の所有物であることを強調した。この見解は、憲法によって保護されているプライバシーの視点が隔離のプライバシーに向けられている場合にのみ、意味を持つ見解である。なぜなら、人の身体的プライバシーは、銀行によって作成されたコピーを政府が入手することによって影響を受けることはないからである。しかし、プライバシーの権利は、私的情報の信任性の問題を含んでいる。この事実をひとたび認識するなら、我々の信任はしばしば医者・使用者・銀行など第三者のファイルに委ねられているがゆえに、[81]所有の観念とは無関係であることが明らかになる。

最高裁は、小切手が信任性に基づくコミュニケーションでないこと、および銀行員によって小切手が読まれるという事実によって、プライバシーの利益が抑制されざるをえないことを強調した。これは、最高裁がコックス事件と同一の誤りを犯したことを示している。情報に関するプライバシーの権利は、個人情報の完全な秘匿ではなく、それを選択的に公開する権利を意味している。もしそれが、単に前者のみを意味しているならば、電話盗聴はプライバシーを侵害しないことになる。銀行の顧客は、銀行員が彼の財産状態について充分な知識を持つことを気にしてはいない。しかし、これは、彼がその財産状態について、世間に向けて報道されたり政府に公開されることに無関心であることを意味しない。

銀行秘密維持法に関する判例を額面通りに受け取れば、その背景として、単純な二段階の手続によってプライバシーを侵害することを許容する、古いタイプの義務的記録事件に関する判例理論が存在することが明らかになる。(82) この場合、政府は、第一段階として、市民に対して特定の情報を作成して政府に提出することを義務づける。次に、第二段階において、この情報が政府の執行機関に提出される。この二つの段階のいずれにも、個人に対するいかなる救済手段も用意されていない。もしその義務づけが合理的なものであるなら、政府機関は、その情報の合法的所有者であるとされる。結果的には、個人は、情報提供義務を負担するのみならず、情報を入手した政府機関によるその漏洩について異議申立を行う資格も認められないことになる。

最高裁は、この義務的記録に関する判例において、義務的情報提供の拒否を理由に処罰された個人は、その拒否行為の正当性を主張するために修正第五条を根拠として訴訟を提起することが許されると判示してきた。(83) しかし、このような判例の発展は、最高裁がミラー事件における憲法訴訟を却下する判断を示したことによって、驚くべき帰結が導きだされた。ミラー事件における召喚状は、本人の出頭ではなく書類の提出を求めるものであった。また、ボイド対合衆国事件で既に指摘したように、最高裁は修正第五条は書類を保護するものではないと判決していた。このため、ミラー事件では、修正第五条ではなく修正第四条を根拠とする訴訟が提起された。修正第四条は、前述のように、プライバシー保護に関しては修正第五条よりもその意図が明瞭である。それゆえ、プライバシーを侵害する召喚状は、少なくとも修正第四条の範囲内で論議されると予想されたのである。

最高裁がある種の憲法上の請求に対して同情心を欠いて

いることを示す兆候は、その請求を否定する際に一貫して使用してきた理由づけに見出される。ミラー事件において、最高裁は、銀行秘密維持法の制定以前から被告の金融取引が銀行従業員の吟味に晒されてきた事実を重視して、銀行の顧客は、この法律を違憲とするに充分なプライバシーに対する合理的な期待を持っていないと判断した。ウォーレン対ルー（Whalen v. Roe）事件では、最高裁は、薬の売買に際して購入者の身元確認のための記録保存を義務づけた州法について、医師によって処方された合法的な薬品以外の危険な薬品から人々を保護する目的を根拠として合憲であると判断した。最高裁は、この州法はプライバシーを侵害するという抗弁を退けて、この法律に基づいて収集された私的情報が州の保健機関職員に対してのみ限定的に公開されることをその理由とした。この理由づけは、ミラー事件でプライバシー保護に対する合理的期待を否認した、まさに同じ種類の制限的公開制度を根拠とするものである。プライバシーに対する合理的期待を否認する制定法は、それゆえにこそ、憲法上のプライバシーの権利を侵害すると解釈されるべきである。

これらの記録保存に関する判例は、最高裁が、修正第四条は隔離の権利のみを保護しており、憲法はプライバシーに関する一般的権利を創出するものではないと考えていることを前提として初めて理解可能である。前者の論理は、ミラー事件におけるような記録の召喚状に対する法的挑戦の歯止めとなる。また後者の論理は、シュルツ事件やウォーレン事件のような記録保存に対する法的挑戦の歯止めとなる。この最高裁判例において理解が困難な点は、シュルツ事件やウォーレン事件およびミラー事件において多数意見を支持した判事を含む複数の判事が、修正第四条は隔離のプライバシーと同様に秘密保持のプライバシーをも保護するものと信じており（例えばカッツ事件）、また憲法の特定条項を根拠としないプライバシーの一般的権利が存在することを信じている（例えばグリスボルド事件）点にある。前者の見解を前提にすれば、被告のミラーは、銀行が保存している金融取引記録のコピーに向けられた召喚状に対して、異議申立を提出する権利が認められるという判断が可能となる。後者の見解に従えば、プライバシーの一般的権利を、修正第四条における特別保護の範囲を超えて拡張することが可能となる。だから、後者の見解では、修正第四条が銀行の個人金融取引記録の調査を妨げる根拠とはなりえないとしても、このような分析がその結論を導きだすわけではないという論理を認める余地がある。銀行の任意の記録保存に関する実務は、その顧客のプライバシーの利益とその他の利益の比較衡量の課題を提起する。この比較衡量の課題は、最適解の推定という課題を伴っている。[85]銀行秘密維持法は、この比較衡量の視点をプライバシー保護に逆行する方向に重心移動させている。それゆえ、この法律は、グリスボルド事件において少なくとも表面的には定式化された、プライバシーの一般的権利に抵触するように思われる。

最高裁によって示されたカッツ判決の論理とミラー判決の論理は、調和的に解釈することが不可能である。つまり、電話盗聴には修正第四条が適用されると解釈する反面で、顧客の小切手をコピーするとともに刑事訴追のために利用する政府機関にこれを交付すべく銀行を強制する制定法には修正第四条が適用されないとする見解は、調和的解釈の余地がない。性的プライバシーを認める判例は、プライバシーの概念には性的自由は含まれるが情報の信任性は含まれないと限定解釈することを通じて、プライバシーの一般的権利を否定する見解と調和させることが可能である。これは、概念構成を先行させることを通じて調和可能にする解釈である。最高裁は、ポール対デービス（Paul v. Davis）事件[86]においてこのような解釈を示している。この事件において、最高裁は、万引きを理由に逮捕された（しかしその結果有罪とされたことまでは必要としない）人々は、その名前を記載したビラを回覧されたことによって、憲法上保護されるべき利益を侵害されたとはいえないと判決した。その理由として、最高裁は、原告は「本来的に『私的』とされるべき領域における彼の行動の自由を制限する州の権能いかん」について争っているのではなく、「州は逮捕歴のような公的記録を公表することはできないと主張している」に過ぎないと指摘した。[87]しかし、プライバシーの権利は、その周辺部が中核を構成しており、また中核はその周辺部に帰属する関係にあるとみるべきである。

記録保存事件における、最高裁のプライバシーの主張に対する厳格さは驚くに値する。なぜなら、最高裁は、第Ⅳ

部で議論する人種的ないし性的差別に関する判例において、プライバシー保護を承認する憲法理論構築の間近にまで接近しているからである。差別は、概ね、人種や性を基準として特定の人の性格や能力などを一般化するという、不完全な情報に基づく決定を基礎とする行為である。もし、差別が憲法違反の州行為であるとするならば、その主要な根拠は、特定の領域では政府は個別的評価をなすべきであるとする人々の要望に由来する。個人に関するある種の情報秘匿が許容されるべきであるとする人々の要望は、個別的評価よりもその代理変数に基づく決定に反対する、社会的配慮への要望と同様のものである。個人の逮捕歴を使用者に秘匿することが許されるべきであるという主張の背景には、求職者の適格性評価をめぐる不適切で「不公正な」代理変数として、使用者がこのような情報を利用する事実がある。秘密保持のプライバシーの主張は、採用基準として人種的要素を利用することを使用者に禁止すべきであるとする主張と同一の主張である。個人の評価を決定するに際して代理変数を利用することに対する嫌悪は、記録保存事件における有効な分析のためにも使用できる、憲法上の情報に関するプライバシー理論構築のための基礎を提供するものである。

結論

本書のこの第Ⅲ部は、その書き出し部分とは相当かけ離れた、その終了部分を迎えている。憲法上のプライバシーに関する最高裁判例の混迷する世界では、「プライバシー」の権利は極めて多義的に用いられてきた。例えば、既婚者と未婚者の権利、成人と子供の権利、避妊薬を購入する権利と妊娠中絶をする権利などが問題とされてきた。伝統的な意味でのプライバシーの権利は、それが性的自由あるいは性的活動の公表によってプライバシーを侵害された人々の権利と抵触する場合には、優先的取扱を受けるのは一般的に後者の人々の権利である。最高裁は、あたかも一九六〇年代後半から一九七〇年代前半の急進的な学生運動に感化されたかのように、プライバシーの犠牲において公正さを強調しつつ、「自分のことは自分でせよ」とか「すべての人と雑魚寝せよ」というスローガンを掲げているかのように見える。(88) 例えば、アーズノズニック事件では、公共道路から見えやすいドライブ・イン劇場のスクリーンでヌード場面を上演する映画興業者の権利は、その道路利用者のプライバシーや感受性に対する侵害除去を求める権利に優越すると判断された。また、コックス事件では、死亡した強姦被害者の氏名を公表する権利は、その被害者の両親の悲嘆を保護するプライバシーの権利に優越すると判断された。これらの判例に、グリスボルド事件にその他の性的プライバシー判例を重ね、更にプライバシーの権利は行為する権利であって情報を私的に保存する権利ではないとしたポール対デービス判決やスミス対デイリー・メール判決での示唆を重ねて考察すれば、最高裁は性的自由に関するプライバシーと性的暴露に関するそれを混同する傾向があることが明らかになる。最高裁の何人かの判事たちは、性的プライバシー事件においてプライバシーの概念を余りに濫用してきたために、現在では何が真実のプライバシーの主張であるかを認識することが困難になっていると感じているだろう。

ある人々は、最近のパシフィカ判決やハッチンソン判決およびウォルストン判決などのいくつかの判決から、最高裁が自ら理解しうる意味におけるプライバシーの主張に対してはその感受性を高めつつあると推論してきた。しかし、最近のベル対ウォルフィッシュ（Bell v. Wolfish）事件[89]には、このような推論は当てはまらない。ウォルフィッシュ事件における争点の一つは、連邦刑務所の看守が男女の収監者に対して外部者との面会後に、婉曲に「体腔」検査と名付けられている視覚検査を実施することが、修正第四条に違反するか否かにあった。この検査は、面会者が武器その他の禁制品を運び込んで収監者の体腔に秘匿したと信じるに足る何らかの理由があるか否かに関わらず、面会者があるたびに実施された。これらの検査の対象とされた収監者の中に、拘留される原因となった犯罪についていまだ有罪判決を受けていない、予審前の拘留者もいた。この事件における実際の原告は、これらの拘留者であった。

最高裁は、子供たちに対する避妊薬の販売禁止はプライバシーに対する許されない侵害行為であると判断したブラックマンのような判事なども含めて[90]、本件における修正第一条違反の主張を退ける判断を支持した。最高裁は、刑務所の収監者が、たとえその拘留に係わる犯罪についていまだ有罪判決を受けていない拘留者であっても、修正第四条の権利を全く持っていないとする意見を傍論で支持したのである。[91] この事件では、「検査は時間的制約ゆえに……しばしば他の収監者の目前で行われ」、また「若干の収監者は検査を忌避して外部面会者なしで済ますという選択を行い」[92]、更に面会者に対する詳細な選別が行われかつ面会者自身に対する監視もなされていた。にも拘わらず、このような検査は犯罪が行われるかもしれないという蓋然的理由に基づくものではないから許されないという主張は、最高裁を説得する役目を果たさなかった。アメリカの監獄の実態に関する、よく知られている詳細な調査結果を前提にすれば、このウォルフィッシュ事件における最高裁判決は正しかったのかもしれない。しかし、この判決は、プライバシーに高い評価を与える人間の決定とはいえない。私は、避妊薬の販売ないし使用の制限について、プライバシーに対する正当な関心とは矛盾するという見解は、まだしも許容することができる。しかし、私には、ウォルフィッシュ事件、アーズノズニック事件、コックス事件およびミラー事件などにおいて、そのプライバシーの主張を一蹴する最高裁の判断を理解することは困難である。

第Ⅳ部　最高裁と差別問題

第十二章　差別に関する法と経済学

プライバシーに関する主題から差別に関する主題に移行すると、読者は、本書が再びその方向を急転させるように感じるかもしれない。しかし、実際には、この二つの主題は密接に関連している。秘密保持の意味でのプライバシー保護と人種その他の差別的取扱の禁止に対する人々の期待は、一方が逮捕歴に関連する情報であり他方が人種に関連する情報という相違があるにも拘わらず、不充分な情報に基づいて判断を下すことに対する嫌悪感を基礎とする点では共通している。以下の十三章および十四章は、現在の差別的取扱禁止政策の一断面を表現する、逆差別および積極的是正措置の分野における最近の最高裁判決について議論する。本章は、その前提として、差別的取扱に関する経済学および憲法学上の理論について検討を加える。ここで私は、差別的取扱の配分的効果を分析した上で、差別的取扱に関する情報コスト理論について説明する。私はまた、修正第十四条の「州行為」に関する義務づけを正当化しかつ限定する経済学的アプローチを提示して、純粋に私的な差別をも禁止する制定法に対する疑問を提示する。

ある種の人々は、自分のそれとは異なる人種・宗教・民族集団の構成員と交際することを好まず、この「差別的嗜好」を維持するための代価を支払うことをも辞さない。そして、いかなる取引にも金銭的な利益が伴うと同様に、黒人と白人の間の取引にも金銭的な利益が付随する。しかし、白人による黒人の雇用や白人が黒人に住宅を売却する場合の取引は、他の人種の構成員と交際することを好まない人人の側に、非金銭的な真正な費用を負担させる。これらの費用は国際的取引における輸送費用に類似しており、この輸送費用と同様に、差別の費用もまた差別を随伴するような取引や交際の総量を縮減する。(1)

この取引縮減が、相手方集団の富に及ぼす影響はいかなるものであろうか。一般的に、白人は黒人と交際することを好まないが、黒人はその交際相手の人種的同一性に無関心であると想定してみよう。この場合、多くの白人の収入は、彼らが人種的嗜好を持っていない場合よりも低下する。例えば、ある白人が、白人の買い手よりも高い価格を喜んで支払う黒人に対して住居の売却を拒否する場合、この白人は自ら利益の多い取引機会を放棄する結果になる。白人の人種的な嗜好が、黒人による白人との利益の多い取引を妨げる場合には、黒人の収入も減少させる。この場合、黒人の収入の減少は、白人の収入の減少よりも比率からいえば大きい。その理由は、黒人が国民経済に占める比率が小さいために、黒人が白人との間で利益の多い取引を実現する機会は、白人が黒人と同様の取引を実現する機会よりも多いからである。白人の経済活動領域は、実質的に自己充足できる程に広範であるが、黒人のそれは極めて狭くかつ白人との取引に大きく依存しているのが現実であるからである。

取引規制が存在しない競争的市場においては、差別を最少化するための経済的圧力が働いている。売り手が多数存在する市場では、黒人に対する偏見は、ある程度多様化するものと予測される。人種的偏見が少ないある種の売り手は、偏見の強い競争相手のように、黒人との利益の多い取引機会を放棄しない。かかる売り手の費用は相対的に低下するがゆえに、彼らの市場におけるシェアは増加する可能性がある。結果的には、最少の偏見を持つ売り手が市場を支配する。これは、高所作業を必要とする職種において、高所作業を最も恐れることの少ない労働者が職場を占有するのと同様な法則が作用する結果である。彼らは、その作業について相対的に少額の報酬しか要求しないからである。

独占的市場の下では、黒人に対する最少の偏見を持った企業が支配的になる傾向は余り強く作用しない。市場における売り手は、最少の偏見ではなく平均的な偏見、つまりコミュニティの構成員の平均的な偏見によって行動するものと予測される。しかし、特許権のように自由に譲渡可能な独占は、最少の偏見を持った企業の手に委ねられる傾向がある。例えば、利益ある取引機会を放棄することによる金銭的所得の減少も好まず、またかかる取引によって非金銭的な費用を負担することも好まない、独占事業の所有者を想定してみよう。彼らにとって、黒人との交際を伴うような独占事業の効率的な開発は、偏見のより少ない所有者によるその開発よりも価値が少ない。それゆえ、偏見の少ない所有者が、偏見の多い所有者からかかる独占事業を購入する傾向が現れるのである。

しかし、すべての独占事業が自由に譲渡可能なわけではない。また、その独占事業が何らかの規制を受けている場合には、差別を抑制する方向に作用する市場の力は一層弱まる傾向がある。利潤に対する制約を回避する一つの方法は、金銭的利益を非金銭的利益に代置する方法である。なぜなら、非金銭的利益は、規制権限を持つ行政機関にとってコントロールすることが極めて困難だからである。偏見を持つ人々にとって、少数集団と交際しないことに由来する満足は、一種の非金銭的利益である。別の言い方をすれば、規制の存在ゆえに差別的理由で放棄した金銭的利益が、規制が存在しない場合のそれよりも小さい場合には、差別的偏見を持つ者にとっての差別のための費用はより小さくなる。(2)

独占的な交渉力を持つ労働組合は、差別を最少化するために作用する競争の効率性を阻害する。つまり、独占的労働組合は、組合員が別の職業でも得られる可能性がある代替賃金を上回る高賃金を追求する。その結果として生じる賃金格差は、他の職種の労働者の組合加入への誘因となる。しかし、労働組合は、すべての組合加入希望者を受け入れることはできない。なぜなら、労働組合にとって労働力の供給過剰は、使用者に対する独占的価格を維持する政策を不可能にするからである。このように、組合に対するニーズの増加は、組合加入希望者の供給過剰現象を発生させる。この場合、労働組合は、その受け入れ可能な組合員数に対応する空席を競売に付したり、組合員にその組合員資格の売却を許可する可能性がある。この方法は、最近まで株式仲買人のカルテルとして機能してきた、ニューヨーク証券取引所の空席を補充するために活用されてきた方法である。

また、労働組合の加入資格基準として、縁故や人種など、多様な非価格的基準が採用される可能性もある。通常の労働組合の実務では、このような非価格的基準が採用され、組合員資格を白人のみに限定する方法は広範に利用されている。結果的に、労働組合の組合員は、彼らにとって嫌悪に値する交際からの自由という形態において、その独占的利潤の一部を確保しているのである。独占的労働組合が存在しない場合には、偏見の最も少ない労働者が労働市場において利益を享受する。これは、商品市場において、偏見の最も少ない売り手が利益を得るのと同様の傾向である。この場合、使用者は、効率性を理由として採用した黒人労働者と一緒に労働する、白人労働者に対してそれほど高いプレミアムつきの賃金を支払う必要はない。

政府には、独占事業に対する利潤規制責任や部分的には強力な労働組合に対する規制責任がある。このことを前提にすれば、政府の規制政策の存在は、規制を受けない市場レベルよりも差別を増加させる可能性がある。このような効果は、南部諸州の長年にわたる慣行に見られるように、政府が差別を義務づける法律を制定しかつ適用する場合にはより大きなものとなる。コミュニティ内部に黒人との交際を好まない強度の偏見を持つ人々が存在する場合にのみ、この種の法律が制定されることは確かである。しかしこの事実は、この種の法律が私人の差別感情以上の差別を付加しないことを意味しない。白人の中にも、差別意識が比較的希薄であるために、彼らのコミュニティ内部に別個の公衆便所・学校その他の施設を維持するための経費を負担することを喜ばないような、少数派も存在する。人種統合型の公立学校の設置に反対する法律を制定していない南部の州でも、もし連邦法が許容するならば、多くの学校区は現在でもなお人種分離型の学校を維持するかもしれない。しかし、黒人との交際を回避するために相当の代価を支払う意思がない白人市民が居住する学校区では、人種分離型の公立学校は維持されないであろう。結果的に、この州における差別の総量は、相対的には小さくなるであろう。

最高裁は、ブラウン対教育委員会事件(3)において、公立学校における人種的分離を義務づけたりこれを許容する州法は、修正第十四条の平等保護条項の下で憲法違反となると判決した。この判決において、最高裁は、分離教育は黒人児童にある種の劣等意識を植え付けるがゆえに、本来的に不平等であるとする見解を示した。しかし、このような心理的理由のみならず、「分離すれど平等」の考え方を否定するような経済学的理由も存在する。人種分離は、社会における白人の支配的な経済的地位を背景にすれば、黒人にとって貴重な意味を持つ人種間の交際の機会を減少させる効果がある。最高裁は、以前のスウィート対ペインター(Sweatt v. Painter)事件[4]においてこのような論理を展開した。最高裁は、黒人に州立ロー・スクールの入学許可を与える判決に際して、分離されたロー・スクールの黒人学生には、卒業後に法曹として重要な地位を占める可能性がある他の多くの学生との職業上の交際を発展させる機会が与えられないという事実を指摘した。そして最高裁は、黒人学生の不利益は彼らとの交際機会が奪われている白人学生の不利益と結果的には相殺されるとの抗弁を退けて、この職業分野における黒人の弱い立場を理由として、白人学生にとって交際機会が奪われる効果は相対的に価値が小さいと判示したのである。

ブラウン判決は、黒人の交際の自由を推進する反面で白人の交際の自由を否定しており、また白人および黒人の交際に関する選択基準について「中立的な原則」を示していないという理由で批判されている[5]。しかし、以下のような経済的分析は、偏見を持った白人の交際の選好基準と偏見を持たない黒人のそれを区別する方法を示唆している。白人の差別的偏見から派生する黒人側の費用負担は、黒人が経済的には少数派であるために、白人のそれと比較すると相対的に増加する。これは、差別が非効率的であることを意味するのではなく、費用が制度的再配分効果を持つことを意味している。この再配分効果は、富の最大化に寄与するものではないとしても、中立的な反差別原則として利用することが可能である。

修正第十四条は、いかなる「州」に対しても、その法律の平等な保護を否定してはならない旨を規定する。しかし、差別を州行為と見なすべきか、それとも私人の行為と見なすべきか、という判断基準は必ずしも明らかではない。差別についての州の関与形態は、以下の三つのレベルを区別する必要がある。州自身が差別的取扱を強制する法律を制定しまたはその他の公務を執行する場合、州営事業が差別的慣行を採用する場合、および州が差別的な意思決定に関与してはいないとしても民間企業の差別的慣行に何らかの程度で関与している場合、がそれである。ブラウン事件では、第一および第二のレベルにおける州の関与が問題となったが、最高裁判決はこの二つのレベルを明確には区別していない。この判決の最初の争点は、ある州がすべての公立学校に分離教育を義務づけた法律を無効とするか否かにあった。この種の法律は、州人口の中で比較的偏見の大きい多数派の人々の意見を代表して制定されたと推定されるがゆえに、その決定が各公立学校区の判断に委ねられた場合よりも、大きな差別的感情を表現する結果となる。この判決の第二の争点は、各学校区がその選択において、分離教育を実施することを許容する州法を無効とするか否かにあった。分離教育の実施いかんの判断を各学校区に委ねる場合に、すべての教育を私立学校に委ねる場合と比較して、結果的に派生する差別の量が多くなるか否かは必ずしも明らかではない。しかし、おそらく、より多くの差別が派生するものと推測される。公立学校制度は、譲渡不能な独占事業である。また私立学校制度は、学校区の独占的権限をすべて剝奪することを正当化する適切な代替物ではない。譲渡不能な独占的事業は、平均的に見れば、競争的事業や自由に譲渡可能な独占事業に比べて差別的であると推定される。このような推定は、政府のサービス供給の多くが譲渡不能な独占的事業として運営されているがゆえに、すべての州機関の事業に対して一般的に適用可能である。(6)

以上に述べた分析は、たとえ州が私人の行動にある程度関与していたとしても、私人ないし私企業によって差別的な意思決定がなされた場合には異なるものとなる。私は、この問題は、もし州の関与が、それがなかった場合以上に、差別的意思決定に寄与したか否かによって判断すべきであると考える。例えば、州が公益事業や陸運事業に対する規制を適じて私企業へ関与したために、これらの私企業が差別的政策を採用するような可能性を増加させた場合を想定してみよう。この場合、これらの私企業の差別的取扱を、修正第十四条の目的に照らして州行為と見なすことが可能である。しかし、州の関与が差別を惹起する可能性を増大させない場合には、私人の差別的意思決定に関する責任を州に帰責させる理由は見出せない。例えば、州が包括的な土地登記制度を採用しかつ土地利用の規制にも深く関与している場合でも、このような州規制の存在は、白人の住宅所有者が黒人との交際を好まないことを理由にその住宅を黒人に売却することを拒否する可能性を増加させるわけではないからである。

以上の分析は、裁判所が従来採用してきた州行為の定義を狭めるのではなく、異なる定義を付与すべきことを示唆するものである。この分析は、政府の政策が労働組合の独占強化を奨励することを通じて雇用分野における人種差別の可能性を増大させた場合には、労働組合の人種差別も修正第十四条によって禁止されるべきであるとする解釈を支持することになる。しかし、官庁ビルディング内の民間委託業者が差別を行った場合には[7]、公的権限を有する機関がその業者の差別的取扱を奨励していない限り、修正第十四条に基づく差別禁止の根拠とはなりえない。

次に、州の関与が、私人の差別的意思決定に法的執行力を付与する場合を想定してみよう。州裁判所は、人種差別的約款を含む捺印証書に執行力を付与することが許されるだろうか[8]。例えば、ジョージア州のメイコン市は、ベーコン上院議員によって寄付された公園の受託者として、その信託に付随する人種差別的な約款を受け入れることが許されるであろうか[9]。また、修正第十四条の平等保護条項は、黒人顧客の来店を望まない商店主に対して、不法侵害を理由とする民事上および刑事上の救済を求める権利を否定するものと解釈されるであろうか。私的財産権に対する法的保護が存在しなければ差別は減少する、という証拠を示すことは困難である。財産権に対する法的保護が存在しなければ、少なくとも差別感情が広範に認められるコミュニティ内部では、その経済活動が市場の論理よりも政治的決定への従属を強める結果として、差別は増加するかもしれない。もしある州が、差別的な私人の意思決定に執行力を付与しないとすれば、差別のための費用は高くなるため、結果的には差別は減少するという指摘は真実である。しかしこの主張は、格別目新しいものではない。これは、私人による差別を州が処罰の対象にしないことが差別的州行為に該当するというに等しく、州行為に関する憲法上の規定を無視する論理となる。

社会構成員の差別的嗜好の減少傾向[10]を考慮に入れるなら

ば、前述の制限的約款付の捺印証書や慈善的な寄付に関する事件において、裁判所が人種差別的約款に執行力を付与した効果は、現在の社会構成員が予期する以上の差別を生み出す可能性がある。しかし、過去における永続的な条件設定行為が、現在の社会構成員が望む以上の差別的な結果を生み出すか否かは偶然の所産に過ぎない。もし、社会構成員の人種差別感情が減少せずむしろ増加すると仮定すれば、人種的動機を内包する証書や贈与に際しての条件設定(例えば、基金設定に際してその基金目的が人種統合の促進にある旨を宣言する約款)に執行力を付与する効果は、現在の社会構成員が期待する以上に差別を減少させるかもしれない。

私が提唱する州行為の概念に関する見解が採用されるならば、人種的多数派よりも少数派により多くの費用を負担させるような差別の配分的効果のみならず、差別的な州行為が自由市場における以上の差別を生み出すことを理由として、憲法上の人種差別禁止を正当化することが可能となる。しかし、私のこの見解は、純粋な私人間の差別を禁止する法律を正当化するためには無力である。

不動産売買や賃貸借、雇用関係、更にレストランやホテルその他の公共施設の利用について、連邦レベルでの私人間の差別を禁止する法律を正当化するために、最も一般的に受け入れられてきた理由が二つある。第一は、これらの法律は、数世紀にわたる差別的立法の累積的効果を除去するために必要であるとする理由である。第二は、これらの法律は、州際通商を促進するという理由である。この第二の正当化理由は、不自然な説明と感じられるが、しかしこれには経済学的な意味がある。差別は黒人と白人の間の取引を減少させる効果があり、州際通商を狭く定義したとしても、これらの取引の多くは州際通商に該当するだろう。疑問となるのは、殆ど無限定にその適用範囲を拡大する第一の正当化理由である。確かに、黒人が現在もなお置かれている実質的な困窮状態は、部分的には、差別的法律やその他の政府の施策によって促進された過去の差別の累積的効果に帰せられる。もし平均的な黒人児童が北部諸州の学校で良好な成績を挙げられないとすれば、それは、教育を受けた黒人に対する雇用上の差別の必然的結果として、黒人の教育投資が伝統的に少なかったことに起因する。また、この種の差別は、北部の黒人の多くがそこから離脱してきた南部諸州における州政府の差別的政策によって影響された結果と見ることも可能である。

雇用上の差別的取扱を禁止する法律は、その立証方法、立法目的、救済手段およびその有効性など、興味ある問題を提示する。ある企業が黒人人口の密集地域に立地しているとしても、経営者や白人労働者の差別的意思とは無関係な理由で、黒人労働者が雇用されない場合がありうる。例えば、必要とされる訓練や素質を持った黒人労働者がその地域に存在しない場合、あるいは黒人労働者がこの種の仕事を好まない場合やその企業が求人募集している事実を知らなかった場合、などの理由がそれに当たる。もし、これらの理由の何か一つが存在するならば、雇用差別禁止法は、単に差別を禁止する趣旨で制定されたものか、それとも差別の存否に関わらず黒人の置かれている状態を改善するために制定されたものか、というその立法目的が明らかにされる必要がある。仮に、これらの立法目的が黒人に有利な富の再配分にあるとする主張が受け入れられるとしても、その立法目的の限定的な解釈を選択すべき経済学的根拠が存在する。例えば、ある使用者が、その職業に必要とされる資格を持たない黒人の採用を強制されたり、黒人労働者が好まない業務に彼らを従事させるためにプレミアムつきの賃金の支払を強制されたり、また黒人コミュニティ内部の黒人の大部分が興味を示さないような職種の求人広告を出すことを強制される場合を想定してみよう。この場合、その使用者は、雇用された黒人労働者の便益を超過する費用の支払いに耐えなければならない。また、その相対的に高い賃金に見合わない無資格の黒人労働者の採用は、使用者側にとって生産性の低下をもたらす。その仕事を好まない黒人労働者に対するプレミアムつきの賃金支払は、使用者側の費用負担の増加をもたらす一方で、黒人労働者にとっても必ずしも便益をもたらすものとはいえない。そのプレミアムは、その黒人労働者にとって、好まない仕事に付随する非金銭的な費用を相殺する役割を果たすに過ぎない。黒人コミュニティ内部の求人広告の費用も、もしその広告が資格を持った相当数の求職者を生み出さない限り、黒人の側にもその費用に相応しい便益をもたらさない。使用者は、これらの付加的な費用の大部分を最終的には消費者に転嫁するから、黒人の福祉を改善するこれらの方法は、費用が嵩むと同時に経済的にマイナス効果を導くものとなる。

雇用差別を禁止する法律は、実際に差別的取扱を行っている使用者に適用される場合でさえ、費用を増加させる効果がある。使用者は、黒人に対する差別的偏見を持ちかつ黒人を雇用していない他企業の魅力的な職場に転職する機会がある白人労働者に対して、より高い賃金を支払わなければならない。白人労働者がかかる転職機会を持たない場合には、差別排除命令は使用者に金銭的費用を負担させるものではないが、黒人と一緒に労働する以外にいかなる雇用上の選択肢も持たない白人労働者に対して、自ら好まない黒人との交際を受け入れるという非金銭的費用を負担させる。このような費用負担は、黒人労働者のその企業における雇用が他の雇用機会と比較して有利なことによって、相殺されることはありえない。また当該企業および結果的にはその顧客側の、黒人との取引増加によって生じる経済的利益によっても、相殺されることはありえない。もし、そのような相殺可能な利益があるとすれば、おそらく、その黒人労働者は、何らの法的圧力もなしに雇用されてきたであろう。

雇用差別事件において、裁判所が違法な差別が行われたと判決した場合、適切な救済方法はどのようなものであろうか。私の考えでは、使用者が黒人労働者を実際に差別してきた場合には、その使用者は差別したすべての黒人労働者に対して損害賠償責任を負担すべきである。その際、損害賠償額が少ない場合には、その執行力を担保するために二倍ないし三倍の懲罰的損害賠償が認められるべきである。この場合の判決は、使用者に損害賠償を課すると同時に差別禁止を義務づけるものであり、使用者に対して一定の定員枠ないし比率で黒人労働者の採用を義務づける、差止命令による救済よりも望ましい判決であると思われる。差止命令は、使用者に対して、黒人労働者の雇用が一定の割当てられた定員枠または比率に達するまで、白人労働者をレイオフしたり黒人求職者を白人求職者よりも有利に取り扱うような不適切な手段を採用することを強制する。このような差止命令は、黒人労働者の雇用条件の改善のために、差別的偏見を持っていない可能性もある白人労働者の側に費用を負担させるものであり、白人労働者に対して気紛れで不当な税金を負担させると同様な効果をもたらす。加えて、利益を享受すべき黒人労働者の多くが当該企業によって差別されていない場合もありうるし、また現実に差別を受けている黒人労働者の多くが利益を享受しえない場合もありうる。

以上のような分析は、その差別に関して、使用者と同様に労働者もまた責任を負担すべき場合にはより複雑なものになる。具体的にいえば、白人労働者が黒人に対してその組合加入を妨げている場合もある。また、使用者は、自らは差別感情を持っていないとしても、白人労働者の差別感情を理由として黒人労働者を差別する場合もありうる。これらの場合に適切な救済方法は、白人労働者もしくはその所属組合に対して損害賠償を負担させる判決である。差止命令による救済は、この場合でも不適切というべきであろう。

これまでの記述では、差別的取扱を禁止する法律は、その法律の他の効果がいかなるものであれ、差別による犠牲者の純厚生の改善に役立つものと仮定してきた。しかし、これは確実な効果とはいえない。一例を挙げれば、ある州の公正雇用法に関する研究は、この法律が黒人労働者に対する現実の需要を増加させる反面で、この法律の黒人労働者に白人労働者と同一の賃金支払を義務づける条項が黒人雇用の減退を招いており、この二つの効果は他が一方を排斥する関係にあることを論証している(11)。

歴史的に蓄積されてきた正義に反する結果を除去するために、例えば、黒人には優先的取扱が与えられるべきであるとする主張がしばしばなされてきた。ロー・スクールの入学判定基準が黒人の学業成績を偏見なしに評価している場合でも、黒人の入学については白人よりも低い基準が設定されるべきであるなどの主張がそれである。この種の「逆差別」は、人種的基準によって負担や利益を配分する方法はいかなるものであれ憲法違反であるという理由で批判され、また逆差別は黒人に対する差別とは本質的に類似性がないとする理由で擁護されてきた。この二つの差別形態には、本質的に類似性がないのであろうか。この疑問に回答するためには、差別は単なる嗜好の問題であるとする仮説の背景にまで立ち入って、差別の真の原因を探究することが不可欠である。

人種集団やその他の集団に対する差別には、推測可能な数多くの原因がある。ある場合には、真正の悪意や不条理がその要素となっている。またある場合には、人種差別は競争制限の要素を伴っている。例えば、第二次大戦中のカリフォルニア州における日本人の強制収容事件には、この種の要素が介在していた。更に、人種差別には、黒人奴隷のように搾取の動機を伴う場合もある。つまり、人種は、競争相手の集団や搾取された集団を識別する際に便利な要素となっているのである。しかし、最近の差別について最も責任を負うべき重要な要素は、おそらく情報費用の要素であると見るべきだろう。[12] 人種その他の秘匿することが困難なある種の属性（例えば性別や外国語のアクセント）は、社会的に望ましくない性格づけに肯定的に相関して、あるいは望ましい性格づけに否定的に相関して認識されている。その相関する程度に応じて、人々がこれらの属性を潜在的な性格認識の代理変数として利用することは合理的である。私は、ある種の経験により、ミュケーナイの人々の多くが強いニンニク臭い息をしているという事実を、多分間違って学んだと仮定してみよう。私は、ミュケーナイ人をメンバーとして受け入れるクラブへの加入を拒否することによって、情報費用を節約することが可能となる。この場合、私は、この情報によって、強いニンニクの臭いをさせていないミュケーナイ人と価値ある交際を持つ機会を放棄する結果になる。しかし、放棄した価値ある交際のための費用は、ミュケーナイ人に関するより多くの情報を収集する費用より低廉であることは確かであろう。このような動機による差別を、ある人が前回の購入時における不幸な経験を理由として、同一の商品を次回に購入する時にはその経験が良いものに変化しうるにも拘わらず、Xという名前の歯磨き粉の購入停止を決定する場合と比較してみよう。この場合にも、その配分的効果はもちろん異なるとしても、基本的な経済的効果は異なるものではない。それは、使用者がある人の犯罪歴を彼の従業員としての適格性を推定するための情報として利用する場合でも、その基本的な経済的効果は区別されない。これらの例は、第九章で論じた情報費用を節約するための代理変数利用の一例である。

多くの人種差別が効率的でありうるという事実は、それが合法的または合法的と評価されるべきことを意味してはいない。しかし、多くの憲法上の訴訟事件において用いられてきた「比較衡量」的アプローチを人種差別事件に正面から適用するならば、たとえ配分的効果も比較衡量的に判断されるとしても、人種差別に関する多くの事件が効率性を根拠として支持される可能性があることを示唆している。

別言すれば、比較衡量的アプローチを主張しながら差別はそれ自体として不合理であり支持されるべきではないと確信している人々は、この論理によってひどいショックを受ける可能性がある。この争点については、次の二つの章でより詳細に検討する。

第十三章　デファーニス事件と逆差別

本章および次章では、合衆国最高裁が逆差別なしい積極的是正措置の合憲性について判断を下した、以下の三つの重要な判決について検討を加える。第一のデファーニス対オドガード（De Funis v. Odegaad）事件[1]では、最高裁は、訴えの利益がないという理由で却下したため、人種的基準に基づく逆差別措置についての実体的判断は示されなかった。第二のバッキー対カリフォルニア大学理事会（Bakke v. Regents of the University of California）事件[2]では、最高裁は、州の逆差別措置を無効と判決したが、いずれの裁判官の意見も多数意見を形成するに至らなかった。第三の全米鉄鋼労働組合対ウェーバー（United Steelworkers of America v. Weber）事件[3]では、積極的是正措置に対する連邦公民権立法の適用が争われた。しかし、最高裁は、その合法性を確認したものの、いかなる憲法判断も示さなかった。

デファーニス事件の事実関係を要約すれば、以下の通りである。原告マルコ・デファーニスは、州立大学であるワシントン大学のロー・スクールの入学試験を受けたが不合格と判定された。このロー・スクールの入学試験手続では、まず、受験者の学部時代の成績とロー・スクール能力試験（LSAT）の結果によって、すべての受験者のロー・スクールにおける一年次に予測される成績等級の平均値を決定した。そして、この平均値が一定基準を超えている場合には、その受験者は自動的に入学が許可された。次に、この基準以下の受験者は、以下の二つのグループに分けられた。一つは、黒人、チカーノ、アメリカ・インディアン、フィリピン人の受験者によって構成されるグループであり、他の一つはそれ以外の受験者によって構成されるグループである。ロー・スクールは、事前に、その入学定員の約二〇%を第一のグループの受験者のために保留していた。この第二の選抜手続では、それぞれのグループ内の最も適格とされる受験者を選抜する努力はなされたが、しかし適格者を相互にグループ枠を超えて比較することはなかった。このため、優先入学が認められた少数人種グループに属する合格者の三七人中三六人は、その一年次に予測される成績等級の平均値が、第二のグループで不合格と判定された受験者の一人であるデファーニスのそれよりも低い成績であった。四つの少数人種グループに対する優先入学制度の目的は、ロー・スクール学生および法曹職に占める彼らの割合を増加させることにあると説明されていた。

デファーニスは、ワシントン大学を相手方として、修正第十四条における平等保護条項に違反して彼の人種（白人）を理由とする差別的取扱を受けたという理由で、差止命令による救済を求める訴訟を提起した。州裁判所は、彼の主張を認めて、大学に対して彼を第一年次に編入させるべきであると判決した。これに対して、ワシントン州最高裁は、この州裁判所判決を破棄する判決を下した。(4)しかし、州裁判所判決の効力は、最高裁のダグラス判事によって、最高裁の判断が示されるまで維持されるべきであると決定された。このため、最高裁において口頭弁論が開始される時点では、州裁判所判決前の一時的差止命令によって入学許可が与えられていたデファーニスは、ロー・スクールの最終学年に至っていた。このため、大学側の代理人である弁護士は、最高裁に対して、この訴訟の結果いかんに関わらず彼の卒業を認める旨を釈明していた。最高裁は、これを理由として、ダグラス判事がその反対意見において人種的理由による優先的取扱は憲法違反であると主張したにも拘わらず、本件を訴えの利益がないと判断した。しかし、最高裁は、ロー・スクール能力試験が不利益を受けた少数人種の受験者に対して差別的に用いられたか否かという争点について再度審理すべきであるとして、本件を州裁判所に差し戻すと判決したのである。

逆差別の合理性判断

ワシントン大学ロー・スクールが実際に採用した逆差別

能であろうか。

措置を擁護するためには、どのような理由を示すことが可能であろうか。(5)

1.ダグラス判事は、ロー・スクールの学生としての適格性評価に用いられる通常の判断基準は、不利益を受けてきた少数人種の受験者の評価については不正確な基準であると指摘した。しかし、このような憶測には何ら根拠がないことは明らかである。(6) もし、ワシントン大学ロー・スクールの優先入学制度の理論的根拠が(実際には異なるが)このような判断に基づくものであったならば、本件は、優先的取扱に関する紛争事件の一例とはならなかったであろう。

2.入学試験における優先的取扱を支持する有力な見解は、学生の学校教育における経験を質的に向上させるために、学生構成の多様性を追求する必要があるとする理由を提示する。ハーバード大学の訴訟を担当した弁護士が提出した準備書面は、この見解を強調している。しかし、この見解は、ワシントン大学ロー・スクールが優先入学制度を擁護するために主張したものではなく、またその政策を正当化する根拠ともなりえない。(7)

この多様性の追求という見解を適切なものと納得するためには、教育上の経験の質的向上という主張の背景にある様々な要素を区別して認識しなければならない。ロー・スクールが一年次のクラス編成に際して、学生の背の高さや体重・美醜・姿勢・声の音質・血圧などにおける多様性を維持するために努力すべきであり、あるいは色素欠乏・ソバカス・二重顎などの特徴を持った学生に対して、優先順位ないし劣後順位を与えるべきであると主張する者はいないであろう。これらの表面的な肉体的特徴に基づく多様性には、学生の法学教育の上で寄与する要素が全く含まれていないからである。人種それ自体もまた、上記の特徴と同様の意味において、多様性とは無関係な要素である。なぜなら、人種的要素は、人種と密接に関連している可能性もあるがしかし常に随伴するとはいえない、ある種の個人的特徴とは完全に分離できるからである。黒人は(チカーノ・フィリピーノその他も)、その表面的な肉体上の特徴においてのみ白人と区別しうる。しかし、彼らの中には、その比較の対象とされる白人(この場合は、ロー・スクールの白人受験者)と同様の趣味・生活様式・経験・資質・野心などを持った人々も存在する。かかる人々に対して、学生集団の多様性を増大させる目的で優先的取扱を行うことは、色素欠乏症の人々に対して優先的取扱を行うことに等しい。確かに、人種的要素が多様性と密接な関連性を持っている場合もしばしばあるが、色素欠乏症の人々はそのような関連性を持ってはいない。例えば、ロー・スクールへの入学を希望する平均的な黒人受験者は、平均的な白人受験者よりも、偏見に関する根本的な知識を持っている。その経験は、教室の内外における彼の級友（および教師）とのコミュニケーションを通じて、その教育のプロセスを豊富にする可能性がある。入学者の選抜に際して人種的基準を用いることは、多様性に寄与するような属性を欠落させた黒人学生が入学する可能性がある以上、[8]ある種の不正確さを伴うことは避けられない。しかし、このような人種的基準を用いる場合の費用は、個々の受験者の多様性に関する特徴を調査するために必要とされる費用よりも相当の節約効果をもたらす可能性がある。

このようなアプローチに対する反論は、このアプローチが人種的少数派に対する差別は効率的であるがゆえに適切であるとする判例の見解にきわめて類似しており、これに合法性を付与する役割を果たすという点に向けられる。ここで、前章における差別に関する「統計的」分析を思い起こしてみよう。そこでは、特定の人種的ないし民族的属性についての認識は、公然たる搾取や競争制限その他の不合理な理由に基づく好ましくない特徴と広範な相関関係を持っていることが明らかにされた。例えば、これらの多くの人種的集団は、下品かつ貧困であり、[9]敵対的で無責任かつ無教育であり、[10]危険なほどに短気かつ不作法であり、また異なる趣味・価値観・その人種的伝統に基づく労働慣行を持ち、更に知性的でないスペイン訛りで話す、などの特徴によって認識されている。[11]特定の「個人」がこのような特徴を保持していることを理由として、彼らとの交際を、住居・レクリエーション・学校選択・雇用などの分野で回避することは、通常の人間関係では偏見を持っていることの徴表とは見なされない。「偏見を持っている」という意味は、特定集団の構成員が典型的もしくは蓋然的に保持している人種その他の根拠のない属性を、個々の構成員がかかる属性を持っているか否かを考慮せず、また時には彼がかかる属性を保持していない証拠を意図的に排除して、その

すべての構成員の属性と見なすことを意味している。(12)

敵対的な差別を是正する政策は、上記と同様の心情的態度に根ざす、慈善的な差別のプログラムによってなし崩しにされることがありうる。このようなプログラムは、ある種の仮説を構築するために人種的ないし民族的起源を利用する。例えば、人種的基準による優先入学制度は、特定の個人がある種の属性、例えば過去の迫害や文化の相違など、何らかの教育に関連する属性を保持しているという動かし難い仮説の上に成立している。敵対的な意識を持っているが充分な配慮の下に差別が行われる場合、人種が一連の属性の代理変数として取り扱われるなら、このような仮説の危険性は一層増大する。大学の入学試験担当者達が通常「黒人」について連想する場合、その属性は、都会のスラムや南部の農村で育った多くの黒人に顕著な文化的属性である。これらの属性は、例えば「向上意欲がない」という代りに「怠け者」と表現するように、異なる言葉遣いで表現される場合も多いけれども、頑固な白人がすべての黒人を認識する際に利用する同一の属性である。

逆差別に対する批判者は、逆差別が人種的偏見に類似するものであり、また人種的偏見を合法化する手段である点を強調する。このような批判は、人種的基準に基づく優先的取扱政策を現実に実施する際に派生する、様々な問題を考察することによって一層強化される。まず、優先的取扱政策を実施するに際して、その適用を申請する個人は、自らを正確に分類する方法を持っていないから、優先的取扱を受けるグループの構成員を分類するために有効な定義が必要となる。正確な人種分類は、常に明確なわけではない。その上、特定の人種グループの構成員資格には一定の便益が伴うから、受験者にはその人種を偽って受験する誘因が働いている。だから、入学試験担当者は、特定の人種的グループの構成員資格があるか否かの判定基準を設定することに加えて、受験者に対してその構成員であることを証明する適切な証拠提出を義務づけるという、二つの困難な課題に直面する。(13)例えば、黒人の場合には、黒人としての優先入学制度の適用を求める受験者の資格として、何パーセントの黒人祖先の血統を引き継いでいるべきかを決定することが必要になる。チカーノの場合には、判定基準の問題に加えてその証拠が重要な問題となる。仮に、メキシコ大統領がアメリカ女性と結婚して子供が生まれたと仮定しよう。この子供がアメリカ国内で成長した場合、彼はチカーノであるだろうか。それとも、チカーノの定義は、メキシコ国内での生活体験と何らかの関連性を持っているのであろうか。証拠についていえば、チカーノは、黒人のそれよりもその肉体的特徴が顕著だとはいえない。スペイン系の姓を持っているか否かは、決定的な証拠とはならない。プエルトリコ人、スペイン人、ラテン・アメリカ人など、メキシコ人以外の人々もスペイン系の姓を持っているからである。チカーノの女性とチカーノ以外の男性の間の子供も、チカーノと判断しうるかもしれない。同様の問題は、アメリカ・インディアンについても存在する。多数のアメリカ人が、インディアンとして知覚されることなしに、あるいは特徴的なインディアンの氏名を名乗ることなしに、若干のインディアンの血統を継いでいるからである。この問題は、居留地のインディアンに優先的取扱を限定することによって回避することも可能である。しかし、このような限定は、居留地から既に離脱して外部社会での生活に順応するため苦闘しているインディアンに対して、その正当性を主張することは困難であろう。このような困難な問題を全面的に解決する一つの方策として、優先的取扱を受ける資格があるか否かの判断を、特定の受験生がその構成員資格があると主張する人種グループの学生団体（例えば黒人学生連盟など）に委任する方法もある。しかし、このような方法は、重大な濫用を生むであろうことは明らかである。[14]

私が指摘したいのは、入学試験における人種的基準による優先的取扱措置の実施に関わる運用問題とそのための費用の問題が、このような措置の採用に反対する決定的要因であるということではない。[15]人種の定義や証拠の問題が、この論議に関連している。なぜなら、この論議は、人種的ないし民族的なアイデンティティそれ自体と、そのアイデンティティの代理変数たる人種的属性の間の区別について説明するからである。例えば、少量の黒人の血統が混じっているとしても白人として受け入れられることが可能であり、現にその「真実の」アイデンティティを暴露するかもしれない文化的特徴をすべて抑制することを通じて、白人として行動してきた、ある家族を想定してみよう。この家族には、白人として成育してきた子供がいたが、ある時、彼は家族の先祖に黒人がいたことを知った。そこで、彼はロー・スクールの入学試験を受験するに際して、黒人として優先的取扱を受ける資格があると主張したと仮定しよう。彼の主張は、尊重されるべきであろうか。もし彼の主張が尊重されるならば、ロー・スクールの彼に対する優先的取扱措置は、あるカントリー・クラブが、黒人の入会は認められないという唯一の理由によって、彼の会員資格を否定する決定を行った場合と同じことになる。もし、大学の入学試験委員会が制度運営上の便宜のみを理由として、黒人の遠い祖先がただ一人存在したという事実は「別個の取扱を認める」理由となるという見解を採用するなら、カントリー・クラブ（あるいは使用者や教育委員会など）が同一の理由に基づいて同一の結論に達した場合に、非難の根拠をいかなる点に求めることが可能であろうか。

もう一つの問題点は、教育上有為な経験に関連する属性の代理変数として人種的基準を利用することが、このような属性を持っているが人種的アイデンティティは持っていない人々に対する結果的差別を引き起こす点にある。デファーニスが、人種的理由によって優先的取扱を受ける受験者よりも、教育を受ける機会を得て法律家として成功するためにはより大きな経済的ないし文化的障害に直面しかつそれを克服してきた、アパラチア系の白人であったと想定してみよう。(16) この場合にも、優先的取扱を受けるべきグループには白人の受験者グループよりも不利益を受けてきた個人が所属する比率が高いという推定に依拠しつつ、制度運用上の便宜を根拠として、彼を優先的取扱を受ける集団から除外することを正当化することもできる。しかし、制度運用上の費用を考慮してこの正当化理由を受け入れた場合、白人多数派内部の不利益を受けてきたサブ・グループを、常態的に差別する結果に結びつく。なぜなら、優先的取扱を受ける資格を決定するための便宜的基準である、人種的ないし民族的な属性の一つを欠落させているという理由以外に、このグループを適用除外する適切な理由は存在しないからである。

デファーニス事件のように、人種的優先取扱措置が黒人弁護士の数を白人と同比率になるまで増加させる政策に基づいている場合には、ここまで論議してきた教育上の多様性の追求という正当化理由は消失する。しかし、その他の若干の正当化理由は、依然として検討すべき課題として残っている。例えば、過去の差別的結果の是正とか、差別によって負わされたハンディキャップがなければ当然に獲得しえた少数グループの地位の回復とか、少数グループが享受すべき専門的サービス水準の向上とか、適切な役割モデルの提供によるそのメンバーの向上意欲の刺激などがこれに当たる。これらの理由を、以下において考察する。

3.「差別に対する補償」という理由づけは、説得力があるとはいえない。なぜなら、優先的取扱を享受する少数グループの個々のメンバーのすべてが差別の犠牲者というわけではないし、優先的取扱制度の存在ゆえに排除された少数グループ以外の人々がその差別に加担してきたとか、あるいは差別によって何らかの利益を受けてきたことが論証されているわけでもないからである。[17] しかし、インディアンに対する差別の補償は、条約（契約と同等の意味を持つ）上の義務に基づくものであるから、その根拠が明瞭な事例であるかもしれない。また、違法な差別を救済する法令に規定された場合の人種割当制度も、一般論から区別可能である。

4.少数人種グループの多くは、個人的嗜好や機会あるいは資質など差別とは無関係な理由によって、様々な職業分野でその進出率が低くなっている。しかし、過去の差別が存在しなければ、ワシントン大学ロー・スクールによって優先的取扱を受ける四つの人種グループが、全国の法律家の二〇％を供給していたであろうという推定を証明する根拠は存在しない。

5.少数グループ出身のロー・スクール卒業生のうち、通常の出世コースとして弁護士の職業を選択したのではなく、その少数グループの特殊利益に奉仕するために弁護士としての職業を選択したとされる卒業生の人数ないし割合については、何らの証拠も提示されていない。[18]

6.「役割モデル」の主張も、上記と同様に、便宜的で憶測に基づくものである。少数グループのメンバーの相当数が、弁護士としての職業に従事しかつ成功を収めている（つまるところ最高裁の判事の一人は黒人である）限り、他のメンバーもその成功の道が閉ざされていないことを知ることができる。それゆえ、適正な割合による進出比率の必要性は、絶対条件ではない。[19]

上記の3ないし6の理由に基づく過小進出比率論の背後にある究極的な論理は、それぞれの人種的・民族的少数グループが、あらゆる望ましい職業分野における、その進出比率およびその成功比率まで含めて、人口全体（全国的レベルないし特定の局面では地域ないし地方レベル）に占めるその比率と等しくなるまで増加すべきであるという主張にある。この人種的進出比率の主唱者も、完全な平等比率基準を採用すべきであるとまでは主張していない。しかし、彼らの論理構造の範囲内では、その手前で停止する限界点はありえないように思われる。彼らは、すべての差別の痕跡が除去されかつ社会が皮膚の色にとらわれない政策を採用するまでの過渡期においてのみ、積極的是正措置が義務づけられるに過ぎないと主張する。しかし、このような慰めの言葉にも拘わらず、上記の論理に歯止めがないことは確かである。もし、職業選択における嗜好と能力がすべての人種ないし民族グループに遍く均等に配分されていなければ、労働市場における（それが職業選択とその結果的成功に影響を及ぼす限りでは教育過程においても）政府の干渉は、望ましい職業分野における平等進出比率が達成されるまで永遠に継続される結果となる。この種の政府の干渉は、労働力の配分政策を歪めるとともに、個人の資質と彼の経済的・職業的成功の間に存在する関連性を取り払い、その必然的帰結として自由な社会が依拠している自発的向上意欲をなし崩しに破壊してしまうであろう。

この進出比率論の変形として、表面的には極めて魅力的な見解が主張されている。この見解は、少数人種出身の弁護士に対する最近の需要が、白人弁護士に対する需要よりも増加する傾向にあると主張する。彼らは、その背景には、少数グループの人々による訴訟の増加に伴う弁護士に対する需要増加と、自らのグループ出身弁護士によって弁護されることを好む人々の増加という事実があると指摘する。彼らは、このような傾向を理由として、ロー・スクールの入学試験において、少数人種に対する優先的取扱が与えられるべきであると主張するのである。しかし、この見解が受け入れられる場合、ある種の好ましくない人種的ないし民族的差別の理論的根拠という問題に、我々は再び直面することになる。なぜなら、この見解によれば、その職業分野で予測される黒人の社会的貢献度が偏見その他の要素によって限定されることを理由として、白人受験者に比べて学業成績の優れた黒人受験者を排除することをも正当化するからである。(20)

憲法上の争点

ワシントン大学ロー・スクールは、人種的優先的取扱に基づく入学試験制度を採用したことによって、白人に対する平等保護を否定したことになるだろうか。ジョン・エリーは、この疑問に対して否定的な回答を示している。彼は、人種差別政策は、それが有利なものであれ不利なものであれ、個別的評価を行う場合に派生する費用がその便益を超えるという単純な理由で採用されていると言う。しかし、彼は、例えば州議会で白人多数派議員などの特定人種グループが、他の人種グループに対する差別政策の費用と便益を見積る場合、彼らの自覚の有無に関わらず、その比較衡量の基準自体が人種的敵意によって歪められる可能性があると指摘する。(21)それゆえ、人種的少数派に対する差別は修正第十四条の下で憲法違反の疑いがあるが、少数派を有利にする差別は、多数派による少数派の抑圧の危険を含んでいないからその疑いはない、と彼は結論するのである。

しかしこのエリーの議論は、実際には、人種的少数派に対する差別を正当化する論拠をも提供するものである。仮に、郵便局の人事政策が人種的差別意識を持っているとする批判に対して、郵便局側が、以下のような理由に基づき、確信をもって反駁する証拠を提示できると仮定してみよう。例えば、黒人の資質が平均的に見て白人のそれよりも監督的職種に不向きであり、不適任な監督者による郵便システムの運営は費用を増加させる。また、個々の黒人が監督者として必要な資質を持っているか否かを確認するための調査は、黒人労働者の中から適格者を発見する蓋然的確率に比較するとその費用があまりに高額となるなどの理由がそれである。この場合、エリーの分析によっても、郵便局は、黒人を監督的職種に登用しないというルールを正当化する論理を引き出すことができる。私は、現代社会における差別の大部分は、不合理で搾取的ないしは競争制限的な動機に基づくというよりは、情報費用の問題であると考えている。この私の見解が正しいとすれば、エリーの理論は非効率的な差別のみを排除するという、平等保護条項の適用範囲をドラスティックに制限することを試みるものとなる。

ロナルド・ドゥオーキンは、黒人に対する差別を白人に対するそれから区別して扱うために、「外部的選好」[22]の概念を基礎として、エリーとは別の議論を展開する。彼は、すべての人種的分類を違法と解釈することは間違っていると指摘する。彼は、功利主義の立場および彼が「理想主義」と名づける立場からの様々な説明によって、彼の見解の正しさが根拠づけられると主張する。彼は、この二つの見解を共に、逆差別の論理を擁護するものと位置づける。彼は、功利主義者の立場が黒人に対する差別をも擁護すると解釈される余地があることを認めるが、このような解釈は外部的選好にのみ関連して意味があるとする。彼は、前章で議論したスウィート対ペインター事件において、テキサス大学ロー・スクールの入学試験委員会が、黒人の入学拒否を正当化するためにいかなる主張をなしえたかを問題とする。彼は、この委員会が「偏見を持たない男女の委員によって構成されていたけれども、テキサス経済は、多くの白人弁護士を必要としていたが黒人弁護士を必要としておらず」、また「もし黒人学生の入学を認めたならば、ロー・スクールに対する同窓生の寄付が激減するかもしれない」[23]、と推測した可能性があると指摘する。このような差別の正当化は、逆差別を支持する他の主張とは異なり、黒人弁護士に対する需要を減退させるとともに黒人の入学を認めた場合には同窓生の寄付が減少するかもしれないテキサス人の黒人に対する偏見という、外部的選好に根拠を見出すものである。それゆえ、ドゥオーキンは、憲法規範に比重を置く解釈をすべきではないと主張するのである。

ドゥオーキンは続けて、受験者の成績のみを基準とする入学試験政策を採用するロー・スクールは、外部的選好を理由とするロー・スクールの入学試験政策と同様の意味では、違法な実務を採用しているとは判断できないとする。しかし、この議論は、彼が差別をめぐる経済理論ないし統計理論に無自覚であることを示している。[24]人々は、彼らの興味の対象とする個人的属性を測る便利な代理変数として、人種や性または知能指数を利用することを通じて差別しているのである。つまり、テキサス大学ロー・スクールの入学試験委員会は、黒人を入学させないための理由として、成績が六百点以下の受験者を不合格とする論拠を採用することも可能であった。そしてこの主張は、外部的選好を根拠とするものではないことになる。

それでは、デファーニス事件における憲法問題は、どのように解決されるべきであったのだろうか。差別に対する憲法解釈の極端なアプローチは、修正第十四条の起草者の明示的な意思にその判断を完全に委ねるという解釈である。しかし、この方法によって憲法条項の適用範囲が決定できるならば、デファーニス判決はその拠り所を失ってしまうだろう。憲法起草者は、高等教育機関の入学試験における白人受験者を差別するため、憲法上の障壁を設ける意図を持っていなかったことは明らかである。それゆえ、修正第十四条の起草者は、この判決を極めて異様なものと感じるだろう。しかし、憲法起草者が、公教育において黒人の平等取扱を強制する修正条項に思いを致すことすらできなかったこともまた明らかである。(25) とにかく、憲法条項の解釈に関するこのようなアプローチは、不健全である。憲法条項を修正するための費用を考えれば、憲法条項の自由主義的な解釈の方が受け入れられやすい。(26) 修正第十四条の起草者が思いも及ばなかったような、州による黒人差別を禁止する、新たな憲法上の修正条項の制定が必要であるとは思われない。

もう一つの極端なアプローチは、最高裁の判事たちが個人的価値観に基づいて、貧困や人種差別および男女平等などの社会問題に関する憲法上の原理を創造することを、平等保護条項自体が認めているという解釈である。しかし、最高裁に立法議会を超越するような役割を想定するこのような見解に対しては、他の論者が極めて説得力ある批判を既に展開している。(27) それゆえ、私は、このアプローチを批判するための議論をこれ以上は展開しない。

折衷的なアプローチは、憲法条項の改正手続に頼ることを穏当に回避するとともに、最高裁の判事たちの気紛れや嗜好に基づく判断を制限し、憲法起草者が想定した特別の目的に沿って正確かつ客観的なルールを演繹するという解釈である。このルールは、政府が人種的または民族的理由に基づいて便益と費用を配分することは、憲法上許されないという解釈を前提として出発する。確かに、機能的分類として人種的または民族的アイデンティティが便利な代理変数であるため、人々がそれを利用することは時には効率的である。しかし、政府は、同一の理由に基づいて、その行為の基礎として効率性を標榜することは許されないと解釈する。エリー教授は、政府がその差別政策を正当化するために効率性を根拠とすることも許容する。しかし彼の解釈は、差別を長期にわたって継続させるとともに、おそらく差別を最大限に許容することによって、平等保護条項の目的を阻害する結果を導くものとなる。のみならず、差別に関する費用と便益の衡量は概ね主観的であるから、最高裁の判事たちに、その個人的な価値観に基づいて差別的手段を選択する権限を付与する結果となることも明らかである。

以上のような私の見解に対して、不変的で先天的な属性のすべてを代理変数として認めず、人種的ないし民族的起源のみを代理変数として認めること自体が主観的かつ恣意的である、という批判がなされるかもしれない。例えば、背丈・年齢・性別あるいは知能指数なども、政府がその規制の基準として利用しうる不変的な属性である。(28) いかなる客観的理由に基づいて、これらの属性をその対象から排除しうるのであろうか。その理由は、第一に、憲法上の原則がその定義において「すべての」先天的な属性による差別を禁止していると仮定すれば、最高裁の判事たちの解釈を、憲法上の原則に基づいて制限するという前提に反することになる。何人も、すべての先天的な属性が公的規制の基準として利用されてはならないとは主張しえないだろう。憲法上の原則がすべての不変的・先天的な属性に及ぶとすれば、最高裁の判事たちは、不変的な属性の中からあれやこれを選択する白紙委任状を与えられていると解釈する虞れが生ずる。第二に、人種的ないし民族的起源に基づく相違は、その実務的ないし機能的観点からすれば、性別ないし年齢に基づく相違よりも一般的に小さい。黒人に対する鉱山での坑内労働を禁止するルール、女性の坑内労働を禁止するルール、また年少者の坑内労働を禁止するルールなどは、それらのいずれも差別的なものと判断される余地がある。しかし読者は、これらをすべて同一に取り扱うことにはためらいを感じるだろう。反対に、黒人の坑内労働を禁止するルールと、チカーノ、ユダヤ人、アメリカ・インディアンないしイタリア系アメリカ人の坑内労働を禁止するルールを、理論的に区別する根拠を見出すことは極めて困

難であろう。(29)

残された問題は、人種的・民族的少数派を有利な立場に置くための差別や多数派である白人に対する差別が、人種的・民族的理由による差別を禁止する一般的ルールに対する例外として認められるか否かである。このような例外を認めることは、裁判所に対して、それが差別にあたるか否かという争点のみならず、それが特定の人種グループを有利にするか不利にするかという争点についても、様々な人種グループ間の競合する利益を比較衡量して判断することを義務づけることになる。この後者のような争点をめぐる裁判所の審理は、憲法上の原則から、その厳密性と客観性を剝奪するような結果を導き出すだろう。最高裁は、ブラウン事件において、分離教育が実際に黒人の利益を侵害したという適切な証拠を見出しえないと判断した。しかし、この判決では、以下のような重大な問題点については議論すらなされなかった。白人が統合型の公教育よりも私教育を好むものと仮定すれば、黒人は、公教育が存在しないシステムの下でもより良い生活を営むことができるだろうか。生徒が知能指数によって選別されるシステムの下ではどうだろうか。また、家計収入によって選別される場合はどうだろうか。最高裁は、ブラウン判決以降においても、分離教育が現実に黒人の利益を侵害したか否かについて判断を求められることはなかった。しかし、今日では、若干の黒人は分離教育に賛成する立場を採用している。従来から、例えば「温情的な」住宅割当制度など、ある種の黒人に対する分離政策は、現実には黒人に便益をもたらしていると指摘されてきた。このような分離を支持する見解について(30)は、いまだ充分な検討がなされたわけではない。しかし、この見解は、非人種的領域での平等保護条項の適用が争われた事件において、最高裁が差別的州行為を支持するために受け入れた様々な理由づけよりも説得力が弱いものではない。このようにほんのわずか人種的少数派に有利な差別について、これを適切に性格づけるための充分な議論がなされていない。アメリカにおける白人の立場は、人種的割当制度によって侵害される余地がないほど強固なものであろうか。あるいはこのような人種割当制度の影響は、おそらく弱い立場にある、白人多数派内部の特定のサブ・グループにのみ集中して現れるのであろうか。人種的割当制度は、便益が与えられるべき少数人種に実際に役立っているのだろうか。それとも、彼らの自尊心を傷つけたり人種に対する紋切り型の考え方を正当化することによって、彼らに不利益をもたらしているのであろうか。白人少数派も、白人に対する差別立法が制定された時点で政治的下位集団に位置する場合には、少数人種としての資格を主張しうるのであろうか。もしそうだとすれば、黒人は、投票資格を有する黒人人口が過半数を占めるニュージャージー州のニューアーク市や首都ワシントンなどにおいて制定された黒人差別条例に対して、同様の理由で苦情を申し立てる資格を失うことになるだろうか。

私は、政府が便益や負担の配分を決定する際に人種的・民族的基準を利用してはならないとする原則に対して、一つの小さな限定条件を付け加えることを承認するつもりである。ある刑務所が、人種的嗜好やその排除の方法としてではなく、単に黒人と白人の両者が保有する人種的敵対感から派生する暴力事件を減少させる目的で、人種を基準として収監者を分離する決定をしたと想定してみよう。すべての収監者がこの分離によって満足しているならば、その合憲性いかんについての争点は実益がないものとなる。しかし、仮に一人の黒人収監者がいかなる理由であれ人種的統合を望んだ場合には、彼は人種的基準によって排除された犠牲者となる。原則の問題として考えれば、彼の願望は子供を人種統合型の学校に通わせたいという黒人の両親のそれと異なるものではない。このような状況の下では、人種分離は黒人と白人双方に対して圧倒的な便益をもたらさない限り実施しえないと解釈することは、憲法上の差別禁止の原則を、経験則上では個人的気紛れと見るべき行為いかんに委ねる結果となる。またそのことによって、裁判官が、その個人的価値意識を憲法原理に持ち込む自由を認めることになる。にも拘わらず、もし人種暴動が刑務所内で発生したならば、流血を最小限度に抑止するために刑務所長が人種を分離することが許容されなければならない。しかし、差別禁止の原則に安全弁が必要であることを知ることは、人種的要素を単なる「憲法違反の疑いがある」分類として取り扱うことと同じではない。(31)

極端な安全弁の必要論者は、私はこれに与しないが、黒人その他の戦闘的な少数人種に対する優先的取扱が、一九六〇年代の人種暴動が単なるその前兆に過ぎないような大規模な暴動や暴力行為を回避するために、白人多数派が支払わなければならない代価であると主張する。大学の管理運営に携わる人々は、公式的には、学生の多様化の必要性や過去の不公正の是正などの言葉によって、その優先入学制度を正当化する。しかし彼らの多くは、私的な会話では、この政策を採用するに至った主要な動機が戦闘的な学生たちに対する宥和政策にあった事実を肯定している。

暴力やそれに相当する手段によって多数派に費用を負担させる少数派の潜在的能力に対する虞れは、不明瞭なものではあるにせよ、少数派に対する有利な差別を正当化する適切な根拠となるであろうか。この問題に対する回答は、各個人が政治過程をどう見るかに依存する。最高裁がこの問題について明らかにした見解は、議会の善良なる意思に依存しつつ、これを効率性や正義あるいはそれと同等の一般的な公益を正当な手段で推進する試みとして政治過程を位置づけるものである。この「公益」理論の下では、強制は、立法その他の政府行為を正当化する手段としては不適切なものとなる。[32] しかし、前述のいくつかの章で指摘したように、政府行為に関する公益理論はまともな分析的根拠を示しておらず、また現実の政策ないし計画の実施経験と矛盾すると批判されている。政府行為の多くは、利益集団相互の権力闘争の結果に過ぎない、つまり公益のレトリックによる装いは単なる無花果の葉に過ぎない、という説明の方が納得できる。

この説明が政治過程の描写として——その結果のすべてではないにしても主要かつ支配的な傾向として——正しいならば、公平かつ現実的な評価を前提にすれば、おそらく大部分の制定法が真の意味での公益的根拠を持たないことが明らかになるだろう。実際に、政府の政策過程の大部分は、ある集団から別の集団へ様々な方法で富の再配分を行うという意味での差別行為に帰結しているように見える。つまり、政治過程の帰結は、正義とか効率性といった原則の適用によるというよりは、むしろ政治過程を操作する集団の優れた能力いかんに依存しているのである。[33] しかし、国内的な政治制度固有の産物である制定法の大部分が、憲法違反であると指摘することは片手落ちというべきだろう。

政治過程についての新しい現実主義は、憲法裁判所の役割を再評価するよう促すものである。我々は、一般的厚生の最大化を追求する政府ではなく、権力と利益を追求する政府を持っている、という指摘は真実かもしれない。このような政府のあり方は、公益の公正な追求によって不利益を受ける強力なグループが革命を惹起するような特徴を持つ社会として、不可避でありかつ究極的には望ましいものではないだろうか。もしそうであるならば、立法が恣意的かつ差別的であるとする非難に対抗するために、立法がある種の一般的な社会目的と合理的に関連することを義務づけるのは間違っていることになる。多くの立法を真に「正当化」する理由づけは、我々の社会の政治過程において、その立法が憲法に適合的に制定された産物であるという一点のみである。

このような正当化理由は、例えば最低賃金法などの立法に対して、それが非効率もしくは不公正であるという理由(最低賃金法は両者の理由を含む)に基づく憲法訴訟が提起された場合、これを一般的に否定するための充分な根拠を提示するように見える。(34) またこの正当化理由は、ガンサー教授の以下のような提案に対しても、決定的な反論を用意するようにも見える。彼は、例えば眼鏡屋が処方箋なしに眼鏡のフレームを取り替えることを禁止する立法が支持されたウィリアムスン対リー眼鏡会社(Williamson v. Lee Optical Co.)(35) 事件などの経済的差別立法に関する事件において、憲法上の平等保護条項は、公表された立法目的を実現する手段がその目的に合理的に関連していることを義務づけるものと解釈した。(36) 一見して明らかなように、もしリー眼鏡会社事件で問題とされた立法目的が検眼師を競争から保護することにある(公表されている目的は公衆の健康維持)ならば、この制定法はガンサーのアプローチの下では憲法違反とされることになる。しかし、州がその真実ではあるが見苦しい目的を公表したならば、この立法は合憲とされることになる。(37) 州議会議員が鼻づらを擦り合わせて利益集団政治を行う立法制定の現場に、平等保護条項を持ち出すことによって、実際には何を獲得できるのだろうか。その目的が民主的政治制度に特有の政治過程とその産物である制定法を変更することにあるならば、その目的は達成不可能であり、修正第十四条の起草者にその責任を帰することは不合理というべきであろう。

一方において、政治過程に関する現実主義は、公益を体現する憲法条項に立法を一般的に服従させることを否定する、説得力ある正当化理由を提供する。(38) しかし、他方において、この現実主義は、例えば政府による非合理な人種差別など、明白かつ限定的な憲法目的に違反する立法を支持するための正当化理由を提示するものではない。憲法上の権利が何ごとかを意味するならば、何らかの政治勢力がその侵害を望んでいるからといって、その侵害が許容されるわけではないことを示すことにある。だから、憲法原則が適用されないことによって便益を得ているグループ、例えばデファーニス事件では特定の少数人種グループが、その要求に対して譲歩しない政府官僚の人生を不本意なものとするのに充分な政治的ないし超政治的な腕力を持っているからといって、それは、憲法原則の適用を否定する合法的根拠とはなりえない。大学であれもう少し大きな社会であれ、差別をめぐる要求が実現しない場合には「トラブルを惹き起こす」という少数グループによる暗黙の威嚇は、憲法上の分析としては、差別をめぐる要求が実現しない場合にはトラブルを惹き起こすという多数派の威嚇以上に重みを持つものではない。実際、「少数派」と「多数派」の間の区別自体が、政治過程の性質についての注意深い分析を通じて消滅する傾向にある。(39) 政治過程の現実主義的分析の主要な眼目は、公共政策は不特定の多数派の利益のために策定されるというよりは、むしろ検眼師・酪農民・薬局店主・テレビ局の所有者などの比較的小利害集団のために策定される、という事実を率直に承認する点にある。第二次大戦中の軍隊における人種分離は、多数派の嗜好を反映する結果ではなく、主として南部出身の白人によって構成される少数派に対する多数派の譲歩の結果を意味していた。(40)

簡単に要約すれば、差別は、個別的評価に伴う費用を節約するために行われる。だから、効率的な差別に反対する公共政策に対して、効率性を理由としてこれを正当化することは、その定義上からも不可能である。例えばアメリカの黒人のような経済的少数派に対する差別事件などでは、むしろ、配分論的な議論の方が有益である。この議論は、差別が多数派に比べ少数派に相対的により多くの費用を負担させる効果を持つことに、差別禁止の根拠を求めるものである。しかし、この配分論的理由づけは、逆差別を正当化するための根拠としては利用できない。逆差別は、富の再配分に応じなければ多数派の側に費用を負担させるという少数派の威嚇を基礎として成立しており、少数派に対する差別を違法とすることを通じて、その富の再配分が行われるからである。私は、この論理の他に、逆差別を正当化するための説得力ある理由を見出せない。

第十四章　バッキー判決とウェーバー判決および将来の展望

バッキー判決

州立大学であるカリフォルニア大学デービス分校の医学校は、経済面または教育面で不利益を受けてきた黒人、アジア人、インディアン、チカーノ（メキシコ系アメリカ人）の四つの人種的・民族的集団に属する受験者に対して、入学定員百人の中の一六人分を特別入試枠として留保する特別入学試験制度を採用した。受験者は、実際に不利益を受けてきたとしても、これらの四つの人種的民族集団のどれか一つの構成員でない限り、この特別入試枠での受験資格は認められなかった。これら指定された四つの人種的・民族的集団の受験者は、特別入試枠で受験する以外に、残された八四の一般受験者の定員枠で受験することも認められた。しかし、特別入試枠の受験者は、その枠内の受験者相互間でのみ比較評価され、一般入試枠の受験者と比較評価されることはなかった。特別入試枠による合格者の平均点およびその他の基準に基づく評価は、一般入試枠の合格者の評価はもとより、アレン・バッキーを含む多数の不合格者のそれよりもはるかに低いものであった。

原告であるバッキーは、彼の不合格決定が修正第十四条の平等保護条項・一九八四年の公民権法第六編[1]およびカリフォルニア州憲法に違反する、人種差別の結果であると主張して本件訴訟を提起した。カリフォルニア州最高裁は、バッキーの平等保護条項違反の主張を認めて、州立の教育機関がその入学判定に際して人種的基準を採用することは許されないと判決したが、彼の公民権法第六編および州憲法違反の主張は退けた。(2) これに対して、合衆国最高裁は、バッキーに対する医学校への入学許可命令の限度で州最高裁判決を支持したが、大学がその入学試験で人種的要素を考慮することを一般的に禁止した判断部分を破棄する判決を下した。(3)

この結論に到達するに際して、合衆国最高裁の内部には以下のような深刻な意見の対立があった。スティーブンス判事は、バーガー長官およびスチュアート、レーンクイスト判事を代表して、カリフォルニア州最高裁判決を全面的に支持し、連邦政府から補助金を受けている教育機関が入学試験において受験者を選抜するに際して、人種的要素を考慮することは公民権法第六編違反であるとする意見を述べた。しかし、彼は、このような人種的要素の利用が、修正第十四条違反を構成するか否かについては判断を回避した。パウエル判事が、バッキーの入学を結果的には認める判断を支持する五人目の判事となった。彼は、その補足意見において、大学は入学判定に際して人種的要素を考慮することと自体は許されるが、デービス医学校で採用された方式のものは認められないとする見解を示した。しかし彼は、スティーブンス判事とは異なり、第六編の判断基準が憲法上のそれと同一であるという理由で、この結論の根拠を修正第十四条に求めた。これに対して、ブレナン、ホワイト、マーシャル、ブラックマンの四判事は、カリフォルニア州最高裁判決を全面的に破棄すべきであるとする見解で一致した。最終的には、五人目のパウエル判事の判断が、大学の入学判定に際して人種的要素を考慮することを全面的に禁止し原審判決を破棄する旨の多数意見を完成させる結果を導いたのである。

バッキー判決は、デファーニス判決の再現ではあるが、過半数意見が存在しないために、最高裁における今後の判例傾向を推測させる多くの指標を提示するものではない。しかし、この判決の帰趨を決定する役割を演じたパウエル判事の意見は、それほど明快とはいえないものの、最高裁における逆差別および積極的是正措置に関する今後の判例傾向の手掛かりを探究するための最も興味深い素材を提供している。また、彼の意見は、本章の後半で取り扱うウェーバー判決の出現によって、バッキー判決の影響が、学校（カレッジや大学を含む）の入学試験および連邦政府の補助金の受給機関に限定される可能性があることを示唆している。

パウエル判事の意見を考察する前提として、最初に、以下のような歴史的背景を理解しておく必要がある。修正第十四条は、もともと、新たに解放された黒人奴隷を差別的州行為から保護する目的で制定されたものであった。しかし、その後、人種や国籍とは無関係な理由による、差別的州行為の法的評価のための媒介項としても利用されてきた。例えば、鉄道会社に対して他の会社よりも重い税金を課する立法は、しばしば訴訟の対象とされ、時には平等保護条項に違反するがゆえに無効と判断された。しかし、最高裁は、裁判所が州レベルの課税規制法の公正さについて詳細に審理することから生じる混乱を回避するために、当該差別が憲法上許容される州の公共政策に何らかの程度で合理的に関連する事実が立証された場合には、常にこの種の立法を合憲と判断してきたのである。

この最高裁のアプローチは、それが人種差別事件に適用されるならば、平等保護条項の中心的な役割を低下させる結果を導くことは明らかである。その理由は、前章で強調したように、人種差別的な州行為は、広義の「合理性」基準の下ではおそらくその大部分が正当化される可能性があるからである。例えば、裁判所は、経済的差別事件に適用される合理性基準を広義に解釈すれば、黒人生徒の学業成績が一般的に白人生徒のそれよりも低い場合、黒人生徒に対して分離学校を指定することは「合理的」と判断する可能性がある。それは、二年生を三年生から「分離」したり、能力別クラス編成によって学校内の成績の良い生徒を成績の劣る生徒から「分離」するのと同様と評価される余地があるからである。これに対して、このような人種差別の判断基準は行き過ぎであるとか、特定の個人をはみ出し者とか劣等生という汚名を着せる社会的費用に比べて人種的分類による行政上の便宜を重視し過ぎているとか、また人種的に相関する行動態様の相違はそれ自体が差別の産物である、などの理由に基づく強い批判がなされてきた。しかし、これらの批判は、最高裁がこれらの経済的差別事件における司法審査のための緩和された合理性基準をすべての差別的州行為を正当化するために拡張して用いる場合に、これを克服する充分な説得力を持つものとはいいえない。

最高裁は、実際には、人種的・民族的差別事件に合理性基準を適用するに当たって、州政府の行為に内在する合法性の推定を逆転させ、州に対して差別的行為の正当性を証明させるという殆んど至難の業ともいうべき高度の立証責任を負担させてきた。それゆえ、バッキー事件における導入部となる決定的な争点は、白人に対する差別事件に際して、合理性基準とこの厳格審査基準のどちらが用いられるべきかにあった。最高裁判決の帰結を「左右する」役割を演じたパウエル判事は、後者の厳格責任基準の適用が相応しいと判断した。彼は、デービス医学校の特別入学制度は、「人種的基準の目的意識的利用」を含むものであったと認定して、憲法上の評価として「割当」と「目標」を区別することに重要な意義があるとする見解を否定した。(4) 彼は、「平等保護条項の保障は、個人に適用される場合と皮膚の色が違う集団に適用される場合と、その基準が異なることを許容しない。もし、両者に対する保護基準が同一でないならばそれは平等とはいえない」と指摘した。(5) 彼は、白人であるバッキーは多数派の政治的意思決定過程から特別の保護を必要とする「分断され孤立した少数派」の構成員でないから、デービス医学校の特別入学制度には厳格審査基準は適用されないとする抗弁を退けて、「いかなる種類の人種的・民族的区別も、本来的に憲法違反の疑いがあるものであり、だからこそ最も厳密な司法審査が必要とされる」(6) という意見を展開した。

パウエル判事は、個人的自由の保障のために平等保護条項が活力を復活する一九三〇年代後半までに、アメリカ合衆国は「少数人種によって構成される国家」となったという事実を指摘した。その結果、少数人種がそれぞれ「単一の人種的多数派による偏見ではなく、多様な人種的少数派によって構成される多数派による偏見を克服するために、過去においてはもちろん現在でもある程度は、闘争を持続しなければならない」がゆえに、「修正第十四条の保障は、一つの人種的少数派（黒人）の平等のための闘争の保護条項に留めておくことが不可能となった」(7) として、彼は次のように述べた。

「多数派」と「少数派」の概念は、その時代状況に応じて使い分けられたり、政治的判断が反映される結果となることは不可避である。既に指摘したように、白人の多数派の大部分は、州や私人によって差別されたと主張しうる多様な少数派によって構成されている。……「司法上の配慮を高める」に値する人種集団を、その他の人種集団から分離するための原理的な判断基準は存在しない。……このように人種集団の間に階層序列を作り出す柔軟な社会学的ないし政治学的分析手法は、それが政治的に可能であり社会的に望ましいと仮定しても、司法の能力の範囲を超えるものである。(8)

デービス医学校によって優先的取扱の対象とされた四つの人種集団は、アメリカ合衆国で歴史的に差別されてきた人種集団のすべてを包摂するものではない。差別されたその他の人種集団としては、プエルトリコ人、ユダヤ人、カトリック教徒、モルモン教徒、アイルランド人、イタリア人、ポーランド人、スカンディナビア人、ドイツ人、ハンガリ人および女性などが含まれる。しかし、これらの集団の大部分は、差別によって課せられたハンディキャップを既に克服してきたことは明らかである。同様のことは、デービス医学校によって、黒人、チカーノ、アメリカ・インディアンと共に優先的取扱の対象とされたアジア人についても妥当する。にも拘わらず、逆差別を肯定する論者は、裁判所が、これらの優先的取扱の対象集団に少なくとも若干の集団を追加することを考慮すべきであると主張する。しかし、その結果は、彼らを合計すれば明らかに多数派を構成するような少数派集団による、白人のアングロ・サクソン系のプロテスタント教徒、あるいはおそらくこの集団内部の男子のみを差別することに帰結する。

パウエル判事は、このような白人「多数派」の構成員に対する「善意の」目的による差別は憲法違反の疑いがないから、厳格審査基準を適用すべきではないとする見解を退けて、次のように述べた。

ここには、優先的取扱の考え方それ自体に関連する、正義についての深刻な問題が存在する。第一に、いわゆる優先的取扱が常に真正の善意に基づくとする前提は、自明ではない。裁判所は、特定集団の一般的利益を推進する際に、その個々の構成員に課される負担の妥当性いかんの判断を求められる。合衆国憲法には、人種集団の社会的地位の向上のために、その個々の構成員に対して、他の場合には許されない負担を課するよう求めることを許容する趣旨は含まれていない。第二に、優先的取扱制度は、ある種の人種集団はその個個の構成員の能力とは無関係な要素により、特別保護がなければ成功を収めることができないという一般的な固定観念を前提としてはじめて許容される。第三に、被告の立場に置かれた無実の人々に対して、彼らがその差別について責任がないにも拘らず、差別についての苦情を是正する負担を課するという不平等な強制手段を付随させる。(9)

パウエル判事は、厳格審査基準の適用に際して、「州は、その制度の目的および利益が憲法上許容されかつ相当であり、またその分類基準がその目的達成ないし利益擁護のために……必要であることを立証しなければならない」(10)と述べた。その上で、彼は、医学校が主張した四つの理由について、最初の二つはその外見からも不相当であり、また第三の理由は証明されていない事実を前提にしており、最後の第四の理由は潜在的には相当と判断されるがその実施方法が不適切であると結論した。

医学校が提示した最初の理由は、「医学校および医師という職業分野における伝統的な少数人種に対する冷遇という歴史的欠陥を是正する」(11)ことに州の利益があるとの主張であった。しかし、パウエル判事は、「人種的・民族的起源以外のいかなる理由もなしに、特定集団の構成員のみを優先的に取扱うことは、その起源自体を理由とする差別にあたる」(12)として、この主張を認めることを拒否した。

彼はまた、医学校側が第二の理由として提示した、優先入学政策の基礎となりうる差別に関する司法上・立法上・行政上の判断基準の定立を求める趣旨で、「社会的差別の効果に対処した」とする抗弁の採用も拒否した。(13)この抗弁は、仮にカリフォルニア州議会が、デービス医学校が特別入学制度を企画・実施する以前に違法な差別を行ってきたと認定していたら、過去の差別を是正する特別入学制度に対する訴訟が成功を収めえたか否かという疑問を提起している。しかし、その結論は曖昧なまま残されている。パウエル判事は、デービス医学校自身は過去の違法な差別の存否について認定しなかったしまた認定する権限もなかったと判断したが、いかなる立法機関・行政機関がこのような認定権限を有するかという点については全く触れなかった。(14)

パウエル判事が、もし立法機関ないしその委任機関に違法な差別の認定権限と救済権限を認めることを意図していたならば、自ら設定した憲法上の原則に対する重大な抜け道を作り出す結果を導いたであろう。逆差別は、通常、二段階のプロセスを通じて行われる過去の差別についての立法上の認定を前提としている。第一段階において、立法議会がある集団が公的機関による差別の犠牲となった事実を認定し、第二段階において、立法議会ないしデービス医学校のようなその委任機関がその「救済方法」として逆差別政策を採用する。立法機関による事実認定は、基本的に裁判所の司法審査に服さない。だから、逆差別の実施もしくはその公的承認を期待する立法機関は、違法な差別について結論的に支持できない旨を単に認定することによって、他の公的機関に具体的な「救済」措置を実行させることができることにな。

パウエル判事は、おそらく、このような憲法上の抜け道を設けることを意図してはいなかった。彼は、「事実」の空虚な羅列によって立法議会が勝手に無視しうるような憲法上の原則は、その名に値する憲法上の原則ではないことを認識していた[15]。彼は、立法機関ないし行政機関による違法な差別の事実認定いかんによって、人種的分類を基準とする救済手段が用いられる危険性を認識していた。だから、彼は、修正第十四条五項における実質的禁止規範を履行する、州議会には付与されていない、連邦議会の明白な権限に言及したものと思われる[16]。

デービス医学校がその差別的入学制度について示した第三の理由は、「医療サービスが不充分なコミュニティに医師をふやすこと[17]」という州の利益を強調することにあった。パウエル判事は、デービス校による特定集団の優先的取扱が州の利益を増進させた事実は立証されていないとして、この理由も簡単に否定した[18]。

パウエル判事は、デービス医学校が提示した第四の理由、つまり特別入学制度は「民族的に多様な学生構成から派生する教育上の便益[19]」を通じて州の利益を増大させるという主張に対しては、比較的寛大な態度を示した。彼は、「学問の自由は、合衆国憲法に特別の規定はないものの、従来から修正第一条に関連する自由として承認され」ており、また大学における学問の自由は「その学生構成の選択の自由」(20)をも含むものとして、医学校が多様な学生構成を追求する充分な利益を有することを肯定した。その上で、パウエル判事は、多様な社会的背景を持つ学生間の相互作用が学生および大学院生に対する教育に有効な役割を果たすこと、更に人種的・民族的な多様性は社会的背景の多様性の一つの側面でもあることを承認して、医学校がその学生を選定する際に人種的・民族的起源を考慮に入れることは許されるべきであると結論した。

もし、パウエル判事の意見の最後にこの結論が付け加えられなかったならば、本章の最後で説明する理由によって、彼の意見は人種的固定観念を何らかの程度において反映するものと見なされたであろう。しかし、パウエル判事は、学生の選択に当たって大学が人種的・民族的な多様性を考慮することを承認すると同時に、本件におけるデービス医学校の一定の入学定員枠を特定集団の構成員に留保する方法は、多様性を推進する手段としては不必要かつ許容しえない差別的手段であるとして否定的評価を下した。つまり、彼は、本件における特別入学制度は、学生の多様性を一般的に追求する手段としては余りにも人種的・民族的な要素にウェイトを置きすぎていると判断した。彼は、大学が入学判定に際して人種的・民族的起源を多様性の一つの要素として考慮することは憲法上許されるが、それを唯一の要素として判定することは許されないとして、次のように述べた。

ある黒人受験者の書類を、たとえばイタリア系アメリカ人と識別される受験者のそれと比較した場合、後者が教育上の多元主義をより促進する可能性がある資質を示している場合を想定してみよう。この場合、その黒人受験者を入学させるためには、その資質が人種的要素を除外しても、多様性追求のために決定的に寄与する事実が証明されなければならない。このような資質には、類稀なる個人的な能力・ユニークな職業ないしサービス経験・潜在的な指導力・成熟度・同情心・不利益の克服体験・貧者に対するコミュニケーション能力など、その適格性評価に関する様々な要素が含まれる。手短かに言えば、この方法で実施される入学試験制度は、個々の受験者の適格性評価に必要な多様性のすべての要素を考慮に入れるとともに、それらを同一のウェイトで評価する必要はないとしても、同一の判断基準で考慮するために充分柔軟であることが必要である。[21]

この彼の言葉は、人種的要素それ自体を多様性確保という視点から考察するというよりは、その人種主義的性格を弱める方法で読むことが可能である。パウエル判事の意図は、ある受験生が学生構成の多様性に積極的に寄与する資質を有することを立証するに際して、大学が人種的要素を反証可能な推定とすることは許されるが、しかし人種的要素自体を反証不能な推定とすることは許されないとすることにあったと思われる。つまり、白人の受験者が黒人の受験者よりも多様性の増大に寄与すると主張した場合、大学がこれを考慮に入れること自体を拒否することは許されないことになる。この解釈は、パウエル判事が定義した「人種的・民族的起源の競争的考察[22]」という概念を基礎としている。この解釈は、純粋に人種的・民族的起源を基礎とする多様性の主張は、人種的・民族的要素とは別の意味で、クラス編成における本質的な多様性に積極的に寄与するという白人受験者の側からの挑戦に対して、常に開かれていなければならないという趣旨を含んでいる。パウエル判事は、「アイダホ州の農場少年は、ハーバード大学に対して、ボストン市民が提供できないある種の貢献をもたらす。同様に、黒人学生も『通常』、白人学生が提供できないある種の貢献をもたらす[23]」と解説する、ハーバード大学の入学案内に書かれた政策を肯定的に評価して、彼の意見の付録部分に引用している。しかし、通常という意味は、何時でもということを意味しない。つまり、ハーバード大学が公立大学であれば、アイダホ州の農場少年は、学業成績が劣るボストン上流階級の黒人少年に有利な政策の結果として不合格と判定された場合には、憲法上の権利が侵害されたことを正当に主張することが許されることを意味している。

もし、パウエル判事のこの解釈が正しければ、逆差別的な入試実務に付与される免責は限定的なものとなる。それは、結果的に特定の人種的・民族的集団の構成員は、その人種的ないし民族的属性の効果が学生構成の多様性の要素に寄与する可能性があるという、反証可能な推定を与えることを大学に許容するにすぎない。

この意見には、コミュニティ内部に政治的影響力を持つ少数人種を有利に導く結果となる、デービス医学校の決定を承認するような部分は存在しないことが重要である。パウエル判事の意見で示された統計数字によれば、一九七三年度と七四年度の一般入学定員枠の下でデービス医学校に合格した各年度八四人の中、その一〇％以上に相当する年平均九人がアジア系人種であった。(24) しかし、アジア系人種は、カリフォルニア州人口の三％以下を占めるに過ぎない。(25) このようにデービス医学校の特別入学制度は、その学生構成において既に「過大に選抜されている」ある人種集団に対して、更に優先的取扱を重ねる結果となる。私は、一般入学試験制度において過小に選抜されている少数人種に対する優先的取扱と調和させる政治的代価として、アジア系人種が特別入学制度に包摂されたと推測している。しかし、パウエル判事の意見による差別に関する分析の下では、その文化的特性や学内における過小選抜の結果と無関係に、大学が優先すべき少数人種集団のリストを作成することは許されない。ニューヨーク市立大学には、ユダヤ人を黒人やプエルトリカンと同様の優先的取扱を受ける集団として指定することによって、優先的入学制度を政治的に魅力あるものとする自由はないと思われる。

バッキー判決に現れた他の判事の意見に対する私の批判は、以下に述べる通りである。ブレナン、ホワイト、マーシャル、ブラックマンの四判事の意見は、単純な合理性基準が逆差別事件を処理するためには大まかであり過ぎるとする点でパウエル判事の意見に同調する。しかし、彼らは、厳格審査基準もまた厳格であり過ぎるとして、以下のような中間的基準の導入を提唱する。「表面的には善意の目的で設定された人種的分類を正当化するためには……、その利用のための重要かつ明瞭な目的が提示されなければならない。……またこのような制定法は、汚名を着せたり政治過程において最も代表されていない人種集団を選抜するという、善意の目的によって裏打ちされなければならない。(26)」この判断基準は、パウエル判事が指摘するように、「汚名」とか「政治過程において最も代表されていない」という概念の具体的な意味内容が明らかでないために、裁判所の判断基準としては機能しえない。(27) 更に、この中間的な基準は、古典的な種類の差別については危険なほど緩い基準となる。我々は、かかる試みが常に失敗してきたがゆえに、古典的な差別に対して厳格審査基準が適用されてきた事実を思い起こすべきである。しかし、ブレナン判事グループによるアプローチの下では、「表面的に善意の目的のために設定された」人種的分類基準は、この事実のみによって厳格審査のカテゴリーから外されてより緩やかな中間的審査によって判断されることになる。このことは、人種差別的な立法議会は、厳格審査基準を回避するために、黒人を彼ら自身のために分離学校に押し込んでいるという「表面的な善意」の目的を主張することが許されることを意味している。

ブレナン判事グループが黒人に有利な逆差別に対する中間的基準を提唱したことは、女性に有利な逆差別事件におけるブレナン判事自身の判断と比較すると極めて対照的である。例えば、クレイグ対ボーレン事件(28)において、最高裁を代表する意見を述べたブレナン判事は、女性は一八歳でビールの購入が許されるが男性は二一歳まで許されないと規定する州制定法を無効と判断した。この判決における彼の意見は、「性別による分類は、政府の重要な政策目的に寄与するものでなければならず、またその目的達成に実質的な関連性を持っていなければならない(29)」と述べた。この判決は、男性および女性に対する差別禁止についての従来の判例を雑然と引用している。しかし、「オクラホマ州は、年齢を基準とする性区別を認める法律を制定するに当たって、過去における女性に対する権利剥奪の代償として女性に三・二%分のビール購入資格を保障する趣旨で本法を制定したことを示唆する証拠は全く存在しない(30)」とのコメントを除けば、女性に有利な差別を一般的な性差別から区別することを正当化する判断は示されていない。

ブレナン判事は、別の事件でも、寡婦（寡夫は含まれない）に対して年額五百ドルの不動産税の控除を認める州制定法を支持する多数判決に反対する立場をとった。ここで彼は、男性に対する差別事件に適用されるべき適正な基準は、「争点となった立法が、より注意深い立法上の分類に基づきより穏和な実施手段によって達成することが不可能なほど、最優先または必要不可欠な利益を目的とする」か否かであると述べている(31)。これは、厳格審査基準の適用を意味している。ブレナン判事のこれらの逆差別事件における判断基準は、もしそれがデービス事件のような受験者の中で既に過剰に選抜されている特定人種集団に対する説明不能な優先的取扱を含む定員割当制度に適用されるならば、その定員割当制度を無効とする結論を導き出さざるをえないことは明らかである。私には、ブレナン判事が何故に、白人対黒人の関係に比べ男性対女性関係において、憲法上より寛大な審査基準を適用すべきであると判断するのか理解できない。

バッキー事件におけるブレナン判事に代表されるグループの意見は、マーシャル判事の反対意見と同様に、デービス医学校の定員割当制度で最も問題とされるべき、優先的取扱を受ける少数人種にアジア系人種をも包摂した疑問点を全く追求していない。(32) ブレナン・グループの意見は、黒人およびチカーノについての論議に集中されており、またマーシャル判事の意見は、黒人についての論議に限定されている。ブレナン・グループがデービス医学校の入学制度を合憲と判断した理由の一つには、優先的取扱の対象とされた少数人種に留保された定員枠は全体の一六%にすぎず、カリフォルニア州で彼らが占める二二%という人口比率以下であるとする点にあった。しかし、二二%という数字は黒人とチカーノの州内人口比率を意味するに過ぎず、彼らの意見は、アジア系人種の人口比率について全く言及していない。特定の「学業成績が不振」な人種ないし民族集団に対する優先的取扱の必要性を主張することと、その集団の中にかかる便宜や優先的取扱なしに成功を収めてきた別の少数人種を包摂することは全く別の論理である。

ブレナン・グループおよびマーシャル判事は、もし彼らが本件の特別入学制度にアジア系人種を包摂したことの異様さを自覚していたならば、黒人医師の比率は差別が存在しなければ全人口に対する黒人の人口比率にほぼ比肩するものになるだろうという、言外に前提としていた基本的な思考態度を彼らは反省したかもしれない。このような思考態度の前提には、裁判所が過去の差別を救済する目的で人種割当制度を認めるのと同様の論理によって、過去の差別的結果を払拭する試みとして、デービス医学校の特別入試制度を正当化できるという論理が存在している。しかし、特定の少数人種が医師という職業分野に既に「過大に進出している」事実を認識するならば、その職業分野で黒人の進出が過小であることの理由を差別の存在に求める前提は崩壊する。厳密な数学的論理を基礎とする限り、特定の人種集団が差別とは無関係な彼ら自身の選択によって一定の職業分野に過度に進出している以上、他のすべての人種集団がその分野で適切な進出比率を維持することは不可能である。つまり、統計的なバランスとしては、残りの人種集団については過小な進出率が記録されざるをえない。黒人は、このような人種集団の一つであるに過ぎない。アジア系アメリカ人は、偶然にも、医学分野での特別の才能や関心を持っていたのかもしれない。デービス医学校に彼らが極めて多く入学している理由は、何故他の理由でなければ説明できないといえるであろうか。このことは、医学上の才能や関心が人種ないし民族集団ごとに均等に配分されるわけではないことを示唆している。それゆえ、もし合衆国で差別を受けてきた歴史を持つ人種集団、たとえばアジア系アメリカ人など、がその差別にも拘わらず医師という職業分野で不均衡なほどに過度に進出しているならば、黒人が適切な進出比率を達成しえないことの理由を彼らに対する差別の歴史のみに帰することは不可能である。

ブレナン・グループおよびマーシャル判事の意見にみられる第二の混乱は、バッキー事件の二年前に連邦最高裁が判決を下した、マクドナルド対サンタ・フェ鉄道運輸会社(McDonald v. Santa Fe Transportation Co.)事件(33)について全く言及していない点にある。マーシャル判事の意見によって記述されたこの最高裁判決は、白人に対する差別は、雇用差別を禁止した一九六四年の公民権法第七編(34)および公民権法の改正条項の一つである第四三章第一九八一条(35)の両条項に違反すると判示した。この事件では、二人の白人労働者と一人の黒人労働者が同一の不正行為を行ったが、結果的には二人の白人労働者のみが解雇された。最高裁は、これらの制定法の立法過程にそのような結論を支持する明確な証拠が存在せず、また第一九八一条の表面上の文言に反するにも拘わらず、この二つの制定法の条文の趣旨を黒人に対する優先的取扱の結果としての白人に対する差別を禁止するものと解釈した。この第一九八一条は、何人も「白人市民が享受する」のと同様な契約を締結する権利を保有すると規定しており、白人は基準的概念であって保護されるべき対象概念とはされていない。マーシャル判事は、このマクドナルド事件においては、人種差別に関しては白人に対するものと黒人に対するものを区別すべきではないと判断したのである。この判決は、公民権法第六編とは別の制定法上の根拠に基づく判断であることは確かである。しかし、公民権法第六編と同様に、これらの制定法がその立法趣旨において、憲法上の原則とは異なる差別の判断基準を採用していることを明示する証拠は存在しない。それゆえ、バッキー判決におけるブレナンおよびマーシャル両判事の意見にとって、逆差別を古典的な差別と同等に取り扱うのは、格別目新しい経験ではなかった。しかし、バッキー判決におけるマーシャル判事の意見は、公民権法の異なる条文を相互に無関係な差別基準を採用するものとして解釈する以上、ウェーバー事件判決のいわば予兆というべきものであった。

ここで私は、ウェーバー判決の検討に入る前に、将来の積極的是正措置をめぐる判例に対するバッキー判決の及ぼす影響について考察しておきたい。積極的是正措置は、過去における差別の継続的効果を是正する努力を意味しており、単なる差別の中止命令とは区別される。デービス医学校の特別入学制度は、この意味における積極的是正措置の一つである。この制度に内在する幾つかの特殊な要素については、以下のような様々な批判が加えられる余地がある。第一に、多くの人々にとって彼らを診療する医師の資格に関心を持つことは当然である以上、「積極的是正措置」によって資格を付与された医師という観念は、彼らに困惑をもたらす重大な原因となる。たしかに、特別入学制度の下で入学が認められた学生も、理屈の上では正規入学の学生と同様に、その卒業のために必要な成績基準を充足しなければならない。しかし、若干の大学では、必要と判断する場合には、特別枠による入学生が余り多く落第することのないようにその成績評価基準を低くする可能性がある。第二に、デービス医学校の入学制度には、アジア系アメリカ人が対白人関係において優先的取扱を受ける必要がないことが明白であるにも拘わらず、彼らを優先的取扱を受ける少数人種の一つに包摂しているという不可解さがある。第三に、デービス医学校は、現実に不利益を受けた白人受験生に対して特別の配慮をしておらず、ある種の白人受験生も優先的取扱を受ける少数人種の一員として特別入学資格が認められるべき余地があるという認識を全く欠落させている。第四に、特定の少数人種のために一定の入学定員を留保することは、アメリカの高等教育において長年にわたって継続されてきた、エリート学校への入学をユダヤ人やカトリックに対して抑制する、定員割当制の記憶を忘れさせる契機にはならない。

積極的是正措置を支持する人々は、将来の判例において、バッキー判決の論理が特殊な事実関係のみに限定して適用されることを期待するかもしれない。このような限定的解釈を殆んど採用していない。しかし、その後の判例は、このような限定的解釈を殆んど採用していない。それゆえ、現在残された問題は、多様な形態の積極的是正措置に対して、厳格審査基準がどの範囲まで適用されるべきか判断することにある。

バッキー判決の論理は、違法な差別を認定した判決の結果として実施される、裁判所の「救済命令としての積極的是正措置」については適用される余地は殆んどないように思われる。なぜなら、この種の積極的是正措置は、伝統的な衡平法裁判所の広範な裁量権限に基づいて、容易に（おそらく、余りにも容易に）正当化することが可能な救済手段として、裁判所の実務において既に受け入れられてきたからである。また、明白な定員割当制度の対極に位置する救済手段として、学校の入学であれ雇用であれ、白人よりも黒人をより熱心に募集すべしとする救済命令がしばしば見受けられる。厳密に言えば、これも人種差別である。しかし、これは白人志願者に対する不利益な影響はおそらく少ないし、法の下の平等保護を否定するものとして批判すべき要素も希薄であると思われる。若干の大学で採用されている、黒人学生に対して同様に貧困な白人学生よりも多くの奨学金を付与する実務についても、私は若干異なる理由づけによって同一の結論に到達する。つまり、このような実務も差別的であるが、それは合法的な差別に随伴する実務的取扱として許容する余地がある。大学は、学生構成の多様性という合法的な目標を追求するに当たって、限りある少数人種の有資格者を獲得するために、時には財政的手段を通じて相互に競争しなければならないからである。

判断が難しい中間的なケースは、学術上の雇用をも含む、雇用分野における優先的取扱である。多くの大学では、白人の有資格者と比較して相対的に資格が不充分な黒人研究者が慎重な優先的配慮によって雇用されており、同様の実務的傾向は民間企業・弁護士事務所その他の非学術的研究機関にも見受けられる。厳格審査基準の適用を主張するパウエル判事の意見に従えば、これもまた人種差別と見なされる。ここでは、大学の入学試験における黒人に有利な差別として、充分正当化に値するとパウエル判事が判断した利益は問題とはなりえない。航空機製造会社は、少なくとも真面目に検討する限り、人種的に多様な取締役会の構成を維持することから何ら利益を得ることがない。大学もまた、大学院の会計学専攻過程に人種的に多様な教授陣を用意することによって、適切な利益を得ることはない。もちろん、黒人のための「役割モデル」を用意することを通じて、何らかの利益があると主張することは可能である。しかし、この主張には、医療サービスが不充分なコミュニティでは白人医師よりも黒人医師がより多く進出する可能性があるとするデービス医学校の抗弁について、パウエル判事がこれを採用することを拒否したことで明らかなように、ある種の安易な心理的推論が含まれている。

積極的是正措置に関して最も鋭く対立する局面は、カレッジや大学の入学問題ではなく、雇用問題で現れる。もし、厳格審査基準が一般的かつ公正に適用されるならば、政府の政策展開に重大な影響を及ぼす可能性があるのが雇用問題分野である。連邦保健教育省（HEW）その他の行政機関は、「定員割当」のような用語の使用を止めて、それに替えて「調査」・「最善の努力」・「目標」・「目的」などの用語で、積極的是正措置の内容を記述する傾向がある。このような保健教育省の実務は、例えば黒人や女性などの優先的取扱の対象とされる集団の構成員に対する有利な差別的雇用政策を、大学その他の使用者が採用する傾向をもたらしている。つまり、これらの使用者は、それが政府の干渉を逃れる最も容易な方法であるがゆえに、より適格と認められる白人男性よりも、これらの集団の構成員を優先的に採用しているのである。これは、差別にあたることは明らかである。パウエル判事の論理に従えば、かかる差別の犠牲者は、使用者が公的機関である場合には憲法上の救済を求める権利が付与されるように思われる。この場合に救済が認められるか否かは、第一次的には、公民権法第七編における差別禁止条項が、パウエル判事の意見で表明された憲法上の判断基準と同一の外延を有するものと解釈されるか否かによって判断される。マクドナルド判決は、このような解釈が採用される可能性が充分にあることを示唆していた。しかし、ウェーバー判決は、この解釈を採用することが可能であったにも拘わらず、意外にも異なる解釈を採用した。この判決の出現によって、バッキー判決の影響は、雇用分野においては限定される結果となったのである。

ウェーバー判決

アメリカ鉄鋼労働組合対ウェーバー（United Steelworkers of America v. Weber）事件[36]の事実関係は、以下の通りである。カイザー・アルミ化学会社とアメリカ鉄鋼労働組合は、その工場に雇用された黒人熟練労働者の比率が工場の立地する地域の黒人労働力比率に等しくなるまで、在職訓練計画の対象となる定員の半数を黒人労働者のために留保する労働協約を締結した。白人労働者であるウェーバーは、この訓練計画への参加を申請したが、定員割当制度の存在を理由に拒否された。ウェーバーの先任権は、定員割当制度がなければ、この訓練計画への参加資格としては充分なものであった。このためウェーバーは、雇用分野における人種差別を禁止する公民権法第七編違反を理由として訴訟を提起した。しかし、彼は、前述の逆差別事件におけるデファーニスやバッキーとは異なり、その参加申請に対する拒否行為を修正第十四条の平等保護条項違反であるとは主張しなかった。その理由は、労働協約の締結当事者である使用者および労働組合が両者とも私的団体であるため、第十二章で論議した修正第十四条の前提とする州行為の要件を充足しなかったからである。

合衆国最高裁は、カイザー・アルミ会社と鉄鋼労働組合の間の労働協約に基づく職業訓練計画は、その明白な人種的基準による定員割当制にも拘わらず、第七編に違反するものではないとする多数意見に従ってウェーバーの請求を棄却した。しかし、レーンクイスト判事とバーガー長官は、この多数意見に反対する少数意見を付記した。この判決における多数意見は、カイザー社の訓練計画が「白人労働者の解雇と黒人労働者の新規採用によるその代替を義務づけたものではなく……、人種分離の伝統的原形を排除するために私人間で任意に採用された積極的是正措置である」[37]ことを理由として、本件とマクドナルド事件を区別した。この区別の基準は、一瞥するだけでその真実の理由を探ることは困難である。仮に、カイザー社と鉄鋼組合が、人種分離の伝統的原形を引き継ぐがゆえに低賃金の未熟練職種であることを理由として、黒人がより多く就労している職務分野における黒人の雇用率の上限を設定する労働協約を締結したと想定してみよう。この場合、この労働協約の差別的性格は、たとえそれが任意的でありかつ人種分離の伝統的原形の排除を意図していたとしても、免責されなかったであろう。

最高裁の多数意見は、マクドナルド判決を念頭に置きつつ公民権法第七編の立法経過を検証した上で、連邦議会が積極的是正措置の任意の採用の禁止を意図していたことを示唆する説得力ある証拠は見出せなかったと結論した。これに対して、レーンクイスト判事は、その長文の反対意見で立法経過を詳細に検討した上で、第七編の下での不法な逆差別について連邦議会で数多くの証言がなされた事実を指摘した。[38] 彼によれば、例えばソルトンストール上院議員は、第七編の規定は「いかなる市民グループに対する優先的取扱も許容しない。この第七編は、現実には、このような優先的取扱を一律に禁止する趣旨のものである」[39]と述べていた。

第七編の立法経過を検討する限り、レーンクイスト判事の指摘が正しいように思われる。しかし、この事件の事実関係には、最高裁判決を支持すると同時に、その適用範囲の限定を考慮すべき一つの要素が存在する。ウェーバーが雇用されている工場が立地するルイジアナ州のグラマシーでは、その地域における労働力人口の三九%は黒人であったが、熟練職種の黒人労働者は二%以下に過ぎなかった。このような熟練職種への黒人の過小な進出という事実から、差別の存在を直接的に推論することは危険である。しかし、この事実は、カイザー・アルミ会社と鉄鋼組合の双方が、南部における人種差別の長い歴史の上に培われた黒人の職種別進出比率の不均衡を理由として、グラマシー工場の差別をめぐる法的訴訟に巻き込まれる危険を感じていた可能性を示唆している。もし、彼らに対する訴訟が提起されかつ彼らが敗訴した場合、カイザー・アルミ会社と鉄鋼組合の両者が締結した労働協約とほぼ同一の定員割当制が、裁判所の判決によって強制されたかもしれない。つまり、使用者と労働組合の両者は、裁判所によって強制されることが予想される類の訓練計画を任意に採用することを通じて訴訟結果を先取りすることを意図していた。このような訴訟結果の先取りを禁止することは、訴訟を続発させるとともに、自発的遵法行為を妨げる効果をもたらすことは明らかである。ブラックマン判事の補足意見によれば、カイザー・アルミ会社は、「連邦契約遵守審査局の審査を受けた上で、……鉄鋼産業にも導入が予測される、第七編に基づく同意決定について示された判例傾向に従って(40)」、本件で問題となった定員割当制度を導入したのが実情であった。

もし、ウェーバー判決がこの「予測される事態の先取り的法遵守」という視角から判断されていたら、バッキー判決は、大学の入学試験制度に関連する事実関係の文脈にその適用範囲を限定する形で存続しえたであろう。なぜなら、入学試験制度において黒人その他の少数人種を差別している大学は、殆んど存在しないことが論証できるからである。しかし、雇用分野における積極的是正措置の合法性いかんは、ウェーバー判決の下においては、少数人種集団の構成員に対する差別事件で用いられる判断基準いかんに決定的に依存することが記憶されるべきである。この判断基準が緩やかであれば、裁判所は進出比率が低率であることを示す統計数字を差別認定の基礎としがちになるため、当事者の潜在的な責任の範囲は拡大する。この場合には、企業や労働組合側も、逆差別は差別の救済のための訴訟を予測しかつこれを回避するための手段であるという、確信をもった主張をより容易に展開することが可能となる。

最高裁は、現在までのところ、決定的な言葉によって逆差別ないし積極的是正措置についての論理を表現したことはない。バッキー事件におけるパウエル判事の意見は、古風な差別を非難する一方で、逆差別を賞賛することに矛盾があることを認めている。この矛盾は、二つのタイプの差別がいずれも、同一の高い情報費用に対する理性的な対応であるという事実の中に存在する。しかし、ウェーバー判決は、逆差別が人種その他の理由による差別を是正する政策に必然的に付随するものであるか否か、という問題を提起している。なぜならば、逆差別は、事前的もしくは事後的な、黒人その他の少数人種に対する差別を禁止する法律を遵守するための潜在的な対応措置を意味しているからである。

逆差別のディレンマは、社会的諸制度を形成している情報費用の重要性という、本書の主要なテーマに直接的に結びついている。差別は、それ自体として、個人的な能力や資質についての情報費用に対応している。同様に、差別が存在するか否かを決定するための費用が、法的リスクを回避する手段としての逆差別を導きだしている。このディレンマは、「統計的な数字に現れた」差別を是正する公共政策が存在しなければ、回避可能であることは確かである。また、現実はそうではないが、第一章で論じた富の最大化のための倫理体系が公共政策の決定をコントロールしていれば、このようなディレンマを解消することができる。

これらの問題は、広範かつ多様な社会政策が分析可能な共通の核心を持っていることを理解するために、経済学的パースペクティブがいかに重要な役割を果たすかを説明している。最高裁の「積極的是正措置」領域における判例傾向を理解するために用いられる分析用具は、功利主義者およびカント主義者の倫理、未開社会ないし古代社会の社会的および法的諸制度、更にはプライバシーの概念と法に関する諸問題を理解するためにも用いることが可能である、と私は確信している。

注

第1章注

(1) 例えば、一八八三年の外部性についてのシジウィックの議論および一九一二年の世帯生産（household production）についてのミッチェルの議論である。Henry Sidgwick, *The Principles of Political Economy* 406–408 (3d ed. 1901); Wesley C. Mitchell, "The Backward Art of Spending Money," 2 *Am. Econ. Rev.* 269 (1912), reprinted in his book *The Backward Art of of Spending Money, and Other Essays* 3 (1950).

(2) Gary S. Becker, *The Economics of Discrimination* (2d ed. 1971) を見よ。

(3) 非市場行動の経済学についての最良の手引きは、ベッカーの次の論文集である。Becker, *The Economic Approach to Human Behavior* (1976), esp. ch. introduction. 特に、本書の序章を参照。また、同様の分析は、以下の文献にも含まれている。*Essays in the Economics of the Family* (Theodore W. Schultz ed. 1975); John H. Kagel et al., "Experimental Studies of Consumer Demand Behavior Using Laboratory Animals," 13 *Eco. Inquiry* 22 (1975).

(4) 例えば、Ronald H. Coase, "Economics and Contiguous Disciplines," 7 *J. Legal Stud.* 201 (1978) を見よ。

(5) この分野の一般的な概論としては、Richard A. Posner, *Economic Analysis of Law* (2d ed. 1977) を見よ。更に、最近の雑誌論文としては、Richard A. Posner, "Some Uses and Abuses of Economics in Law," 46 *U. Chi. L. Rev.* 281 (1979) を見よ。

(6) R.H. Coase, "The Problem of Social Cost," 3 *J. Law & Econ.* 1 (1960) を見よ（この論文は、実際には一九六一年に出版された）。

(7) Guido Calabresi, "Some Thoughts on Risk Distribution and the Law of Torts" 70 *Yale L.J.* 499 (1961)

を見よ。

(8) 議論および参考のために，Posner, "Some Uses and Abuses of Economics in Law," 46 *U. Chi. L. Rev.* 281, 288–291 (1979) を見よ。

(9) United States v. Carroll Towing Co., 159 F. 2d. 169 (2d Cir. 1947); Conway v. O'Brien, 111 F. 2d 611 (2d Cir. 1940).

(10) John Prather Brown, "Toward an Economic Theory of Liability," 2 *J. Legal Stud.* 323 (1973); Richard A. Posner, *Economic Analysis of Law* 122–123 (2d ed. 1977) を見よ。

(11) Posner, supra note 8 at 290; William M. Landes & Richard A. Posner, "Joint and Multiple Tortfeasors: An Economic Analysis," 9 *J. Legal Stud.* 517 (1980) を見よ。

(12) 例えば，Frank I. Michelman, "A Comment on *Some Uses and Abuses of Economics in Law,*" 46 *U. Chi. L. Rev.* 307 (1979) を見よ。

(13) Posner, supra note 8 at 289 n. 31.

(14) William M. Landes & Richard A. Posner, "Adjudication as a Private Good," 8 *J. Legal Stud.* 235, 259–284 (1979) を見よ。

(15) 慣習法は，第六章で，より正確に定義づけられている。

(16) G.J. Stigler, "The Economics of Information" in *The Organization of Industry* 171 (1968) を見よ。すぐれた論文としては，J. Hirshleifer, "Where Are We in the Theory of Information?" 63 *Am. Econ. Rev. Papers & Proceedings* 31 (1973) を見よ。危険および不確実性については，Kenneth J. Arrow, *Essays in the Theory of Risk-Bearing* (1971) を見よ。更に，情報および不確実性の全領域については，J. Hirshleifer & John G. Riley, "The Analytics of Uncertainty and Information—An Expository Survey," 17 *J. Econ. Lit.* 1375 (1979) を見よ。最後の論文は，包括的かつ現代的であるが，また技術的でもある。

第二章注

(1) このテーマは，最近の Duncan Kennedy, "The Structure of Blackstone's Commentaries," 28 *Buff. L. Rev.* 205 (1979) において，マルクス主義者の視点から冗長と思われる程に論じられている。

(2) C.H.S. Fifoot, *Lord Mansfield* 26 (1936) 中の資料

を引用することなしに示されている。

（3）特に以下の三点がそれである。(1)ブラックストンは、その時代のイギリスの法制度に満足していた。彼は、法の実務上の運用における悪名高い数多くの悪弊（例えば、大法官裁判所における審理の遅延など）の多くに対し目をつぶっていたし、法理論に存する多くの重大な欠点――例えば、訴訟の一方当事者が、その訴訟において証人として出廷することを禁止するルールなど――を無批判に受け入れていた。彼はまた、彼の時代の法が有する多くの時代錯誤についても極めて寛大であった。例えば、ある者の「前歯」を傷つけることは身体傷害（加重暴行の一種）であったが、しかし、「奥歯」を傷つけることはそうではなかった。なぜなら、身体傷害罪を構成するためには、暴力的攻撃に対して犠牲者自身の防衛能力を減少させなければならないからである。ブラックストンは、この区別を注釈を付することなしに（William Blackstone, 3 *Commentaries on the Laws of England: A Facsimile of the First Edition of 1765–1769* 121 (1979)）記録している。以下では、『釈義』または *Comm.* として引用される。なお、本書のすべての頁番号は、シカゴ大学出版局によって公刊された初版の複製本に依拠する予定である。その公刊本には、スタンリー・N・カッツ（第一巻担当）、A・W・ブライアン・シンプソン（第二巻担当）、ジョン・H・ラングビーン（第三巻担当）およびトーマス・A・グリーン（第四巻担当）の序言が付されている。ブラックストンから引用する際は、断らずに脚注の記述を省略した。

(2)ブラックストンは、夫と妻とは法律適用論上は一体であるという原則によって、既婚女性の種々の法的無能力を説明する場合、その原則自体の説明を示さずしばしば循環論法を用いた点においても非難されるべきである。1 *Comm.* 430 を見よ。

(3)重要な論点について、『釈義』の中に明らかな矛盾が多く存在する。例えば、自然法と矛盾する法は無効であるが、人間は、議会によって正当に制定された法を無効にすることはできない、などである。1 *Comm.* 54 と 1 *Comm.* 91 を比較せよ。裁判官たちは、法の「生ける神託者」である。しかし、彼らはまた、自らが好まない法を無効にするための法的擬制を用いる司法上の政治家（ブラックストンの用語ではないが意味上そうである）でもある。1 *Comm.* 69 と 2 *Comm.* 116–117 とを比較せよ。財産権は、第一巻では自然法の一側面として叙述されているが、第二巻では人口稠密な社会における人造物として叙述されている。1 *Comm.* 138 と 2 *Comm.* 7 とを比較せよ。

（4） Henry de Bracton, *On the Laws and Customs of England* (Samuel E. Thorne trans. 1968); Robert Joseph Pothier, *A Treatise on the Law of Obligations, or Contracts* (William David Evans trans. 1853) を見よ。

（5） 2 *Comm.* 2.

（6） 1 *Comm.* 140.

（7） 利息付金銭貸借がなぜ許されるべきかという彼の議論は、中世のキリスト教的見解には反するものの、極めて優れていると私には思われる。2 *Comm.* 456–458 を見よ。

（8） 4 *Comm.* 53.

（9） 4 *Comm.* 151–152.

（10） 1 *Comm.* 140, 54.

（11） 1 *Comm.* 140.

（12） 1 *Comm.* 120, 122.

（13） 1 *Comm.* 57.

（14） 1 *Comm.* 57–58.

（15） 3 *Comm.* 133.

（16） 1 *Comm.* 50–51, 149–151 を見よ。

（17） 2 *Comm.* 373–374.

（18） 1 *Comm.* 165. この財産資格制限の擁護論は、ブラックストンが考えていたほど自明ではない。無産者に選挙権を与えることは、彼らの政治力を直接的に増大させることになるか、あるいは彼らに市場性資産を与えることによって、彼らの富を間接的に増加させることになろう。ブラックストンの表面的な関心は、選挙権の販売可能性は、その価格は安いと想定されるが、他の資産階級に対する富裕な貴族たちの政治的権力を拡大するであろうという点にあった。彼の関心は、根拠のないものではない。しかし、ブラックストンは、その根拠を明確にし得なかった。貴族より低い地位にある（しかしより数多くの）有産者達が連合すれば、無産者から選挙権を安く買うことができるから、彼らの政治的権力が増大するかもしれない。けれども、それに必要な連合を組織化するにあたっては、ただ乗りという深刻な問題に直面することになろう。一人の非常に富裕な貴族あるいは富裕な貴族の小グループが選挙権を買い取る方が、より簡単であろう。したがって、十八世紀における財産資格制限の撤廃は、その時代の寡頭制的支配傾向を促進させたかもしれない。

（19） 例えば J.A.W. Gunn, "Influence, Parties and the Constitution: Changing Attitudes, 1783–1832," 17 *Hist. J.* 301 (1974); J.H. Plumb, *The Origins of Political Stability: England 1675–1725* (1967) を見よ。

（20） 1 *Comm.* 165–166.

(21) 1 *Comm.* 325–326.
(22) 1 *Comm.* 259–260 も見よ。
(23) 3 *Comm.* 379–380.
(24) 3 *Comm.* 327–328; 3 *Comm.* 422–423 も見よ。
(25) 1 *Comm.* 69.
(26) 例えば、H.R. Trevor-Roper, "Gibbon and *The Decline and Fall of the Roman Empire*," 19 *J. Law & Econ.* 489 (1976) を見よ。
(27) J.G.A. Pocock, *The Ancient Constitution and the Feudal Law* (1957) を見よ。
(28) 1 *Comm.* 69.
(29) 2 *Comm.* 117.
(30) 1 *Comm.* 238–239.
(31) 1 *Comm.* 237.
(32) 3 *Comm.* 327–328; 1 *Comm.* 353 を見よ。
(33) 4 *Comm.* 18–19.「人々が日常犯し易い種々の行為の中で、少なくとも百六十もの行為が、国会の法律によって聖職の特典なき重罪つまり即決死罪と宣告されてきたことは、憂うつな真実である。それゆえ、この恐るべきリストは、犯罪者を減少させずに、かえってその数を増加させている。被害者は、同情によって、しばしば訴追することを控えるだろう。陪審員は、同情によって、時には彼らの誓約を忘れ有罪者を放免し、あるいは犯罪の性質を緩和するであろう。さらに、裁判官は、同情によって、有罪判決の半分を執行猶予とし、彼らを国王の赦免に値するものとして推薦するだろう。」
(34) Caesar Beccaria, *An Essay on Crimes and Punishments* (Edward D. Ingraham ed. 2d Am. ed. 1819) を見よ。
(35) 刑事法についてのブラックストンの議論の顕著な特徴は、刑罰の論拠として、応報よりもむしろ抑止的理由を採用している点にある。「人間に対する刑罰の目的あるいは究極の大義に関して考察する。刑罰は、犯した行為の贖罪あるいは賠償のためではなく、……同様の行為を犯すことに対する事前の警告のためなのである。このことは、以下の三つの方法で実行される。一つは、犯罪者自身を矯正することによって。この目的のために、あらゆる体刑、罰金、有期流刑、拘禁刑などが科せられる。もう一つは、類似の方法で他の者が罪を犯そうとするのを見せしめによって抑止する。それは、あらゆる恥辱的な刑罰を生みだし、そして公開かつ公共の場で刑を執行する。そして最後は、犯罪者から将来の悪事をなす力を奪い去ることによって。それは、彼を死に至らしめるか、あるいは彼に無期禁錮、苦役、または流刑を宣告することによって実行される。将来の犯罪を防止するという同じ一つの目的は、これら三種の刑罰の各々によって達成されるべく試みられている。」4 *Comm.* 11-12. この応報の理論は、第八章で議論される。

(36) 4 *Comm.* 16. この問題についてのベッカリーアの議論の全体は、次のようなものである。「刑罰が所期の効果を産み出すためには、刑罰が与える損害が犯罪から得られる期待利益を上回っているべきであり、その計算には刑罰の確率と期待利益の喪失をとり入れるべきであり、それで十分である」(Beccaria, supra note 34, at 94)。

(37) 4 *Comm.* 18.

(38) 4 *Comm.* 349.

(39) 4 *Comm.* 351.

(40) 4 *Comm.* 4.

(41) ラングビーン教授のブラックストンについての最近の評価は、ここに引用する価値のあるものである。「彼の見解がいかに不充分であろうとも、ブラックストンは知的であった。彼は、『釈義』全体を通じて、叙述する以上のことをしようと試みた。彼は理解し、合理化し、説明しようと努めた。彼の推論は、時として誤っていたと我々は考える。しかし、その後の学問研究の成果は、法律学領域での著作家の仕事に関する彼の考え方に大いに負うところがある。ブラックストンは、彼以前に現われた誰よりも、コモン・ローの慣例と実践の深遠な目的を認識しようと努力した」(Langbein, Introduction to 3 *Comm.* at iv)。

(42) その激しさは疑う余地がない。『断片』とともに、『断片』に劣らないほど辛辣なベンサムの執筆した『釈義に関する注釈』(Charles Warren Everett ed. 1928) が存在しており、それは『断片』よりもはるかに長編の作品であり、かつベンサムが彼の生涯を通じて書き続けて、未完成のまま絶筆となったものである(『断片』は、事実、注釈の『断片』にすぎなかった)。ベンサムの書いたものの至る所に、我々はベンサムのブラックストンに対する激怒の例を見出す。

「彼の手は、それが触れるすべてのものを扮飾し、かつ、汚すために形づくられていた。人々がものを観ることを妨げるために、彼は人々をしてものを観たと思わせるように仕向けた。彼の著書は、俗流的誤謬の宝庫であって、そこには、すでに存在したり、集められたり、修正されたりした、ありとあらゆる俗流的誤謬がある。彼は不寛容という悪臭で汚染されており、その不寛容さは今日最も腐敗した器官のみが耐えることのできるほどのひどさである。彼の見解の中には、すべての偏見への支持とすべての職業的ごまかしの共犯者が見出される。

　彼の悲嘆は、偽善者の悲嘆である。彼は、教授の椅子へ、雇われ弁護士の不正直さを持ちこんでいる。彼は、すべての偏見の傀儡であり、すべての法の濫用の教唆者である。いかなる健全な原則も、一つのシステムを守ることを第一目的とするような著述家からそれが生まれることを期待することはできないのである」Bentham, *Commonplace Book*, in 10 *Works of Jeremy Bentham* 141 (John Bowring ed. 1843). 以下では、Bentham *Works* として引用する。

　私は、ここで、ベンサムの見解を確認することは、極めて困難であることを表明しなければならない。したがって、ベンサムの思想についての私の分析は、試論的なものとして受け取ることを読者に望んでいる。ベンサムは、彼の生涯において約七五〇万語を書いたが、彼が出版したのはその一部分にすぎなかった。彼のその他の著作の多くは、出版するために編集されたが、一つには、彼の論文が未整理のまま残されていたがゆえに、編纂された著作集の精確さには疑問がある。しかも、彼の著作の多くは、出版されなかったか、あるいは解読されなかった。ベンサムの著作の権威ある編集が、H・L・A・ハートの指揮の下に準備され、四十巻にまとめられる計画がある。しかし、その完成までは、読者は、ここで議論されている問題のいくつかを含めて、多くの問題をめぐるベンサムの見解についておおよその考えしか持つことができない。もう一つの難しさは、彼が極めて長い生涯の間に、自己の見解の多くを変更したことである。さらに、もう一つ問題が残っている。それは、非常に多くの著作物を書き、そして本人が出版できると考えたものと、出版できないと考えたものとを明らかにしていないという深刻な問題である。即ちそれは、彼が熟慮した見解と彼が何気なく思い付いた見解の間に相違があるという問題である。

(43) 例えば、22 *The Theological and Miscellaneous Works of Joseph Priestley* 13 (John Towill Rutt ed. 1832) を見よ。

(44) F. Boutros, *Principles of Legislation from Bentham and Dumont* 238 (1842).

(45) Jeremy Bentham, *Principles of Penal Law*, in 1 Bentham *Works* 367, 562 を見よ。

(46) Jeremy Bentham, *Tracts on Poor Law and Pauper Management*, in 8 Bentham *Works* 361, 402.

(47) 8 Bentham *Works* 401 を見よ。

(48) 例えば、4 *Comm.* 371-372 に収められている、以前に流刑（追放）によって罰せられた犯罪者のために最近設立された、「感化院」についてのブラックストンの叙述を見よ(Edward Christian ed. 1830)。

(49) 私有財産制へのベンサムの支持は、いくぶん狭隘な基礎に依拠している。(貨幣)所得の限界効用逓減の原則と、人人の効用関数が相関的か、あるいは同等であるという直観との組み合わせから、それによって最大幸福原則が所有権の保障を損うという負の刺激効果をもつことがなければ、最大多数の最大幸福原則は富の平等化を希求することになろうと彼は推論した。例えば、1 *Jeremy Bentham's Economic Writings* 81, 115–116 (W. Stark ed. 1952) に所収の "The Philosophy of Economic Science" および 3 *id.* at 421, 442 所収の "The Psychology of Economic Man" を見よ。ベンサムは、経済的自由を、社会の貧しい人々の富を最大化する場合の手段的価値とみなしていた。私は、この論点を第三章で詳論する。

(50) 前出注(7)を参照せよ。

(51) 前に述べたように、ブラックストンは、死刑に該当する事件の被告人は弁護士をつけることを許されるべきであると提案していた。ベンサムは、もし被告人が貧乏であるならば、国家が弁護士に費用を支払うべきであると提案した。ベンサムは、コモン・ローと衡平法との正式な結合を強調した。この点問題をブラックストン(彼はコモン・ロー裁判所と衡平裁判所との間の矛盾を最小化した)は提案しなかったけれども、ブラックストンの見解の真意に潜んでいたことは確かである。3 *Comm.* 440–441 を見よ。

(52) Jeremy Bentham, *Principles of the Civil Code*, in 1 Bentham *Works* 299, 352–358 に所収を見よ。

(53) Mary P. Mack, *Jeremy Bentham: An Odyssey of Ideas* 425 (1963) を見よ。

(54) Bentham, supra note 52, in 1 Bentham *Works* 312; *id.* 358–364 も見よ。しかし、これは、ベンサムの成熟した見解ではなかったであろう。前出注(42)を見よ。

(55) 3 *Comm.* 267.

(56) 1 Leslie Stephen, *The English Utilitarians* 176, 196 (1900) を見よ。

(57) コモン・ローの裁判官たちが、立法の助けを借りずに、いかにして封建的土地法を修正することができたかという彼の説明は、以下のごとくである。「しかも、彼らは、古風な形式で大規模な立法上の革命を希求することを賢明にも避けた。もし、そのような革命を推し進めていたなら、最も洞察力に富んだ天才が予知できた以上に、数多くの、しかも、より広汎な結果を産み出していたかもしれない。しかし、彼らは放置され、陰々滅々と思い悩みながら細々とした一連の工夫思案によって、当時行われていたような人的訴訟を司法上の救済という最も有利な目的に資するよう適用することに努めた。……（これらの工夫）に伴う唯一の困難は、それらの擬制と回りくどさから生ずるものである。しかし我々が、ひとたび適切な道しるべの糸を発見した時には、その迷宮は容易に通過しうるのである。我々は、中世騎士道時代に建てられたゴシック建築の城を受け継いでいるが、しかし我々は現代の居住者のためにその設備をつくった。堀で囲まれた城壁、要塞化された塔、そして戦利品の記念館は壮大で由緒あるものだが、しかし実用的ではない。現在、便利な部屋に転換された下級アパートは、曲りくねって入りこむのに困難であっても、気持ちのよいものであり、かつ手頃なものである」（3 *Comm.* 268)。

(58) Jeremy Bentham, "Greatest Happiness of the Greatest Number," in *Bentham's Political Thought* 309–310 (Bhikhu Parekh ed. 1973).

(59) このテーマに照らしてみると、よく批判される『釈義』の構成（第一巻――個人の権利、第二巻――物に関する権利、第三巻――私的不法、第四巻――公的不法）、は、必然的であり実に見事なものであると思われる。物が権利を有しないことは真実であるし、もし第四巻が第一巻の後に据えられていたならば、その著作は、より論理的に、公法と私法とに分類されていたであろうことも真実である。しかし、第四巻における刑事司法についての丁重だが強烈な批判と、第一巻におけるイギリス憲法と裁判官の役割について称賛するような議論を並置したならば、それはブラックストンが伝えようとしたイギリスの法体系についての考え方を秘かに損うことになったのではなかろうか。第一巻は、イギリスの法体系の有する順応性、弾力性、進歩性への賛辞であった。第二巻は、裁判官たちが土地法の領域において、いかにしてノルマン人の支配を振りほどいたかを詳細に示すことによって、その賛辞を補強している。そして第三巻は、裁判官の創造した法の描写を完成させている。満足すべき進歩が殆んどなかった分野――刑事法――は、当然ながら最後に配置された。刑事法を最後に配置したもう一つの理由は、それが多くの実務家にとって、私法よりも重要性が乏しかったという点である。しかし、この基準によれば、第一巻は、第二巻および第三巻の後に配置されるべきであったろう。

(60) Boutros, supra note 44, at 206 を見よ。

(61) Bentham, supra note 45, in 1 Bentham *Works* 557.

(62) W.L. Twining & P.E. Twining, "Bentham on

Torture," in *Bentham and Legal Theory* 39 (M.H. James ed. 1973).

(63) 彼はアメリカ独立宣言を「混乱と不条理のごたまぜ」と叙述した。Bentham's "Account of Lind and Forster," in 10 Bentham *Works* 63.

(64) 前出注（49）を見よ。

(65) George J. Stigler, "The Development of Utility Theory," in *Essay in the History of Economics* 66–155 (1965).

(66) 学問的に生産的な現代の著作は、Gary S. Becker, "Crime and Punishment: An Economic Approach," 76 *J. Pol. Econ.* 169 (1968) である。ベンサムの刑罰についての分析は、Becker, *Introduction to the Principles of Morals and Legislation* に最もよく現れている。例えば、Jeremy Bentham, *A Fragment on Government and an Introduction to the Principles of Morals and Legislation* 293–294 (W. Harrison ed. 1948) を見よ。

(67) *Id.* at 125, 298.

(68) 1 Leslie Stephen, supra note 56, at 283.

(69) しかし、Bentham, supra note 45, in 1 Bentham *Works* 570–578 を見よ。

(70) 例外として、Daniel Landau & Michael D. Bordo, "The Supply and Demand for Protection: A Positive Theory of Democratic Government with Some Suggestive Evidence" (U. Toronto, Faculty of Law, Law & Econ. Wkshp. Ser. no. WSII–20, Dec. 1979) を見よ。

(71) ついでながら、ブラックストンは優れた詩人だったが、これに対して、ベンサムは詩を意思伝達を曖昧にする意図的手段として見下していた。

(72) Aubrey L. Williams, *Pope's Dunciad: A Study of Its Meaning* (1955), especially 156–158 を見よ。

(73) この考えは、コモン・ローについてのブラックストンのゴシック建築の隠喩を想起させる。ウィトゲンシュタインから引用した印象的な一節に示唆されている（前出注（57）を見よ）。「我々の言語は、これを古代都市と見なすことができる。小さな通りや広場、古い家々や新しい家々、そして様々な時代の付加物を備えた家々から成り立っている迷宮である。そしてこの迷宮は、真直ぐな規則的通りと統一された家々をもつ多数の新しい町によって囲まれている」(Ludwig Wittgenstein, *Philosophical Investigations*, 18 (G.E.M. Anscombe trans. 2d ed. 1958)。

(74) 慣習法に言語が類似していることは、第五章で議論される。

(75) Leon Lipson, *How to Argue in Soviet* (forthcoming).

(76) 例えば，1 *Comm.* 69–70; Edmund Burke, *Reflections on the Revolution in France* 99 (Thomas H.D. Mahoney ed. 1955) を見よ。

第三章注

(1) 最近の例として，Richard A. Epstein, book review, "The Next Generation of Legal Scholarship?" 30 *Stan. L. Rev.* 635, 645 n. 35 (1978); Epstein, "Nuisance Law: Corrective Justics and Its Utilitarian Constraints," 8 *J. Legal Stud.* 49, 74–75 (1979) を参照。

(2) 現代哲学において，功利主義を軽蔑的に取り扱う傾向の例として，Robert Nozick, *Anarchy, State, and Utopia* 62, 201 (1974); Bernard Williams, "A Critique of Utilitarianism," in J.J.C. Smart & Bernard Williams, *Utilitarianism For and Against* 77, 149–150 (1967) を参照。

(3) この用語（功利主義）は，時にはより広く，あらゆる結果主義的倫理学説をも指すものとして用いられる。このように用いられると，この用語は本章で示した規範的経済理論を含むであろう。私が用いる意味では，私の提示する制約つきの功利主義理論から区別するために，この用語は「古典的功利主義」とおそらく呼ぶべきであろう。

(4) Henry Sidgwick, *The Methods of Ethics* 413 (7th ed. 1907).

(5) 経済学における効用という概念の特殊な用法を区別する必要がある。二つの結果が保険数理的には同じ価値を持つ，即ち危険中立的な人にとっては同じ価値を持つとき，この二つの結果が効用においては異なっているが，価値においては同じであると言われる。しかし，この結果を選択する人は危険中立的ではない。したがって，確実な一ドルと十ドル勝つチャンスが十%とは同じ価値を持つといわれるが，危険回避的な個人は，確実な一ドルを選好し，これからより大きい効用を得る。このような効用の考え方は，広義の価値の問題に対する純粋に経済学的なアプローチと一致している。幸福としての効用は，後に見るように一致しない。

(6) 厚生経済学の功利主義的基礎は，例えば，I.M.D. Little, *A Critique of Welfare Economics* 42 (2d ed. 1957); A.C. Pigou, *The Economics of Welfare* 20 (4th ed. 1932) を参照。

(7) 例えば，Henry M. Hart & Albert Sacks, *The Legal Process: Basic Problems in the Making and Application of Law* 113–114 (tent. ed. 1958) を参照。

(8) 例えば，Herbert L. Packer, *The Limits of the Criminal Sanction* (1968), esp. ch. 13.

(9) 言論の自由についての好例として，United States v. Dennis, 183 F. 2d 201, 212 (2d Cir. 1950) (L. Hand, J.), aff'd, 341 U.S. 494 (1951) を参照。

(10) 例えば，Henry T. Terry, "Negligence," 29 *Harv. L. Rev.* 40 (1915); Lon L. Fuller, "Consideration and Form," 41 *Colum. L. Rev.* 799 (1941) を見よ。契約がもたらす義務は，義務を遂行するか損害賠償を支払うかである，というホームズの有名な格言に表現されている。契約を履行する道徳的義務を彼が否定したことは，功利主義の香りを強く持っている。Oliver Wendell Holmes, "The Path of the Law," in his *Collected Legal Papers* 167, 175 (1920) 参照。また，エイムズは，次のように述べた。「法は，功利主義的である。法は，コミュニティの適度なニーズを実現するために存在する。もし個人の利害が，この法の主要な目的と対立するならば，これを犠牲にしなければならない」(James Barr Ames, "Law and Morals," 22 *Harv. L. Rev.* 97, 110 [1908])。法律書の中に効用に対するもっと古い参考文献を見出すことができる。James Stephen, *A General View of the Criminal Law of England* 106 (1890) は，中世の不法行為事件を引用している。"Le utility del chose excusera le nonisomeness del stink." また前章で見たように，ブラックストンの『釈義』は，効用についての重要な参考文献を含んでいる。

(11) 1つの例は，不法行為の「経済」理論である。これは，Roscoe Pound, "The Economic Interpretation and the Law of Torts," 53 *Harv. L. Rev.* 365 (1940) において効果的に批判されている。この理論は，不法行為をめぐる判決が，それらに判決を下す裁判官の個人的な経済的関心によって動機づけられている，というものである。

(12) 例えば，前出注 (10) であげたフラーとテリーの各論稿，および第1章で議論した，United States v. Carroll Towing Co., 159 F. 2d 169 (2d Cir. 1947) (the "Hand formula") を参照。

(13) *Id.*: Richard A. Posner, *Economic Analysis of Law*, pt. II (2d ed. 1977).

(14) 例えば，Ronald Dworkin, *Taking Rights Seriously* (1977); Richard A. Epstein, supra note 1, and his "A

Theory of Strict Liability," 2 *J. Legal Stud.* 151 (1973); Charles Fried, *Right and Wrong* (1978); Duncan Kennedy, "Form and Substance in Private Law Adjudication," 89 *Harv. L. Rev.* 1685 (1976); Harry H. Wellington, "Common Law Rules and Constitutional Double Standards: Some Notes on Adjudication," 83 *Yale L.J.* 221 (1973) を参照。しかしながら，少なくともエプスタインは，最近の著作において，非功利主義的規範の追求に対する制約の源泉として，功利主義を好意的に語っている。Epstein, "Nuisance Law," supra note 1, at 75–102.

(15) H. L. A. Hart, "American Jurisprudence through English Eyes: The Nightmare and the Noble Dream," 11 *Ga. L. Rev.* 969, 986 (1977).

(16) 功利主義に関する最近の解説については，John Plamenatz, *The English Utilitarians* (1958); J.J.C. Smart, "An Outline of a System of Utilitarian Ethics," in Smart & Williams, supra note 2, at 3; Rolf E. Sartorius, *Individual Conduct and Social Norms: A Utilitarian Account of Social Union and the Rule of Law* (1975) を参照。古典的な解説の中では，特に，Jeremy Bentham, *Introduction to the Principles of Morals and Legislation* (1789); Henry Sidgwick, supra note 4; Leslie Stephen, *The English Utilitarians* (1900) を参照。前述したように（前注（3）を見よ），一連の行為の道徳性を社会的結果によって判断する倫理学として功利主義を定義することによって，功利主義という用語の特別の意味の大半を台無しにするのはお断りする。

(17) Smart, supra note 16, at 16.

(18) *Id.* at 24–25.

(19) Frank Hyneman Knight, *The Ethics of Competition, and Other Essays* 22 (1935); *id.* at 32.

(20) ハイエクが述べているように，功利主義の実践は，全知全能を前提としている。2 F.A. Hayek, *Law, Legislation, and Liberty* 17–23 (1976).

(21) 私は，「カント主義的」という用語を使う際，Bruce A. Ackerman, *Private Property and the Constitution* 71–72 (1977) に従っている。カント主義とは，倫理的行為の基準として，人間の自律と自尊心より社会的厚生を低くみる，一群の関連した倫理論を指している。このような理論は，イマニュエル・カントの思想によく似ている必要はないし，ふつうは似ていない。この点については，Bruce Aune, *Kant's Thoery of Morals* (1979) を参照。

(22) 他に多くの違いがあるが，不法行為責任は厳格責任であるべきである，というエプスタインの立場を，フリードは拒否している。Charles Fried, supra note 14, at 107; and his *An Anatomy of Values: Problems and Personal and Social Choice* 187–189 (1970).

(23) Jeremy Bentham, "The Philosophy of Economic Science," in 1 *Jeremy Bentham's Economic Writings* 81, 115–116 (W. Stark ed. 1952); Abba P. Lerner, *The Economics of Control: Principles of Welfare Economics* 35–36 (1944); Sartorius, supra note 16, at 131.

(24) 功利主義の前提から奇怪な政策を演繹する主要で無尽蔵の源泉はベンサムにあることを，功利主義者に公平であるために述べておきたい。それにも拘わらず，功利主義者達は，しばしば政府による干渉の歓迎者である。例えば 3 Stephen, supra note 16, at 228–229, on J.S. Mill's interventionist proposals.

(25) Alan Donagan, "Is There a Credible Form of Utilitarianism?" in *Contemporary Utilitarianism* 187, 188 (Michael D. Bayles ed. 1968).

(26) Bernard Williams, "A Critique of Utilitarianism," in Smart & Williams, supra note 2, at 77, 98–99.

(27) このアプローチの1例として，Fried, supra note 14, at 10 を参照。

(28) John Rawls, *A Theory of Justice* 27 (1971).

(29) この点については，G・ベッカーに負っている。

(30) Lerner, supra note 23.

(31) John C. Harsanyi, "Cardinal Utility in Welfare Economics and in the Theory of Risk-Taking," 61 *J. of Pol. Econ.* 434 (1953). ロールズは，ハーサニーの貢献を認めている。Rawls, supra note 28, at 137 n. 11, 162 n. 21. ハーサニーは，功利主義の精緻な祖述者に留まっている。Harsanyi, "Morality and the Theory of Rational Behavior," 44 *Soc. Res.* 623 (1977). ロールズとハーサニーの「原初状態」については，第四章で詳論する。

(32) 富を含む，厚生の有益な分類については，Frank I. Michelman, "Norms and Normativity in the Economic Theory of Law," 62 *Minn. L. Rev.* 1015, 1019–1021, 1032–1034 (1978) を参照。

(33) 図1と後出注（57）を参照。

(34) 第1章をみよ。

(35) Richard A. Easterlin, "Does Money Buy Happiness?" *Public Interest*, No. 30, Winter 1973, at 3; "Does

Economic Growth Improve the Human Lot? Some Empirical Evidence," in *Nations and Households in Economic Growth: Essays in Honor of Moses Abramovitz* 89 (Paul A. David & Melvin W. Reder eds. 1974).

(36) したがって，『諸国民の富』が，プラムナッツ（Plamenatz, supra note 16, at 111）に見られるように，時々，功利主義文献と見なされることは驚きである。ロールズ（Rawls, supra note 28, at 22–23 n. 9 and 184–188）が，『道徳感情論』のスミスを功利主義者であると述べているのは，スミス倫理学の「公平な傍観者」が，ロールズの見解では，功利主義の「集計人」に似ているためである。むしろ，公平な傍観者は，ロールズ流の原初状態に似ている。どちらの概念においても，正義の概念の基礎として，無私に力点をおいている。リトル（Little, supra note 6, at 79 n.2）は，（論点を展開せずに）アダム・スミスは富について書いているのであって，「厚生」や「幸福」について書いているのではないと，述べている。アダム・スミスの倫理観については，R.H. Coase, "Adam Smith's View of Man," 19 *J. Law & Econ.* 529 (1976); James M. Buchanan, "The Justice of Natural Liberty," 5 *J. Legal Stud.* 1 (1976); Donald J. Devine, "Adam Smith and the Problem of Justice in Capitalist Society," 6 *J. Legal Stud.* 399 (1977) 参照。

(37) Nozick, supra note 2, at 41.

(38) 前出注（1）に引用した不法侵害法の論文を参照。ここでエプスタインは，功利主義により制約された個人の自律という概念に基づいた法原則を唱導している。

(39) 後出注（57）参照。

(40) Gray S. Becker, "Crime and Punishment: An Economic Approach," 76 *J. Pol. Econ.* 169 (1968) と，George J. Stigler, "The Optimum Enforcement of Laws," 78 *J. Pol. Econ.* 526 (1970) とを比較せよ。

(41) *Altruism, Morality, and Economic Theory* (Edmund S. Phelps ed. 1975); Posner, supra note 13, at 185–186.

(42) 具体的な例については，William M. Landes & Richard A. Posner, "Salvors, Finders, Good Samaritans, and Other Rescuers: An Economic Study of Law and Altruism," 7 *J. Legal Stud.* 83, 95 (1978) を参照。

(43) ハイエクは，このことをうまく表現している。「我々は，今なお，それが知っている人達の特定の知っているニーズのために行為するときにのみ，その行為を良いと評価し，知らない百人の深刻なニーズを救うよりも、知っている一人の飢えた人を助ける方が真に良い行為であると考えている。しかし実際には、我々は、一般的に、利得を追求することによって、概ねは良いことをを行っている。……成功した企業家が自分の利潤を使いたいと思う目的は、故郷の町に病院や美術館を寄贈することであるかもしれない。しかし、企業家が利潤を稼いだ後、その利潤で何をしたいかという問題を別にすれば、最大利得を目指すことによって、知っている人達のニーズの満足に集中する時よりも多くの人々のためになっている。企業家は、市場の見えざる手によって、彼が知らない最も貧しい家庭に、近代的な便利さをもたらしている」(2 Hayek, supra note 20, at 145)。

(44) 当然のことながら、市場が人間の最善のものを引き出すという主張に、すべての人が同意しているわけではない。ジョン・ラスキンは、次のように述べている。「需要と供給の法則だけに規制され、公然とした暴力からは守られているコミュニティにおいては、金持になった人は、一般的に言って、勤勉で、毅然としており、高慢で、強欲で、機敏で、きちょうめんで、分別があり、現実的で、感受性がなく、無知である。貧乏なままの人は、全くの愚者であり、全くの賢者であり、怠惰であり、無分別であり、謙虚であり、思慮深く、愚鈍で、想像力があり、感受性があり、博識であり、節約心がなく、不規則にまた衝動的に邪悪であり、不器用ならず者であり、公然の泥棒であり、全く情深く、公正で信仰篤い人である」(Ruskin, *Unto This Last* 74-75 (Lloyd J. Hubenka ed. 1967)、の前出注(19)六六頁から引用)。

これらの主張の多くは受け入れがたい。少なくとも狭い範囲においては、(例えば、新しい製品、生産工程、流通方式を考案する際に)想像力があること、(共同経営者、従業員、顧客、原料供給者を取り扱う際や、消費者の需要の動きを予測する際に)感受性があること、そして物知りであることは、ビジネスにとって大事なものである。それではなぜ、博識であり、思慮深く、全く賢明である人が、これらの資質をもっているために、市場経済において豊かになれないのであろうか。おそらくラスキンは、そのような人は富を望まないのかもしれないと、考えている。しかしそうであるとしても、どのように経済が組織されるかといえば、おそらくすぐ前に述べたようなものであろう。情深く公正で信仰篤い人は、市場経済の競争において不利とならない。ただし、これらの資質が(特に最後の資質が)、市場のために生産するのを嫌うことを意味するのでない限り、という条件つきでである。市場システムの道徳性をめぐる広範で、結着しない論争については、

Markets and Morals (Gerald Dworkin, Gordon Bermant & Peter G. Brown eds. 1977) に収められた論文を参照。

(45) Dworkin, supra note 14, at 97–98; Kennedy, supra note 14, at 1763–1764.

(46) 例えば Eric Furubotn & Svetozar Pejovich, "Property Rights and Economic Theory: A Survey of Recent Literature," 10 *J. Econ. Lit.* 1137 (1972).

(47) Guido Calabresi & A. Douglas Melamed, "Property Rules, Liability Rules, and Inalienability: One View of the Cathedral," 85 *Harv. L. Rev.* 1089 (1972); Posner, supra note 13, at 49–51.

(48) 富の最大化基準を適用する際の技術的な困難さ、つまり諸権利の初期の割当が価格に影響を及ぼし、したがって権利の割当を確定するよりも分岐させる可能性に関する分析は、四章で議論する。

(49) 破産法や自発的な年季奴隷の法的禁止のような、回避できる困難さから、私は例を取り出している。

(50) Fried, supra note 14, at 103–104.

(51) Roberson v. Rochester Folding Box Co., 171 N.Y. 538, 64 N.E. 442 (1902); and chap. 9.

(52) 配分的正義のより詳細な議論については、Posner, "The Concept of Corrective Justice in Recent Theories of Tort Law," 10 *J. Legal Stud.* (Jan. 1981) を参照。

(53) 私は、このシステムを八章で議論する。

(54) Rawls, supra note 28, at 237–239 およびそこで引用された文献を参照。

(55) Posner, supra note 13, at 430–433.

(56) 前出注（28）の本文。

(57) 図1において、（何らかのタイプの）労働に対する需要Dは、様々な量の労働について、労働者や他の生産者が売ることのできる価格スケジュールを表している。労働者の間に競争があるとすると、労働のアウトプットは点qになる。ここでは、労働の限界生産物——需要者が競争的マージンとして支払うもの——が、供給価格（S）に等しく、この価格は労働時間や他のインプット（教育など）の機会費用を表している。したがって、長方形 PBqO が労働力の総所得を示しているのに対し、より大きな領域 ABqOは彼らの労働による総社会的生産物を示している。この差が「消費者余剰」である。これについては、John R. Hicks, "The Rehabilitation of Consumer's Surplus," in *Readings in Welfare Economics* 325 (Kenneth J. Arrow & Tibor Scitovsky

eds. 1969); Robert D. Willig, “Consumer's Surplus without Apology,” 66 *Am. Econ. Rev.* 589 (1976) を参照。

図1は、余剰の大きさを誇張している。というのは、労働者の生産性に帰属するインプットの供給者への収益部分も含んでいるからである。しかしながら、生産者は、市場競争の下では、アウトプットの価値のすべてを専有することはできないと、一般的に仮定されている。特許の所有者でさえ、彼の発明によって生み出される価値を最初の十七年間しか専有できない。しかもこの期間においてさえ、完全に価格差別化できなければ（このようなことは、全く不可能であるが）、発明による消費者余剰のすべてを彼が専有することはできない。

更に限定すべきことは、定義によって限界生産者は、自分が付け加えたものをすべて受けとるが、限界生産者は消費者余剰を生み出さず、したがって各生産者が限界的であるならば、市場から撤退しても、誰も他の人の富を減少させないということである。しかしながらすべての生産者が限界的であるというわけではない。ヘンリー・フォードが自動車の生産者ではなくて、トラピスト修道会の修道士になっていたら、アメリカ人はもっと貧しかったであろうと、我々が確信するのは明らかであろう。更に重要なことは、各生産者が限界的であり、その生産者の産業からの撤退が消費者余剰を減らさないような産業においてさえ、生産者のグループの撤退は全余剰を減らすであろう。消費者余剰に対するそれぞれの生産者の貢献は無視できるが、その貢献の合計は無視できない。

(58) 一国の富の最大化と、世界の富の最大化の矛盾もまた稀であろう。なぜなら、大抵の貿易の制限は両当事国に損害を与えるからである。

(59) Epstein, supra note 14, at 199; Landes & Posner, supra note 42, at 126-127.

(60) このような含意を生み出す犯罪の経済モデルは、Isaac Ehrlich, “Participation in Illegitimate Activities: An Economic Analysis,” in *Essays in the Economics of Crime and Punishment* 68 (Gary S. Becker & William M. Landes eds. 1974) において展開されている。もちろん、所得再分配が犯罪をコントロールする効率的な方法であるかどうかは、もっと厳格で確実な刑罰のような、代替的な方法の費用と便益を比べた、その方法の費用と便益に依存する。

(61) Arnold Harberger, “Basic Needs versus Distributional Weights in Social Cost Benefit Analysis” (unpublished paper, U. Chi., Dept. Econ.).

(62) これは十九世紀のイギリスの思想とは必ずしも一致しないかもしれない。当時のイギリスでは，哲学の面においては功利主義が支配していたが，文学の面では地方領主が上流ぶって浪費し，「通商」から逃れていた。このような表面上の対立傾向は，生産活動を考慮する必要のない忘我によって，幸福の追求と結びつけられている。瞑想にふけり，社会から離れた田園生活を送る人は，産業界の指導者よりも幸福であるかもしれない。しかし，彼は，また，社会の残りの人達が享受するための小さな余剰も生産しているのである。

(63) John Prather Brown, "Towards an Economic Theory of Liability," 2 *J. Legal Stud.* 323 (1973).

(64) 四章の事前補償 (ex ante compensation) の議論を参照。

(65) Dworkin, supra note 14, at 232-238, 275-277 および十三章の議論を参照。

(66) Posner, supra note 13, at 40-44. 土地収用は，それが主として通行権の取得に用いられ，またそれに限定して適用された大部分の事件において正当化されている。しかし，とにかく補償は与えられなければならない。これらの点に関する経済学的議論については，Posner, supra note 13, at 40-44 を参照。

(67) "Note on Paternalism," in *The Economics of Contract Law* 253 (Anthony T. Kronman & Richard A. Posner eds. 1979).

第四章注

(1) 哲学者によるパレート倫理学についての最近の明快な議論については，Jules L. Coleman, "Efficiency, Exchange, and Auction: Philosophic Aspects of the Economic Approach to Law," 68 *Calif. L. Rev.* 221 (1980) を参照。経済学者によるパレート規準についての議論は，もちろん極めて多い。Catherine M. Price, *Welfare Economics in Theory and Practice* (1977) が，最近，教科書的に取り扱っている。後出注 (12) の諸文献も参照。

(2) Vincent J. Tarascio, *Pareto's Methodological Approach to Economics* 79-82 (1968).

(3) 最近の説明については，Guido Calabresi & Philip Bobbitt, *Tragic Choices* 83-85 (1978).

(4) 顕示選好アプローチ(例えば，Paul Anthony Samuelson, *Foundations of Economic Analysis* 146-156 [1947] を参照) は，ある変化が合意を必要としないでパレート優位であるかどうかを決める1つの方法を与えるが，不幸にもそれほど実践的ではない。Cが，AとBの間の取引によって影響を受ける第三者であるとしよう。この取引の前に、Cの所得は*X*であり、彼はこれを商品*a*……*n*を購入するために用いる。この取引は、*a*……*n*の価格とともにCの所得にも影響を与えるであろう。しかしながら、取引後のCの所得（*Y*としよう）が現在の価格で*a*……*n*を購入するのが可能なほど充分に大きいならば、（Cの意見を聞く必要もなく）AとBの取引はCを悪くしないと言えるであろう。しかし、このアプローチを適用するのに必要な情報が手に入ることは滅多にない。一つの理由は、Cが購入する商品の中には（愛、尊敬など）、どのような市場でも価格づけされないものがあり、彼がこれらを獲得する能力は、AとBの間の取引によって反対の影響を受けるかもしれないからである。

（5） しかしながら、合意と自律は同じ概念ではない。例えば、奴隷が子供達の厚生を増大させると意識的に仮定したとしても、奴隷は、自律した人間であることと矛盾すると考えることができる。

（6） Robert Nozick, *Anarchy, State, and Utopia* (1974); Richard A. Epstein, "Causation and Corrective Justice: A Reply to Two Critics," 8 *J. Legal Stud.* 477, 488 (1979).

（7） さしあたり私は、影響を受ける土地所有者の事前補償の可能性を無視する。

（8） 市が工場所有者に対して免税措置を与えることによって、外部性を内部化できるというのは解答ではない。これは工場の移転（あるいは残留）をパレート優位にしないであろう。なぜなら、その免税措置財源を調達するためにより高い税金を支払う人たちは以前よりも悪くなるからである。

（9） Coleman, supra note 1, at 239–242.

（10） Nicholas Kaldor, "Welfare Propositions of Economics and Interpersonal Comparisons of Utility," 49 *Econ. J.* 549 (1939); J. R. Hicks, "The Foundations of Welfare Economics," 49 *Econ. J.* 696 (1939); T. de Scitovszky, "A Note on Welfare Propositions in Economics," 9 *Rev. Econ. Stud.* 77 (1941).

（11） 移転の結果としてAの財産価値が百万ドル下落するため、Aの土地所有者は百ユーティル（効用の任意の尺度）の損失を受け、Bの土地所有者は、百万ドルの財産価値の上昇から八十ユーティルしか得ないとしよう。すると、カルドア・ヒックス規準は満たされるであろうが、総効用は減少するであろう。

（12） 例えば、William J. Baumol, *Economic Theory and Operations Analysis* 378–380 (2d ed. 1965); Amartya

Sen, "The Welfare Basis of Real Income Comparisons: A Survey," 17 *J. Econ. Lit.* 1, 24-25 (1979) 参照。経済的効率の代替的な基準についての最近の議論に関しては、Jack Hirshleifer, "Evolutionary Models in Economics and Law: Cooperation versus Conflict Strategies" 7-13 (U.C.L.A., Dept. Econ., Working Paper no. 170, March 1980) を参照。

(13) Ronald M. Dworkin, "Is Wealth a Value?" 9 *J. Legal Stud.* 191, 194 (1980).

(14) 前出三章注 (57) 参照。

(15) 例えば F.M. Scherer, *Industrial Market Structure and Economic Performance* 17-18 (2d ed. 1980).

(16) Kaldor, supra note 10, at 550.

(17) 本章「法の実証的経済分析が有する含意」の節を参照。

(18) 以下の議論は、Richard A. Posner, "Epstein's Tort Theory: A Critique," 8 *J. Legal Stud.* 457, 460, 464 (1979) において概説されている。Frank I. Michelman, "Constitutions, Statutes, and the Theory of Efficient Adjudication," 9 *J. Legal Stud.* 431, 438-440 (1980) において同様の議論が独立になされている。両者の議論とも多くの厚生経済学者がとる立場に似ている。つまりある個人は、ある特定の公共プロジェクトによって損をするかもしれないが、長期的にはそのようなプロジェクトから便益を得る充分な確率が存在するとすれば、その公共プロジェクトを実施するかどうかを決めるためのカルドア・ヒックス規準はパレート優位規準を満たす。A. Mitchell Polinsky, "Probabilistic Compensation Criteria," 86 *Q.J. Econ.* 407 (1972). およびそこで引用されている文献を参照。

(19) 情報費用に由来する、類似しているが困難なケースは、より優れた代替製品の開発の結果、労働者のサービスに対する需要が激減した時に失業する（そして正の転職費用を負担する）労働者のケースである。

(20) これは、すべての事故費用は保険料率に反映されると仮定している。何らかの事故防止費用（例えば、ゆっくり運転する場合の時間の価値）は存在しない。おそらくこのような費用は、もしそれがより効率的でない責任ルールならば、厳格責任の下での方が高いであろう。

(21) Richard A. Epstein, "A Theory of Strict Liability," 2 *J. Legal Stud.* 151 (1973).

(22) 私は、自動車事故における過失責任の政治的存置をそのような合意の証拠とは考えない。

(23) 多くの経済学者は、この手順をパレート効率を判断するために用いている。最近の例については、Steven Shavell, "Accidents, Liability, and Insurance," 5-7 (Harv. Inst. Econ. Res., Disc. Paper no. 685, June 1979; forthcoming in *Am. Econ. Rev.*) を参照。

(24) Epstein, supra note 6, at 496.

(25) George P. Fletcher, "Fairness and Utility in Tort Theory," 85 *Harv. L. Rev.* 537 (1972) において提案されたアプローチ。

(26) これは、責任目的のために輸送産業を更に細分化し、バスについてはあるルールを適用し、自動車については他のルールを適用するなどの可能性を残したままである。

(27) Jules L. Coleman, "Efficiency, Utility and Wealth Maximization," 8 *Hofstra L. Rev.* 509, 531-540 (1980).

(28) Charles Fried, *Right and Wrong* 10 (1978); Richard A. Epstein, "Nuisance Law: Corrective Justice and Its Utilitarian Constraints," 8 *J. Legal Stud.* 49, 75, 79 (1979).

(29) この問題に関するカント主義的法哲学者達の様々な見解については、第三章前出注 (22) を参照。および Jules L. Coleman, "The Morality of Strict Tort Liability," 18 *Wm. & Mary L. Rev.* 259, 284-285 (1976) を参照。

(30) John Rawls, *A Theory of Justice* (1971).

(31) Kenneth J. Arrow, "Some Ordinalist-Utilitarian Notes on Rawls's Theory of Justice," 70 *J. Philos.* 245, 250 (1973).

(32) *Id.*

(33) *Id.* at 251.

(34) このような見解に関する最近の説明については、Frank I. Michelman, "A Comment on 'Some Uses and Abuses of Economics in Law,'" 46 *U. Chi. L. Rev.* 307 (1979) を参照。

(35) Neil K. Komesar, "Return to Slumville: A Critique of the Ackerman Analysis of Housing Code Enforcement and the Poor," 82 *Yale L.J.* 1175 (1973).

(36) 未開社会において、契約によって経済活動を組織化する費用については第六章を参照。

(37) 本章のこの部分で議論した、競合する政府の理論に関する文献は、Richard A. Posner, "Theories of Economic Regulation," 5 *Bell J. Econ. & Mgmt. Sci.* 335 (1974) を参照。

(38) (これまでの政治学とは異なった) 利益集団政治の経済理論という方向を示す論文として、George J. Stigler, "The

Theory of Economic Regulation," 2 *Bell J. Econ. & Mgmt. Sci.* 3 (1971) がある。

(39) 土地所有者に住宅の質を改善させるために不法行為法を利用することを主唱しているアッカーマン教授は，不法行為法によって貧者に対する住宅供給が減少するのを防ぐために，公的補助金をこれと結びつけて提案していることは注目すべきである。Bruce Ackerman, "Regulating Slum Housing Markets on Behalf of the Poor: Of Housing Codes, Housing Subsidies and Income Redistribution Policy," 80 *Yale L. J.* 1093 (1971).

(40) この点で，私が他で議論してきた，分配的考慮を司法過程が抑圧しがちであるという特徴（例えば，Richard A. Posner, *Economic Analysis of Law* 404–405 〔2d ed. 1977〕）は，司法が効率を強調する原因というよりもむしろ効果と見なされる。

(41) Jeremy Bentham, *Theory of Legislation* 189–190 (R. Hildreth ed. 1894) と William M. Landes & Richard A. Posner, "Salvors, Finders, Good Samaritans, and Other Rescuers: An Economic Study of Law and Altruism," 7 *J. Legal Stud.* 83, 119–127 (1978) を比較せよ。

(42) 例えば Jules Coleman, supra note 27; Ronald M. Dworkin, "Is Wealth a Value?" 9 *J. Legal Stud.* 191 (1980); Anthony T. Kronman, "Wealth Maximization as a Normative Principle," 9 *J. Legal Stud.* 227 (1980); Ernest J. Weinrib, "Utilitarianism, Economics, and Legal Theory," 30 *U. Toronto L.J.* 307 (1980); Joseph M. Steiner, "Economics, Morality, and the Law of Torts," 26 *U. Toronto L.J.* 227, 235–239 (1976).

ワインリブ教授とスタイナー教授の中心的な批判，あるいは少なくとも最も強力な批判であると思われる点について，若干のコメントをしておきたい。仮設市場の概念は富の最大化理論において大きな役割を果たしているが，このような市場は取り引きする両者が取引によって良くなる現実の市場とは極めて異なっており，この補償の要素が仮設市場取引には欠けている（例えば，AがBを突き倒し，Bに怪我をさせるが，Aにとっての警戒費用が彼の行為の事故期待費用を上回るために責任を免れる），とワインリブは論じている。ワインリブの異議は，事前補償が認められるならば成り立たない。更に，実際の市場取引さえしばしば非補償の要素を持っており，この場合には非当事者に対する取引の逆効果は補償されない，ということに彼は気づいていない。仮設市場アプローチは、経済学者が個人間の効用比較を非難しているのを無視しているとスタイナー教授は異議を唱えている。しかし、この点は前章で答えた点であり、そこで私は、効用の個人間比較を経済学者達にきっぱりと止めさせるまでに鋭い測定問題を、富の個人間比較は提起しないということを指摘した。

(43) Dworkin, supra note 42, at 195.

(44) *Id.*

(45) 通常述べられているように、砂漠の状況においては、その一杯の水が唯一価値のあるものである。水がない人は富がゼロであり、したがって水を持っている人からそれを買うことはできない。これは、富の分配がいかに資源の利用に影響を及ぼすかの極端な例であるが、価格上昇と同様の例である。この場合には、所得に影響を与えることによって、そしてその効果を通じて消費者需要に変化をもたらすことによって資源の利用に影響を与える。

(46) ドゥオーキンは、この例は他の目的のために提供されたと述べている。Dworkin, supra note 42, at 224; *id.* at 208–209.

(47) ドゥオーキンは、「奴隷制度の道徳的価値をめざす理論が取引費用に依存していることはグロテスクである」と述べている。*Id.* at 211. しかし、彼は詳しくは述べていない。

(48) この分析の一つの含意は、前近代的で、貨幣を持たない社会における効率的な権利割当について語ることができるということである。この問題は第六章で更に考察する。

(49) Dworkin, supra note 42, at 211.

(50) *Id.* at 211–212.

(51) *Id.* at 211.

(52) *Id.* at 218.

(53) *Id.*

(54) *Id.* at 220. これらの理論は、William M. Landes & Richard A. Posner, "Adjudication as a Private Good," 8 *J. Legal Stud.* 235, 259–284 (1979) において議論されている。

第五章注

(1) 次章で論じる理由により、私は未開という言葉を文字を持つ以前の状態と定義する。したがって、私の分析には、例えばホメーロスの叙事詩や古代北欧のサガに描かれている、近代西洋文明の源となった初期の概ね文字を持たない社会も含まれる。

(2) ホメーロスの詩が細部の多くについては虚構であるにも

拘わらず、写実的であること（それゆえ、科学的研究の適切な資料源であること）の若干の証拠は、本章の「ホメーロス的個人主義」の部分で示すことにする。読者が「イーリアス」と「オデュッセイアー」の大まかな粗筋くらいは最低限知っているものと私は仮定している。私の議論を追うためには、それ以上の知識は必要ない。

（3） T.B.L. Webster, "Polity and Society: Historical Commentary," in *A Companion to Homer* 452 (Alan J.B. Wace & Frank H. Stubbings eds. 1962); John Chadwick, *The Mycenaean World* 69–83 (1976).

（4） アガメムノーンの大支配という、疑問の余地のある例外について、後出注（12）を見よ。実際、demos はほぼ「地域」を意味し、gaia は「土地」、patris gaia は「父祖の土地」を意味するが、ホメーロスのギリシア語には（国民）国家を指す特定の言葉はない。ホメーロスにおいて、ポリスという言葉の第一の意味は単なる「要砦化された町」であった（John L. Myres, *The Political Ideas of the Greeks* 69–70 〔1927〕を見よ）が、ポリスはその都市の支配者によって支配される田園地帯をも含むものでもありえた。国家は一つのポリス以上のものを含みうる（アガメムノーンはアキレウスに七つの都市を与えると申し出たのだから、彼の領土が多数の都市を含んでいたことは明白である）が、そうした国家を指す特定の言葉はない。但し「イーリアス」の第二書では demos という言葉がその意味で用いられている。

（5）「政府（government）」を「管理（governance）」と等置し、ホメーロスにおける世帯（オイコス）を一つの国家として扱うこと――私もそうしたい希望はある――をしない限り、これは真実であると言える。ホメーロスのオイコスは、近代の家族よりも広い概念である（オイコスは、ある人の直接の家族だけでなく、成人し結婚した彼の子供たちや、ペーレウスの家のパトロクロスのような家来として仕える親族関係のない大人たち、そして多数の奴隷たちも含まれる）が、オイコスを国家の中に含めることは、国家の概念を矮小化することになるかもしれない。

（6） 一つの留保が必要である。利他主義の概念が、統治を容易にするような種類の価値を示すものであるためには、その概念は、共同体全体の利害を、それより狭い集団への共感的見方に優先させるような共感の秩序づけを体現するものでなければならない。例えば忠誠心は、もしそれが反政府的陰謀を企らむ仲間に向けられれば統治の有効性を強化するどころかむしろ弱めることになる。

（7） Adam Smith, *The Theory of Moral Sentiments*

(1759; reprint ed. 1969); Ronald H. Coase, "Adam Smith's View of Man," *J. Law & Econ.* 529 (1976).

(8) ホメーロスにおける政府は、三つの大きなまとまりに分けられる。(1)ギリシア国家の政府（ミュケーナイ、ピュロス、イタケーなど）、(2)外国の国家の政府（主としてトロイアとスケリエー）、(3)オリンポスの神々の政府、反トロイアのギリシア同盟、そしてもっと小さい戦闘団・侵略団などの様々なアド・ホックな準政府である。これらのまとまりの間には、そして時には内部にも、機能的・構造的差異がある。しかし問題や価値は同様であるため、これらのまとまりは一緒にして論じるのが一番よい。これらの政府についての記述は、先行研究に多くを負っている。George M. Calhoun, "Polity and Society: The Homeric Poems," in *A Companion to Homer*, supra note 3, at 431 n. 2, 432–440; M.I. Finley, *The World of Odysseus* (2d rev. ed. 1978), especially ch. 4; P.A.L. Greenhalgh, *Early Greek Warfare: Horsemen and Chariots in the Homeric and Archaic Ages* 156–172 (1973); A.M. Snodgrass, *The Dark Age of Greece: An Archeological Survey of the 11th to 8th Centuries B.C.*, 392–394, 435–436 (1971). そして特に神々の社会については、Martin P. Nilsson, *A History of Greek Religion*, ch. 5 (2d ed. 1949) を見よ。A.W. H. Adkins, *Moral Values and Political Behaviour in Ancient Greece; From Homer to the End of the Fifth Century*, ch. 2 (1972); G.S. Kirk, "The Homeric Poems as History," in *The Cambridge Ancient History*, vol. 2, pt. 2, at 820–850 (I.E.S. Edwards, C.J. Gadd, G.L. Hammond, & E. Sollberger eds., 3d ed. 1975); Myres, supra note 4, at 64–82; T.A. Sinclair, *A History of Greek Political Thought*, ch. 1 (2d ed. 1967).

(9) しかしながら、公的裁判官が若干の示唆を与えることはある（但し彼らはホメーロスの詩の中の行為においては、何の役割も果たしていない）——例としては、オデュッセウスが最初にハーデースを訪ねた時に、クレーテーの王ミーノースによる裁判が言及されている。

(10) 防衛のためのテクノロジー、とりわけトロイアの巨大な城壁の存在は、「イーリアス」が主張するようにポセイダオーンとアポローンが壁を築いたのでもない限り、それに先立って何らかの公的な防衛活動があったことを含意しよう。ギリシア船を防御するために設けられた壁や溝などは、戦時に建造された。

(11) しかしながら、「イーリアス」の第一書でアキレウスが、プティエーは遠いのでトロイアは全く怖くないと述べている点に、トロイアによる侵略への潜在的不安が窺える。

(12) アガメムノーンがトロイア遠征に際して、彼とメネラーオスについて来るように、他のギリシアの王たちをどうやって勧誘したのかは明らかでない。彼らは、自分たちへの一種の義務の名の下に勧誘したのではないかということが示唆されている。G.S. Kirk, *Homer and the Oral Tradition* 47(1976). しかし、いかなる性格の義務なのか――贈与・客関係によるものなのか、それとも他のギリシア諸国家に対するアガメムノーンの何らかの権威を反映するものなのか――は説明されていない。アガメムノーンは「同等者間の第一人者(*primus inter pares*)」であり連合軍の総指令官であるが、彼はギリシアの皇帝ではない(彼は自らの権威の象徴として笏をふるうが、それは彼だけではない――後出注(18)を見よ)。異なる見方として、George C. Vlachos, *Les Sociétés politiques homériques* 303-317 (1974) を見よ。

(13) 特にはっきりしているのは、アルキノオスが彼と彼の貴族たちがオデュッセウスにした贈り物の代金を支払うよう人人に求めているところである。また、アガメムノーンは、彼がアキレウスに与える都市の人々からアキレウスは贈り物を受け取るだろうと述べている。戦時の税についての若干の簡単な言及は、「イーリアス」13. 663-669, 23. 296-298 に見られる。

(14) グラウコスに対するサルペードーンの言葉の中に言及がある。James M. Redfield, *Nature and Culture in the Iliad: The Tragedy of Hector* 99-100 (1975).

(15) 確かに、テーレマコスがイタケーの主だった人々を召集した時、その会合は私的事柄と公的(*demios*)事柄のいずれを考えるためのものかと尋ねられているが、話者が「公的」という言葉で意味しているのは政治的問題ではなく、オデュッセウスとその輩下のトロイアからの帰還などの、広く関心の的となるような問題を意味しているだけのようである。

(16) プリアモスの息子たち(彼らは自分のオイコスすら持っていない)やペーネロペイアへの求婚者たちのように、王ではない人々にまでこの用語は時として適用されているが、それは全く別の問題である。こうした政治的語彙の貧困さは、ホメーロスの世界の政治制度の立ち遅れを解明する一つの鍵である。

(17) 一つの例外はスケリエーである。アルキノオスの「評議会(*boule*)」は「バシレー」から成るが、個々の「バシレウス」たちはいずれも、単なるオイコスではない自らの領分を持っているようである。しかしホメーロスは、スケリエーを様々な点で異国的に描き、むしろ幻想的なまでに特徴づけており、おそらくこの点もそうした異国的特徴の一つである。より重要な例外は、「イーリアス」の第九書における、ポイニークスがペレウスの王国のある部分を「支配している(*an-asson*)」という言及であろう。

(18) ホメーロスの詩には、国王の「王位(throne)」という概念もなければ(*thronos* は椅子にすぎない)、笏を例外とすれば、王を象徴するものは何もない——しかも笏は神官や伝令官の権威、あるいは「アゴラ」で今話している人の権威を示すためにも用いられる——ということが、おそらく重要なのであろう。もっとも、アガメムノーンの笏は、明らかに特別である。*Iliad* 1. 277–279, 2. 100–108, 9. 99.

(19) キュクロープスは、「アゴラ」を持たないとして嘲笑される。また、神々が公式の「アゴラ」を持たないことは、ホメーロスが神々を人間より未開な存在と見なしていたことを示唆する。

(20) 王の息子が彼の父を継ぐと主張する場合は、常に、現職者との彼の関係がライバルたちよりも彼を有利にするという、極めて実践的な考慮がその基礎にある。法的に規定された継承というものはない。王が不在の後に王位を回復することさえ、オデュッセウスやアガメムノーンの場合のように、争われている。但し、少なくともメネラーオスとネストールは、トロイアから戻るや容易にその地位を回復することができた。

(21) イタケーとミュケーナイの後見人(アガメムノーンの詩人? が残されて任にあたる)が弱い理由は、強い後見人は「バシレウス」が戻って来ても権力を返そうとしないからかもしれない。前出注(20)を見よ。

(22) Redfield, supra note 14, at 93 で強調されている。

(23) *Id.* at 94. アガメムノーンのリーダーシップに関する問題は、統治における手続の適正化と内容の適正化との争いというよくある争い、しかしホメーロスの社会にとっては解決不能な争いを浮き彫りにする。ネストールが「イーリアス」の第一書で説明しているように、総指令官になるというアガメムノーンの主張は、召集しうる軍勢の規模において最も優勢な「バシレウス」が総指令官であるという、広く認められた原理に基づく。これは魅力的なほど単純で明確な手続ルールであり、明確な継承ルールがない場合に生じる不確実性を回避することも、これによって可能となる。しかし、それはまた、不適切な個人をある地位につけることをも招きかねない。

(24) 例えば Saul Levin, "Love and the Hero of the

Iliad," 80 *Transactions Am. Philological Ass'n* 37, 40-43 (1949). そこに強烈な民族的意識（例えば、フェニキア人と比べて）があることは確かであるが、それは愛国心とは別である。

(25) 再び政治的語彙の貧困さを示すが、ホメーロスのギリシア語には、戦闘や戦い、即ち *polemos* や *mache* と区別されるものとしての戦争を指す言葉はない。C.S. Lewis, *A Preface to Paradise Lost* 28 (1942) を参照せよ。ルイスによれば、「トロイア戦争は、『イーリアス』の主題ではない。それは、純粋に人格的な物語の背景にすぎない。」

(26) 内戦を罵るのも、ギリシアの船を守るための壁の建造や、部族や氏族 (phula や Phretres) によってギリシア軍を組織することを提案するのも、ギリシアの戦士が敗走する敵の武具剝奪を中止したら勝利は完全なものとならないと主張するのも、そして、戦車隊や歩兵の集中化を含む戦闘案を作るのも、ネストールである。

(27) ネストールがアキレウスに提案した重大な妥協が近視眼的なものであったこと（但し、最終的結果はギリシア側の主張にとって幸運であったが）は、妥協という極めて熟練を要する政治的技術に対するホメーロスの態度を示すものかもしれない。ホメーロスの世界では、ある人に重い役目を与えることは、よくあることとは言え深刻な過ちとなるが、この場合もそうである。荷の重さを感じたのはパトロクロスだけではなく、アガメムノーン、ヘクトール、テーレマコス、およびその他多くの人々も同様であった。

(28) 例えば Adam Smith, *The Wealth of Nations* 232-233 (Edwin Cannan ed. reprint ed. 1904).

(29) しかしながら、第二四書では、アキレウスはプリアモスに感情移入している。

(30) M.I. Finley, "Marriage, Sale, and Gift in the Homeric World," 2 *Revue internationale des droits de l'antiquité* (3d ser.) 167, 173 (1955). 主な例外としてはサービスの販売がある。「オデュッセイアー」で言及されているデーミウールゴス (*demioergoi*, 吟遊詩人、医者など) は、彼らのサービスを食物その他の財と取引する。

(31) 『贈り物』という言葉を誤解してはならない。それは未開社会と古代社会の双方における、次のような厳然たるルールであると言うことができるかもしれない。即ち、現実的にせよ希望的観測にせよ、即座にせよ何年も後にせよ、彼または彼の氏族に対し適当なお返しがない限り、財・サービス・名誉のいずれにせよ、誰も何も与えはしないというルールである。したがって、贈る行為は、本質的な意味では、常に相互的行為の前半であって、お返しを贈るのが後半の行為となる」(Finley, supra note 8 at 64)。

(32) Finley, supra note 30, at 172 は、ホメーロスにおける結婚が殆んど常に、地理的に離れたオイコス間で行われていると指摘している。

(33) 贈り物交換システムにおける戦利品の役割を考えれば、ホメーロスの戦争で、戦闘の勝利者が別の敵に立ち向かう前に、しばしばとどまって敗者を身ぐるみ剝ぐ理由は説明し易くなる。

(34) 報復については、第七章および第八章で、より体系的に論じる。*dikephoros* という言葉は、実際にはホメーロスの著作には登場しない。

(35) 公的秩序の維持に関する国際関係と未開法とのアナロジーについては、Michael Barkun, *Law without Sanctions* (1968).

(36) 実際に、これこそが、分散的世帯からなる社会が国家に変換される基本的力学であるようである。Robert Bigelow, *The Dawn Warriors: Man's Evolution toward Peace* 8, 13 (1969); Robert L. Carneiro, "A Theory of the Origin of the State," *Science* 733 (Aug. 14, 1970).

(37) Max Gluckman, *Politics, Law and Ritual in Tribal Society* 86–87 (1965).

(38) Marshall D. Sahlins, "The Segmentary Linkage: An Organization of Predatory Expansion," in *Comparative Political Systems* 89, 95–96 (Ronald Cohen & John Middleton eds. 1967).

(39) Gluckman, supra note 37, ch. 3 (適切にも「国家なき社会と秩序維持」と題されている); Lucy Mair, *Primitive Government* 51 (1962).

(40) Edward O. Wilson, *Sociobiology: The New Synthesis* 572–573 (1975). この習慣も、本文のもう少し先で言及されている「二重基準」と同様に、遺伝的基礎を持つことは明白である。これは、優勢な集団の遺伝子の普及を最大化するための方法である。遺伝的な攻撃性は、生存競争で優位に選択される遺伝特性である。というのも、攻撃性を持つ集団はすべて、それを持たない集団よりも、自らの遺伝子(そこには、遺伝的攻撃性という特性をもたらすような遺伝子も含まれる)を広くまき散らすであろうからである。

(41) Gluckman, supra note 37, at 88.

(42) Mair, supra note 39, at 41.

(43) *Id.* at 40.

(44) *Id.*

(45)　ホメーロスの詩の中の人々は、あらゆる観察された現象に、外的な原因が特定されることを求める。そして、通常その原因は、何らかの神の行為に帰せられる。そのため、強い戦士を見た人は、その戦士の家系に神がいると推定する。あるいは、もしアガメムノーンが馬鹿げた行動をとった場合には、何らかの神が彼の目を見えなくしているのである。しかしながら、このことは彼の責任を免除するものではない。それは、私が「何が私にとり憑いたのかわからない」と言っても、正当化のための抗弁や言い訳にはならないのと同様である。E.R. Dodds, *The Greeks and the Irrational* ch. 1 (1951).

(46)　贈り手にとっての費用は、実際にはもっと安くなる。贈り物を選んだり買ったりする際に消費される時間を節約できるからである。

(47)　Thomas Hobbes, *Leviathan* 202, 223–228 (C.B. MacPherson ed. 1968); John Locke, *The Second Treatise on Government* 70–73 (Thomas P. Peardon ed. 1952); Robert Nozick, *Anarchy, State, and Utopia* 15–17 (1974).

(48)　Hobbes supra note 47, at 189–192; Nozick, supra note 47, at 5–6.

(49)　Karl Wittfogel, *Oriental Despotism* 49 (1957).

(50)　Franz Oppenheimer, *The State* 15 (1914).

第六章注

(1)　クリフォード・ギアツ、ゲリー・ベッカーおよびその他の人々の著作に見られる、私の理論への先行業績について、および未開社会の経済的概念の適用可能性に関する一般的問題（経済人類学における「形式主義者」と「実質主義者」との論争）については、Richard A. Posner, "A Theory of Primitive Society, with Special Reference to Law," 23 *J. Law & Econ.* 1-4 (1980) で論じられている。未開社会についての私の分析は、リューベン・ブレナーによる最近の興味深い論文で拡張されている。Reuven Brenner, "A Theory of Development, or Markets and Human Capital in Primitive Societies" (N.Y.U. Dept. Econ., Jan. 1980).

本章と次章の分析は、五章前出注（1）で定義した意味での「未開」諸社会に限定されるが、必要な修正を施せば、このような分析はもう少し進歩した社会、例えば「農村」社会にも適用できる。次の諸議論と比較せよ。農村社会での「飢餓保険」の重要性を論じた James C. Scott, *The Moral Economy of the Peasant* (1976). 中世イギリス文献における開放圃場についてのマクロスキーの著作（後出注（28））、農村の行動様式や制度に経済モデルを適用するための、最近の、かつ射程の広い努力である。Samuel L. Popkin, *The Rational Peasant* (1979); Douglas C. North & Robert Paul Thomas, *The Rise of the Western World: A New Economic History* (1973). そして、本書八章での、四・五世紀（紀元前）アテーナイにおける法執行についての議論。

（2） 戦争については第五章、宗教は第八章で論じる。それらの議論は断片的なものである。まだ誰も、戦争や宗教についての適切な経済理論を作り上げていない。

（3） 未開社会についての一般化の多くと同様に、この点もまた普遍的に妥当するものではない。いくつかの未開社会は、文字表現によらない、記録保持のための巧みなシステムを発展させた。A.S. Diamond, *Primitive Law Past and Present* 203 (1971).

（4） この点についての証拠は、九章後出注（16）、（31）、十章後出注（17）を参照せよ。

（5） Marshall Sahlins, *Stone Age Economics* 204 (1972) で、彼は「未開生活の公開性」は公的秩序を維持するための機構であると述べている。Donald W. Ball, "Privacy, Publicity, Deviance and Control," 18 *Pac. Soc. Rev.* 259 (1975) は、多くの文化間比較研究の要約として、ある社会のプライバシーとそこでの罰の厳しさ、プライバシーと法執行の制度には、それぞれ負の相関があるとしている。但し、こうした知見についての彼の解釈は、本文で私が示唆しているものとは異なる。更に、第七章における、「恥」と「罪」の対立についての議論を見よ。

（6） 確かに、歌、つづり、紋章、名前には所有権が認められている。例えば、Diamond, supra note 3, at 188; Harold E. Driver, *Indians of North America* 269, 285 (2d rev. ed. 1969)。しかし、私が知る限りでは、生産的なアイディアや発明には認められていない。

（7） 文字を持つことと統治との結合については、これまでも指摘されて来た。Diamond, supra note 3, at 39; Jack Goody, "Introduction," in *Literacy in Traditional Societies* 1, 2 (Jack Goody ed. 1968); Jack Goody & Ian Watt, "The Consequences of Literacy," in *id.* at 27, 36; Maurice Bloch, "Astrology and Writing in Madagascar," in *id.* at 277, 286.

（8） 1つの例外であるが、かえって通例を際立たせることになるのは、十八世紀アフリカのアシャンティ（Ashanti）王国である。そこでは記録保持のシステムが発展したが，文字は持たなかった。Melville J. Herskovits, *Economic Anthropology* 420 (2d rev. ed. 1952).

(9)　本書第五章のほかには，Driver, supra note 6, ch. 17; Herskovits, supra note 8, at 399–405, 416–438; Lucy Mair, *Primitive Government* (1962); Max Gluckman, *Politics, Law and Ritual in Tribal Society* (1965); *African Political Systems* (M. Fortes & E.E. Evans-Pritchard eds. 1940). I. Schapera, *Government and Politics in Tribal Societies* (1956) によれば，少なくともアフリカの部族社会については，右に掲げた著者たちは未開な統治の弱さを強調しすぎている。但し彼も，そうした社会における非常に弱い統治の例を挙げている。*Id.* at 38, 85, 88.

(10)　しかしながら，因果関係は逆でもありうる。未開社会は文字を持たないがゆえに大規模な制度を持たない。しかし，そうした制度がないのなら，文字を必要とするような種類の記録保持は必要ないのである。コミュニケーションの他の用途のためには，たとえ極めて微妙な用途のためにさえ，ホメーロスの詩がそうであるように，文字によらない言語こそまさに適切なのかもしれない。

(11)　古代社会に関して，その社会制度についての最良の説明は，依然として，Henry Sumner Maine, *Ancient Law* (1861) である。但し，その結論の一部は最早受け容れられない。現代人類学の発見に照らしてのメインの位置については，Robert Redfield, "Maine's *Ancient Law* in the Light of Primitive Societies," 3 *W. Pol. Q.* 574 (1950), especially at 585–587 を見よ。M.I. Finley, *The World of Odysseus* (2d rev. ed. 1978) は，ホメーロスの詩に描かれた社会について極めてよい議論をしている。北欧のサガについては，David Friedman, "Private Creation and Enforcement of Law: A Historical Case," 8 *J. Legal Stud.* 399 (1979) で参照されている資料を見よ。現代社会人類学の文献はもとより膨大である。そうした文献を例示すれば，北米インディアン社会については，Driver, supra note 6; Herskovits, supra note 8; Robert H. Lowie, *Primitive Society* (2d. ed. 1947); Lucy Mair, *African Societies* (1974); Carleton S. Coon, *The Hunting Peoples* (1971); *African Systems of Kinship and Marriage* (A.R. Radcliffe-Brown & Daryll Forde eds. 1950); Elman R. Service, *Primitive Social Organization* (2d ed. 1971). 個々の社会について大いに読むに価する研

究は、枚挙にいとまがない。例えば、E.E. Evans-Pritchard, *The Nuer: A Description of the Modes of Livelihood and Political Institutions of a Nilotic People* (1940); Bronislaw Malinowski, *Crime and Custom in Savage Society* (1926); and Leopold Pospisil, *Kapauku Papuans and Their Law* (1958).

(12) Sahlins, supra note 5, at 11-12, 31-32 は、狩猟経済における多様性の欠如と貯蔵可能性の欠如との相互関係を説明している。狩猟集団は、獲物を求めて広い範囲を歩き回らなければならない。保存肉を含め、何かを所持することは彼らの移動性を妨げる。それゆえ、構成員たちは多くの所持品を持たず、肉も保存しないことが観察されている。同様に、未開な耕作社会では、構成員のエネルギーの大半は穀物生産に捧げられているため、食物は貯蔵されえず、貯蔵可能な食品生産物に転換されることもない。遊牧社会は、最も耐久的な消費財を生産する。彼らの制度は多少異なることになるが、その方向はモデルが示す通りである。

(13) 経済的および倫理的議論で普通に用いられている「再分配」という用語は、自由な市場がもたらす以上の（時にはそれ以下の）事後の経済的平等を、国家を通じて実現しようとする努力を意味する。人類学者たちは一般に、未開諸社会は概ねこうした意味で（即ち、市場が実現する程度、あるいは富の最大化という意味で効率的である程度を越えて、事後の富の平等化を求める）再分配が行われていると見なしている。しかし、彼らは、「再分配」という言葉を、ある部族の余剰産物を族長が配分する場合にしか使わない。

(14) 未開生活の不安定性については、Manning Nash, *Primitive and Peasant Economic Systems* 22 (1960); M. Fortes, "The Political System of the Tallensi of the Northern Territories of the Gold Coast," in *African Political Systems*, supra note 9, at 239, 249.

(15) この予測に関する若干の証拠は、Frederic L. Pryor, *The Origins of the Economy: A Comparative Study of Distribution in Primitive and Peasant Economies* (1977) に見られる。彼が標本とした諸社会――私の言う意味で未開ではない――の中から彼が「経済志向的」ないし「政治志向的」と分類しているものを除いた上で、一夫多妻制の発生率を比べてみた。家畜の飼育が全食物の少なくとも十%をもたらした諸社会では、一夫多妻制は十三の社会で普通であり、七の社会で普通でなかった。一方、家畜の飼育が全食物の十%以下しかもたらさない諸社会では、一夫多妻制は九の社会で普通であり、十一の社会では普通でなかったフライアー、前掲書三二八頁の変数5、三三三―四頁の変数59、61、69、および三三六―一九頁か算ら出した)。

(16)　ある未開社会では、若者たちが老人に自分たちの食物を分けるのを嫌っていると報告されている。それは、老人たちが将来お返しをしてくれる見込みが少ないからである。Allan C. Holmberg, *Nomads of the Long Bow* 151–153 (1969).

　自己強制的な同意の持つ限界については、次の興味深い論文を見よ。L.G. Telser, "A Theory of Self-Enforcing Agreements," 53 *J. Bus.* 27 (1980).

(17)　未開社会の人々の間で最も普通に見られる親族システムは、父系システムであり、そこでは家系は男性の線に沿って辿られる。父系システムでは、ある男、彼の息子たち、そのまた息子たちは、同じ家系集団に属することになるが、一方彼の娘たちの子供たちは、その娘たちの結婚相手の男たちの家系集団に属することになる。しかし親族の紐帯は、別個の家系集団を交差させることも屢々である。例えば、ある女は結婚すると、父とは別の家系集団の構成員とともに暮らすことになるが、にも拘わらず自分の父の家系集団の構成員のままとどまり、父に援助を求める権利を持つこともありうる。しかしながら、最も重要な点は、未開社会の親族集団は近代および未開社会の「世帯」よりも大きいため、親族の紐帯が交差する場合には、家系集団は地理的分散化のための一つの手段を獲得することになるかもしれない、という点である。親族集団のこうした特徴は、その保険機能とおそらく関連している。それは、親族内の堅固で苛酷な義務――例えば、兄弟の息子は、金を支払うどころか許可さえ求めることなく、兄弟の牛を持って行く権利を持つなどの――が保険機能と関連しているのと同様である。例えば I. Schapera, *A Handbook of Tswana Law and Custom* 219–221 (1938). 親族の定義や未開社会の構造の複雑さについての見事な紹介として、A.R. Radcliffe-Brown, "Introduction," in *African Systems of Kinship and Marriage*, supra note 11, at 1; Robin Fox, *Kinship and Marriage: An Anthropological Perspective* (1967) を見よ。

(18)　George A. Akerlof, "The Market for 'Lemons': Quality Uncertainty and the Market Mechanism," 84 *Q.J. Econ.*, 488 (1970).

(19)　Yoram Barzel, "Some Fallacies in the Interpretation of Information Costs," 20 *J. Law & Econ.* 291, 303 (1977).

(20)　確かに、危険の少ない者が彼の親族の構成員に嘘の申告をする可能性も残る。しかし、次章で論じるような親族集団の保護機能を考えれば、それは極めて費用のかさむ行動である。

(21) Cf. S.F. Nadel, "Dual Descent in the Nuba Hills," in *African Systems of Kinship and Marriage*, supra note 11, at 333, 358.

(22) 所得を分かち合うのに最適な集団の規模については、別の文脈において、ジョン・ウムベックによって論じられている。John Umbeck, "A Theory of Contract Choice and the California Gold Rush," 20 *J. Law & Econ.* 421 (1977).

(23) 前出注(11)のエバンス-プリチャードの著書八五頁における、以下の記述と比較せよ。「こうした分かち合いの習慣、および等しく分かち合うという習慣は、誰もが常に困難に直面しがちな共同体においては容易に理解できる。そこで人々が気前よくなるのは、充分さによってではなく、稀少性によってである。それによって誰もが飢餓に対する保険を得るのである。」

(24) Stuart Piddocke, "The Potlatch System of the Southern Kwakiutl: A New Perspective," in *Economic Anthropology: Readings in Theory and Analysis* 283 (Edward E. LeClair, Jr. & Harlod K. Schneider eds. 1968). 余剰を空費することには、情報的・政治的目的もある。食物を貯蔵する技術力を持つ未開諸社会では、こうした目的が余剰の貯蔵を妨げ、それに伴って飢餓に対する保険を妨げることもある。その例として、S.F. Nadel, *The Nuba: An Anthropological Study of the Hill Tribes of Kordofan* 49-50 (1947).

(25) 未開社会でも近代社会と同様に、名声が社会的生産性と相関していることは、前出注(8)に示したヘルスコビッツの著作に引用されている文章の中で(それと意図せずに)明らかになっている。彼の引用の意図は、遊牧社会では「他の集団では極めて高い労働意欲を喚起すると見られて来た名声欲は、最小である」という彼の主張を例証することにあった。引用された文章は次の通りである。「即時的な食物ニーズが満たされてさえいれば、人は無為だからと言って手ひどく批判されることもないし、より良い家やより広い庭を持っているからと言ってほめられることもない。そうした物は、次の引っ越しの際には放棄しなければならないかもしれないからである。」しかし、そうした環境の下では、より良い家やより広い庭を作ることは建設的ではない。人々が、果実を収穫できないような投資をする社会よりも、自分のエネルギー(したがって食物ニーズも)を温存している社会の方が暮らし向きは良い。

(26) E. Adamson Hoebel, *The Law of Primitive Man: A Study in Comparative Legal Dynamics* 81 (1964). 親族をめぐるエスキモーの文化に関しては，余り強調されていない。それはおそらく，彼らの置かれている環境の下では，非常に小さくしかも分散した集団の中で生きる他なく，それぞれの集団の間には定期的な接触は殆んどないからであろう。*Id.* at 68. 各集団内の，血縁関係のない諸個人に対する気前の良さが強調されているのは，親族保険の代用としてである。

(27) R.F. Barton, *The Kalingas: Their Institutions and Custom Law* 132 (1949); Herskovits, supra note 8, at 373.

(28) 例えば E.H. Winter, "Livestock Markets among the Iraqw of Northern Tanganyika," in *Markets in Africa* 457, 461 (Paul Bohannan & George Dalton eds. 1962); Elisabeth Colson, "Trade and Wealth among the Tonga," in *id.* at 601, 607; Nash, supra note 14, at 50–51. マクロスキーが同様の用語で論じているような，中世イギリス農業における「開放圃場」政策との類似性も明白である。Donald N. McCloskey, "English Open Fields as Behavior towards Risk," 1 *Res.* in *Econ. Hist.* 124 (1976), and "The Persistence of English Common Fields," in *European Peasants and Their Markets* 73 (William N. Parker & Eric L. Jones eds. 1975). マクロスキーは，開放圃場政策が，いくつかの未開諸社会にも見られると指摘している。*Id.* at 114. 彼は更に，家族が保険制度として機能しうる可能性についても述べている。*Id.* at 117.

(29) そうした救済策の欠如は，利子が許されているところで利子率がしばしば非常に高くなる理由を説明しているように思われる。即ち，そこでは不履行の確率が極めて高いからなのである。Herskovits, supra note 8, at 228.

(30) 未開諸社会および古代諸社会における贈り物についての文献は膨大である。いくつか例を挙げるとすれば，Finley, supra note 11, at 62; Herskovits, supra note 8, ch. 8; Bronislaw Malinowski, "Tribal Economics in the Trobriands," in *Tribal and Peasant Economies: Readings in Economic Anthropology* 185 (George Dalton ed. 1967); Marcel Mauss, *The Gift: Forms and Functions of Exchange in Archaic Societies* (Ian Cunnison trans. 1954); V.A. Riasanovsky, *Customary Law of the Nomadic Tribes of Siberia* 144–145 (1948); Sahlins,

supra note 5, ch. 5 などがある。なお第五章をも見よ。

(31) 祝祭は、多くの人々に食物を提供するためだけの手段ではない。それはまた、「強制的貯蓄」の一つの形態である——祝祭の主催者は、それを行うためには食物を蓄積しなければならない。祝祭によって、蓄積した食物が早々と浪費されることも、もちろんありうる。前出注（24）参照。

(32) Cyril B. Belshaw, *Traditional Exchange and Modern Markets* 38 (1965) は、この点を見事に例証するような、ある部族の習慣について記している。AはBに贈り物をすることで、贈り物交換関係をつくるが、Bはそれを拒否することはできない。それ以後、Aはいつでも好きな時に、お返しをするようBに要求することができる。こうした「要求があり次第」のお返しによって、Aは不確実性への防壁を得ることになると言うのである。なお、借金に関しては、S.C. Humphreys, *Anthropology and the Greeks* 152 (1978) を参照。

(33) 贈り物の同時的交換も、未開諸社会では起こる。しかしその機能は、第五章および本章の後の部分で論じるように、保険とも分業の利用とも異なる。

(34) Philip Grierson, "Commerce in the Dark Ages: A Critique of the Evidence," in *Studies in Economic Anthropology* 74, 79 (George Dalton ed. 1971).

(35) 未開社会の保険的メカニズムのもう一つの例が、次の二つの原理である。(1)負債は決して期限切れにならない——出訴期限法はないのである。これは、口頭で物事を伝える社会では、かなり便利なことであろう——。そして(2)負債が財産を越えようと、人々は彼らの父親の負債を相続する。例えば Barton, supra note 27, at 126; Max Gluckman, *The Ideas in Barotse Jurisprudence* 195 (1965); R.S. Rattray, *Ashanti Law and Constitution* 370–371 (1929). ことわざによれば、「借金は決して腐らない。」Walter Goldschmidt, *Sebei Law* 62, 188, 204 (1967). これらの原理は、保険原理の射程を広げることになる。あなたの金を老いた貧しい人に貸したとしても、あなたは永久に損をするわけではない。彼の相続人たちがあなたへの義務を引き継ぐからである。しかるに、負債の相続は彼らにとっても壊滅的な重荷とはならない。彼らは、暮らし向きが良い時だけ、あなたに返す義務を負うのであるから、自分たち自身の消費を通常の水準以下に下げることなく、返済することができる。

(36) 相互的交換の義務を回避しようとする努力の若干の例については、Sahlins, supra note 5, at 125, 128–129, and note 16 supra を見よ。

(37) エスキモーの村での、この点の証拠については、Pryor, supra note 15, at 91 を見よ。同様の指摘は、相互的利他主義についての生物学文献でも行われている。David P. Barash, *Sociobiology and Behavior* 314 (1977). 相互的利他主義についての生物学的概念は、私が未開社会の制度を説明するために用いている、自己利益的でもあるが相互的でもあるような交換に関する経済学的概念と、実際のところ区別できない。

(38) Pryor, supra note 15, at 195. 人類学文献において未開社会での相互的交換の保険機能についていかなる議論がなされているかは、Posner, supra note 1, at 18–19 n. 51 を参照せよ。

(39) プライアーの標本は、未開諸社会と共に農村社会をも含んでいる。二番目の縦列で市場交換と公的再配分が優位であることを見ると、縦列は、未開諸社会（縦列1）を、私の用語法では非未開社会となろうもの（縦列2）と比較していることがわかる。

(40) Pryor, supra note 15, at 200–201 によれば、相互的交換は社会経済的平等と正の相関関係にある。

(41) この分析と整合的な指摘として、Pryor, supra note 15, at 426–427 は、社会経済的平等と統治の程度との間に負の相関があるとする。同様のことは、Edwin E. Erickson, "Cultural Evolution," 20 *Am. Behavioral Scientist* 669, 673 (1977) で参照されているいくつかの先行業績でも指摘されている。更に Robert A. LeVine, "The Internalization of Political Values in Stateless Societies," 19 *Human Organization* 51, 53 (1960) は、平等および分かち合いを一方にとり、政治的諸価値の保有を他方にとって、両者の間には負の相関があるとしている。

未開社会での政府以前の段階の均衡を支えている制度について論じるに際して、そうした制度が経済学的意味で効率的であるかどうか、私は判断を加えていない。おそらく、公的秩序を支える他の代替的制度よりは、政府の方が効率的である。しかし、無文字社会では、有効な政府は実現不能であるかもしれず、その場合には、代替的な制度が、公的秩序に関する効率的な次善の解決策を示すことになるかもしれない。未開社会の諸制度の効率性については、更に七章の結論を見よ。

(42) これは、アダム・スミスの封建制論とほぼ同じである。*The Wealth of Nations* Bk. 3, ch. 4 (1776). Cf. Mair, supra note 9, ch. 4, especially 67. 中世ヨーロッパ封建制の少なくとも初期の段階において、武装した家来たちが重要であったことについては、Marc Bloch, *Feudal Society* 154, 169 (L.A. Manyon trans. 1961) を見よ。他の要因に重点を置く、最近の封建制分析としては、North & Thomas, pt. 2, supra note 1 を見よ。

(43) Gary S. Becker, *The Economic Approach to Human Behavior* 240 (1976).

(44) 例えば *id.*, and references cited; A. S. Diamond, supra note 3, at 246 n. 2.

(45) 結納金は花嫁の親族の間で分けられるのであるから、これもまた、保険原理が機能している一例である。Lucy Mair, *Marriage*, ch. 4 (2d. ed. 1977) は、結納金という複雑な主題に関する優れた紹介である。一夫多妻制は、実質的な結納金の支払と強く結びついているように思われる。Amyra Grossbard, "Toward a Marriage between Economics and Anthropology and a General Theory of Marriage," 68 *Am. Econ. Rev. Papers & Proceedings* 33, 36 1978; Pryor, supra note 15, at 364 (tab. B3). プライアーの統計的な結納金研究 (*id.* at 348-368) は、結納金の支払は真の交換なのか、それともある種の象徴的ジェスチャーなのかという年来の論争を——交換モデルに有利な形で——解決の方向に一歩進めるものである。古代諸社会における花嫁売買の普及については、Diamond, supra note 3, at 57, 69 を見よ。ダイアモンドはここで、「初期の法典」、即ち文字を持つようになったばかりの諸社会の法について述べている。おそらく、そうした法典の大部分は、既に存在していた口頭による法体系を法典化したものである。未開の結婚慣習についての議論は、七章でも行う。

(46) M. Fortes, supra note 14, at 250; Jack Goody, "Bridewealth and Dowry in Africa and Eurasia," in Jack Goody & S.J. Tambiah, *Bridewealth and Dowry* 1, 13, 17-18, 32 (1973); Robert A. LeVine, "Wealth and Power in Gusiiland," in *Markets in Africa*, supra note 28, at 520, 522-523; Frederic L. Pryor, "Simulation of the Impact of Social and Economic Institution on the Size Distribution of Income and Wealth," 63 *Am. Econ. Rev.* 50, 54 (1973). Jack Goody, *Production and Reproduction: A Comparative Study of the Domestic Domain* (1976). これは、複婚、結納金、富の平等、そして弱い政府という組み合わせが一方にあり、他方には単婚、持参金、富の不平等、そして強い政府という組み合わせがあると論じている。強い政府が単婚とは正の相関を示し、複婚とは負の相関を示すことについての若干の証拠は、Mary

Douglas, "Lele Economy Compared with the Bushong: A Study of Economic Backwardness" in *Markets in Africa*, supra note 28 at 211.

(47) 次章の家族法についての議論を見よ。

(48) Pryor, supra note 15, at 327–339 は、積極的な政治的方向づけを欠いている。しかし、彼が、一夫多妻制も普通ではない社会として分類している十七の社会の中で、「人間関係領域ファイル（Human Relations Area Files)」が示すところでは、相続方法として長子相続制をとっていた社会は一つだけであり、一つは相続というものを全く行わず、残りの十五の社会は、死に際して財産を多少とも平等に分割した（但し、時には男子の子孫だけが相続した)。これと対照的に、一夫多妻制の未開社会では長子相続制が一般的であるが、これは、それぞれの妻の長男が、妻に配分されるべき財産を相続するという意味である。七章後出注（7）を見よ。

(49) 例えば Daryll Forde, "Double Descent Among the Yako," in *African Systems of Kinship and Marriage*, supra note 11, at 285, 294.

(50) 即ち、家来を雇うことによって、代わりに妻をもう一人買う機会をその金持は失うのである。もう一つ別な富の使い方としては、余っている土地を貸したり、それを耕す労働者を雇うというものがある。しかし、こうした選択肢は余りに多くの情報費用を要するので、未開社会はそれに適応できないと思われる。七章の後出注（12)、(13）およびそれに対応する本文を参照せよ。

(51) それでは、非常に単婚が根強かった中世ヨーロッパで封建制が栄えたのは偶然であろうか。私の分析が示すところでは、他の点が等しければ（これが極めて重要な留保であることは明白である)、一夫多妻制が禁じられている社会よりもそれが許されている社会で、封建制は発生しにくい。ダイヤモンド（Diamond, supra note 3, at 376）は、封建制の発展につれて結納金は衰退すると述べている。妻の機会費用が封建制以前のシステムより封建システムの下で高いことを考えれば、この発見は了解できる。

注意しなければならないのは、追加的な妻の価値は性的多様性をもたらすことだけではないし、それが主眼でもないことである。それは、追加的な保険をもたらす。とりわけ、父親の親族集団の構成員である息子たちの数がふえれば、老齢に至った時に援助を求めうるのである。したがって、女性が社会内の主要な資本財であるところで、女性を他の財と交換に売り払った男――ティブ族の内部に見られる例（Paul Bohannan, "Some Principles of Exchange and Investment among the Tiv," in *Economic Anthropology*, supra note 24, at 300, 304)――が軽蔑されなければならない理由も理解できる。彼は自分の資本を浪費してしまったのである。

(52) I. Schapera, "Economic Changes in South African Native Life," in *Tribal and Peasant Economies*, supra note 30, at 136, 142.

(53) 例えば Driver, supra note 6, at 444.

(54) Herskovits, supra note 8, at 205.

(55) 例えば *id.* at 491–492.

(56) T. Scarlett Epstein, *Capitalism, Primitive and Modern* 31 (1968).

(57) 例えば Edmund S. Phelps, "The Statistical Theory of Racism and Sexism," 62 *Am. Econ. Rev.* 659 (1972). この点は、第Ⅳ部での、人種差別についての私の分析の核心をなすものである。

(58) 例えば Barton, supra note 27, at 40. 複婚の原理(第七章を見よ)、親族集団の規模、そして村内の大部分の人人が同族である可能性などが一緒になって、配偶者を別の村から――それは、見知らぬ人々の中から、という意味であることが多い――探して来なければならないような状況がつくり出されるのである。

(59) Edward O. Wilson, *Sociobiology* 561 (1975).

(60) 例えば Herskovits, supra note 8, at 196. これに関連した習慣が、贈り物の交換によって公式の負債を荘厳化することである。Gluckman, supra note 35, at 197–198.

(61) Belshaw, supra note 32, at 16. 「クラ」環についての最近の興味深い経済分析として、Janet T. Landa, "Primitive Public Choice and Exchange: An Explanation of the Enigma of the Kula Ring" (U. Toronto. Dept. Pol. Econ., n.d.) がある。

(62) 例えば、Herskovits, supra note 8, at 206–210; Sahlins, supra note 5, at 295, 299–300, 308–309 and Pospisil, supra note 11, at 121–122. また、値切り (Clifford Geertz, "The Bazaar Economy: Information and Search in Peasant Marketing," 68 *Am. Econ. Rev. Papers & Proceedings* 28 [1978]) と慣習価格の固定化とは、一見したところ価格柔軟性のスペクトラムの両端であるようだが、未開社会における情報費用の高さという観点から説明可能である。いずれの価格決定法も近代社会では通常行われてはいない。

(63) 少なくとも一つの社会で、買い手が売り手の親族に贈り物をする習慣があるが，その理由はおそらくこの点にある。Barton, supra note 27, at 107.

(64) *Id.* at 110–111; Maine, supra note 11, at 271 (Beacon ed. 1970); および表1。

(65) Gluckman, supra note 35, at 174. レイモンド・ファースは，未開社会における経済関係の「人格化 (personalization)」について述べている。Raymond Firth, *Primitive Polynesian Economy* 315, 350 (1939). ナッシュ (Nash, supra note 14, at 49) は，市場取引における「仮想的親族……の慣用句」の用法を描写している。

(66) マーシャル・サーリンズは，未開な通商の安全を強化するためのもう1つの装置について述べている――彼はそれを経済的「良策 (good measure)」と呼ぶ――が，その意味は，買い手が売り手に多めに支払うことによって将来彼を大事に扱ってくれるよう売り手を懐柔することを指す。Sahlins, supra note 5, at 303–304. 売り手が信頼を裏切れば，買い手が顧客であることをやめてしまうかもしれないので，多めの支払は売り手が信頼を裏切る費用を増加させる。そうした習慣の経済的基礎について，Gary Becker & George J. Stigler, "Law Enforcement, Malfeasance and Compensation of Enforcers," 3 *J. Legal Stud.* 1, 6–13 (1974).

最後に，市（バザール）それ自体は，情報やコミュニケーションの費用の高さへの1つの適応とも考えられよう。それらの費用ゆえに，売り手と買い手が顔をつき合わせる以外には，売り注文と買い注文とをプールすることは難しいのである。

(67) J.L. Hermessen, "A Journey on the River Zamora, Ecuador," 4 *Geo. Rev.* 434, 446 (1917) は，ジバロ・インディアンの迂遠な言い回しを，「微妙な事柄を論じる際の，我々の政治家の間に見られる慎重な語法」と比較している。

(68) Edward P.J. Corbett, *Classical Rhetoric for the Modern Student* 73 (2d ed. 1971).

(69) *Id.* at 35.

(70) 未開社会のレパートリーの中にある，シグナリングのためのもう1つの装置は，名誉感覚（もう少し崇高さを控えて言えば，怒りっぽさ）である。これについては前章で論じた。さらに Gluckman, supra note 35, at 232; E.E. Evans-Pritchard, supra note 11, at 151; Mair, supra note 9, at 40 を見よ。復讐への意欲は，侮辱に対する高度に発達した感受性によってシグナルされるが，そうした意欲こそ，法執行のための公式の制度がない社会における重要な攻撃抑止要因である。若干の証拠は，Robert A. LeVine, supra note

46, at 54 に見られる。彼は，政治的価値の保有と強い名誉感覚との間に負の相関を見出している。

第七章注

(1) 初期の諸社会についての私の主な資料は，Henry Sumner Maine, *Ancient Law* (1861: Beacon ed. 1970); A.S. Diamond, *Primitive Law Past and Present*, pt. 1(1971) である。Harold J. Berman, "The Background of the Western Legal Tradition in the Folklaw of the Peoples of Europe," 45 *U. Chi. L. Rev.* 553 (1978). 未開諸社会についての私の主な資料は，R.F. Barton, *The Kalingas: Their Institutions and Custom Law* (1949); Max Gluckman, *The Ideas of Barotse Jurisprudence* (1965), and his *Politics, Law, and Ritual in Tribal Society* (1965); Walter Goldschmidt, *Sebei Law* (1967); P.H. Gulliver, *Social Control in an African Society: A Study of the Arusha: Agricultural Masai of Northern Tanganyika* (1963); E. Adamson Hoebel, *The Law of Primitive Man: A Study in Comparative Legal Dynamics* (1954); P.P. Howell, *A Manual of Nuer Law: Being an Account of Customary Law, Its Evolution and Development in the Courts Established by the Sudan Government* (1954); Leopold Pospisil, *Anthropology of Law: A Comparative Theory* (1971); Valentin A. Riasanovsky, *The Customary Law of the Nomadic Tribes of Siberia* (1965); John Phillip Reid, *A Law of Blood* (1970); Simon Roberts, *Order and Dispute* (1979); I. Schapera, *A Handbook of Tswana Law and Custom* (1938); *Ideas and Procedures in African Customary Law* (Max Gluckman ed. 1969); *Law and Warfare* (Paul Bohannan ed. 1967); *Readings in African Law* (E. Cotran & N.N. Rubin eds. 1970).

(2) 例えば Maine, supra note 1, at 364.

(3) William M. Landes & Richard A. Posner, "Adjudication as a Private Good," 8 *J. Legal Stud.* 235, 242–245 (1979).

(4) Diamond, supra note 1, ch. 21. そうした奇怪な方法も，取引費用が極めて高いため人々が自分自身の力で，即ち神に頼らずには事実調査を試みようともしないところでは，合理的であるかもしれない。

(5) Max Gluckman, *The Judicial Process among the Barotse of Northern Rhodesia*, ch. 3, 107–8 (1955);

and his "Reasonableness and Responsibility in the Law of Segmentary Societies," in *African Law: Adaptation and Development* 120 (Hilda Kuper & Leo Kuper eds. 1965); Pospisil, supra note 1, at 236–238.

（6） I. Schapera, "The Sources of Law in Tswana Tribal Courts: Legislation and Precedent," 1 *J. Afr. Law* 150 (1957) における「記念物 (remembrancers)」の議論を見よ。

（7） 例えば Barton, supra note 1, at 164–167. 有名な一例は、「イーリアス」第十八書の「楯の場面」である。この場面で言及されている二タレント（当時の量目——訳者）の黄金は裁判官への報酬である、というメインの解釈は広く受容れられて来た。Maine, supra note 1, at 364; Robert J. Bonner and Gertrude Smith, *The Administration of Justice from Homer To Aristotle* 38–40 (1930). 何らかの未発達な政府を持つような未開社会においてさえ、判事はせいぜい準・公的人物であり、たとえ金を貰うにせよそれは訴訟当事者からの報酬であった。 例えば Riasanovsky, supra note 1, at 12.

（8） ローマ法およびイギリス法における法的擬制については、Maine, supra note 1, ch. 2 を見よ。衡平法や立法が出現するためには、通常の未開社会におけるよりも精緻な統治構造が必要である。法的擬制もまた、未開諸社会では稀なようである。この点に関しての有益な議論が、T.O. Beidelman, "Kaguru Justice and the Concept of Legal Fictions," 5 *J. Afr. Law* (1961) に見られる。しかしながら、親族の擬制は時々見られる。また、人為的・「法形式的 (legalistic)」な推論はしばしば見られる。例を挙げれば、あるアフリカの部族では、自分の親族を殺した者は他所者を殺した者よりも少ない賠償金を支払えばよい。その根拠は、その親族の構成員である殺人者は、親族が受け取るあらゆる賠償金の分け前を請求する権利を持つからである。Robert Redfield, "Primitive Law," in *Law and Warfare*, supra note 1, at 3, 12. こうした推論は馬鹿げているが、ルール自体は経済学的に了解できる。殺人者と犠牲者とが同じ親族の構成員である場合には、発覚の確率が高いため、最適な罰金額は低くなるのである。しかし、こうしたルールは、本文で言っているような意味の法的擬制、即ち時代錯誤的・逆機能的なルールを回避するための装置としての法的擬制の例ではない。

（9） Harold Demsetz, "Toward a Theory of Property Rights," 57 *Am. Econ. Rev. Papers & Proceedings* 347, 351–353 (1967).

(10) 例えば David E. Ault & Gilbert L. Rutman, "The Development of Individual Rights to Property in Tribal Africa," 22 *J. Law & Econ.* 163 (1979). Cf. Douglass C. North & Robert Paul Thomas, *The Rise of the Western World: A New Economic History* (1973).

(11) 例えば Melville J. Herskovits, *Economic Anthropology* 368–370 (2d rev. ed. 1952); Barton, supra note 1, at 89–98; Schapera, supra note 1, at 201, 205, 207; Maine, supra note 1, ch. 8.

(12) この命題を多少とも経験的に補強するような発見が，プライアーによってなされている。即ち，土地の賃貸や労働契約は，財の市場に比べると，社会がかなり発達してから発生するという点である。Frederic L. Pryor, *The Origins of the Economy: A Comparative Study of Distribution in Primitive and Peasant Economies* 126–127, 141 (1977). 更に，第六章の表1において，財の相互的交換が財の市場交換に殆んど道を譲った後にも，労働の相互的交換がどれほど根強いかに注目せよ。おそらく，土地賃貸や労働雇用（土地の耕作その他の目的の）をするための市場取引費用は，賃借人や労働者の限界生産物の測定の困難性，そして彼らが努力するよう監視することの困難性によって，単に財を売る場合の費用よりも高くなるからであろう。Cf. M.I. Finley, *The Ancient Economy* 65 (1973).

(13) この示唆に沿う形で，プライアー (Pryor, supra note 12, at 137) は土地賃貸借の存在と一夫多妻制の存在との間に負の相関を見出している。妻たちを監督する費用の方が（他の）農場労働者を監視する費用よりも安くなるかもしれない理由は，妻がその一部を自分の息子に食べさせるために育てる食物は，夫と妻との一種の共同消費であるからである。かくして夫は，自分の息子に食べさせるという便益を，妻の努力を監視する必要なしに得ることができる。

(14) 例えば，南アフリカの部族法の下では，一夫多妻主義者の妻たちのそれぞれによって耕作された土地は別個の不動産となり，夫が死ねばその結婚による長男に承継されるため，夫の全財産は死と共に分散することになる。A.J. Kerr, *The Native Law of Succession in South Africa* 35, 54 (1961); 4 N.J. van Warmelo, *Venda Law* 815, 899 (1949). 一夫多妻制と長子相続制との結合も，均分相続のルールという同様の結果をもたらすことに注意せよ。但し，それはごく小さい単位までの分割を強制することも多いため，効率性はより低くなる。資本財（家畜）が殆んど完全に分割可能な遊牧民において，均分相続がしばしば見られる。Austin Ken-

nett, *Bedouin Justice: Law and Custom among the Egyptian Bedouin*, ch. 10 (1925).

(15) 例えば Diamond, supra note 1, at 189; Goldschmidt, supra note 1, at 157. Cf. Vernon L. Smith, "The Primitive Hunter Cultures, Pleistocene Extinction, and the Rise of Agriculture," 83 *J. Pol. Econ.* 727, 742–743 (1975).

この節の分析は、土地所有権に関するものであった。他の種類の財産権に関する立場は、もっと近代法のそれに近い——常に、親族の人々の権利がもたらす「権利にかかる叢雲」を逃れることはできないが。ある男の親族が権利を通常主張できない数少ない財の一つは、その男の妻である（但し親族は、必要な際には、さもなければ夫の父に納められるはずであった、妻やその子供たちの農業余剰を請求することはできる）。女性が（比較的）親族の請求を免除されていることは、未開諸社会で彼女たちが、結納金で測定する限り極めて価値ある財とされていることの、もう一つの理由である。

(16) 例えば、もしAがBに何かを一個二ドルで売ることに合意し、合意した通りに引き渡したのに、引き渡し直後にその財の価格が一ドルに下落したことを理由にBが支払を拒否したとすれば、純粋に返還的な救済策（例えば、Aがその財を取り戻す）では契約の危険転嫁機能を実現しえないことになる。契約法に関する基礎的な経済学につき、*The Economics of Contract Law* (Anthony T. Kronman & Richard A. Posner eds. 1979); Richard A. Posner, *Economic Analysis of Law*, ch. 4 (2d ed. 1977) を見よ。

(17) 複婚と相続については第六章で論じたため、ここではこれ以上検討しない。

(18) 未開社会の家族法において、一般に複雑さが意識されていることにつき、5 N.J. Van Warmelo, *Venda Law* (1967) を見よ。

(19) Lucy Mair, *Marriage* 57 (2d ed. 1977).

(20) この点に関する若干の証拠として、A.R. Radcliffe-Brown, "Introduction," in *African Systems of Kinship and Marriage* 17 (A.R. Radcliffe-Brown & Daryll Forde eds. 1950) における、大きな親族集団と固定化した補償金や分け前についての議論を、また Max Gluckman, "Kinship and Marriage among the Lozi of Northern Rhodesia and the Zulu of Natal," in *id.* at 166, 194 における、変動的な結納金とそれに関わる親族の数の少なさについての議論を、また、S.F. Nadel, "Dual Descent in the Nuba Hills," in *id.* at 331, 341–342. Cf. Günter Wagner, "The Political

Organaization of the Bantu of Kavirondo," in *African Political Systems* 197, 222–223 (M. Fortes & E.E. Evans-Pritchard eds. 1940) における、最適な親族の規模についての議論をそれぞれ参照せよ。

財産権の共有権化と、慣習による価格や分け前との間には、一般に相関関係が認められる。例えば、狩猟が集団で行われる場合、あるいは(もっと結納金の事例に近い例を挙げれば)獲物を親族集団で分け合ったり、時には集落や村全体で分け合ったりすることによって、その社会の保険原理が成り立っている場合には、未開法はしばしば分け前を厳格に規定することによって、多数当事者間の交渉を回避している。例えば Barton, supra note 1, at 85–86. 各親族集団や村に族(村)長がいて、彼が集団を代表して交渉し構成員に収益を分配することによっても、同じような回避は可能であろう。そうした人物も未開社会に登場するが、その場合には、その社会は国家になる途上にあると考えられるかもしれない。親族集団や村レベルにおいてさえリーダーシップが弱体である場合には、慣習的な価格や分け前が、重要な分配上の役割を果たす。

(21) この第一の段階は仮説的なものである。これに関する若干の証拠として、Mair, supra note 19, at 110–111 を見よ。

姉妹の交換、将来義父となる人のための労働、花嫁の親族との同居などを含む、ある種の非金銭的交換の形態が、歴史的には結納金に先行するのが普通である。また、ある種の結婚においては、結納金でなく持参金の支払(一般には、花嫁の親族から花嫁への遺産の事前分配)が行われる。これらの諸変種の一部については、後に扱うことにする。

(22) 例えば David P. Barash, *Sociobiology and Behavior* 147–150 (1977); Edward O. Wilson, *On Human Nature* 125–126 (1978).

(23) Cf. Barash, supra note 22, at 294. このことは、結納金システムを樹立する上で、必ず女性がイニシアティブをとるという意味ではない。私の考えでは、彼女たちはそうはしない。しかし男性たちは、娘により適切な相手を保証してくれるそうした制度によって、遺伝的な意味で便益を得ることになる。

(24) 例えば Harold E. Driver, *Indians of North America* 225 (2d rev. ed. 1969).

(25) Harold K. Schneider, *Economic Man: The Anthropology of Economics* 145 (1974).

(26) Becker, "Marriage: Monogamy, Polygamy, and Assortative Mating" (mimeo., U. Chi. Dept. Econ. Oct.

1978).

(27) 結納金についてのもう一つ可能な説明としては、それが娘の親族に次のいずれかを補償するものである、とも考えられる。(1)彼女のために、求婚者をふるい分けてやる費用。と言うのも、彼女は通常小娘であって、自分の受けた求婚を比較する能力がないことは明白であるから。(2)あるいは、彼女を良い妻として訓練するための投資。

持参金の支払、ないし負の結納金については、私の分析ではまだ説明されないままである。おそらく持参金は、花嫁への（裕福な）両親からの贈り物である。このことは、持参金の支払が結納金の支払と比べて、より豊かな社会で見られるという事実と整合的である。Pryor, supra note 12, at 357, 364–366.

(28) Diamond, supra note 1, at 183, 249; Mair, supra note 19, at ch. 11. 十九世紀半ばまで、イギリスでは、議会の決議なしに離婚は不可能であった。ローマ・カトリックの諸国では、いかなる理由によっても伝統的に離婚は不可能である。但し、代替的措置として、取り消しが認められることも時にはあった。

(29) 例えば *id* at 189; Pryor, supra note 12, at 430.

(30) Barash, supra note 22, at 295, 308.

(31) 更に、未開諸社会の女性たちは家の外でも仕事（特に農業労働）をするのが普通であるから、近代諸社会の女性たちの多くよりも自活に有利な立場にある。

(32) Gary S. Becker, *The Economic Approach to Human Behavior* 225–226 (1976).

(33) もちろん、結納金は花婿の親族集団にとって安いものではない。しかし、それは二つの親族集団間の移転支出にすぎない——一方にとっての損失が他方にとっての利得となる——から、社会全体にとっては安いものになる。結納金が家畜その他の食用になる生産物の場合には、そうした生産物の蓄積を誘導するという付随的目的にも役立つし、蓄積された生産物は今度は飢餓保険の重要な一形態をもたらすことになる。Marguerite Dupire, "Trade and Markets in the Economy of the Nomadic Fulani of Niger (Borono)," in *Markets in Africa* 333, 338–339, 359 (Paul Bohannan & George Dalton eds. 1962). ここでは、保険としての家畜の「蓄積」について記述されている。

(34) Becker, supra note 32, at 241.

(35) 夫は、妻に離婚への「同意」を強制するために、妻が生活を維持できないようにすることもできた。自発性の認定は困難であり、心理状態に基礎を置くような法的基準が、法システムの発展の上で後の時期まで誕生しなかった理由の一つがそこにある。

(36) 厳格な離婚法は，結婚に関わる不安定性を減らすから，言い換えれば結婚の保険機能を高めることになる。そうした法は，将来結婚の相手となるべき人の適性をふるいにかけるための投資の最適水準を高める。というのも，離婚ができない場合には，不適性の費用はより大きくなるからである。

(37) 「補完的親子関係」につき，例えば Robin Fox, *Kinship and Marriage: An Anthropological Perspective* 132–133 (1967) を見よ。また，Daryll Forde, "Double Descent among the Yakö," in *African Systems of Kinship and Marriage*, supra note 20, at 329 をも見よ。

(38) 資料として，前出注（1）に示したもののほかに，L.T. Hobhouse, "Development of Justice," in 2 *Evolution of Law* 128 (Albert Kocourek & John W. Wigmore eds. 1915); Richard R. Cherry, "Primitive Criminal Law," in *id.* at 122; Austin Kennett, *Bedouin Justice*, ch. 6 (1925); T.P. Ellis, *Welsh Tribal Law and Custom in the Middle Ages* (1926); David Friedman, "Private Creation and Enforcement of Law: A Historical Case," 8 *J. Legal Stud.* 399 (1979); Marc Bloch, *Feudal Society* 123–130 (L.A. Manyon trans. 1961); Sally Falk Moore, *Law as Process*, ch. 3 (1978); *The Lombard Laws* 7–11 (Katherine Fischer Drew trans. 1973). ここで論じた問題の一部は第八章でも論じることにする。

(39) 但し，後の刑法についての節を見よ。

(40) そのため，いくつかの社会では，血讐金を支払えない加害者は代わりに子供を与えることが許されている。Diamond, supra note 1, at 265.

血讐と補償金との中間的な段階が決闘である。これは戦闘における資源支出を節約するような補償法である。Redfield, supra note 8, at 9. 未開社会の責任法における決闘と血讐との関係は，家族法における母方居住婚と掠奪婚の関係と同じである。

(41) Gary S. Becker, "Crime and Punishment: An Economic Approach," 76 *J. Pol. Econ.* 169 (1968); Richard A. Posner, "Optimal Sentences for White Collar Criminals," 17 *Am. Crim. L. Rev.* 409 (1980).

(42) 例えば Barton, supra note 1, at 244; Diamond, supra note 1, at 264–265; Moore, supra note 38, at 120; Reid, supra note 1, at 83–84; Wagner, supra note 20 at 218–219.

(43) 近代法にも似たような事情はある。例えば、「使用者責任（respondeat superior）」の理論の下では、使用者は従業員が業務遂行中に行う不法行為に責任を負う。こうした責任についての（経済学的）説明は、それがあることによって、使用者は従業員の行動を監視する動機を得ることになる、というものである。Richard A. Posner, "A Theory of Negligence," 1 *J. Legal Stud.* 29, 42–43 (1972).

(44) Cf. J.C. Vergouwen, *The Social Organization and Customary Law of the Toba-Batak of Northern Sumatra* 365 (1964).

(45) Robert Nozick, *Anarchy, State, and Utopia* 118–119 (1974).

(46) Fox, supra note 37, at 47–49, 150.

(47) Bloch, supra note 38, at 137–138, 142.

(48) 例えば Diamond, supra note 1, at 58–59, 65, 66, 269–270; Howell, supra note 1, at 70; Charles Dundas, "The Organization and Laws of Some Bantu Tribes in East Africa," 45 *J. Royal Anthro. Inst.* 234, 279–283 (1915).

(49) ここでも、近代の不法行為に関する「使用者責任」原理との類似性が見られる。前出注（43）を見よ。

(50) 特に、典型的なサンクションが報復から補償金に代わったところでは、そうである。若干の証拠として、Friedman, supra note 38, App. I を見よ。

(51) Gulliver, supra note 1, at 127–134.

(52) *African Homicide and Suicide* 237, 256 (Paul Bohannan ed. 1960).

(53) 前出六章注（5）も参照。

(54) Diamond, supra note 1, at 63–64, 76.

(55) 例えば、あなたが殺した男の親族や、あなたの親族を殺した男と食事を共にするのが不幸なことと考えられているとしよう。あなたの殺したのが見知らぬ人であれば、彼の親族が誰かはあなたにはわからない。彼の親族と絶対に食事を共にしないための唯一の方法は、あなたのしたことを広言し、犠牲者の親族があなたとの食事を避けるよう仕向けることである。Barton, supra note 1, at 241; Gluckman, *The Ideas of Barotse Jurisprudence*, supra note 1, at 219. 別の社会では、誰かを殺した後に（公的な）儀礼的清めを受けなかった人は痒くなり、死ぬまで掻き続けることになると信じられている。Goldschmidt, supra note 1, at. 97. 殺人者に自分の素性を明かすように動機づける装置が特に重要であるのは、もし殺人者の素性がわからなければ、彼の親族集団の集団責任を機能させる基礎がなくなる——どの集団が責任を負うのか特定できない——からである。

(56) Diamond, supra note 1, at 222. しかし、そのように見えるのは、ある程度までは、未開社会における財産権の多くが共有的性質のものであることによるのかもしれない。共有者の一人にとっての損失は極めて些細なものであるため、わざわざ泥棒を捕まえて罰するまでもないのである。

(57) Becker, supra note 41.

(58) ムーア (Moore, supra note 38, at 93-94) は近代法にも厳格責任の例は多いことに注目しつつ、厳格責任対過失責任という形で未開社会と近代社会を対比することが、どこまで明確になしうるかに疑問を投げかけている。しかし彼女は、近代法よりも未開法において厳格責任がより普通であるという命題そのものを疑問としているのではないようである。未開社会の厳格責任の極端な例としては、ホメーロスの社会で過失の殺人と故意の殺人が区別されていない点が挙げられる。そこでは両者が同様に罪を問われるのである。A.W.H. Adkins, *Merit and Responsibility* 52-53 (1960).

(59) Posner, supra note 16, at 137-142, 441-442.

(60) 「回避可能」な侵害とは、侵害の期待費用よりも低い費用で防止されえた侵害という意味である。故意による侵害も、ネグリジェンスによる侵害も、この意味で回避可能でありうる。

(61) 例えば J. Walter Jones, *The Law and Legal Theory of the Greeks* 261 (1956); Roberts, supra note 1, at 46, 108-109.

(62) Diamond, supra note 1, at 78; Maine, supra note 1 at 366.

(63) *Id.* at 367.

(64) Max Gluckman, *The Ideas in Barotse Jurisprudence*, supra note 1, at 223.

(65) A.L. Epstein, "Injury and Liability in African Customary Law in Zambia," in *Ideas and Procedures in African Customary Law* 292, 300-301 (Max Gluckman ed. 1969).

(66) 例えば Goldschmidt, supra note 1, at 91, 98, 107-108. こうした結果は、単に未開社会の法執行が親族に基礎を置いていることから来るのかもしれない。

(67) 更に、家族内殺人（ないし傷害）の場合には保険のための責任は不要である。被害者と彼の家族は、彼らの親族に援助を請求する権利を既に持っているからである。

(68) ある部族は、事故の費用を加害者と被害者で五分五分に分ける。Riasanovsky, supra note 1, at 146–147.

(69) U.S. Dept. Transportation, *Motor Vehicle Crash Losses and Their Compensation in the United States* 90 (1971); Alfred F. Conard et al., *Automobile Accident Costs and Payments* 178–179 (1964).

(70) 例えば、Diamond, supra note 1, at 260.

(71) *Id. at* 74–75, 85, 92, 273, 293.

(72) このことは、人類学者の誰も驚かせないであろう。例えば、Manning Nash, *Primitive and Peasant Economic Systems* 49 (1966) 参照。未開人は経済的に合理的であったということを示唆する際に、私は彼らの意識状態については なにも述べてはいないということを、もう一度強調しておきたい。経済学者にとって合理的な行動とは、意識的というよりも結果の問題であり、その点では、伝統的な人類学における機能性 (fanctionality) の概念に似ている。例えば、Radcliffe-Brown, supra note 20, at 62, 83; A.R. Radcliffe-Brown, *Structure and Function in Primitive Society: Essays and Addresses*, ch. 9 (1952) 参照。

(73) William M. Landes & Richard A. Posner, "Salvors, Finders, Good Samaritans, and Other Rescuers: An Economic Study of Law and Altruism," 7 *J. Legal Stud.* 83, 118–119 and n.88 (1978) 参照。

第八章注

(1) John Rawls, "Two Concepts of Rules," 1 *Philosophical Rev.* 3, 4–5 (1955). 同様の定義に関しては、A.C. Ewing, *The Morality of Punishment* 13 (1929) 参照。支持者と反対者双方による、応報理論の意義および倫理的な根拠に関するその他の議論については、K. G. Armstrong, "The Retributivist Hits Back," 70 *Mind* 471 (n.s. 1961); Max Atkinson, "Justified and Deserved Punishment," 78 *Mind* 354 (n.s. 1969); Sidney Glendin, "A Plausible Theory of Retribution," 5 *J. Value Inquiry* 1 (1970); H.L.A. Hart, *Punishment and Responsibility* 230–237 (1968); Donald Clark Hodges, "Punishment" 18 *Philosophy & Phenomenological Research* 209 (1957–1959); John Kleinig, *Punishment and Desert* (1973); John Laird, "The Justification of Punishment" 41 *The Monist* 352 (1931); Herbert Morris, "Persons and Punishment," 52 *id.* 475 (1968); C.W.K. Mundle, "Punishment and Desert," 4 *Philosophical Q.* 216, 221 (1954); Lisa H. Perkins, "Suggestion for a Theory of Punishment," 81

Ethics 55 (1970); John Plamenatz, "Responsibility, Blame, and Punishment," in *Philosophy, Politics & Society* 173 (Peter Laslett & W.C. Runcimann eds. 3d ser. 1967) 参照。応報アプローチを特に果敢に擁護するのは，C.S. Lewis, "The Humanitarian Theory of Punishment," in *Theories of Punishment* 301 (Stanley E. Grupp ed. 1971) 参照。私が知っている応報の経済分析は，一つだけである。即ち，Donald Wittman, "Punishment and Retribution," 4 *Theory & Decision* 209 (1974) である。ウィトマンは，現代の刑事法の多くの特徴は応報概念の残存を反映していると主張している。

(2) 応報についてのカントの見解は，前出注（1）のホッジスの論文において論じられている。未開および古代社会における実際の応報の慣行について論じた文献は非常に多い。いくつかの例をあげると，Paul Bohannan, *Law and Warfare* (1967); David Daube, *Studies in Biblical Law*, ch. 3 (1969); E. Adamson Hoebel, *The Law of Primitive Man* (1954).

(3) 例えば，Thomas, C. Schelling, *The Strategy of Conflict*, ch. 5 (1960); Richard A. Posner, "Gratuitous Promises in Economics and Law," 6 *J. Legal Stud.* 411 (1977) 参照。

(4) Gary S. Becker, "Altruism, Egoism, and Genetic Fitness: Economics and Sociobiology," 14 *J. Econ. Lit.* 817 (1976) 参照。

(5) これは，全く新しいものではない。経済学者は，時折嫉妬について論じてきた。家族内における嫉妬に関する最近の，精力的な分析については，Gary S. Becker, "Altruism in the Family" (U. Chi. Dept. Econ., June 1979) 参照。

(6) Donald T. Campbell, "On the Genetics of Altruism and the Counter-Hedonic Components of Human Behavior," 28 *J. Soc. Issues* no. 3, at 21, 27 (1972). また，前出注（5）のベッカーの論文参照。

(7) Robert L. Trivers, "The Evolution of Reciprocal Altruism," 46 *Q. Rev. Biology* 35, 49 (1971); J. Hirshleifer, "Natural Economy versus Political Economy," 1 *J. Soc. & Biological Structures* 319, 332, 334 (1978) 参照。ハーシュリーファーは，「その発露が感情によって保障されている反攻的な応答」について語っている。*Id.* at 332.

(8) Trivers, supra note 7, at 49. トライバースは，報復は「なされた犯罪と全く不均衡であるように見えることがしばしばある。友人たちは，明らかに些細な口論を理由として殺される場合すらある。しかし、生存中何度も繰り返される些細な不均衡は、比較的妥当な一つの重大な犠牲によって償われるのであるから、言い逃れの傾向が発見される場合には強力なみせしめとしての攻撃が好ましいものとして選択されるであろう」、と述べている。

(9) Benjamin Klein & Keith B. Leffler, "The Role of Price in Guaranteeing Quality" 35 n. 40 (n.d., Disc. Paper no. 149, U.C.L.A., Dept. Econ.) 参照。

(10) Benjamin Klein, Robert Crawford, & Armen A. Alchian, "Vertical Integration, Appropriable Rents, and the Competitive Contracting Process," 21 *J. Law & Econ.* 297, 305 n. 18 (1978).

(11) 例えば、Douglas M. MacDowell, *The Law in Classical Athens*, ch. 4 (1978); 2 Leon Radzinowicz, *A History of English Criminal Law and Its Administration from 1750* (1957) 参照。

(12) 第七章の厳格責任の節において論じた。

(13) 例えば、Lucien Lévy-Bruhl, *The "Soul" of the Primitive* 104 (Lilian A. Clare transl. 1928); Morris, supra note 1, at 478; Friedrich Nietzsche, "On the Genealogy of Morals," in Friedrich Nietzshe, *On the Genealogy of Morals and Ecce Homo* 63 (Walter Kaufmann trans. 1967) 参照。

(14) この見解を代表するいくつかの論述については、M.J.L. Hardy, *Blood Feuds and the Payment of Blood Money in the Middle East* 32 (1963); Geoffrey MacCormack, "Revenge and Compensation in Early Law," 21 *Am. J. Comp. Law* 69, 74 (1976); Perkins, supra note 1, at 56; Leopold Pospisil, "Feud," in 5 *International Encyclopedia of the Social Science* 389 (1968) 参照。尚、Armstrong, supra note 1, at 487 と比較せよ。

(15) 古代ギリシアにおけるけがれについては、Arthur W.H. Adkins, *Merit and Responsibility*, ch. 5 (1960); 1 Robert J. Bonner & Gertrude Smith, *The Administration of Justice from Homer to Aristotle* 53–55 (1930); E.R. Dodds, *The Greeks and the Irrational* 35–37 (1951); J. Walter Jones, *The Law and Legal Theory of the Greeks: An Introduction* 254–257 (1952); Douglas M. MacDowell, *Athenian Homicide Law* (1963), especially ch. 14; Erwin Rhode, *Psyche* 176–179, 294–297 (1925) 参照。種々の未開および古代社会におけるけがれについては、Mary Douglas, *Purity and Danger* (1966) 参照。紀元前

五世紀および四世紀のアテーナイにおけるけがれに関する，本書のこの部分の私の議論は，第五章において定義した未開および古代社会よりも範囲を拡大している。というのは，当時のアテーナイは文字文化以前の社会ではないからである。

(16) 「アガメムノーン」における世襲的な責任に対する懐疑的な見解については，Michael Gagarin, *Aeschylean Drama* 62–64 (1976) 参照。

(17) Douglas, supra note 15; also Elizabeth Colson, *The Plateau Tonga* 107–109 (1962); Meyer Fortes, “The Political System of the Tallensi of the Northern Territories of the Gold Coast,” in *African Political Systems* 239, 253 (Meyer Fortes & E.E. Evans-Prichard eds. 1940); E. Adamson Hoebel, *The Law of Primitive Man* 156–159 (1954); E.M. Meek, “Ibo Law,” in *Essays Presented to C.G. Seligman* 221 (E.E. Evans-Prichard et al. eds. 1934); E.L. Peters, “Some Structural Aspects of Feud among the Camel-Herding Bedouin of Cyrenaica,” 37 *Africa* 261, 264–265 (1967); J.M. Powis Smith, *The Origin and History of Hebrew Law* 49 (1931) 参照。いくつかの聖書上の例については，Num. 35 : 31–33; Deut. 19 : 13, 21 : 8–9; II Kings 24 : 4 参照。

(18) Hubert J. Treston, *Poinē* 307, 316, 318 (1923) 参照。

(19) Adkins, supra note 15, at 110–111 n. 18; Colson, supra note 17; Douglas, supra note 15, at 133–134; Lévy-Bruhl, supra note 13, at 93; MacCormack, supra note 14, at 81–82; Peters, supra note 17; Treston, supra note 18, at 339; Meek, supra note 17 参照。

(20) MacDowell, supra note 11, at 110–111 参照。殺人は，公的な犯罪ではなく，私的な犯罪とみなされていた。例えば，George M. Calhoun, *The Growth of Criminal Law in Ancient Greece* 109 (1927) 参照。マクドゥエルは，ギリシア学者の伝統的な仮説に反対して，親族（または，奴隷の場合には，その主人）以外の者が，殺人について訴追できたと主張していた。MacDowell, supra note 15, at 95; cf. *id.* at 17–18, 133–134 参照。しかしながら，殺人事件を訴追することに対して損害賠償の支払が行われなかったのであるから，親族でない者による訴追は稀であったに違いないし，マクドゥエルは，そのような訴追の例を全くあげていない。

(21) 1 Bonner and Smith, supra note 15, at 55 参照。

(22) 紀元前五世紀のアテーナイの家族が小規模であったことの，間接的ではあるが，累積的な説得的証拠については，

W.K. Lacey, *The Family in Classical Greece* 130, 165 (1968)；Zygmunt Niedzielski, *The Athenian Family from Aeschylus to Aristotle* 4, 60, 106 (1955) (unpublished Ph. D. diss., U. Chi.)；L.P. Wilkinson, "Classical Approaches to Population & Family Planning," *Encounter* 22 (April 1978). 参照。

(23) Dodds, supra note 15, at 34; Victor Ehrenberg, *The People of Aristophanes* 156 (1943); G. Glotz, *The Greek City and Its Institutions* 122 (N. Mallison trans. 1930) 参照。

(24) この点と一致するが，シャイアン・インディアンの間には部族の，殺人によるけがれの強い観念があることがわかる。そこにおいては，部族的結合はアフリカの部族と比較して非常に緩やかであった。K.N. Llewellyn & E. Adamson Hoeble, *The Cheyenne Way*, ch. 6 (1941) 参照。

(25) Treston, supra note 18, at 143–145. また，poinē の廃止に関しては，MacDowell, supra note 11, at 110 参照。

(26) 前出六章注 (35) 参照。

(27) Adkins, supra note 15, at 68–69 参照。

(28) Robert Flacelière, *Daily Life in Ancient Greece* 57, 196–197 (Peter Green trans. 1965)；Wesley E. Thompson, "The Marriage of First Cousins in Athenian Society," 21 *Phoenix* 273, 280–281 (1967).

(29) ほぼ同様の工夫はイギリスにおいて反逆者を処罰するために長い間使用されてきた。反逆者は死刑に処せられたのみならず，彼の財産は国家によって没収された。没収は彼に費用を負担させるものとなり，それゆえに，もし，彼の相続人の効用が，彼の効用の機能に積極的に関与するとすればそれは，反逆の抑止に資するであろう。彼の相続人を処罰することを通じて，ある人を処罰するこの方法は彼が財産を持っていることを必要とする。より貧困な社会においては，特に未開および古代社会においては自然界に関する情報費用が高いことが近代社会におけるよりも神の罰をより信じられるものとするという理由によって，殺人によるけがれという信念は没収の優れた代替手段となろう。垂直的な罰の形式に関するギリシアとイギリスのもう一つの違いは，イギリス人は，罰の効力を先祖と子孫の効用機能の相互性に依存していたことである。ギリシア人は，この点については，より「実用主義的に」，子孫の厚生に対する先祖の関心を呼び起こすために子孫が行う供儀に依存していた。

(30) Ehrenberg, supra note 23 (強調は付け加えた)。

(31)「隣人は狐よりも鋭い目を持っている。」*Id.* at 157. 更にまた，T.B.L. Webster, *Athenian Culture and Society* 40 (1974) 参照。

(32) Joel Feinberg, *Doing and Deserving* 238–241 (1970) 参照。

(33) 例えば，Gagarin, supra note 16, at 188 n. 27 参照。

(34) 例えば，Adkins, supra note 15, at 91 参照。

(35) 五世紀のアテーナイの人口は，五万二千人と推定されている。Webster, supra note 31 参照。

(36) Dodds, supra note 15, at 44 参照。ドッズ自身は，これを唯一の説明部分とみなしている。残りについては，彼は家族の諸変化に帰している。しかし，これらの諸変化は，私にとっては，社会的変化の原因というよりも結果であるように思われる。

(37) Laird, supra note 1, at 373–374 参照。

(38) MacDowell, supra note 15, at 29 参照。

(39) ローマにおける私的な法執行については，Alan F. Westin, *Privacy in Western History: From the Age of Pericles to the American Republic* 51 (Rep. to Assn. of Bar of N.Y. Special Comm. on Science and Law, Feb. 15. 1965). イギリスについては，2 Leon Radzinowicz, supra note 11. 参照。しかしながら，私的な法執行に対する報償金はギリシアにおいては，犯罪に対しては殆んど用いられなかった。MacDowell, supra note 11, at 62, 64 参照。

(40) もちろん，私の分析は，我々が考えるような危険な，または犯罪に付随するけがれ以外の，通常形態のけがれについてまで説明するものではない。Mary Douglas, "Pollution," 12 *International Encyclopedia of the Social Sciences* 336 (1968) 参照。

(41) 例えば，Adkins, supra note 15, at 88–91, 120ff., 129 n. 8; Gagarin, supra note 16, ch. 1. 参照。アドキンスは，けがれが道徳的カテゴリーか否かを問うた。しかしながらそれは，常に非難されるべき行為ではないとしても，彼らの行為のゆえに人々を見舞う不愉快な結果であることは間違いない。アドキンスの疑問は，近代人がいかに密接に道徳的責任と恥ずべきこととを関連づけて考えているかを示すものである。

(42) 例えば，Calhoun, supra note 20, at 16–17; Treston, supra note 18, at 75 参照。

(43) MacDowell, supra note 11, at 114–115. Jones, supra note 15, ch. 14. は，ギリシアの刑事法における精神的な

要素についての優れた議論である。

(44) Richard A. Posner, *Economic Analysis of Law* 137–138 (2d ed. 1977) 参照。

(45) より多くということが、罰が科される確率が一より少ないことを埋め合わせるために、まさに必要である。罰を科される確率が一である場合でさえも、犯罪に対する罰が単なる賠償金を超過しなければならない理由の説明としては、Guido Carabresi & Douglas Melamed, Property Rules, Liability Rules, and Inalienability: One View of the Cathedral," 85 *Harv. L. Rev.* 1089, 1125–1127 (1972) 参照。

(46) Gagarin, supra note 16, at 65 において強調されている。

(47) *Oresteia* の以前の劇、*Choephoroi* において強調されている。復讐のギリシア語 diképhoros が、文字通り「正義の担い手」を意味するということにもう一度留意することが重要である。

第九章注

(1) 商業上のプライバシーについてのグリーナボルトとノームによる研究については、以下において、議論の対象とし批判することとする。Richard A. Posner, "Privacy, Secrecy and Reputation," 28 *Buff. L. Rev.* 1, 2n. 7 (1979) で言及されている二つの研究は、プライバシーを個人が独りで生活すること、あるいは、核家族が彼らだけで生活することと定義し、そのような現象は、第二次世界大戦以降に急速に生じてきたと指摘している。私は、以下の各章で依拠したこれらの研究を別にすれば、それ以前に、プライバシーの経済分析を試みた論文を知らない。それらの論文の公表以来、プライバシーの経済分析に関するいくつかの論稿が、*J. Legal Stud.* (vol. 9, no. 3, Dec. 1980) の特別号に掲載された。そこで、私は、本章および次章において、これらの論稿のいくつかに論及するつもりである。

(2) 定義の試みとしては、例えば、Hyman Gross, "The Concept of Privacy," 42 *N.Y.U.L. Rev.* 34 (1967) および Judith Jarvis Thomson, "The Right to Privacy," 4 *Philos. & Pub. Aff.* 295 (1975) を見よ。

(3) E・ゴッフマンは、明示的に「不実表示」に言及しながら、しかし軽蔑的な含意を有しない言葉を用いて、彼の著書である *The Presentation of Self in Everyday Life* 58 (1959) において、この点を力説する。Roger Ingham, "Privacy and Psychology," in *Privacy* 35 (John B. Young ed. 1978).

(4) Sidney M. Jourard, "Some Psychological Aspects Privacy," 31 *Law & Contemp. Prob.* 307 (1966).

(5) Geoffrey R. Stone, "The Scope of the Fourth Amendment: Privacy and the Police Use of Spies, Secret Agents and Informers," 1976 *Am. Bar Found. Research J.* 1193, 1207. 右の論文に引用されている参照文献および、Edward A. Shils, *The Torment of Secrecy: The Background and Consequences of American Security Policies* 26 (1956) も見よ。

(6) Olmstead v. United States, 277 U.S. 438, 478 (1928) における、ブランダイス判事の反対意見。これは、人々が欲しない勧誘、騒々しい拡声器付きのトラック、あるいは猥褻な電話から自由である権利を持つべきか否かという問題として考えれば、出来のよい解答である。これらのプライバシーの権利の侵害は、それらが情報を得ようという努力を含まないがゆえに、本章で討論されるものとは異なっている。

(7) そのような口の重さは、西欧社会においてさえ、比較的最近の起源であると思われる。裸でいることに対する、中世ヨーロッパ人の態度については、Norbert Elias, *The Civilizing Process: The History of Manners* 163–165 (Edmund Jephcott trans. 1978) を見よ。

(8) この過程は、人種差別の文脈において、詳しく分析されている。例えば、Gary Becker, *The Economics of Discrimination* (2d ed. 1971); Harold Demsetz, "Minorities in the Market Place," 43 *N.C.L. Rev.* 271 (1965); および、同書の第十二章を見よ。有罪判決を受けた前科者や同性愛者などに対する差別事件においては、雇用に関しては平等に扱われるべきであると思われる。

(9) Charles T. McCormick, *McCormick's Handbook of the Law of Evidence* §43 (Edward W. Cleary ed., 2d ed. 1972) を見よ。

(10) 最低賃金法が、異なった集団の構成員による労働市場への接近過程を、いかに遅らせているかという点に注目せよ。この観察は、公的干渉が、以前の無分別な公的干渉の結果の修正を保障する、というお馴染みの主張に結びつく。しかし、新たな干渉もまた、無分別なものとなるかもしれない。この理由ゆえに、政府の以前の失敗は、新たな公的干渉の推進を正当化する十分な根拠を提供するものではない。

(11) 例えば、Gary S. Becker, *The Economic Approach to Human Behavior* (1976)、および同書の第一章を見よ。(ベッカーの同書第Ⅱ部は、非市場的環境における経済行動についての印象深い例を含んでいる。非市場部門には最低賃金法は存在しないので、不合理な反感は、市場部門における場合よりも取り除かれやすい。なお、前出注（10）参照。

(12) 例えば、Bilowit v. Dolitsky, 124 N.J. Super. 101. 304, A. 2d 774 (1973) を見よ。

(13) 作家たちが、貧しい人々の生活よりも富裕な人々の生活を、より身近なものとして知っているからではないことは確かである。例えば、シェークスピアの主人公たちは、国王や高貴な人々であるが、シェークスピア自身は貴族ではなかった。

(14) 「報道機関は、あらゆる方面で、適切性および良識の限度を明らかに踏み越えている。ゴシップは、もはや怠惰と堕落の源泉ではなくて、厚かましくも、産業によって取引される商品となったのである。……コラムというコラムは、怠け者の注意を引くために、怠惰なゴシップで満たされており、そうしたゴシップは家庭的領域内への侵入によってのみ入手可能である。」Samuel D. Warren & Louis D. Brandeis, "The Right to Privacy," 4 *Harv. L. Rev.* 193, 196 (1890).

(15) 「そこでは、他の商業部門と同様に、供給が需要を創出する」(*id.*)。

(16) David H. Flaherty, *Privacy in Colonial New England* 83 (1972); Thomas Gregor, *Mehinakui; The Drama of Daily Life in a Brazilian Indian Village* 89–90, 360–361 (1977); Alan F. Westin, *Privacy and Freedom*, ch. 1 (1967). 後出注（31）および第十章での議論と参考文献を見よ。プライバシーに関するグレゴールの発見は、Marvian Harris, *Cannibals and Kings: the Origins of Cultures* 12 (1977) に要約されている。それは以下の如く述べている。「個人的なプライバシーを探索することは、小さな村に住んでいる人々の日々の生活に浸透したテーマである。メヒナキュー・インディアンは、明らかに、彼ら自身の利益のために、お互いの仕事について多くのことを知っている。彼らは、踵や臀部の跡から、どこで一組のカップルが立ち止まり、道端で性的交渉を持ったかを語ることができる。見失われた矢は、その矢の所有者の良好な釣場を暴露する。木に立てかけられている斧は、中断された仕事について物語るのである。誰も、気付かれずに村を離れたり、村に入ったりすることはできない。プライバシーを守るためには、人々は囁かなければならない。藁の壁の他には、閉じられたドアはないのだから。」

(17) Staffan Burenstam Linder, *The Harried Leisure Class*, ch. 7 (1970) を見よ。

(18) 貧しい人々の借家とぴったり並んでいた、古代ローマの富裕な人々の家に関する，ウェスティンの叙述と比較せよ。Alan F. Westin, *Privacy in Western Society: From the Age of Pericles to the American Republic* 44 (Report to Assn. of Bar of City of N.Y. Spec. Comm. on Sci. and Law, Feb. 15, 1965). このパターンは，多くのヨーロッパの都市において今日まで残存しているが，合衆国では稀である。

(19) 私は既に，口の重さが不実表示と相関しないことと，自己防衛が秘匿の動機であることについて論じた。

(20) もし上述の分析が正しいならば，裸体主義や過度に無遠慮な言論あるいは集団療法，その他流行のテクニックによって社会の相互作用を増進させようという努力は，根本的に混乱をもたらすものである。シグナルとしての衣服については，Irwin Altman, *The Environment and Social Behavior: Privacy, Personal Space, Territory, Crowding* 36–37 (1975) を見よ。

(21) これに関連するものとして，男性ビジネスマンの整形手術に関する，Laurel Leff, "A Secret of Success: Be Good at Getting Wrinkles Ironed Out," *Wall St. J.* Nov. 15, 1979, p. 1 を見よ。

(22) Barbara W. Tuchman, *A Ditsant Mirror: The Calamitous 14th Century* 19 (1978).

(23) Jack Hirshleifer, "The Private and Social Value of Information and the Reward to Inventive Activity," 61 *Am. Econ. Rev.* 561 (1971) を見よ。

(24) シグナリングの経済学については，A. Michael Spence, *Market Signaling* (1974) を見よ。

(25) コモン・ロー上の著作権は，単に，不法侵入法の一側面にすぎなかったのではない。もし，Aが，Bの家屋内に合法的に滞在して，Bの原稿のゼロックス・コピーをとったとしても，その原稿を奪ったり破損させたりしなければ，窃盗や横領は成立しない。しかし，Bのコモン・ロー上の著作権の侵害は成立する。著作権法の最近の改正は，著作物が「あらゆる有形の表現媒体に固定される」時から，制定法上の保護を与えている〔1976 Copyright Act, 17 U.S.C. § 102(a)〕。

(26) 一度に大量の株を買い付ける場合には，有利な情報によって動機づけられることなく何度も小口取引する場合よりも，成り行き委せの取引である可能性は少ない。

(27) Anthony T. Kronman, "Mistake, Disclosure, Information, and the Law of Contracts," 7 *J. Legal Stud.* 1 (1978) を見よ。

(28) William L. Prosser, *Handbook of the Law of Torts*

698 (4th. ed. 1971).

(29)　中間的な例としては、法人の保管する記録に対する予審段階での開示を命ずる政策の影響がある。包み隠しのない記録は、量的にも少なくなるが、質的にも（特に巨大な）組織というものは、ある種の書類を保管することなしには機能し得ないのである。

(30)　Family Educational Right and Privacy Act of 1974, § 513, 20 U. S. C. § 1232g (1974)

(31)　クリフォード・ギアツは次のように書いている。「ジャワでは、人々は、小さな竹の壁でできた家に住んでいる。小さな家の各々には、大体いつも、一つの核家族が住んでいる……それらの家のまわりには、壁も垣根もないし、家の壁は薄くて粗い編壁である。更にふつうは、ドアさえない。家の中では、人々は、そこら中を何時でも歩き回り、外部の者でさえ、日中および夕方の早いうちは、殆んど何時でもかなり自由に家の中を歩き回る。

要するに、我々の言葉で言うところのプライバシーは、そのような概念としては、存在していないに等しいのである。……世帯内における関係でさえも、プライバシーは大いに制約されている。即ち、人々は、おだやかに話すし、彼らの感情を隠す。更に、ジャワ人の家族の内部においてさえ、人々は公共の広場にいるような感覚で、適切な礼儀正しさで行動しなければならない。ジャワ人は、エチケット（礼儀正しさの様式は大変高度に発達している）の壁や、感情的抑制や、話し言葉および行動の双方における率直さの一般的な欠如によって、相互に隔てられている。……したがって、ジャワにおいては、公的なものと私的なものとの間に、明確な分化は実際には存在しない。人々は、多かれ少なかれ、公的な場面でも私的な場面でも同じように、我々が堅苦しさと呼ぶようなやり方で行動するのである」（前出注（16）に掲げたウェスティンの未公刊論文の一六―七頁からの引用）。

言語上の形式性と公示性の関係について付随的に明らかなことは、文語的表現は口語的表現よりも、概ねより上品で文法的に正しくかつ形式的である点にある。その理由の一つは、口語的表現は、ジェスチャーやイントネーションなどの付随的表現を含んでいるからである。つまり、話し手は、意味上および文法上の正確さが不充分であるとしても、それらによって文語的表現と同様の明瞭さを得ることができる。しかし、もう一つの理由は、口頭のスピーチの聞き手は、書かれた文章の読み手よりも、典型的には小人数であるために話し手に対して親しみを有する点である。文章による表現は、言語の有する様々な形式的表現を駆使して正確性を獲得することを通じて、表現上の曖昧さという費用を低くし、結果的に費用として正当化される投資を縮減するのである。この潜在的曖昧性こそが、多人数の聴衆に対して話す人々が、通常、準備したテキストを用いて話をする理由の一つである。

(32) 例えば、犯罪の共謀者の間におけるような、ある種のコミュニケーションは、社会的な生産活動に関係しないことは確かである。これらの場合、限定的な盗聴が実際に許されるならば、それによるコミュニケーションを減少させる効果は、社会的観点から見ると、難点ではなくて利点である。なぜなら、それは、犯罪活動をより費用のかかるものにするからである。

(33) ウォーレンとブランダイスによって強調されている。Warren & Brandeis, supra note 14 at 200–201.

(34) 前に議論したバックレー修正法は、この傾向を例示している。その他の制定法については、次章で議論する。

(35) Kent Greenawalt and Eli Noam, "Confidentiality Claims of Business Organizations," in *Business Disclosure: Government's Need to Know* 378 (Harvey J. Goldschmid ed. 1979).

(36) Warren & Brandeis, supra note 14, at 196.

(37) この最後の点は、ビクトリア朝の堅苦しい時代背景の中で、詳細に指摘されている。ゴシップが明らかに害のないものである場合でさえ、それが広汎かつ永続的に流布する時には、潜在的に有害である。その害悪は、過小評価と歪曲という二重の意味がある。それは、物事の相対的な重要性を逆にすることによって過小評価し、その結果、人々の思考や願望を矮小化する。個人に関するゴシップが出版による権威づけを通じて、地域社会の真の関心事のために利用可能なスペースを埋めてしまう場合には、無学な人々や考えのない人々がその相対的な重要性を誤解することに何の不思議があるだろうか。理解の容易なゴシップ記事が、すべてを我々の隣人の不運や意思の弱さのせいとはなしえない人間の性質の弱い側面に訴えることを通じて、本来他の事柄をも受け入れ可能な頭脳をそれが占拠してしまうからと言って、誰も驚くに値しない。些細なゴシップ記事が、思考の強健さと感性の繊細さとを、同時に破壊する。ゴシップの退廃的な影響の下では、強い興味や豊富な刺激は生き残ることはできないのである。」*Id.* at 196.

(38) Edward J. Bloustein, "Privacy as an Aspect of Human Dignity: An Answer to Dean Prosser," 39 N.Y. *U.L. Rev.* 962, 1003 (1964).

(39) *An Anatomy of Values: Problems of Personal and*

Social Choice, 142 (1970). フリードが自らの見解を部分的に撤回したことは、Fried, "Privacy: Economics and Ethics: A Comment on Posner, 12 *Ga. L. Rev.* 423 (1978) を見よ。

(40) Walter Block, *Defending the Undefendable: The Pimp, Prostitute, Scab, Slumlord, Libeler, Money-lender, and Other Scapegoats in the Rogue's Gallery of American Society* 60 (1976) を見よ。

(41) プライバシーに関する最近の会議で配布された未公刊の論文中にある。

(42) 第四章におけるロールズの議論を見よ。

(43) William L. Prosser, "Privacy," 48 *Calif. L. Rev.* 383 (1960).

(44) Smith v. Dravo Corp., 203 F. 2d 369, 373 (7th Cir. 1953).

(45) E. I. duPont de Nemours & Co. v. Christopher, 431 F. 2d 1012, 1016 (5th Cir. 1970). 前出注(44)に掲げた Smith v Dravo Corp. 判決も見よ。

(46) この分野における法律上の諸原則についての良い要約としては、Prosser, supra note 28, ch. 20.

(47) 例えば、Pavesich v. New England Life Ins. Co., 122 Ga. 190, 50 S.E. 68 (1905) を見よ。

(48) Bloustein, supra note 38, at 988.

(49) 202 F. 2d 866 (2d Cir.), cert. denied 346 U.S. 816 (1953).

(50) *Id.* at 868. 類似の事件としては、"Note: The Right of Publicity—Protection for Public Figures and Celebrities," 42 *Brooklyn L. Rev.* 527, 534-541 (1976) を見よ。

(51) Shibley v. Time, Inc. 45 Ohio App. 2d 69, 341 N.E. 2d 337 (1975).

(52) 若干の雑誌社は、購読者に対し、他の雑誌社へ売却されるリストから、彼の名前を削除する選択権を提示している。しかし、この解決は、あらゆる雑誌社の勧誘を嫌うわけではなく、ある特定の雑誌社の勧誘を嫌う購読者(おそらく多数を占めると思われる)にとっては、不満足な結果となる。

(53) これは、Time Inc. v. Bernard Geis Assoc. 判決〔293 F. Supp. 130 (S.D.N.Y. 1968)〕が以下のように判示した後でさえも、変化していない。この判決は、著作権に対する例外として認められる「公正な使用」は、ケネディ大統領の暗殺についての本の中で、ザプルーダー氏が写した暗殺場面のフィルムを基に細部にわたる精密な木炭画として出版する行為にも拡張適用されると判示した。裁判所は、原告と雑誌を出版してはいない被告との間に競争がなかったことを強調した。また、その本は、写真それ自体を複製したわけではなかった。もう一つの経済的な考慮は、ザプルーダー氏が偶然に大統領の暗殺場面を撮影する機会にめぐまれたアマチュアであるという条件の下では、彼に対する充分な財産権の保護を否定しても、将来、そのような写真を撮影しようという誘因に影響を与えることはありえない、という点にある。

(54) この仮設的事例は、Griffin v. Medical Society of State of New York 事件〔11 N.Y.S. 2d 109 (Sup. Ct. 1939)〕の事実関係から示唆を得た。しかしながら、この事件では、出版は新聞ではなく医学雑誌上でなされたのであり、訴訟は、広告目的のための写真を盗用したという主張に基づいていた。Lambert v. Dow. Chem. Co. 事件 215 So. 2d 673 (La. App. 1968) が、この仮設事例により近い事件である。

(55) 162 So. 2d 474 (Ala. 1964).

(56) 112 Cal. App. 285, 297 P. 91 (1931).

(57) 主張された事実の中には、「彼が釈放された後、彼女は恥ずべき生活を止めて、完全に社会復帰したこと、および、一九一九年に彼女はバーナード・メルビンと結婚して彼らの家庭の世話を開始したこと、そしてその後は何時も、模範的・道徳的であるとともに誠実かつ正しい人生を送った」ことが述べられていた (112 Cal. App. at 286, 297 P. at 91)。

(58) 4 Cal. 3d 529, 483 P. 2d 34, 93 Cal. Rptr. 866 (1971).

(59) 過去の犯罪行為に関するプライバシーの権利は、犯罪者の社会復帰を推進する社会政策の基礎となり得るだろうか。Melvin v. Reid 事件における裁判所の意見の中に、この見解についてのヒントが存在する。しかし、社会復帰は、常習犯罪を減少させると同時に、刑罰の期待費用を減少させる。社会復帰を強調するシステムの中においても、犯罪が増加するか減少するかは、したがって不明瞭である。また、過去の犯罪の秘匿が、彼らの社会復帰の「公正な」方法であるか否か、という問題も存在する。なぜなら、それは、過去の犯罪者をそうとは知らないで取引する人々に対して、潜在的に重要な費用を課すからである。

メルビン判決の背後にあるもう一つの要素は、経済分析には適合しないが、過去の犯罪行為に関する情報に対して人々が非合理的に反応するという信念である。『不法行為法再説』は、過去の犯罪者であるバルジーンの例を示している。彼は、完全に社会復帰したのに、彼の過去のニュースが明るみに出されたため、生活が完全に破壊されたのである (American Law Institute, *Restatement* (*Second*) *of Torts* § 652D, illustration 26 (Tent. Draft No. 22, 1976)。彼が完全に社会復帰していたと仮定すれば、その情報がバルジーンの生涯を破滅させた責任を、彼を扱った人々の不合理さに転嫁することになる。たぶん『再説』の著者は、不合理さについてではなく、部分的な情報に基づく判決の合理的な基礎づけに言及していたのだろう。時にはその疑いを晴らすことができるような、ある種の完全な調査を行うことなしに、過去の犯罪行為に対して重大な反価値的評価を付与することは、不合理でもなくまた悪意のあることでもない。それは、情報費用を節約する1つの方法なのである。本書第IV部を見よ。

(60) Rawlins v. Hutchinson Publishing Co., 218 Kan. 295, 543 P. 2d 988 (1975); Don R. Pember & Dwight L. Teeter, Jr., "Privacy and the Press since Time, Inc. v. Hill," 50 *Wash. L.Rev.* 57, 81–82 (1974) を見よ。不法行為法の下で既に到達されていたこの帰結は、Cox Broadcasting Corp. v. Cohn 事件 (420 U.S. 496 (1975)) における合衆国最高裁判決によって補強されている。この判決は、連邦憲法修正第一条は、出版社(あるいは本件における放送機関)に対して、公共的記録に含まれている事柄はいかに些細であれ、すべて出版する特権を与えていると判示している。この判決は、その事実関係に疑問があるので、第十一章で議論する。

(61) 113 F. 2d 806 (2d Cir. 1940).

(62) しかし、サイディスは、彼の物語を書いたニュー・ヨーカー社のレポーターに、インタビューの許可を与えていたという別の事実も指摘されている。

(63) 348 Mo. 1199, 159 S.W. 2d 291 (1942).

(64) 『再説』の表現によれば、訴えることができる公表された事柄とは、「(a)合理的な人間に対して高度に攻撃的であり、かつ、(b)公共性について正当な関連がない、種類のもの」でなければならない (*Restatement*, supra note 59, at 20)。

(65) 本件においてもう1つの考慮されるべき点は、雑誌の購読者という事実の公表が、平均的な人間にとってプライバシーの侵害になるような高度に個人的な情報ではなかったという点である。プライバシーの侵害は、もし最初の雑誌の購読者が不快であると感じるような雑誌へそのリストが売却されれば、成立することもありうる。しかし、これは、重要な問題ではない。もし、『プレイボーイ』によって勧誘されるならば、『クリスチャン・マザーフッド』の多くの購読者は、不快に思うであろうことは疑問の余地はない。しかし、『プレイボーイ』の出版者は、『クリスチャン・マザーフッド』の購読者のリストを購入することを希望するとは思えない。いくらか類似のケースは、国勢調査を行う場合にも現れる。

国勢調査の事務局は、面接調査の対象となった企業や世帯から、必要な情報を買うべきことを要求されるであろうか。代価の支払を要求することは、もしその代価が一律であるならば、歪められたサンプルをもたらすことになろう。調査対象とされた企業や世帯の情報開示に伴う異なった費用（結果的に協力に対して要求される代価）にも拘わらず、代表的なサンプルを入手するためには、国勢調査事務局は、差別された代価の複雑な体系を用いなければならないであろう。しかも、その差別的代価によっても、依然として代表的なサンプルを確実なものとすることはできないだろう。これらの状況においては、強制こそが、非常に安価な方法であると思われる。そして、調査対象とされた人々や企業の側に課される情報開示の費用は少額である。なぜならば、政府は、個人的利益を得るために情報を利用するかもしれない債権者や徴税官その他の者に対して、事前の注意を与えることができるからである。これは、たとえその情報が信用を傷つけるような行為に関連がないとしても、情報開示により個人に対して加えられる限定的な損害ゆえにプライバシーの法的保護に反対することができ、取引費用を考慮すべきもう一つのケースである。

(66) 例えば、Time, Inc. v. Hill 事件（385 U.S. 374, 407–408, 1967）における、ハーラン判事の個別意見を見よ。確かに、この家族は、少なくとも原則としては、ライフ誌に記事の訂正のための金銭を支払うこともできたであろう。しかし、この解決は、不法行為法上の責任と比較すると、不正確な報道を奨励するという不利な特性を有するのである。ヒル事件は、コックス事件（前出注（60））と同様に、修正第一条によるコモン・ロー上のプライバシーの侵害という不法行為の例を説明している。この主題は、第十一章で議論する。

(67) American Washboard Co. v. Saginaw Mfg. Co., 事件 103 F. 281 (6th Cir. 1900). および、第十章における中傷についての討議を見よ。

(68) 例えば、Roach v. Harper, 143W. Va. 869, 105 S.E. 2d 564 (1958); Dietemann v. Time, Inc., 449 F. 2d 245 (9th Cir. 1971) を見よ。

(69) Galella v. Onassis, 487 F. 2d 986 (2d Cir. 1973).

(70) 彼女は、彼から距離を置くために、彼に金銭を支払うこともできたはずだというのは答にならない。もし、彼女が財産をもっていないのに、彼に写真撮影を止めさせるために金銭を支払ったとすると、同じように金銭の支払をうけることができるという期待をもって集まる他の人々に悩まされることになるだけであろう。

(71) Nader v. General Motors Corp. 25 N.Y. 2d 560, 255

N.E. 2d 765, 307 N.Y.S. 2d 647 (1970).

(72) ブロウステイン (Edward J. Bloustein, "Privacy Is Dear at Any Price: A Response to Professor Posner's Economic Theory," 12 *Ga. L. Rev.* 429 (1978)) はプライバシーに関する不法行為についての私の分析のいくつかの側面を批判している。第一に、彼は、その人自身についての信用を傷つける事実を隠すという願望によって必ずしも動機づけられていないような、ある種の羞恥心（例えば、裸の状態）を保護する若干の事件が存在すると論ずる。Bloustein, *id.* at 442–447. しかし、そのような羞恥心を保護する若干の事件が存在することは、プライバシーに関する不法行為の経済理論と矛盾するものではない。経済学的見地から難問となるのは、羞恥心それ自体なのである。ブロウステインの提示したより大きな論点――私はそれを受け入れるのだが――は、「プライバシー」という術語が、単なる情報の秘匿以上のものを含んでいるという点にある。プライバシーという語のその他の意味については、次章で討論する。ブロウステインはまた、盗用のケースについての私の見解を批判する。*Id.* at 447–449. 彼の批判は、理解するのが難しい。なぜなら、彼は、盗用のケースをめぐる私の分析に対して、経済的論点でありかつ核心である点を、以下のように述べることによって結論づけているからである。「ひとたび、名前および肖像について個人的な権利が確立されると、……名前と肖像についての商業市場が成長し繁盛する。名前と肖像は、商業上の目的のために個人の名前と肖像を使うかもしれない諸条件をコントロールすることを許容するような社会において、商業上の対価を獲得できるだけである。」*Id.* at 449. ブロウステインはまた、貧しい人々が富裕な人々よりも小説の中で中心的人物として登場する頻度が少ないという主張を裏付けるために、経験的な証拠を提供すべきであった、として私を批判している。*Id.* at 451 ブロウステインは、彼が展開するいかなる主張に対しても経験的な証拠を提供していないから、彼の要求はある程度うつろな響きを有する。しかしいずれにしても、小説を読む者は誰でも、金持人口の割合を基礎にすると、彼らが主人公として登場しすぎていることを疑わないだろう。

第十章注

(1) 8 *Oxford English Dictionary* 1388 (1933) (s.v. "privacy") 参照。更に、Edward Shils, "Privacy: Its Constitution and Vicissitudes," 31 *Law & Contemp. Prob.* 281 (1966) 参照。我々の「白痴」という言葉は、private を

意味するギリシア語の idios から生まれたということも注意に値する。

(2) 「プライベート」の本来の意味は、第Ⅱ部で論じたように、未開の諸制度の未分化状態に対する手がかりとなる。公的部門と私的部門の区別は、未開および古代社会においては存在しない。これらの社会は前政治的または、前統治的社会とみなすことができるが、同様に、これらの社会を明確に定義された「私的部門」が欠如しているものとみなすこともできる。

(3) 人口密度の低い時代（または地域）における過密という逆説については、本章の次節参照。

(4) 例えば、Cary L. Cooper & Martin C. Green, "Coping with Occupational Stress among Royal Air Force Personnel on Isolated Island Bases," 39 *Psych. Rep.* 731 (1976) 参照。また、後出注（30）の諸論文参照。

(5) 例えば、テニスという社会的ゲームの「産出」は競技者の活動の機会費用（または価格）よりも大きい。個々の競技者は、その相手に純利益を与える。非市場の活動を含む「取引」に関する社会学的パースペクティブについては、George C. Homans, "Social Behavior as Exchange," 63 *Am. J. Soc.* 597 (1958) 参照。私は、社交的な活動から身を引くことを選択した人は、それによって社会の富を減少させると主張しているのではない。たぶん、彼は富を増加させるであろう。何故ならば、彼は人々と交際することによるよりも多くの（非金銭的）所得を生み出すに違いないし、さもなくば、彼は孤独になることを選択しないであろうからである。しかし、彼の選択は他人の利益にはならない。この種の非市場的活動によっては、いかなる消費者余剰も生み出されない。市場経済におけるアナロジーは、市場におけるすべての消費者余剰は完全な価格変動を通じて生産者余剰へと移し変えられることである。

(6) 5 U.S.C. § 552 (a) (1976).

(7) Paul A. Freund, *The Supreme Court of the United States: Its Business, Purpose, and Performance* 40 (1961).

(8) これは、「人道的心理学」運動の見解である。Mordechai Rotenberg, "'Alienating Individualism' and 'Reciprocal Individualism': Cross-Cultural Conceptualization," 17 *J. Humanistic Psych.* 3 (1977) 参照。更に、Richard A. Wasserstrom, "Privacy: Some Arguments and Assumptions," in *Philosophical Law: Authority Equality Adjudication Privacy* 148, 162-166 (Richard Bronaugh ed.

1978); Michael A. Weinstein, "The Uses of Privacy in the Good Life," in *Nomos XIII: Privacy* 88, 89–93 (J. Roland Pennock & John W. Chapman eds. 1971). Cf. Edward A. Shils, *The Torment* of Secrecy 102 (1956).

(9) "Privacy and the Limits of the Law," 89 *Yale L.J.* 421, 422 (1980).

(10) *Id.* at 422 n. 9.

(11) *Id.* at 423 n. 11.

(12) *Id.* at 459.

(13) 第十一章参照。

(14) 例えば、Edward J. Bloustein, "Privacy Is Dear at Any A Price: A Response to Professor Posner's Economic Theory," 12 *Ga L. Rev.*429, 447 (1978) 参照。

(15) Jack Hirshleifer, "Privacy: Its Origin, Function, and Future," 9 *J. Legal Stud.* (1980) 参照。

(16) イリノイ州のパーク・フォーレスト・サウスにあるガバナーズ・ステイツ大学の学部事務所は、ドアも間仕切りもなかったが、視界を妨げ音を防ぐ装置は、大学の「公開性」の信条と一致しないからであると、のことである。

(17) 第六章と第九章に示した文献の他に、John Beard Haviland, *Gossip, Reputation, and Knowledge in Zinacantan* (1977); John M. Roberts & Thomas Gregor, "Privacy: a Cultural View," in *Nomos XIII: Privacy*, supra note 8 at 199; E.E. Evans-Pritchard, *The Nuer: A Description of Modes of Livelihood and Political Institutions of a Nilotic People* 15 (1940) 参照。

例えば、ヨノアモ・インディアンは、各住居には約二百五十位の人が、炉端の周りに家族毎に群をなしてまとまって、直径が最大で百ヤードの大きな集合住居に住んでいる。住居の中には壁は全くない。ヨノアモの村は、数千マイルの原生林に囲まれているが、村を離れることは危険であると考えられている。Napoleon A. Chagnon, *Yanomamo: The Fierce People* (2d. ed. 1977); William J. Smole, *Yanoama Indians: A Cultural Geography* (1976) 参照。

(18) そして、もし外国からの傍聴者が参加している場合には、教授会における議論は、より公式的なものである。

(19) 他の証拠は、第六章および第九章において論じられている。更に、Clifford Geertz, *Person, Time and Conduct in Bali: An Essay in Cultural Analysis* (1966); Felix M. Keesing & Marie M. Keesing, *Elite Communication in Samoa: A Study in Leadership* (1956); *Language in Culture and Society*, pt. II (Dell Hymes ed. 1964);

Political Language and Oratory in Traditional Society (M. Bloch ed. 1975) 参照。

(20) G. Simmel, "The Sociology of Secrecy and Secret Societies," 11 *Am. J. Soc.* 441, 446, 450 (1906) 参照。

(21) 例えば，E.R. Dodds, *The Greeks and the Irrational* 17-18, 36-37 (1951) 参照。

(22) Roberts & Gregor, supra note 17, at 212 は次のように述べている。「たぶん，人間による監視が減じる時に，超自然的な監視が増加する」と。

(23) この節で詳述した歴史について，私は主として，Alan F. Westin, *Privacy in Western Society: From the Age of Pericles to the Roman Republic* (Report to Assn. of Bar of City of N.Y. Spec. Comm. on Sci. and Law, Feb. 15, 1965) による興味深い研究に依拠している。優れた，簡潔な議論については，Lawrence Stone, *The Family, Sex and Marriage in England 1500-1800*, 253-256 (1977). 更に，Norbert Elias, *The Civilizing Process: The History of Manners* 163 (Edmund Jephcott trans. 1978); Richard A. Goldthwaite. "The Florentine Palace as Domesic Architecture," 77 *Am. Hist. Rev.* 977 (1972) 参照。ストーン (*Id.* at 254) は，しばしば姦通を理由とする刑事手続において，主人に不利な証人となる，召し使いの覗きから逃れたいという欲求をプライバシーの需要を動機づけたものとして強調している。これは，ここで主張されている手段としてのプライバシーという理論に有利な更なる証拠である。

(24) Stone, supra note 23, at 259-260 参照。

(25) Herbert J. Spiro, "Privacy in Comparative Perspective," in *Nomos XIII: Privacy*, supra note 8, at 121. この節の事実的な基礎については，Edward T. Hall, *The Hidden Dimension* 123-153 (1966). ホールの調査を補完するのは，Irwin Altman, *The Environment and Social Behavior: Privacy, Personal Space, Territory, Crowding* 63-64 (1975) に示された見解である。

(26) ある共同体に住み，他の共同体で働き，その二つの間を自動車で定期通勤している者は，ある小さな共同体の中に住み，かつそこで働いている者または家と会社の間を徒歩または公共の運輸機関を利用して通勤している者よりも多くのプライバシーを有する。即ち，後者は，隣人や仕事仲間による非常に多くの監視の機会に出会う。

(27) 例えば，William Labov, *Language in the Inner City: Studies in the Black English Vernacular* (1972);

Edith Folb, *Runnin' Down Some Lines* (1980). 簡潔な議論については，Susan M. Ervin-Tripp, *Language Aquisition and Communicative Choice* 351 (1973); Peter Trudgill, *Sociolinguistics: An Introduction* 65–83 (1974) 参照。ラボブは，別の箇所で次のように述べている。「スペインにおける我々の研究は，多くの場合，労働者階級の話し手は，ぐずぐずし，加減をし，そして彼らの主張を無関係な事柄の中にごまかしてしまう多くの中産階級の話し手よりも，より目覚ましい話し手であり，理屈屋であり，論争家であることを明らかにした。」Labov, "A Linguistic Viewpoint toward Black English," in *Language, Society, and Education: A Profile of Black English* 10, 21 (Johanna S. DeStefano ed. 1973).

(28) Zick Rubin, "Disclosing Oneself to a Stranger: Reciprocity and Its Limits," 11 *J. Experimental Soc. Psych.* 233 (1975). およびそこで引用されている研究参照。

(29) *Id.* at 255–256. 同様の趣旨において，G・スティグラーは，現代の読者が驚くことに，十九世紀のイギリスの小説の中の登場人物が正直に彼らの収入を明らかにしているのは，所得税が存在しなかったことの反映であると推測している。

(30) 例えば，Jonathan L. Freedman, Stanley Heshka, & Alan Levy, "Population Density and Pathology: Is There a Relationship?" 11 *J. Experimental Soc. Psych.* 539 (1975); Robert Edward Mitchell, "Some Social Implications of High- Density Housing," 36 *Am. Soc. Rev.* 18 (1971); Altman, supra note 25, at 193 参照。

(31) 例えば，Carl I. Greenberg & Ira J. Firestone, "Compensatory Responses to Crowding: Effects of Personal Space Intrusion and Privacy Reduction," 35 *J. Personality & Soc. Psych.* 637 (1977); Altman, supra note 25, at 41–42 参照。アラブの行動については，Hall, supra note 25, at 148 において議論されている。

(32) 経済的アプローチを支持する更なる証拠については，第九章におけるバックレー修正法の議論，日常生活における誤った表現に関するゴッフマンの業績，および単身世帯主の増加に関する諸研究参照。

(33) Charles T. McCormick, *McCormick's Handbook of the Law of Evidence*, chs. 9, 10, 12 (2d ed. Edward W. Cleary ed. 1972). 医師―患者の特権は，制定法に基づくものである。

(34) 弁護士―依頼人の特権についての伝統的な答は，もし弁護士が当該事件に証人として出頭する義務があるとすれば，彼の依頼人を代理する弁護士の資格が損われるということであった。この答は、配偶者の証人不適格の場合には当てはまらない。

(35) McCormick, supra note 33, at 30 (2d ed. Supp. 1978) 参照。

(36) この分析は、William M. Landes & Richard A. Posner, "The Private Enforcement of Law," 4 *J. Legal Stud.* 1, 42-43 (1975) から引き出されている。

(37) 第七章における、最適刑罰モデルの議論参照。

(38) Douglas H. Ginsburg, "Blackmail: An Economic Analysis of the Law" (Harv. L. Sch., mimeo., Nov. 4, 1979) 参照。

(39) Landes & Posner, supra note 36, at 1-2. および第八章前出注(45)の文献、参照。

(40) 未遂を処罰することの経済学については、Steven Shavell, "Harm as a Prerequisite for Liability" (Harv. L. Sch., unpublished Aug. 1979); Donald Wittman, "Prior Regulation versus Post Liablity: The Choice between Input and Output Monitoring," 6 *J. Legal Stud.* 193 (1977) 参照。

(41) William L. Prosser, *Handbook of the Law of Torts* 38-40 (4th ed. 1971).

(42) しかしながら、この分析は、コモン・ローが最近まで、故意による犯罪と区別されたものとしての過失による急迫した傷害の危機にさらされた人——例えば、高速の車に衝突されることを避けるために飛びのいた人——に対する救済を与えてこなかった理由を説明していない。

(43) Prosser, supra note 41, at 36 参照。

(44) プロッサーは次のように述べている。「意味をなさないような、名誉毀損に関する法が非常に多く存在するということを最初に告白しなければならない。それは、すべての法律学者が言葉を失うような異常さと不条理とを含んでいる。それは、無実の被告人に課される、法の中に例を見ないほど厳格かつ極端な厳格責任と、真の、非常に重大な侵害を受けた原告に対する盲目的で殆んど不法なまでの拒否との奇妙な結合である。」Prosser, supra note 41, at 737 (脚注は除く) 参照。プロッサーの著書の第一九章は、私が以下の議論に関して主として依拠した、名誉毀損法の原則の明瞭な要約が含まれている。

(45) Gary S. Becker, *The Economic Approach to Human Behavior* 206 (1976) 参照。

(46) 法的アプローチは中傷を名誉毀損と見なし、真実であることは責任阻却事由とする。けれども，私は，この用語を一般に虚偽の中傷（a false aspersion）を意味するために使用している。

(47) 名誉棄損は，スーダンのヌアー人の間では承認された犯罪である。しかし，重要なことに，それは「通常は魔術師の虚偽の訴えに関係」すると言われている（P.P. Howell, *A Manual of Nuer Law: Being an Account of Customary Law, Its Evolution and Development in the Courts Established by the Sudan Government* 70 1954)。プライバシーが存在しないとしても，魔術を信じている人々の間ではその虚偽の発見が困難である，そういうタイプの訴えである。同様の効果については，Walter R. Goldschmidt, *Sebei Law* 131–133 (1967) 参照。

(48) H.F. Jolowicz & B. Nicholas, *Historical Introduction to the Study of Roman Law* 191, 273 (3d. ed. 1972) 参照。

(49) イギリスにおける名誉毀損の歴史については，C.H.S. Fifoot, *History and Sources of the Common Law: Tort and Contract* 126–153 (1949); Van Vechten Veeder, "The History and Theory of the Law of Defamation I," 3 *Colum. L. Rev.* 546–547. (1903).; R.H Helmholz, "Canonical Defamation in Medieval England," 15 *Am. J. Legal Hist.* 255 (1971).; R.C. Donnelly, "History of Defamation," 1949 *Wisc. L. Rev.* 99, 100–101 参照。

(50) コモン・ローは，侮辱に対しては，非常に限定的なアプローチを採っていた。その点については，American Washboard Co. v. Saginaw Mfg. Co., 103 F. 281 (6th Cir. 1900) に記述されている。

(51) 例えば，Michael R. Darby & Edi Karni, "Free Competition and Optimal Amount of Fraud," 16 *J. Law & Econ.* 67 (1973); Phillip Nelson, "Information and Consumer Behavior," 78 *J. Pol. Econ.* 311 (1970) 参照。

(52) 同様の議論は，Ellen R. Jordan & Paul H. Rubin, "An Economic Analysis of the Law of False Advertising," 8 *J. Legal Stud.* 527 (1979) においてなされている。

この分析は，法人は，自然人と同じ範囲において名誉毀損の告訴を行うことができるということと一致する。というのは，法人自体は，その生産物が調査商品である場合でさえも，信用商品だからである。もし，競争者が，ある法人は請求書の支払をしないと言う場合に，将来法人に信用を供与しようとする者は，その主張に反駁するために予め準備された根拠を持たないからである。

(53)「会話は、それが著者の評判を傷つける場合には、コミュニティにおける彼の地位を下げるか、もしくは第三者が彼との交際または取引を思いとどまる場合と同様に名誉毀損となる。」American Law Institute. *Restatement* (*Second*) *of Torts* § 559 (Tent. Draft no. 20, 1974).

(54) Prosser, supra note 41, at 774 参照。

(55) *Id.* at 810 参照。

(56) したがって、債権者が、債務者の雇い主に対して、彼の使用人が期限までに債務を支払っていないということを知らせる手紙を書いても、訴えることのできるようなプライバシー侵害とはならない。例えば、Cullum v. Government Employees Fin. Corp., 517 S.W. 2d 317 (Tex. Ct. Civ. App. 1974).

(57) Jones v. E. Hutton & Co., (1909) 2 K.B. 444, aff'd, (1910) A.C. 20. 裁判所は、名前の選択を純粋に偶然生じたこととして取り扱ったけれども、事実は、ジョーンズが名誉毀損した被告人たる新聞にかつて雇われていたことがあった。

(58) Washington Post Co. v. Kennedy, 3 F. 2d 207 (D.C. Cir. 1925) において、ある者に対する刑事訴追の報告記事は、同じファースト・ネームとラスト・ネームを有する別の者を指すものとして取り上げられたが、裁判所は、記事の対象者のミドル・ネームを使うことによって、新聞社は簡単（かつ安価）に混乱を回避できたと指摘した。

(59) "Developments in the Law-Defamation," 69 *Harv. L. Rev.* 875, 893-894 (1956) 参照。

(60) これらのカテゴリーの歴史的起源については、Veeder, supra note 49, at 560 n. 1, 61 参照。

(61) 確かに、多数の聴衆は、しばしば見知らぬ者からなっている。それゆえ、害の増加は少ないように思われる。しかし、同じ理由で、見知らぬ人は、知人よりも一般的に名誉毀損の中に含まれている嘘を発見する可能性が少ない。それゆえ、結局、付加的な害は少なくないと思われる。

(62) ドネリー (Donnelly, supra note 49, at 123-124) は名誉毀損を行ったラジオ放送は、アナウンサーが偶然に話した場合には口頭の名誉毀損になり、原稿を読んだ場合には文書による名誉毀損になるとすることは「もっともらしい詭弁」であるとしている。

(63) 例えば、"Developments in the Law-Defamation," supra note 59, at 932 参照。

(64) New York Times Co. v. Sullivan, 376 U.S. 254 (1964) 事件において、最高裁は、修正第一条は、公務員に対する名誉毀損につき、条件づき特権を創設したものであると判示した。この特権は、コモン・ローの一部をなすものではないので、次の章において簡単に検討する。

(65) 第九章、及び William M. Landes & Richard A. Posner, "Salvors, Finders, Good Samaritans, and Other Rescuers: An Economic Study of Law and Altruism," 7 *J. Legal Stud.* 83, 128 (1978) 参照。

(66) Prosser, supra note 41, at 790 参照。

(67) Fitzgerald v. Hopkins, 70 Wash. 2d 924, 425 P. 2d 920 (1967) 参照。コモン・ローにおけるその他の絶対的特権は、主として（司法を含め）政府官吏に関するものであり、政府関係者が持つ多くの不法行為免責の一部をなすものであるが、本書の対象外である。

(68) James C. Courtney, "Absurdities of the Law of Slander and Libel," 36 *Am. L. Rev.* 552 (1902) において、網羅的かつ辛辣に非難されている。

(69) Frank H. Easterbrook, "Privacy and the Optimal Extent of Disclosure under the Freedom of Information Act," 9 *J. Legal Stud.* 775 (1980) 参照。

(70) この制定法は、*Report of Privacy Protection Study Commission, App. I: Privacy Law in States* (G.P.O. 1977) に列挙され、論じられている。

(71) 学業記録（school record）を規制するバックレー修正法は、公立および私立学校の両方に適用されるので、その主要な効果は公立の機関に生じる。多くの州立法、例えば会社に株主に対して広範に開示することを要求する制定法は、間接的にプライバシーに影響を与える。

(72) 刑事罰の社会復帰目的に基礎をおいた、前科を秘匿することを促進するためのもう一つの理由づけは、前章において議論されかつ否定された。Richard A. Epstein, "Privacy, Property Rights, and Misrepresentations," 12 *Ga. L. Rev.* 455, 471–474 (1978) もまた参照。

(73) 例えば、William A. Jordan, "Producer Protection, Prior Market Structure and the Effects of Government Regulation," 15 *J. Law & Econ.* 151 (1972); George J. Stigler, "The Theory of Economic Regulation," 2 *Bell J. Econ. & Management Sci.* (1978). 本書第四章も参照。

(74) William M. Landes, "The Economics of Fair Employment Laws," 76 *J. Pol. Econ.* 507, 507 n. 1 (1968) 参照。

(75) *Privacy Law in the States*, supra note 70, at 17–19 参照。

(76) 15 U.S.C. §1691 (1976) 参照。

(77) 15 U.C.S. §1681 (1976). この重要なプライバシー法の

立法史が示しているのは、信用供与者に対する不利な情報を無制限に開示すると、黒人に対して不利な影響を不相応に与えることになりはしないかという関心である。*Fair Credit Reporting.* Hearings on S. 823 before the Subcomm. on Financial Institutions of the Senate Comm. on Banking and Currency, 91st Cong. 1st Sess. 129–132 (May 19–23, 1969) 参照。

(78) *Privacy Law of the States,* supra note 70, at n. 47 参照。

(79) Robert Ellis Smith, *Compilation of State and Federal Privacy Laws 1978–1979* 2 (1978) 参照。

(80) この分析を複雑にしているのは、州における非白人人口が多ければ多いほど、犯罪率と利子率が高くなるという点でプライバシー法の費用は多くなるが、その費用は白人に転稼されずに非白人自身によって負担されるであろうから、全体としての非白人コミュニティにとって得るものも少なくなるであろうということである。たぶん、それゆえ、非常に多くの非白人人口を擁する州は別に評価すべきであろうが、しかし、私は、このアプローチからは有益な結果を得ていない。

(81) George J. Stigler, "An Introduction to the Economics and Politics of Privacy," 9 *J. Legal Stud.* 623 (1980) 参照。

(82) 独立変数が二分肢である場合に、通常の最小平方回帰分析を使用することには技術的な異議が存在する。しかしながら、表4における回帰は、独立変数が二分肢である場合に結果を変えないように設計された logit 分析を使用して再計算してある。

第十一章注

(1) Paul H. Rubin, "Government and Privacy: A Comment on 'The Right of Privacy,'" 12 *Ga. L. Rev.* 505 (1978).

(2) 277 U.S. 438 (1928).

(3) 隔離の意味でのプライバシーと平穏と静寂について、既に第十章で議論した。

(4) この修正条項は、「人」や「住居」と同様に「文書」や「所有物」をも保護していることは確かである。しかし、警察官がある人の文書や所有物を捜索している間は、その人が妨害を受けることなく通常の業務に従事することはできない。

(5) 合衆国対合衆国地区裁判所事件 (United States v. United States District Court, 407 U.S. 297, 326–327 [1972]) における補足意見には、警察官の不法な捜査から生

じた（隔離の意味での）「甚だしいプライバシー侵害」の実例について、以下のように記載されている。「当最高裁は、単独審理の治安判事による事前の制約を受けないで行われた、警察官による侵害の危険性を数多く見聞した不幸な証人であった。例えば、ウィークス対合衆国（Weeks v. United States, 232 U.S. 383）事件、マップ対オハイオ（Mapp v. Ohio, 367 U.S. 643）事件、およびチメル対カリフォルニア（Chimel v. California, 395 U.S. 752）事件などでは、捜索令状なしに家屋全体が限なく捜索された。クレメン対合衆国（Kremen v. United States, 353 U.S. 346）事件では、所有者の逮捕と同時に、合計すれば八百項目にも及ぶ屋内のすべての物件（皿洗いのための布巾の類まで）が実際に押収され、FBIの捜査官による検証を受ける目的でサンフランシスコに運ばれた。同様の事件であるボン・クリーフ対ニュー・ジャージー（Von Cleef v. New Jersey, 395 U.S. 814）事件では、令状なしに、警察官が逮捕者の家屋を三時間にわたって捜索し、その結果として『書籍・雑誌・カタログ・郵便名簿・私信（開封・未開封とも）・写真・絵画・フィルムなどを含む数千点』の物品を押収した（id. at 815）。シルバーソーン材木会社対合衆国（Silverthorne Lumber Co. v. United States, 251 U.S. 385）事件では、『正規の権限を持たない』連邦捜査官が、原告の一人（その所有者は既に拘留されていた）の事務所を急襲して、『そこで発見した書籍・文書・記録を一つ残らず押収』した。ホームズ判事は、最高裁を代表して、このような捜索方法を『凌辱』と名付けた（id. at 390–391）。スタンフォード対テキサス（Stanford v. Texas, 379 U.S. 476）事件では、州警察官は、危険分子と名指しされた人の住居を捜索するために、一般捜査令状によって、ブラック判事の手書き文書をも含む二千以上の文書を押収した。」

（6）　これらの判例を検討した最高裁判決としては、Warden v. Hayden, 387 U.S. 294, 303–304（1967）.

（7）　265 U.S. 57（1924）.

（8）　ヘスター事件判決は、修正第四条における財産権と名付けられている理論について、興味深い問題点を提示している。後出注（25）と（26）で述べるように、この理論はカッツ事件におけるブラック判事の反対意見に示されるものであるが、そこで彼は人身もしくは財産に対する不法侵害は修正第四条に違反すると述べている。財産的利益の侵害は、ヘスター事件判決が明示しているように、プライバシーの権利侵害と認められるための充分な条件を備えていないと判断されている。しかし、それは必要条件なのであろうか。これに対する肯定的な回答は、政府の行為と私人ないし私企業の行為の間に区別を設けない場合にのみ意味がある。この場合には、両者に対して同一の基準が適用されるべきである。また修正第四条が、州の財産法ないし不法行為法違反を前提とするものと解釈されるならば、同一の基準が適用される結果になる。しかし、政府によるプライバシーの侵害の正当化理由とその帰結は、私人によるそれとは異なるものである以上、前者に対しては後者に対するよりも強い規制がなされるべきであり、また修正第四条と州の財産法および不法行為法の牽連関係は緩められるべきである。修正第四条の文言にもその制定経過にも、このような解釈による結論が間違いであることを明示する証拠は存在しない。

(9) 277 U.S. at 478–479.

(10) この概念は、法律家の文章の中では、Thomas M. Cooley, *A Treatise on the Law of Torts: Or the Wrongs Which Arise Independent of Contract*, 29 (2d ed. 1888) で初めて登場した。そこでは、この概念は、脅迫および暴行の不法行為に言及する際にのみ使用されている。

(11) Philip B. Kurland, *The Private I: Some Reflections on Privacy and the Constitution*, 14 (1976), The Nora and Edward Ryerson Lecture, University of Chicago, Published by The Center for Policy Studies.

(12) 上記で引用した考え方に対する私の反対論は、ブランダイス判事が自らを独りにしておく権利を無限定な権利と考えたことに対してではなく、このような無限定な権利が憲法上の根拠さえ持たないことに基づくものである。

(13) 116 U.S. 616 (1886).

(14) 116 U.S. at 630, quoted at 277 U.S. at 474–475.

(15) 19 Howell's St. Tr. 1029 (1765).

(16) Fisher v. United States. 425 U.S. 391, 408 (1976), Andresen v. Maryland, 427 U.S. 463 (1976).

(17) Bernard D. Meltzer, "Priviledges against Self-Incrimination and the Hit-and-Run Opinions," 1971 *Supreme Court Review* 1, 21 を見よ。しかし、反対の見解として、Robert S. Gerstein, "Privacy and Self-Incrimination," 80 *Ethics* 87 (1970) 参照。

(18) David H. Flaherty, *Privacy in Colonial New England* (1972). ブランダイス判事の反対意見が言及した、初期のエクスパート・ジャクソン (Exparte Jackson, 96 U.S. 727, 733 (1877)) 事件判決では、郵便局がその郵便物を探索する行為は、修正第四条に違反すると示唆していた。

(19) 例えば Jacob W. Landynski, *Search and Seizure*

and the Supreme Court: A Study in Constitutional Interpretation, 30–38 (1966).

(20)　しかし、私の基本的な主張である、隔離の意味におけるプライバシーが修正第四条についての議論の過程で無視されてきたという指摘に関していえば、植民地時代の人々自身が臨検令状の業務中断効果に焦点を合わせていたことに重要な意味がある。例えばアダムス(Samuel Adams, *The Rights of the Colonists and A List of Infringements and Violations of Rights, 1772*) は次のように述べている。「我々の住居や寝室でさえ捜索のためにむき出しにされ、我我の箪笥の抽出やトランクは、卑劣な連中によって破壊され徹底的な略奪の対象とされた。思慮分別のある人ならば、彼らをたとえ下っ端の召し使いとしてさえ使用しないであろう。彼らは、この家の中に税金未払の品物等がある疑いがある、といつでも好きな時に言うことによりこれを正当化した。この無法な権限行使の甚だしい例は、あちこちの港町でしばしば見受けられた。このような無法な権限行使によって、我々は否応なしに、不幸な人生に落ち込まされ家庭内の平和を乱された。これらの警察官は、法律という制服と一般的な安全保障という外套を着用しつつ、神聖な居住の権利を無視するやり方で、他人の住居を荒し回り、その家庭の平和を破壊し、その財産を押収した。そして彼ら自身は、恐るべき殺人事件に直面する危険が殆んどないことを保障されていた。」1 Bernard Schwartz, *The Bill of Rights: A Documentary History*, 200, 206 (1971).

　私が論じてきた事件のすべてが、犯罪者のプライバシーの保護の例であることを理由として、修正第四条によって保護されるプライバシーは重大なものではないという反論がなされる可能性がある。このような反論に対しては、修正第四条が法律を遵守する人々よりもむしろ犯罪者を保護するように見えるという印象は、この修正条項を執行するための特別の救済手続に由来すると回答したいと思う。従来、修正第四条の適用をめぐる事件は比較的少数である。例外的に、有罪判決を受けた犯罪者が、裁判で採用された証拠はこの修正条項に反して蒐集されたと主張して、その判決の取消を求めた事件がいくつか現れたに過ぎない。修正第四条違反に対する損害賠償の救済を求めた訴訟事件も存在するが、しかしその数は極めて少ない。Bivens v. Six Unknown Fed. Agents of the Bureau of Narcotics, 403 U.S. 388 (1971). しかし、修正第四条の基本的な目的を理解するための一つの有益な方法は、損害賠償訴訟を通じて修正第四条による保護が求められる状況を想定することである。修正第四条によって保護される平穏・静寂その他の利益が侵害されたことを理由として、かかる捜査全体によって惹起されたすべての損害賠償を求める訴訟を被害者が提起するならば、警察官による違法捜査を防止することができる。この場合、その被害者が、違法捜査によって蒐集した証拠に基づいて有罪判決を受けたか否かは、重大な問題ではない。損害賠償による救済は、裁判所が違法捜査によって惹起された損害を正確に評価しうる限度において、犯罪者のプライバシーのみならず法遵守者のプライバシーをも同様に保護する論理的帰結を導くだろう。この場合、違法蒐集証拠がある人を有罪とするために使用されたか否かに関わらず、このような論理的帰結が導かれる。被害者は、彼の合法的なプライバシーの利益が何らかの程度で侵害されたことを立証することによって、損害賠償を請求する資格が認められる。私は、「合法的」という言葉を使用することによって、以下のことを明確にすることを意図している。即ち、不法捜査によって犯罪者の平穏と静寂が乱されることと、かかる捜査によって犯罪行為が発見され、刑事訴訟手続において不利益な証拠として利用された結果として彼に刑罰が科されることとは、別個の問題である。この場合、刑罰は、彼の合法的な利益を侵害することにはならない。

(21) 316 U.S. 129 (1942).

(22) 365 U.S. 505 (1961).

(23) 389 U.S. 347 (1967).

(24) 前出注（7）参照。

(25) 389 U.S. at 373.

(26) 修正第四条が宣言する「人々の身体の安全を保障する」権利は、不当な電子機器による探索から自由になる権利を含むためにも、充分に広汎な文言で記述されている。

(27) 4 William Blackstone, *Commentaries on the Laws of England* 169 (1769).

(28) ローマ皇帝の警察が、主人の言動を盗聴するに当たってその奴隷を利用した実例については、Alan F. Westin, *Privacy in Western Society: From the Age of Pericles to the American Republic* 52-53 (Rep. to Assn. of Bar of City of N.Y. Spec. Comm. on Sci. and Law, Feb. 15, 1965).

(29) 例えば、Hoffa v. United States, 385 U.S. 293 (1966) 参照。最高裁のアプローチに対する批判としては、Geoffrey R. Stone, "The Scope of the Fourth Amendment: Privacy and the Police Use of Spies, Secret Agents and Informers," 1976 *Am. B. Found Res. J.* 1195.

(30) 385 U.S. 323 (1966).

(31) ホッファー事件判決とオズボーン事件判決は、カッツ事件判決以前ではあるが、シルバーマン事件判決以後に下されている。しかし最高裁は、合衆国対ホワイト(United States v. White, 401 U.S. 745 (1971))事件判決で、カッツ事件判決を理由として、覆面捜査官に関する判例を変更する姿勢を示している。

(32) Anthony G. Amsterdam, "Perspectives on the Fourth Amendment," 58 *Minn. L. Rev.* 349, 384 (1974).
循環論は、最高裁のレイカス対イリノイ(Rakas v. Illinois, 439 U.S. 128 (1978))事件判決で、レーンクイスト判事の意見の中にも現れている。そこで彼は、プライバシーの権利保護は、修正第四条の理論的枠組の外部における。財産権その他の観念に基礎を置かなければならないと述べている。*Id.* at 431 n. 12. これは、最高裁が警察官によるスパイ行為を修正第四条に従わせることを拒否することを、決定的に承認する論理である。アメリカ市民は、彼の前に信頼しうる友人として立ち現れた人々が覆面捜査官や情報提供者ではないことについて、自由社会の伝統や習慣に基づく合理的な期待を持ってはならないだろうか?

(33) 381 U.S. 479 (1965). グリスボルド事件判決に対する鋭い分析としては、Robert H. Bork, "Neutral Principles and Some First Amendment Problems," 47 *Ind. L J.* 1, 7-11 (1971).

(34) 381 U.S. at 484.

(35) ダグラス判事は、避妊薬を使用する権利を修正第四条の付随的権利として性格づけるその意見の中で後の事件でそれを捨象するための密かな努力を表現していた。後出注(40)(41)の本文参照。

(36) 343 U.S. 451 (1952).

(37) 424 U.S. 1, 60-82 (1976).

(38) 政治評論家の匿名の権利は、タレー対カリフォルニア(Talley v. California, 362 U.S. 60 (1960))事件判決で支持された。N.A.A.C.P. v. Alabama, 357 U.S. 449 (1958). またバックレー判決の精神に類似するものとして、レアード対テイタム(Laird v. Tatum, 408 U.S. 1 (1972))事件判決がある。この事件で最高裁は、軍隊内部の探索プログラムについて、それが少数派の思想表現を抑制するような効果を持つにも拘わらず、修正第一条の下で憲法違反とはならないと判決した。

(39) Lorenne M.G. Clark, "Privacy, Property, Freedom, and the Family," in *Philosophical Law Authority Equality Adjudication Privacy* 167 (Richard Bronaugh

ed. 1978).

(40) この結論は、問題となった制定法が避妊薬を禁止するのではなく殺人を禁止するものであり、殺人容疑者がマットレスの中に武器を隠匿していると信じるに足る蓋然的根拠を警察官が持っている場合を想像すれば、理解しやすいものとなるだろう。

(41) 367 U.S. 497, 548 (1961).

(42) 例えば Aro Mfg. Co. v. Convertible Top Replacement Co., 377 U.S. 476 (1964).

(43) この概念は、憲法上の特定条項によって保護されていない何らかの権利——例えばこの条項を経済的規制からの自由を主張するための憲章として利用する場合の「契約の自由の権利」など——を、デュー・プロセス条項によって保護するために考案された。Robert G. McCloskey, "Economic Due Process and the Supreme Court: An Exhumation and Reburial," 1962 *Supreme Court Review* 34.

(44) 262 U.S. 390(1923). Pierce v. Society of Sisters, 268 U.S. 510 (1925).

(45) 262 U.S. 399.

(46) この反対意見は、本件に併合されたバートルズ対アイオワ (Bartels v. Iowa, 262 U.S. 404, 412 (1923)) 事件判決の中で表明された。

(47) 実体的デュー・プロセスを否定するとして批判された制定法に対する、最高裁の寛容な態度を示すいくつかの判例として、例えば Kotch v. Board of River Port Pilot Comm'rs, 330 U.S. 552 (1947); Williamson v. Lee Optical Co., 348 U.S. 483 (1955). また、合理的な関係の要件すら充足しないという理由で否定した判例として、Ferguson v. Skrupa, 372 U.S. 726, 729 (1963).

(48) ホームズ判事はその反対意見において、子供たちに外国語を教えることを禁止する動機を持っている可能性がある「メルティング・ポット」理論について検討した上で、この制定法を不合理なものではないと結論した。

(49) グリスボルド事件判決に加えて、後出注(52)〜(55)の本文で議論する判決を参照。Carey v Population Services Int'l, 431 U.S. 678 (1977); Zablocki v. Redhail, 434 U.S. 374 (1978).

(50) 特定の政策目的に基づいてプライバシーを保護している様々な憲法修正条項から、プライバシーの広汎な権利を引き出してくるダグラス判事の推論に対しては、別の視点からの批判も可能である。何が疑問であるかといえば、制定法ないし憲法はすべての条項の意味内容を明らかにするような固有の「精神（spirit）」によって活力を与えられており、この精神に言及することによって制定法の文言の範囲内では処理不能な事件についても判断を下すことが可能であるとする、彼の推論の方法である。このような推論は、コモン・ローの領域における個別の事件を取り扱うのと同じ方法で、個々の制定法ないし憲法条項を取り扱うことを意味している。つまり、裁判官は、個々の事件を取り扱うのと同様に制定法ないし憲法条項を精査することによって、従来は予見しえなかったような新しい事件の判断に際して使用できるある種の支配的原則を引き出すことが可能となる。しかしこの推論は、その適用対象が制定法であれ憲法条項であれ、憲法をも含む立法議会の法制定行為とコモン・ロー上の判決の間の相違を全く無視するものである。Richard A. Posner, *Economic Analysis of Law*, ch. 19 (2d ed. 1977). および本書の第十章（「名誉毀損と侮辱」と「プライバシーの立法化を求める運動」を比較）を参照。立法議会の法制定行為は、利益集団の圧力のもたらした産物である点において、コモン・ロー上の判決とは大きく異なるものである。立法議会の法制定行為は、これらの圧力によって影響を受けているために、制定に際して特に適用対象とされなかった領域にガイド・ラインを用意するような何らかの「精神」や理性的な統一基準を欠いている。Duncan Kennedy, "Legal Formality," 2 *Legal Stud.* 351 (1973). 憲法修正条項は、一方において表現・出版の自由を保障するとともに、他方においては軍隊が私人の住宅に駐留することを制限し、更には自己負罪の強制を禁止する条項を置いている。この事実は、首尾一貫した権利概念を表現しているというよりも、むしろ憲法制定会議における、それぞれの利益集団の駆け引き結果を意味している。統一的原則を表現しているコモン・ロー上の判例と同様にこれらの個々の修正条項を解釈する前に、少なくとも、このような可能性が存在していることを考慮に入れるべきである（ダグラス判事はこのような考慮を行っていない）。もし、仮に憲法が「精神」を体現しているとすれば、それは政府に対する不信という精神である。現代の福祉国家はこのような精神と矛盾するものであり、憲法の「精神」に基づいてそのような憲法上の権利を創造した人々は、躊躇を覚えるべきであろう。

(51) 私は、ここで、憲法上の争点を含まないプライバシーをめぐる最高裁判決を議論するつもりはない。例えば、クロンマンが論じた（Anthony T. Kronman, 9 *J. Legal Stud.* 727 (1980)）情報の自由に関する法律におけるプライバシーの適用除外をはじめ、プライバシーに関する様々な連邦制定法の解釈をめぐる判例が存在する。しかし私は、グリスボルド事件以降の捜索や逮捕・押収をめぐる判例の議論をここでは繰り返さない。

(52) 405 U.S. 438 (1972).

(53) *Id.* at 453.

(54) この指摘は，ヘンキンスも（Louis Henkin, "Privacy and Autonomy," 74 *Colum. L. Rev.* 1410 (1974)）認める。しかし，驚くべきことに，彼はこれを「司法権による憲法の現代化」に合致するものとして承認している。*Id.* at 1424.

(55) 410 U.S. 113, 153 (1973).

(56) マーシャル判事は，警察内部の規則で定める長髪禁止を警察官が拒否する場合にも使用可能な権利として，独りにしてもらう憲法上の権利が存在することを認めている。しかし，これはプライバシーの権利概念を使用する必要がない問題である。His dissenting opinion in Kelley v. Johnson, 425 U.S. 238, 252 (1976).

(57) Breard v. Alexandria, 341 U.S. 622 (1951). この判決は，家屋所有者の「プライバシーと休息」の利益に言及している。*Id.* at 625–626.

(58) Rowan v. Post Office Dept, 397 U.S. 728 (1970).

(59) 334 U.S. 558 (1948).

(60) *Id.* at 562.

(61) Rowan, note 58 supra; *Erznoznik*. note 63 infra; and *Cohen*, note 67 infra.

(62) Kovacs v. Cooper, 336 U.S. 77, 87 (1949). 同様の判断に基づく最近の判例としては，学校の隣接区域での騒音を規制する条例を支持したグレイネッド対ロックフォード市（Grayned. v. City of Rockford, 408 U.S. 104 (1972)）事件，および「静寂と隔離」を保護するために片親所帯居住地域の設定を支持したベル・テール村対ボラース（Village of Belle Terre v. Boraas, 416 U.S. 1, 9(1974)）事件がある。

(63) 422 U.S. 205 (1975).

(64) 隔離の意味でのプライバシーが，「公共の場所」（例えば自動車の運転中）における人々に対しても適用可能かという問題については，本書第十章を参照。

(65) *Id.* at 212 n. 9.「成人向け」映画館の設置場所の地域指定による制限は，後のヤング対アメリカン・ミニ・シアター（Young v. American Mini Theatres, 427 U.S. 50 (1976)）事件で問題となった。しかし最高裁は，プライバシーの利益保護の観点からこの地域区分を肯定することが可能であるにも拘わらず，それに全く言及することなしにこの制限を肯定した。しかしパウエル判事は、アーズノズニック判決とヤング判決の間に存在する、明白な不一致を充分に自覚していた。彼は、ヤング事件の補足意見で、アーズノズニック事件で無効とされた条例に内在するある種の技術的欠陥を指摘した。しかし、私にはそれは些細な問題のように思われる。427 U.S. at 73-84. 例えば、その条例が距離制限を含んでいないために、公道が映画スクリーンから相当離れていてスクリーンが郵便切手のサイズでしか見えない場合ですら、条例違反となる可能性があるなどの指摘がそれである。このようなパウエル判事の純粋な仮説による指摘は、その条例の執行に当たって問題を生じさせないであろうし、その適用範囲を制限するための適切な別の解釈の余地もあると思われる。だが裁判所が想像力によって考案する条例の地域的な適用範囲を市議会が予見した上で、特別の規定を置くことを市議会に期待しかつ義務づけるのは行き過ぎであろう。最高裁はおそらく、このような事件に適用可能な法理論として、ソーンヒル対アラバマ（Thornhill v. Alabama, 310 U.S. 88 1940）事件判決およびスミス対カリフォルニア（Smith v. California, 361 U.S. 147 (1959)）事件判決をもって回答するのかもしれない。これらの判決が採用した法理論は、思想表現に対する規制については、その適用方法ではなく額面通りに――つまり現実の事実関係ではなくむしろ仮説的なそれに基づいて――評価することを義務づけるものであった。しかし最高裁がこのような回答をすると仮定した上で、制定法がプライバシーの利益を保護するものである場合にもこの法理論に対する例外を認めないとすれば、最高裁のプライバシー保護に対する熱意は、グリスボルド事件その他の性的プライバシー事件で示唆した判決よりも内容空疎であることは明らかである。

(66) これに関連してローレンス・トライブ教授は、極めて現代的に拡張された意味でのプライバシーの権利を取り扱ったその著書において、「他人に影響を及ぼす自由は、……その人自身にとって、何らかの適切な概念の中核を構成している」と指摘した。Lawrence H. Tribe, *American Constitutional Law*, 888 (1978).

(67) 403 U.S. 15 (1971).

(68) 438 U.S. 726 (1978).

(69) 403 U.S. at 21-22.

(70) ラジオやテレビは、他のメディアよりも修正第一条の保護を受ける余地が少ないと伝統的に判断されてきた。N・B・C 放送会社対合衆国（National Broadcasting Co. v. United States, 319 U.S. 190 (1943)）事件およびレッド・

ライオン放送会社対F・C・C（Red Lion Broadcasting Co. v. F.C.C., 395 U.S. 367 (1969)）事件とマイアミ・ヘラルド出版会社対トルニーロ（Miami Herald Pub. Co. v. Tornillo, 418 U.S. 241 (1974)）事件を比較してみよ。このような判断は、私が誤った経済的推論と批判した考え方に基づくものである。Posner, supra note 50 at 546–547.

（71） 385 U.S. 374 (1967)、既に第九章で検討した。

（72） 367 U.S. 254 (1964).

（73） もちろん、虚偽の説明によってある人を描写することは、彼の利益ある取引能力を損うと同時に彼の評判を損う可能性もある。しかしその場合には、名誉毀損として訴えることが可能となるだろう。

（74） 最高裁は、良い評判を保護するための憲法上の権利は存在しないと述べている。Paul v. Davis, 424 U.S. 693, 711–712 (1976).

（75） 385 U.S. at 391.

（76） 420 U.S. 469 (1975).

（77） 最近の二つの名誉毀損事件において、最高裁は、ニューヨーク・タイムス社対サリバン事件判決の「公人」ルールはある種の「不本意な」公人に対しては適用されないと判決し、またコックス事件判決は不明確な根拠に基づくものであると示唆している。第一のハッチンソン対プロクシマイヤー（Hutchinson v. Proxmire, 443 U.S. 111 (1979)）事件では、最高裁は、科学者は科学的コミュニティの外部でその業績の公表を求められることはないという理由で、合衆国上院議員によって嘲笑された科学者がその上院議員を名誉毀損で訴えることができると判決した。第二のウォルストン対リーダーズ・ダイジェスト協会（Wolston v. Reader's Digest Ass'n Inc., 443 U.S. 157 (1979)）事件では、最高裁は、十六年前に連邦議会に対する侮辱罪で有罪とされた人は、現在では公人とはみなされないと判決した。この二つの判決は、コックス事件には存在しなかった、メディアの公示効果による不本意な被害者に対する同情を表現するものである。

　不法行為法上のプライバシーに関する一領域を構成する無断使用についていえば、幸運なことに、州法と修正第一条の間には矛盾は存在しない。ザッキニ対スクリップス・ハワード放送会社（Zaccini v. Scripps-Howard Broadcasting Co., 433 U.S. 562 (1977)）事件では、原告による「人間砲弾」の演技をニュース・ショーで放映することが、憲法上の判断として、彼の財産権の不法行為法上の無断使用に当たるか否かが争われた。最高裁はこれを肯定して、彼がその公示効果を当然に期待したという理由で、演技の公表に関する不法行為法上の責任が制限されることはありえないと判示した。*Id.* at 573（この演技は、娯楽目的で放映された。もしその目的が演技の安全性を問題とするものであったならば、この放送は修正第一条の主張をより強めたであろう）。最高裁は、この点をもっと強調することも可能であった。娯楽的演技者の財産上の権利の――この事件では州の不法行為法の効果として――承認を通じて娯楽的演技の生産を助長する以上に、思想の生産や普及に対するその承認効果を増加させるべきである。しかし最高裁は、修正第一条とプライバシーの利益が同時に問題となった前出注（39）のバックレー対バレオ事件では、プライバシーの主張を退けた。

　私は、以下のことをここで明確にしたいと思う。たとえ憲法上の一般的権利としてのプライバシーの観念が否定されるとしても、成文憲法の適切な尊重がそれを要請する以上、修正第一条をめぐる事件においてプライバシーが適切な考察の対象とされる資格がないことを意味しない。私は、修正第一条がその文言通りに解釈されるべきであると主張しているのではない。もしその理由が充分に納得できるものであれば、言論の自由に対する制約も許容されるし、その理由を憲法に求めることも必要ではない。プライバシーに関する利益を含む州の不法行為法に反映されている個人の自由と安全の利益は、それが修正第一条に違反するか否かの判断に際して重大な関心が払われるべきである。この論理は、憲法自身がその利益を政府の侵害から保護しているか否かに関係なく、認められるべきである。

（78） 12 U.S.C. §1829b (d).

（79） 416 U.S. 21 (1974).

（80） 425 U.S. 435 (1976).

（81） 電話会社については、Smith v. Maryland, 99 S. Ct. 2577 (1979). この事件で最高裁は、電話加入者が通話した相手方の電話番号を記録する「ペン先登録」を警察官が利用することは、ダイアルを回す行為によってその電話番号が電話会社に既に知られているという不自然な理由によって、修正第四条に違反しないと判決した。会計士については、Couch v. United States, 409 U.S. 322 (1973).

（82） 例えば Shapiro v. United States, 335 U.S. 1 (1948); Robert B. McKay, "Self-Incrimination and the New Privacy," 1967 *Supreme Court Review* 193, 214–224; Bernard D. Meltzer, "Required Records, the McCarran Act, and the Privilege against Self-Incrimination," 18 *U. Chi. L. Rev.* 687, 712 (1951).

（83） Marchetti v. United States, 390 U.S. 39 (1968);

Grosso v. United States, 390 U.S. 62 (1968).

(84) 429 U.S. 589 (1977).

(85) 前出注（1）の本文参照。

(86) 424 U.S. 693 (1976).

(87) *Id.* at 713. 同様に、スミス対デイリー・メール社 (Smith v. Daily Mail Pub. Co., 443 U.S. 97 (1979)) 事件で最高裁は、非行少年の名前の新聞公表を禁止する法律を無効と判決した際に、「プライバシーに関する争点は存在しない」と強調した。

(88) Cf. the quotation from Professor Tribe in note 66, supra.

(89) 441 U.S. 520 (1979).

(90) Carey v. Population Services Int'l, 431 U.S. 678, 691-699 (1977) (opinion of Justice Brennan, joined by Justices Stewart, Marshall, and Blackmun).

(91) 441 U.S. at 558.

(92) *Id.* at 577 (Justice Marshall, dissenting).

第十二章注

(1) Gary S. Becker, *The Economics of Discrimination* (2d ed. 1971). 本章のこの部分における私の分析は、同書の記述に基づいている。

(2) Armen A. Alchian & Reuben Kessel, "Competition, Monopoly, and the Pursuit of Money," in *Aspects of Labor Economics: A Conference of the Universities-National Bureau Committee for Economic Research* 157 (Nat. Bur. Econ. Research 1962).

(3) 347 U.S. 483 (1954).

(4) 339 U.S. 629 (1950).

(5) Herbert Wechsler, "Toward Neutral Principles of Constitutional Law," 73 *Harv. L. Rev.* 1 (1959).

(6) これは、公的機関が少なくともそのコミュニティ内の平均的な差別的嗜好を持った人々をその職員として採用していることを前提としている。もしその機関がコミュニティの平均以下の差別的偏見を持つ人々によってコントロールされているならば、競争的市場における以上に差別を減少させると予測できる。人々は、現在の公的機関が、特に連邦レベルでは、その差別的偏見が平均以下の人々を職員として採用していると推定している。しかし、連邦健康・教育・福祉省職員の男性・女性間および黒人・白人間の賃金格差についての最近の調査は、政府内部の雇用実務は民間部門のそれよりも差別的偏見から自由であるとはいえない事実を明らかにしている。George J. Borjas, "Discrimination in HEW: Is the Doctor Sick or Are the Patients Healthy?", 21 *J. Law & Econ.* 97 (1978).

(7) As in Burton v. Wilmington Parking Authority, 365 U.S. 715 (1961).

(8) Shelley v. Kraemer, 334 U.S. 1 (1948).

(9) Evans v. Newton, 382 U.S. 296 (1966).

(10) 第六章と第七章における情報費用についての議論は、この傾向の説明にも関連している。これらの費用は時間の経過とともに下落して、人々を個別的に評価することはより容易になるから、個人的性格の露骨な代理変数である人種その他の属性に依存する程度は少なくなる。しかし、差別の減少傾向が永続すると仮定することはできない。情報費用は、差別に関する唯一の原因ではなく、また何時でもいかなる場所でも下落すると仮定することはできない。

(11) William M. Landes, "The Economics of Fair Employment Laws," 76 *J. Pol. Econ.* 507 (1968). また、差別を禁止する法律の効果に関する文献については、Richard Butler & James J. Heckman, "The Government's Impact on the Labor Market Status of Black Americans: A Critical Review", in *Equal Rights and Industrial Relations* 235 (Ind. Rel. Res. Assn. Ser. 1977).

(12) 差別の情報費用理論については、Kenneth Arrow, "The Theory of Discrimination," in *Discrimination in Labor Markets* 3, 24–26 (Orley Ashenfelter & Albert Rees eds. 1973); Edmund S. Phelps, "The Statistical Theory of Racism and Sexism", 62 *Am. Econ. Rev. Papers and Proceedings* 287, 292–294 (1973). また、実証的な研究としては、Richard Sutch & Roger Ransom, "The Ex-Slave in the Post-Bellum South: A Study of the Economic Impact of Racism in a Market Environment," 33 *J. Econ. Hist.* 131 (1973).

第十三章注

(1) 416 U.S. 312 (1974).

(2) 438 U.S. 265 (1978).

(3) 443 U.S. 193 (1979).

(4) 82 Wash. 2d 11, 507 P. 2d 1169 (1973).

(5) この逆差別問題を予見した議論としては、John Kaplan, "Equal Justice in an Unequal World: Equality for the Negro ——The Problem of Special Treatment," 61 *Nw. U.L. Rev.* 363 (1966) を見よ。また、本章の議論に関連す

る思慮深い批判として、Terrance Sandalow, "Racial Preferences in Higher Education: Political Responsibility and the Judicial Role," 42 *U. Chi. L. Rev.* 653 (1975) 参照。

(6) John Hart Ely, "The Constitutionality of Reverse Racial Discrimination," 41 *U. Chi. L. Rev.* 723, 725–726 n. 22 (1974). ダグラス判事の意見に現れたこの見解の変形は、伝統的判断基準が他の受験者と同様に少数人種の受験者の将来の学業成績を正確に予測しうると仮定しても、それは彼らの（卒業後の）弁護士としての将来の社会的貢献の度合までも予測できるものではないという見解に示されている。このような見解は、おそらくワシントン大学ロー・スクールがその優先的取扱政策について示した――法曹職における少数人種の占める比率を増加させるという――明示的根拠の中で暗黙の前提とされている可能性がある。私は、この点について、後述の優先的取扱に関連する進出比率をめぐる議論の中でより一般的に考察する。

(7) ロー・スクールが設定した少数人種の入学者についての二十％という目標比率は、優先的取扱を受けるこれら四つの少数人種のアメリカ全体の人口比率に概ね対応する。しかし、一方において少数人種の進出比率の上昇を追求することと、他方において学業成績のみでは入学許可を受けられない少数人種の受験者に一定の比率で入学を認めることとの間には、論理的な関連性は殆んどない。

(8) だから、ハーバード大学の提出した準備書面は、「少数人種」を「ある種の特別な社会的・経済的・文化的背景についての正確かつ信頼しうる指標とはいえないとしても、その判断において役立ちうる指標である」と記述している。Brief of Harvard University as *Amicus Curiae*, DeFunis v. Odegaard, at 28; see also pp. 14, 16.

(9) 貧困は、望ましくないもう一つの代理変数である。ある種の貧困な人々（例えば大学生・牧師・破産者など）は、社会的・文化的な相違というよりも主として貧困であるという事実によって、貧困ではない人々から区別可能である。

(10) 黒人と白人の学業成績の差異については、James S. Coleman et al., *Equality of Educational Opportunity* 20–21, 217–233 (1966).

(11) 実際には、好ましくない属性を有する人種的ないし民族的グループの容姿は、もちろん誇張されたものである。その理由は、その平均的なメンバーの性質について正確な情報を手に入れるためには、余りに高い費用を支払わなければならないからである。

(12)　この意味における「根拠のない属性」とは、その人の唯一の重要な属性がその他の属性の代理変数とされるようなものを意味している。人々が背の低い人を生理的拒絶反応として嫌悪するのは、差別ではない。背の低い人は攻撃的な人格を持っているという理由で背の低い人を嫌悪するのは、すべての背の低い人が実際にこのような人格を持っているわけではないから、差別の一例となる。

　極端な形態の差別は、ここでの私の議論とは関係はないが、ある人が典型的な意味では、実際に持っていない属性を理由にその人を嫌悪する場合である。このタイプの差別は、差別されている人々と接触することによって、効率的な反応を惹き起こす。「合理的差別」感情は、私は少なくとも現在ではこの種の感情が最も一般的なものであると信じるが、接触によって補強される。

(13)　人種的分類の問題について参考になる議論は、慈善的な人種差別計画に関連して行われてきた。Boris I. Bittker, *The Case for Black Reparations*, ch. 10 (1973). デファーニス事件の記録によれば、ワシントン大学は、受験者自身が記載した人種的分類をそのまま採用していた。しかしこのような方式は、それが受験者の誠実性に全面的に依拠するものである以上、長期的に見ればおそらく効果的に機能しなくなるであろう。

(14)　このような学生団体は、「客観的」（血統的）な要素よりもむしろ個人がその団体の政治目標に加担するという観点から、その団体構成員を決定することができる。これは、デファーニスも主張する可能性があった争点ではあるが、彼はそれをしなかった。彼は、ワシントン大学ロー・スクールの入学試験委員会、特にその学生メンバーが、左翼的ないし自由主義的思想の政治活動家に優先的取扱を与えた事実に若干の力点を置いて、以下のように主張することが明らかに可能であった。つまり、州機関によるこのような優先的取扱は修正第一条に違反するのみならず、デファーニスが政治活動家でなかったためにこのような取扱によってその利益を侵害された、という主張がそれである。この論点については、ワシントン州最高裁において、ヘイル裁判長の反対意見が言及していた。82 Wash. 2d 11, 55-56, 507P. 2d 1169, 1194 (1973). しかしデファーニスは、入学試験手続が恣意的であると主張した――ヘイル裁判長が証拠について検討しているのはこの主張の評価に関連している――が、修正第一条に関する主張を展開しなかった。また彼は、合衆国最高裁における口頭弁論では、入学試験手続の恣意性についての争点を強調する態度をとらなかった。

(15) 人種的基準は、大学自身によって作成されている場合もある。例えば、アメリカ・インディアンの一部は、そのような名称で呼ばれることを好まず、「アメリカ原住民（native American)」と呼ばれることを好む。彼らの感受性への配慮というわけではないが（それ以外のアメリカ生まれの人々は、インディアンたちがその言葉の流用を試みていると推定している可能性があることとも無関係に）、インディアンに対する優先的入学制度を採用したある大学の入学試験要項は、受験者が「アメリカ原住民」という空欄をチェックできるように配慮している。この国で生まれたインディアン以外の多くのアメリカ人は、この言葉がインディアンに限定されていることを知らないでチェックする。このため、受験者がこの空欄をチェックするたびに、この大学は、その受験者に対して彼がアメリカ・インディアンであるかどうかを追跡調査する質問状を送付している。

(16) 貧困なアメリカ人が白人であることも少なくない。U.S. Dept. of Commerce, Bureau of the Census, 1970 *Census of Population—Subject Reports—Low-Income Population* 53, 61 (1973). そして、一般的に不利益を受けてきた少数人種のメンバーが貧困ではないことも多い。U.S. Dept. of Commerce, Bureau of the Census, *U.S. Census of Population: 1970—Detailed Characteristics*, tabs. 250, 347 (1973). また実際には、少数人種の貧困でないメンバーは、同じ人種グループの貧困なメンバーと比較すると、ロー・スクールやその他の大学の受験者の中では既に過大に進出していると推測される。

(17) デファーニスの事例は、この国の人種差別の歴史の帰結の中で比較的ましな例かそれとも悪い方の例であるかについて、余り実益のない議論を続けることも可能である。差別の歴史を別にして、ロー・スクールへの入学を求める黒人の有資格受験者が比較的多く蓄積されていた場合には、彼はおそらくよりましな例と考えるべきであろう。また、黒人（およびその他の少数人種のメンバー）の殆んどが弁護士になることに興味を示さない場合には、彼はより悪い方の例になるだろう。もし黒人に対する差別と奴隷制度が存在しなかった、つまりアメリカにおいて奴隷制度が全く成立しなかったと仮定すれば、アメリカにおける黒人人口は極めて小さいものとなっていた可能性は極めて高い。この場合には、白人の実質所得は、現在のそれよりも比較的高い——低くなる可能性もあるが——ものとなっているだろう。

(18) この見解を主張する人々は、事実によって困惑させられることがないように注意深い方法でこの主張を展開する。だから、デファーニス事件で、法学教育機会に関する協議会(Council on Legal Education Opportunity)が提出した準備書面は、以下のように述べる。「社会経済的に不利益を受けてきた地域には法的サービスに対する最大のニーズが存在するから、これらの地域出身の学生に対する優先的取扱は、それらの学生が卒業後は彼らのコミュニティに帰るであろうと確信することによって正当化することが可能である。(もし彼らが帰らない場合でも、重要な価値がそこに生じるであろう。例えば、弁護士という職業を多様化させるとともに、歴史的にこの職業への進出比率が低かった少数人種の若者達のために『役割モデル』を創造することなどがそれにあたる。だから、このような優先的取扱を正当化するためには、その出身コミュニティに帰るという言明についての証拠は必要ではない。)」

(19) 役割モデルについて真剣に主張する人々は、少数人種がその人口全体に占める比率の逆比率によって、その職業分野に進出できるようにすべきであると主張する。ここで、インディオは総人口の十%を占めるが、ウルトラマリーン人は僅か一%を占めるにすぎない国を想定してみよう。もしインディオの若者に適切な役割モデを創出するためにその弁護士比率を十%に引き上げるならば、ウルトラマリーンの弁護士比率もまた人口の十%にまで引き上げられるべきである。なぜなら、このような方法によってのみ、ウルトラマリーンの役割モデルがその若者たちにとって目に見えるものとなるからである。(もしウルトラマリーンの弁護士が人口のただの一%であったならば、その若者達は連邦裁判所やその他の目立つ場所で、ウルトラマリーンの弁護士の声を聞いたり彼らに出会う機会を持つ可能性が殆んどないことになるからである。) 反対に、もしウルトラマリーンの役割モデルのニーズがその人口比率での進出で満足しうるならば、インディオの役割モデルのニーズもまた一%の弁護士比率で同様に満足しうることになる。

(20) 同様の主張として、女性弁護士の生涯所得が男性弁護士のそれよりも低いという理由で、ロー・スクールの入学について女性を男性よりも不利に取り扱うべきだということも可能である。U.S. Dept. of Commerce, Bureau of the Census, *U.S. Census of Population 1970—Occupational Characteristics* 280, 282 (1973). またこれを理由として、男性弁護士に対する需要は、女性弁護士に対するそれよりも大きいと主張することも可能である。しかしこのような主張は、もし入札によって最高価格をつけた人にロー・スクールの入学定員が売却される場合には、その確信が揺らぐ結果になるであろう。そこでは、将来の所得に影響を及ぼす価値の観点から、ロー・スクールの教育に対して最高の価値を認める人々に対してその入学定員が割り当てられることになるからである。しかし、入札価格に応じて定員を割り当てることが許されない場合には、ロー・スクール自身の判断によって、個々の受験者がロー・スクール入学から引き出すことができる価値に基づいて定員を配分する政策が——差別に対する私的および公的政策が存在しなければ——適正とされることになる。この場合、それらの価値についての判断が、受験者に対する人種的ないし性による差別によって影響を受けることもあり得る。

この主張が内包する側面は、不利益を受けた少数人種のメンバーに対して法律学習以前の段階でのトレーニングを付与する機関である、前述の法学教育機会に関する協議会が提出した準備書面にも現れている。この準備書面は、以下のように述べる（pp. 23–24)。協会所属の卒業生は、「毎年、ロー・スクール自身によって支給される、借金型ないし随時返済型その他いかなるものであれ、奨学金に加えて一定の保障された手当てが支給される。他の多くの受験者は、ロー・スクールに対して、その負担軽減を殆んど望めないような財政援助のための交渉を行う。入学試験委員会は、このような財政援助を受けている少数人種学生について、そのような支援を受けられない非少数人種の学生よりも財政的危険が少ないと合理的に判断する可能性がある。」言葉を換えれば、より多くの金銭を持っている受験者に対して、優先的取扱を行うことは適切である。なぜなら、彼は、貧困な受験者に比べ、財政的援助を求めることによってその勉学が妨げられる可能性がより少ないからである。

(21) Ely, supra note 6, at 729, 732–733.

(22) Ronald Dworkin, *Taking Rights Seriously*, ch. 9 (1977). および本書第三章を参照。

(23) *Id.* at 230.

(24) この点について無自覚なのは、ドゥオーキンだけではない。例えば Jay Newman, "Prejudice as Prejudgement," 90 *Ethics* 47 (1979).

(25) Alexander M. Bickel, "The Original Understanding and the Segregation Decision," 69 *Harv. L. Rev.* 1 (1955).

(26) Isaac Ehrlich & Richard A. Posner, "An Economic Analysis of Legal Rulemaking," 3 *J. Leg. Stud.* 257, 280 (1974).

(27) 特に、重要な貢献を行っているが比較的看過されてきた文献としては、Robert H. Bork, "Neutral Principles of Some First Amendment Problems," 47 *Ind. L. J.* 1 (1971).

(28)　知能指数はそれ自体として価値があるのではなく、学問的その他の知的能力に関する（部分的にしか正確ではない）予測評価基準として価値があるというべきである。

(29)　修正第十四条の制定に関する連邦議会の議事録は、黒人以外の他の人種的・民族的グループ、例えば中国人に対してもその保護を否定しえないことに起草者たちが気づいていたことを示唆している。この点については、Alfred Avins, *The Reconstruction Amendments Debates* 746 (1967) の索引における文献参照。

(30)　この立場を主張する文献として、Bruce L. Ackerman, "Integration for Subsidized Housing and the Question of Racial Occupancy Controls," 26 *Stan. L. Rev.* 245 (1974).

(31)　それゆえ、最高裁は、第二次大戦中にカリフォルニア在住の日系人に外出禁止令を出すとともに強制キャンプに収容した際の連邦政府の主張についても、いささか誇張されたものであったが、この安全弁の議論を考慮に入れなければならなかったのである。Hirabayashi v. United States, 320 U.S. 81 (1943); Korematsu v. United States, 323 U.S. 214 (1944).

(32)　Cooper v. Aaron, 358 U.S. 1, 21-22 (1958) と比較せよ。しかしまた、NLRB v. Jones & Laughlin Steel Corp., 301 U.S. 1, 41-43 (1937) とも比較せよ。

(33)　政治過程についてのこの見解は、多数派が多数派自身の特定集団を差別しているのかそれとも少数派を差別しているのかという視点によって、憲法違反の疑いの恐れがあるものとないものを区別するエリー教授の試みに打撃を与えるものとなる。Ely, supra note 6, at 733. 立法の大部分は、コミュニティ内部の人種その他のグループが、他のグループの犠牲において自らの利益追求を試みるために制定したものである。だから、もしエリーがその原則の適用を一貫したものとするためには、大部分の立法が憲法違反の恐れがあるものとして裁判所による厳格審査の対象とならなければならないが、しかしこの結論は彼の立場とは両立しない。エリーは、白人の立法者が自らの黒人に対立する差別を充分に自覚することは殆んどありえないことを理由として、人種差別立法とその他の差別立法の間には相違があると示唆している。ところが実際には、彼自身がその盲点を知らないために、ミルクの最低価格維持立法がミルクの消費者からその生産者への富の移転であると同時に農産物市場の効率性を減退させるものであることを、彼は気がつかないのである。*Id.* at 733, n. 44. しかし、この両者を区別する試み自体が、エリーが政治過程についての新しい現実主義の含意を完全には理解していない事実を証明している。彼は、立法者の悪をなすことへの躊躇が立法に重要な影響を及ぼすとともに、立法者の自らの偏見に対する無自覚もまた実際の政治過程に影響を及ぼすと想定している。もし新現実主義の分析が正しければ、立法者の悪をなすことへの躊躇は立法に重要な影響を及ぼすものではない。ミルク生産者は、ミルク価格の引上が公益に役立つことを立法者に確信させたからではなく、彼らが政治的な腕力を持っていたがゆえにミルク価格維持立法を獲得するのである。とにかく、エリーは、黒人を嫌悪していることを自覚していないような類の人が、自らの再選チャンスをより確実にするためにミルク価格維持政策を支持する場合には自分の良心に従って投票していると考えることはありえないとする、その根拠を明らかにしていない。

エリーの政治過程に関する見解に暗黙裏に含まれているもう一つの疑問は、立法者は代理人というよりはむしろ当事者本人であるという、信じられないような、また彼がそれについて全く検証していない仮説である。彼が「政策決定過程を支配しているグループ」について言及する時（*id.* at 735）、彼は明らかに、選挙民である人種的多数派ではなく立法議会における人種的多数派を想定している。つまるところ、白人の農場所有者の下における黒人奴隷が立法議会を構成している場合には、黒人差別立法を制定することは自由であるということになる。「政策決定過程を支配しているグループ」を特定することは、政治理論における濁りがある水面を測量するような作業を含んでいる。ワシントン大学ロー・スクールにおける入学者決定過程を支配している者は、誰であろうか。ロー・スクールの教授会であろうか。州議会であろうか。ワシントン州知事であろうか。連邦保健教育省であろうか。この点については、後出注（40）を参照。

(34)　最低賃金法は、労働費用を上昇させるから、結果的には労働力需要を減少させる。その必然的帰結としての失業率上昇効果は、特に黒人ティーン・エイジャーに代表される周辺的労働者グループにしわ寄せされる。これらの効果については、以下の文献において詳細に記録されている。例えばJohn M. Peterson & Charles T. Stewart, Jr., *Employment Effects of Minimum Wage Rates* (1969); Marvin Kosters & Finis Welch, "The Effects of Minimum Wages on the Distribution of Changes in Aggregate Employment," 62 *Am. Econ. Rev.* 323 (1972).

(35)　348 U.S. 483 (1955).

(36)　Gerald Gunther, "The Supreme Court 1971 Term——Foreword: In Search of Evolving Doctrine on a Changing Court: A Model for a Newer Equal Protection," 86 *Harv. L. Rev.* 1, 20–21, 23 (1972).

(37)　Id. at 45–46.

(38)　しかし、それが人種的ないし民族的基準を含まないとしても、明らかに「平等保護法」に矛盾するものとして憲法違反と判断すべき、極端に差別的な州行為事件も生じる可能性はある。例えば、自動車排気ガスによる大気汚染を減少させるために、左利きの人々に自動車免許取得を禁止する政策などがそれに当たる。

(39)　それは、以下のような新聞記事にも現れている。*Wall Street Journal*, July 29, 1974, p. 10.

テンプル大学は、裁判外の和解において、白人であることを理由に教職を追われたと主張する歴史学者に対して五千ドルを支払った。

この事件は、金銭的和解が成立したこの種の最初の事件であるといわれており、過去十年間に、全国ユダヤ系アメリカ人委員会が連邦健康教育福祉省に提出した、百件以上の逆差別に関する救済申立事件の中の一つであった。

この救済申立は、マサチューセッツ州のクラーク大学で黒人史を研究する三四歳の講師であり、一九七二年にテンプル大学のパン・アフリカン研究所の研究員に応募した、マーティン・ゴールドマンによって提出された。

彼は、以下のように述べた。彼がこの職に応募した後に、同研究所のオデヨ・アヤガ所長から電話があり、面接のためにフィラデルフィアに来訪することを要請された。その際に彼は、アヤガ氏から、彼が「応募者の中で最もその適切な資格ある応募者である」ことを告げられた。

この電話の最後の会話において、ゴールドマン氏がアヤガ氏に対して彼が白人であることを告げたところ、アヤガ氏は突然にその職についての申出を撤回した。

ゴールドマン氏は、テンプル大学の黒人研究プログラムの事務を担当する代表者が、彼の二回目の電話においてその職は黒人のみを対象としているという理由を告げたため、本件の救済申立を提起した。

フィラデルフィア生まれでテンプル大学卒業生でもあるゴールドマン氏は、その救済申立書の中で、「この大学は、私に対してたった一つの職を提供することを拒否する際に、人種的理由を公然と認めるような馬鹿げた大学である」、として同大学を非難した。

ゴールドマン氏は、一九七一年から七三年の間に、彼がその分野で修士号を持っている黒人史の教師としての職を得るために、合計百以上に及ぶ大学に求職のための手紙を出したが、採用通知を一通も受け取ることができなかったと述べた。

ゴールドマン氏は、「私は、黒人史を学ぼうという望みを持った白人の子供は、全く馬鹿だと思わざるをえない。それは、白人研究者にとっては政治的ないし社会的理由によって閉ざされている領域なのだ」、と述べた。

テンプル大学のスポークスマンによれば、一九六九年に同大学がパン・アフリカン研究所を設立して以来、白人研究所員は全く採用されたことはなかった。一人の東洋系の研究員を除外すれば、その研究員のすべてが黒人である。

私は、エリー教授がこのタイプの差別についてどのような分類を行うのかに関心がある。パン・アフリカン研究所を差別者として見ることによって、多数派による少数派の抑圧として扱うのであろうか？ それともテンプル大学を差別者と見ることによって、多数派が多数派自身のメンバーを抑圧していると解釈するのだろうか？

(40) 戦闘的な少数派を有利に取り扱うための「社会的平和」という主張は、南部における分離型公立学校制度の廃止に反対する、白人の人種分離主義者の利益のために打ち出されたものである。Cooper v. Aaron, 358 U.S. 1 (1958).

第十四章注

(1) 第七編は、連邦政府から財政補助を受けているすべての個人・団体に対して、人種差別を行うことを禁止している。42 U.S.C. § 2000d (1976).

(2) Bakke v. Regents of the University of California, 18 Cal. 3d 34, 553 P. 2d 1152, 132 Cal. Rptr. 680 (1976), aff'd in part, rev'd in part, 438 U.S. 265 (1978).

(3) Regents of the University of California v. Bakke, 438 U.S. 265 (1978). バッキー判決の判例批評は多数あるが、とりあえず、symposia at 67 *Calif. L. Rev.* 1 (1976); and 90 *Ethics* 81 (1979).

(4) 438 U.S. at 289.

(5) *Id.* at 289–290.

(6) *Id.* at 291.

(7) *Id.* at 292(footnotes omitted) and n. 32, quoting 41 C.F.R. § 60–50. 1 (b) (1977).

(8) 438 U.S. at 295–297 (footnotes omitted).

(9) *Id.* at 298(citations omitted).

(10) *Id.* at 305 (quoting In re Griffiths, 413 U.S. 717, 722-723 1973).

(11) *Id.* at 306.

(12) *Id.* at 307.

(13) *Id.*

(14) 逆差別は、特定の使用者ないその他の機関による差別が行政上または司法上の手続において不当な差別であると認定された場合に、その救済手段として受け入れられてきた。既に第十二章で指摘したように、この救済手段は、無実の当事者をしばしばその矢面に立たせるという点で疑わしい救済手段である。しかし、逆差別の正当化理由は、衡平法裁判所が保有する、不正行為の再発を防止する命令を発する裁量権限に求められてきた。この救済手段としての逆差別に関する問題は、ウェーバー事件の論議において再論する。

(15) ブレナン判事は、彼の補足意見の脚注で、パウエル判事の意見を、過去の不法な差別に対する何らかの立法機関の決定が基礎となる場合には、その差別政策を是認する見解として解釈した。438 U.S. at 366-367 n. 42. つまり、ブレナン判事によるパウエル判事の意見の解釈によれば、カリフォルニア大学の評議会はそれ自体が大学の政策を立案する権限を有する準立法機関であるから、本件特別入学制度につき医学校が憲法ないし制定法違反をしたと評議会が認定した場合には非難の余地がない結果となる。それゆえ、ブレナン判事は、過去の差別に関する立法・行政・司法上の事実認定が人種的分類を内包する救済手段の採用の前提となるというパウエル判事の主張に対して、「その実質を超えた表現」であるとして批判したのである。*Id.*

(16) 最高裁は、不当な差別の救済に関する修正第十四条五項の下における連邦議会の権限について、Katzenbach v. Morgan. 384 U.S. 641, 651 n. 10 (1966) 判決で以下のように述べた。「(五項は)、本裁判所による平等保護およびデュー・プロセス保障のための権限を弱体化させる効果を持つ立法を制定する権限を……連邦議会に付与するものではない。我々は、第五項の下での連邦議会の権限が、修正第十四条の保障を執行する手段という限度に制約されている事実をここで強調する。即ち、第五項は、連邦議会に対して、この保障を制限・廃止・弱化させるような一切の権限を付与していない。」それゆえ、連邦議会は、特定の公立大学が過去において特定の少数人種について不当な差別を行ったと判断しても、連邦議会には、その違反大学に対してその少数人種集団のメンバーのために一定数の定員を留保することを議務づける「救済的」立法を制定する権限はないと思われる。かかる立法は、パウエル判事が平等保護条項は入学制度における人種的・民族的な定員割当の採用自体を禁止するものとして解釈した、修正第十四条の保障を剝奪する結果になるからである。

最高裁は、最近の Fullilove v. Klutznick, 100 S. Ct. 2758 (1980) 判決で、十%以上の連邦補助金を受給する地方公共事業計画に対して、特定の人種的少数集団のメンバーによって所有されている企業から、サービスや物資を調達すべき旨を義務づける連邦制定法に支持を与えた。この領域ではいつものことながら、多数意見は、統一見解としての合意を得られなかった。しかし、若干の補足意見は、連邦議会がこの立法制定に際して、過去の差別から生じた特別の不利益を救済するために必要があると決定した事実を強調した。実際には、この立法は、「過去の差別の効果によって公的契約にアクセスする機会が損われていない少数人種企業による当該計画への不当な参加を防止する」ための手続を規定していた。*Id.* at 2776. この立法は、その適用面ではなくその目的面で争われていたために、この手続構成の妥当性いかんは争点とはならなかった。このような事実関係の下において、他の少数集団のメンバーに対する過去の差別に観念的にのみ関連する少数集団を優先に取り扱うのではなく、特定の少数集団に対する実際の差別に対してのみ特別の救済を図る趣旨として、最高裁がこの立法を支持したと解釈するのが合理的であろう。しかし、「救済」手段としての逆差別という考え方は、余りにも広範かつ無限定であり、このためバッキー判決の意義の多くが損われる可能性があることは明らかである。この点については、本章のウェーバー判決の部分で再度検討する。

(17) 438 U.S. at 306.

(18) *Id.* at 310.

(19) *Id.* at 306.

(20) *Id.* at 312.

(21) *Id.* at 317.

(22) *Id.* at 320.

(23) *Id.* at 323 (emphasis added). パウエル判事の分析は、デービス医学校の過ちはハーバード大学流の安全なレトリックによる定員留保政策によらず、人種による定員割当を隠蔽せずに特定人種のために固定された定員枠を留保したことにある、とする皮肉な批評を正当化するものではない。パウエル判事は、たとえハーバード大学が人種的・民族的属性を他の属性と比較されるべき多様性の一要素であると装ったとしても、予審段階での証拠開示やその他の調査によってデービス医学校のそれと同様の計画を実施していたことが明らかになった場合には、ハーバード大学で不合格とされた白人受験者は、バッキーと同様に憲法訴訟を提起できる可能性があることを示唆している。*Id.* at 318.

(24) 判決文からの計算、*Id.* at 395 n. 6.

(25) 合衆国側の弁護人準備書面、at 4 n. 3. *Id.* at 46–47 n. 51.

(26) 438 U.S. at 361.

(27) *Id.* at 294 n. 34.

(28) 429 U.S. 190 (1976).

(29) *Id.* at 197.

(30) *Id.* at 198 n. 6.

(31) Kahn v. Shavin, 416 U.S. 351, 357–358 (1974). Schlesinger v. Ballard, 419 U.S. 498, 511–521 (1975), Brennan, J., dissenting. 奇妙な一致ではあるが、カーン判決は、合衆国判例集ではデファーニス判決の直後に掲載されている。

(32) アメリカ・インディアンもここに含まれているが、彼らがこの特別入学計画によってデービス医学校に入学が認められた実例は存在しない。

(33) 427 U.S. 273 (1976).

(34) 42 U.S.C. §§2000e to 2000e–17 (1976).

(35) 42 U.S.C. §§1981 (1976).

(36) 443 U.S. 193 (1979).

(37) *Id.* at 209, 201.

(38) *Id.* at 219–255.

(39) 110 Cong. Rec. 12691 (1964).

(40) 443 U.S. at 210.

訳者あとがき

本書は、リチャード・アレン・ポズナー（Richard Allen Posner）の大著、*The Economics of Justice*（2d. ed., Harvard University Press, 1983）を、新潟大学「法と経済学研究会」に所属する六名の研究者が共同で翻訳したものである。本訳書の表題は原著のそれの忠実な翻訳であるが、読者に対する配慮として、「規範的法律学への挑戦」という原著にない副題を付した。ポズナーは、アメリカの「法の経済分析」研究におけるシカゴ学派を代表する論客であり、その著書は後述のように多数に及ぶ。彼の著作は、わが国でも最近注目されつつあるが、これまでは部分的な紹介に止まっている。本書は、紙数の都合で索引を省略しているが、彼の著書の最初の全訳にあたる。そこで、彼の履歴などを簡単に紹介しておこう。

ポズナーは、一九三九年一月十一日にニューヨークで生まれ、イェール大学を卒業した後にハーバード大学ロー・スクールに進んでいる。彼は、ロー・スクールにおいて優秀な成績を修め、その最終学年には *Harvard Law Review* の編集責任者に選出されている。卒業後の彼の経歴は、研究者としてのみならず実務家としての経歴も含めて、非常に多彩である。彼は、一九六三年に弁護士資格を取得した直後に、まず合衆国最高裁判所のW・J・ブレナン判事のロー・クラークとなり、次いで連邦取引委員会（FTC）および連邦司法省に勤務した。さらに「通信政策に関する大統領特別諮問委員会（President's Task Force on Communication Policy）」のスタッフとなった。このような実務経験の後、彼は一九六七年から研究者としての活動を開始し、スタンフォード大学およびシカゴ大学ロー・スクールの助教授を経て、一九六九年には弱冠三〇歳でシカゴ大学ロー・スクールの正教授に昇格している。しかし、彼は研究者として大学に長く留まることなく、一九八一年から合衆国第七巡回控訴裁判所（United States Court of Appeals for the Seventh Circuit）の裁判官に転じて現在に至っている。このような経歴を見る限り、彼はアカデミックな研究者というよりも、司法・行政両分野の法曹実務に通暁したアメリカでも異色というべき法律家であり、彼の「法の経済分析」手法はこのような彼の実務経験に裏打ちされたものと見るべきであろう。

　ポズナーのこれまでの研究活動はきわめて多彩かつ精力的であって、アメリカの社会科学引用文献目録（SSCI）によれば、これまでに公表した論文は合計一〇九点に及んでいる（一九九〇年十一月三十日現在）。加えて、彼の単著のみを取り上げても、本書の他に、彼の研究活動の出発点となった『法の経済分析』（*Economic Analysis of Law*, 1972）をはじめ、『連邦取引委員会による広告規則』（*Regulation of Advertising by the F.T.C.*, 1973）、『ロビンソン・パットマン法——価格差に関する連邦規則』（*The Robinson-Patman Act: Federal Regulation of Price Differences*, 1976）、『反トラスト法——経済学的視点から』（*Anti-Trust Law: An Economic Perspective*, 1976）、『不法行為法——判例および経済分析』（*Tort Law: Cases and Economic Analysis*, 1982）、さらに裁判官になってから出版した『連邦裁判所——危機と改革』（*The Federal Courts: Crisis and Reform*, 1985）、『法と文学——誤解された関係』（*Law and Literature: a Misunderstood Relation*, 1988）、『法理学の諸問題』（*The Problems of Jurisprudence*, 1990）、『カルドーゾ——社会的評価の研究』（*Cardoso: a Study in Reputation*, 1990）など合計一〇冊に及んでおり、その精力的な活動振りには目を見張らされるものがある。なお、彼の研究活動については、森村進「R・A・ポズナー、法と経済学を開拓した学者判事」（長尾龍一編著『現代の法哲学者たち』、一九八七年・日本評論社）が紹介しているので、併せて参照されたい。

　アメリカにおける「法の経済分析（Economic Analysis of Law）」ないし「法と経済学（Law and Economics）」と

呼ばれる学際的研究の端緒は、少なくとも、この領域の初の専門雑誌 *Journal of Law and Economics* が創刊された一九五八年まで遡ることができる。その後、一九七二年にはポズナー自身がその編集に携わった *Journal of Legal Studies*、一九七九年には研究年報 *Research in Law and Economics* が継続的に刊行されている。また、一九八一年から *International Review of Law and Economics* が刊行され、一九八五年には *Journal of Law, Economics and Organization* が創刊されている。このような専門雑誌の盛行によって明らかなように、アメリカではこの領域の研究活動はきわめて活発である。しかし、この領域における我国の研究者はまだ少数であり、学会・専門雑誌なども存在しない。しかし、最近、この領域に接近する研究者等も漸く増加し、その動向が注目されつつある。

そもそも、法は社会生活を律する厳粛な規範であって、その目指すところは正義・公正である。これに対し、経済は財貨の生産・分配・消費に関わる社会的関係であって、経済学は最小費用・最大効用を追求する合理的人間行動を分析対象とする学である。このような認識に立つと、思い浮かんでくるのは、「富んでいる者が天国に入るのは、難しいものである」とか、「富んでいる者が神の国に入るよりは、ラクダが針の穴を通る方が、かえって易しい」というマタイ伝（十九章二三〜二五節）の聖句である。こうした連想から、法の理想（目的）と経済の目的とは互いに背馳するようにも思えてくる。果たしてそうなのか、そうであるとすれば、正義に関してあれこれ経済的論議を行うことは徒労であり、時として背徳的であるとさえいえるかもしれない。

しかるに、本書は、法における正義という主題を、経済的合理性により解釈し説明しようとするものである。人間の致富衝動を否定したり抑制することによってしか正義・公正が存立する余地はないのか。ポズナーは、このような通念に挑戦する。人間は、生活の資を獲得するための市場の取引では合理的に行動し、結婚、訴訟、犯罪、差別といった、市場外の場面においては合理的な行動をとらないと想定してよいのだろうか。正気の人間ならば、人生の到る所において、合理的に振る舞うのは当然であって、市場内と市場外とで思考方法や心的態度を変えるとは到底考えられない。これがポズナーの見方である。彼は、経済理論とりわけ、新自由主義派と称されるシカゴ学派の価格理論に依拠しながら、ありとあらゆる法現象を経済合理性によって解明しようと試みる。その限りでは、最大多数の最大幸福を法的規範の大原則とした、ベンサムの功利主義学説と大差はないようにみえる。けれどもポズナーは、功利主義は社会の総効用の最大化を目指すが、自説は富の最大化（wealth maximization）を倫理規準とするので功利主義のような矛盾撞着につきあたることはないと主張する。とくに、本書の第三章と第四章では、富の最大化が法規範的原理として最適であることを示すために様々な論証を試みている。また、J・ロールズ、R・ドゥオーキン、R・ノジック等の正義論に対する彼の批判も、きわめて注目すべき論点を提示している。加えて、本書の後半部分における未開社会の法、プライバシーと法、人種差別と積極的是正措置などに関する論述も、興味深い分析視点を提示している。

　ポズナーの法の経済分析手法の特徴は、法の解釈や適用にあたり、徹頭徹尾、経済理論に依拠するところにある。彼の著作の表題や副題には、「経済学（的）」もしくは「経済（的）」という語が付されている場合が多い。また、法の経済分析の対象が従来経済法ないし不法行為法領域などに限定されていたのに対して、彼はそれを、憲法、民事法、刑事法、労働法、訴訟法など、ほぼあらゆる法領域に押し広げた。結果的に、ポズナーの実証的分析（positive analysis）手法は、G・カラブレイジなどによる規範的分析（normative analysis）手法とは対照的な姿勢を示すものとなっている。しかし、彼の分析手法は、その徹底性と包括性ゆえに、アメリカでも毀誉褒貶かまびすしい。現に、本書の評価をめぐり、彼の「富の最大化」概念の不明確性や未開社会の法の理解の仕方などについて、いくつかの厳しい批判が加えられている（*Tex. L. Rev.* Vol. 60 No. 1: 127(1981), *Harv. L. Rev.* Vol. 95 No. 5:1162 (1982) など）。われわれの翻訳作業の過程においても、彼の問題提起は興味深いものの、必ずしも彼の見解に同意できないとする意見が度々表明された。しかし、われわれは、本書がいわば論争の書ともいうべき性格のものであり、また彼の法の経済分析手法を最も原理的な形で提示したものとして、わが国の「法の経済分析」研究にとって不可欠な基本文献であると評価する点では一致している。本書の訳出によって、わが国におけるこの領域の研究活動の進展に何程か寄与することができれば幸いである。

本書の翻訳作業は、一九八七年、新潟大学法学部・経済学部の六名のメンバーが「法と経済学研究会」を結成した時点に溯る。しかし、本書が法律学と経済学のみならず歴史学や哲学を含む広範な知識を必要とする浩瀚なもので、かつその著述内容も難解であるため、翻訳作業はすこぶる難渋した。ここに、漸く、足かけ四年の歳月を経て訳了にこぎ着けた次第である。しかし、共同訳であるというものの、訳者が各々専門領域に近い章を分担したために、文体や訳語の不統一な部分も残っている。われわれの努力は、少しでも読みやすい訳文を速やかに作ることに向けられており、文体等の統一性はある程度犠牲とせざるをえなかった。これらの点について読者の御寛容を乞いつつ、ありうべき錯誤、誤訳等について御批判、御指摘を賜りたい。また、本書の翻訳作業に際しては、多くの同僚諸氏の御世話になった。とりわけ、ギリシア・ローマの古典や法思想史の理解については、法学部の山下威士教授と葛西康徳助教授に多くの御教示を頂いた。整理作業については、大学院法学研究科の修士二年の渡部純君の御世話になった。ここに記して、謝意を表する次第である。

なお注については時間の関係もあり、監訳者の責任において訳語等の統一を図っている。

終わりに、しかし、最大の謝辞は、木鐸社の能島豊社長と坂口節子氏に捧げたい。能島氏に対しては、本訳書のような大部で商業採算性の低い書物の出版を応諾された御決意に対し、また坂口氏には、三年有余にわたり私達の翻訳作業について、時には厳しく時には温かく、絶えざる激励と叱咤を賜ったことに対し、厚く御礼を申し上げる次第である。

一九九一年二月

訳者

訳者紹介

馬場孝一（ばば　こういち）
昭和28年　東北大学経済学部卒業
現　　在　明海大学不動産学部教授
専　　攻　地域開発論
担　　当　（監訳）

國武輝久（くにたけ　てるひさ）
昭和43年　東北大学大学院法学研究科修士課程修了
現　　在　新潟大学法学部教授
専　　攻　労働法
担　　当　（監訳，序文，第11章，第12章，第13章，第14章）

佐藤岩昭（さとう　いわあき）
昭和60年　東京大学大学院法学政治学研究科博士課程修了
現　　在　上智大学法学部助教授
専　　攻　民法
担　　当　（第1章，第2章，第9章（部分））

堀内正博（ほりうち　まさひろ）
昭和53年　一橋大学大学院商学研究科博士課程中退
現　　在　青山学院大学国際政治経済学部教授
専　　攻　経営工学
担　　当　（第3章，第4章）

杉田　敦（すぎた　あつし）
昭和57年　東京大学法学部卒業
現　　在　法政大学法学部助教授
専　　攻　政治思想史
担　　当　（第5章，第6章，第7章）

鯰越溢弘（なまずごし　いつひろ）
昭和57年　九州大学大学院博士課程単位取得
現　　在　新潟大学法学部教授
専　　攻　刑事訴訟法
担　　当　（第8章，第9章（部分），第10章）

正義の経済学

1991年6月30日第一版第1刷印刷発行
1994年9月30日第一版第2刷印刷発行 ©

著　者　リチャード・A・ポズナー
監訳者　馬場孝一
　　　　國武輝久
発行者　能島豊
発行所　有限会社 木鐸社

三省印刷／関山製本
東京都文京区小石川5-11-15-302
電話(03)3814-4195番　振替東京0-126746番

正義の経済学（オンデマンド版）

Digital Publishing

2004年 9 月21日　発行

著　者　　リチャード・A・ポズナー

訳　者　　馬場　孝一

國武　輝久

発行者　　能島　豊

発行所　　有限会社　木鐸社

〒112-0002　東京都文京区小石川 5-11-15-302

電話・ファックス　03-3814-4195

印刷・製本　　株式会社　デジタルパブリッシングサービス

URL: http://www.d-pub.co.jp/

AC048

乱丁落丁はお取替えいたします。

Printed in Japan

ISBN4-8332-9003-0